国家双高“铁道机车专业群”系列　活页工作手册式立体化教材

—— 动车组检修技术专业

U0794158

动车组制动故障案例分析

主　编◎智雷勇　时　蕾　张家祥

副主编◎张炜琨　乔　鑫　宋　凯

主　审◎史　伟

西南交通大学出版社

·成　都·

图书在版编目（CIP）数据

动车组制动故障案例分析 / 智雷勇，时蕾，张家祥主编. -- 成都：西南交通大学出版社，2024.1

ISBN 978-7-5643-9692-3

Ⅰ. ①动… Ⅱ. ①智… ②时… ③张… Ⅲ. ①高速动车－制动装置－故障诊断－案例－研究②高速动车－制动装置－故障修复－案例－研究 Ⅳ. ①U269

中国国家版本馆 CIP 数据核字（2024）第 016815 号

Dongchezu Zhidong Guzhang Anli Fenxi

动车组制动故障案例分析

主编 智雷勇 时 蕾 张家祥

责任编辑	梁志敏
封面设计	何东琳设计工作室
出版发行	西南交通大学出版社 （四川省成都市金牛区二环路北一段 111 号 西南交通大学创新大厦 21 楼）
邮政编码	610031
营销部电话	028-87600564 028-87600533
网址	http://www.xnjdcbs.com
印刷	成都中永印务有限责任公司
成品尺寸	185 mm × 260 mm
印张	17.25
插页	1
字数	432 千
版次	2024 年 1 月第 1 版
印次	2024 年 1 月第 1 次
定价	47.00 元
书号	ISBN 978-7-5643-9692-3

课件咨询电话：028-81435775

Preface 前言

近年来，我国在铁路建设方面取得了巨大进步，随之涌现的动车组给人们的出行带来了极大的便利。为了保障动车组的运营安全，需要大量的高技能、高素质检修人员对动车组做好相应的维修管理工作。动车组制动系统是动车组的重要组成部分，结构、原理比较复杂，本教材对动车组制动系统的原理及故障进行了分析，并针对这些故障给出了相应的维修措施。

《动车组制动故障案例分析》是轨道交通车辆类教材，包括动车组基础制动、供风系统、空气制动原理、电制动原理、制动系统检修，以及故障处理等内容，本教材贴合现场，系统讲解了动车组制动系统的电气路原理及故障处理过程。

本教材由郑州铁路职业技术学院智雷勇（项目四任务三、项目五、实训一、实训二）、时蕾（项目三任务二、任务三）、张家祥（项目四任务一、任务二）主编，中国铁路郑州局集团有限公司郑州动车段史伟主审。参与编写人员有：中国铁路郑州局集团有限公司郑州动车段乔鑫、张炜琨、宗战胜、赵晋佳、谢旭辉（项目一任务一）；中国铁路郑州局集团有限公司郑州动车段寇万闯、张五龙、何思源、张海涛、杨瑞科（项目一任务二）；中国铁路郑州局集团有限公司郑州动车段张翔宾、马清坡，中国铁路郑州局集团有限公司郑州北车辆段宋凯，郑州铁路装备制造有限公司王明辉（项目二任务一）；郑州铁路职业技术学院冯源（项目二任务二、任务三）；郑州铁路职业技术学院牛晨旭（项目三任务一）；中国铁路郑州局集团有限公司郑州动车段朱真真编写课程思政部分内容。由于编者水平有限，难免有疏漏和不妥之处，诚请读者批评指正。

编 者

2023 年 4 月

Digital Resources 数字资源目录

续表

序号	资源名称	资源类型	页码	资源位置
26	CRH380B 电路讲解 1	微课视频	136	项目五任务二
27	CRH380B 电路讲解 2	微课视频	136	
28	CRH380B 停放、防滑、风缸等	微课视频	160	
29	CRH380B 压缩机及其气路	微课视频	160	
30	制动不缓解	微课视频	165	项目五任务三
31	案例讲解：动车组停放制动不缓解的分析	微课视频	165	
32	制动力不足	微课视频	235	实训二任务二

Contents 目 录

上篇 理论篇

下篇　实训篇

上篇

理论篇

项目一 动车组制动系统认知 ▶▶▶

项目导入

日常生活中，任何交通运输工具都离不开制动系统，小到自行车，大到航天飞机，制动系统都起着保证运输安全的重要作用。“跑得快，更要刹得住”是保证高铁安全高效运行的前提。看到铁路线上飞驰的“红神龙”“金凤凰”“绿巨人”等不同型号的高铁车辆，我们会不由自主地为中国高铁技术的发展感到骄傲。作为一名未来的动车组机械师，你会发现不同型号的动车组外观有差异，那么每种车型制动系统是否一样，它们到底有何区别呢？

通过本项目学习，了解制动系统的发展，掌握CR400型动车组、CRH380A型动车组、CRH380B型动车组、CRH5A型动车组等车型制动系统的组成及特点。

知识目标

（1）了解普速列车、动车组制动系统的特点。

（2）掌握各种车型制动系统的组成

能力目标

（1）能够描述常用制动与紧急制动的区别。

（2）能够描述各种车型制动系统的区别。

素质目标

（1）养成遵章守纪、爱岗敬业的工作作风。

（2）培养团结奋进、勇于创新的高铁精神。

任务一 制动系统发展

任务描述

（1）了解普速列车、动车组制动系统的特点。

（2）了解未来动车组制动系统的发展方向。

相关知识

黏着性能关系到动车组制动性能，动车组制动系统和普速列车制动系统有很大的不同，未来也是向着集成化、更短的制动距离发展。

一、黏　着

制动，俗称“刹车”，轨道车辆制动系统是通过制动控制装置或制动机接收司机、列车网络或列控设备发出的制动指令，控制施加制动力使运行中的列车进行减速或停车动作。按照制动方式可分为黏着制动和非黏着制动，黏着制动是通过轮轨间的黏着作用产生制动力，且制动力的最大值受黏着力的限制，一旦轮轨间的作用力超过了轮轨黏着的限制，就会打滑，黏着制动包括空气制动、再生制动和电阻制动等。非黏着制动则无须通过轮轨黏着产生制动力，其制动力的大小自然也就不受其限制，非黏着制动包括涡流制动、磁轨制动和风阻制动等。目前国内动车组、客车及机车均采用黏着制动。

二、低速动车组

普通低速列车一般采用自动式空气制动系统，设置贯通全列的列车管，司机通过控制列车管减压量来传递制动指令，阀件在列车减压量变化后控制风缸中的压缩空气充入制动夹钳单元，通过转向架上的制动盘和闸片之间的摩擦实施空气制动进行降速或停车。动车组采用直通式空气制动与电制动的复合系统，其中空气制动通过制动控制装置接收司机发出的制动指令，直接控制风缸中的压缩空气充入制动夹钳单元，通过转向架上的制动盘和闸片之间的摩擦实施空气制动进行降速或停车；电制动即再生制动，是在制动时将原来驱动轮对的牵引电动机变为发电机，由轮对带动发电，将动能转化成电能，并将电能反馈回电网，从而产生制动作用。

三、高速动车组

动车组制动系统主要由供风装置、制动控制装置、基础制动装置等部件组成，其中，供风系统为列车用风设备提供清洁、干燥的压缩空气；制动控制系统负责接收司机、列车控制系统的制动指令，进行制动力的管理；基础制动装置包含制动夹钳单元、制动盘和闸片，将制动控制装置输出的空气压力转换为闸片和制动盘间的摩擦制动力，将列车的动能转化为热能。制动系统一般具有常用制动、紧急制动 EB、紧急制动 UB、停放制动、保持制动、比例制动、清洁制动、防滑控制、踏面清扫、撒砂控制和制动夹钳防冻结等功能。

随着动车组技术的发展和运用速度的不断提高，制动系统总体向设备集成化、更短的制动距离、更好的黏着利用、大热容量制动盘方向发展，其中设备集成化主要研究电机械制动夹钳的研发及应用，更短的制动距离主要研究风阻制动等非黏着制动型式及紧急制动多级变减速度控制，更好的黏着利用主要研究更优的防滑控制策略，大容量制动盘主要研究碳陶制动盘。

任务二　动车组制动系统概述

任务描述

（1）了解动车组制动系统的组成。

（2）了解动车组制动系统的功能与原理。

相关知识

我国现有动车组制动系统基本都由供风系统、制动控制系统、基础制动装置等组成，按照种类可以分为常用制动、紧急制动、备用制动等。

一、CR400 型动车组制动系统概述

制动系统采用微机控制的电空复合制动，即电制动与空气制动复合形成列车的制动力，空气制动为直通式空气制动，电制动为再生制动。

微课：制动装置的功能、组成及分类

（一）制动系统组成

制动系统由供风系统、制动控制系统、基础制动装置等组成，如图 1-1 所示。

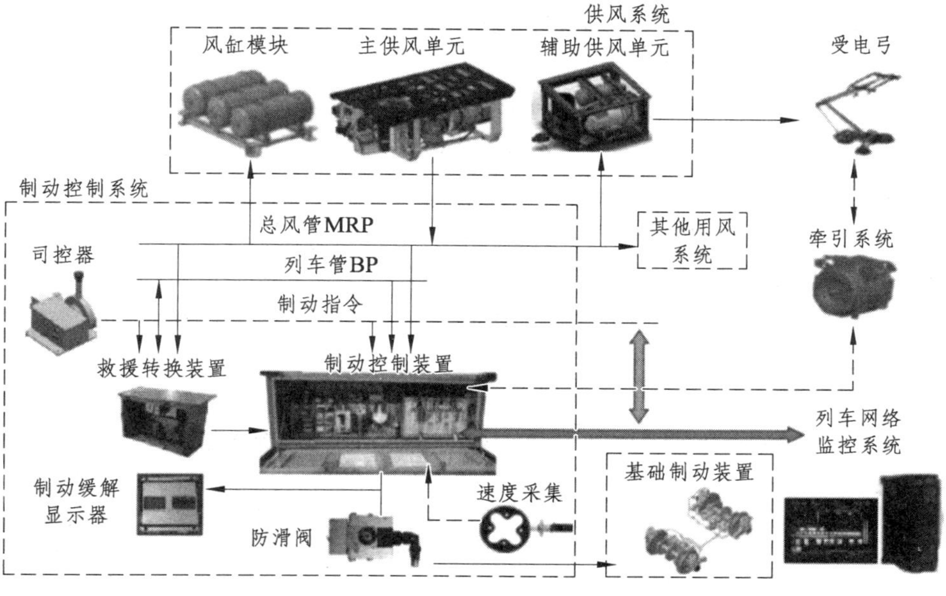

图 1-1　制动系统组成

1. **供风系统**

供风系统为列车用风设备提供清洁、干燥的压缩空气，主要由主供风单元和辅助供风单元等组成。

主供风单元由螺杆式空压机和双塔式干燥器组成。CR400AF 型动车组全列设置 2 台主供风单元，每台空气排量为 1300 L/min，由制动控制系统控制主供风单元的启动和停止，使全列总风压力维持在 800 ~ 950 kPa 之间。

在有受电弓的车辆设置辅助供风单元，在动车组主供风单元不能工作且总风压力不足时，可启动辅助供风单元工作，为受电弓、真空断路器（VCB）等高压设备提供压缩空气。辅助供风单元由车辆蓄电池供电，空气排量不小于 70 L/min。

2. **制动控制系统**

制动控制系统负责接收司机、列车控制系统的制动指令，进行空气制动和再生制动力的管理和分配。制动控制系统包括电子制动控制单元（EBCU）和空气制动控制单元（PBCU），如图 1-2 所示。

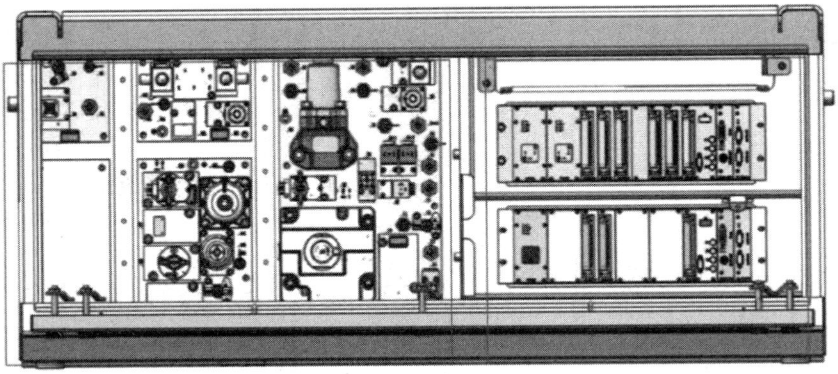

图 1-2　制动控制系统

EBCU 相当于制动系统的"大脑"，采用微处理器控制，具有数字量输入/输出接口、模拟量输入/输出接口、网络通信接口、驱动模块及电源模块等，负责接收制动指令，进行制动力的管理和分配。

PBCU 负责将 EBCU 的电子控制指令转化为空气压力，其输出的压缩空气直接控制基础制动装置的制动夹钳单元产生空气制动力。PBCU 采用模块化设计，包括集成制动控制模块、停放制动控制模块、供风及空簧控制模块等。

（二）功能及控制原理

制动系统具有常用制动、紧急制动 EB、紧急制动 UB、停放制动、保持制动、比例制动、清洁制动、防滑保护、踏面清扫、撒砂控制、救援回送和制动夹钳防冻结等功能。

微课：制动方式的分类

微课：制动系统的特点

1. 常用制动

常用制动分为 7 个制动级位，按照预设减速度曲线进行列车制动控制，制动时采用电空复合制动，优先采用再生制动，再生制动力不足时，由空气制动补充。常用制动具有空重车载荷调整功能，能够保证不同车重条件下维持一定的减速度降速。

主控头车的制动控制单元具有列车级制动力管理功能，负责整车的制动力管理和分配。主控头车接收制动指令，并根据各车车重、制动级位和列车运行速度等信息进行制动力计算，实现空气制动力与再生制动力的分配。

常用制动时，EBCU 控制本车 PBCU 内电空转换阀输出对应于当前载荷状态的制动预控压力，预控压力经中继阀放大流量后，输出至基础制动制动缸，制动控制原理如图 1-3 所示。

2. 紧急制动 EB

紧急制动 EB 是由紧急制动 EB 安全环路控制施加的紧急制动，采用电空复合制动，由 EBCU 按照预设的减速度实施制动，具有空重车载荷调整功能，控制原理同常用制动。当满足以下任一条件时，自动触发紧急制动 EB：

（1）当司控器手柄在紧急制动 EB 位。

（2）客室及乘务员室触发乘客紧急制动设施。

（3）列车非静止条件（速度>5 km/h）下停放制动意外施加。

（4）司机警惕装置触发紧急制动请求报警信号时。

紧急制动 EB 情况下，动车组在干轨、平直轨道工况下，制动距离满足以下要求：

（1）初速度为 350 km/h 时，制动距离<6500 m。

（2）初速度为 300 km/h 时，制动距离<3800 m。

（3）初速度为 250 km/h 时，制动距离<3200 m。

（4）初速度为 200 km/h 时，制动距离<2000 m。

（5）初速度为 160 km/h 时，制动距离<1400 m。

（6）初速度为 120 km/h 时，制动距离<800 m。

3. 紧急制动 UB

紧急制动 UB 通过独立的安全环路实施，直接作用于紧急制动电磁阀。紧急制动电磁阀采用失电制动的控制形式，制动风缸内的压缩空气通过空重车调整阀调压后，再通过紧急电磁阀到达中继阀，由中继阀放大流量后输出制动缸压力。当满足以下任一条件时，自动触发紧急制动 UB：

（1）列车运行控制系统触发列车紧急制动。

（2）列车分离。

（3）紧急制动 UB 安全回路断开或失电。

（4）列车失电。

（5）EB 制动力不足。

（6）按下司机室紧急制动按钮。

紧急制动 UB 的制动距离要求与紧急制动 EB 相同。

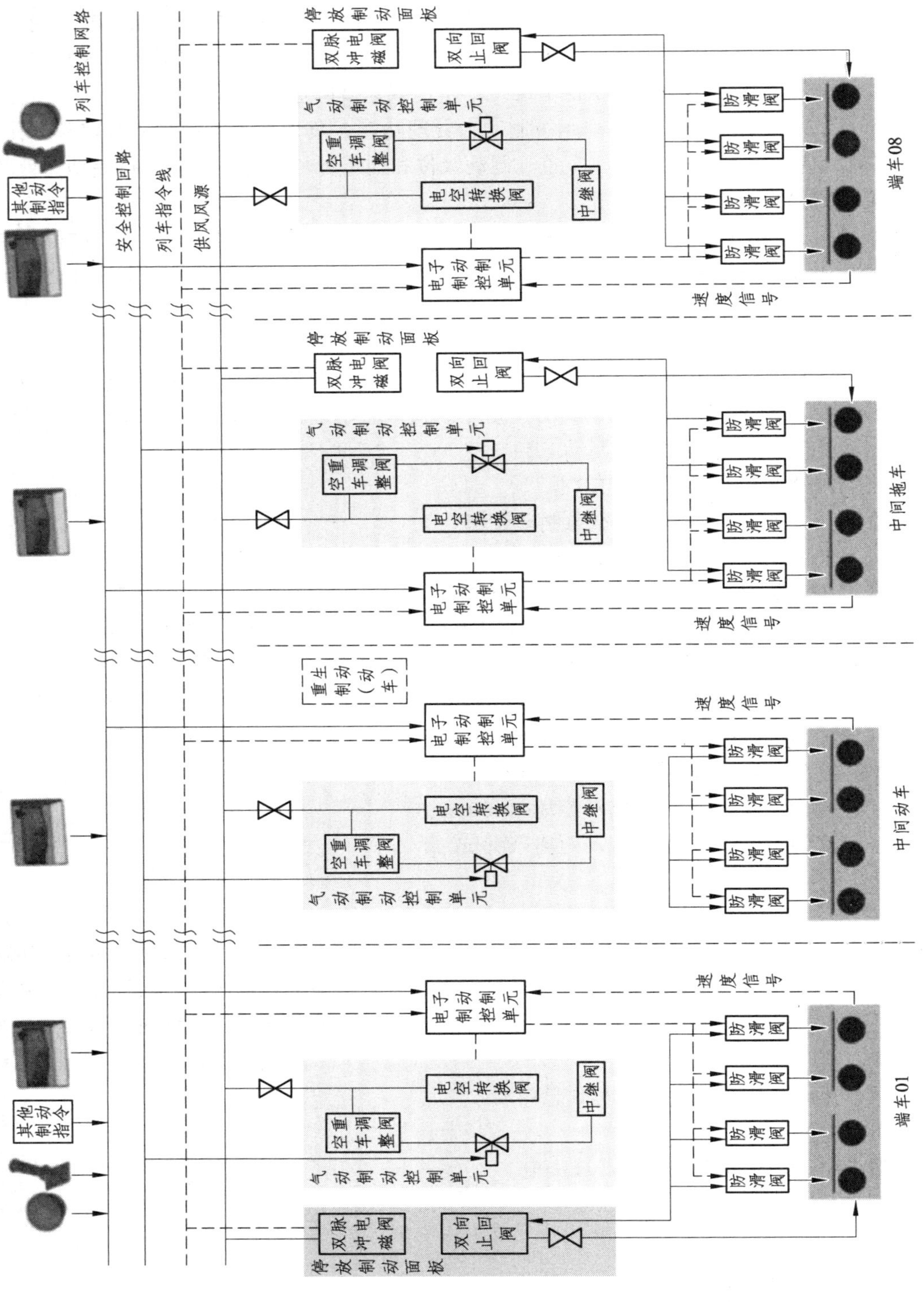
列车控制网络
安全控制回路
列车指令线
供风风源
其他制动指令
停放制动面板
双脉冲电磁阀
双向止回阀
气动制动控制单元
空重车调整阀
电空转换阀
中继阀
电子制动控制单元
防滑阀
速度信号
重生制动（动车）
端车08
中间拖车
中间动车
端车01

图 1-3 制动控制原理

4. 停放制动

动车组在部分车轴配有带弹簧储能功能的停放制动缸，在司机室操纵台上设有停放制动施加按钮和停放制动缓解按钮，在列车静止时，操作停放制动施加按钮，控制双脉冲电磁阀排出停放制动缸中的压缩空气，施加停放制动；当需缓解停放制动时，操作停放制动缓解按钮，控制双脉冲电磁阀向停放制动缸充入压缩空气，缓解停放制动。

5. 保持制动

保持制动功能和汽车自动驻车的使用场景类似。保持制动在动车组进站停车时自动施加，当动车组启动后牵引力大于坡道下滑力时自动缓解，确保定员载荷状态下动车组在一定坡道上静置或启动时不溜逸。

司机室内设置保持制动缓解按钮和保持制动切除开关。可通过按下保持制动缓解按钮或操作保持制动切除开关缓解保持制动。

6. 比例制动

雨雪天气，电空复合制动时，动车优先施加再生制动，为了各车平衡发挥制动力，避免动车发生滑行，设置比例制动功能，比例制动施加时，动车组中各车辆采用等减速度控制模式。在施加常用制动期间，按下比例制动施加按钮，自动施加比例制动。动车组未施加常用制动时，按下比例制动按钮后松开，如 10 s 内施加了常用制动则自动施加比例制动，如 10 s 内未施加常用制动则不施加比例制动；动车组施加常用制动且速度低于 25 km/h 时，自动施加比例制动；动车组施加紧急制动 EB 时，始终施加比例制动。

7. 清洁制动

在雨雪及潮湿天气，路面的积雪及雨水容易附着到制动盘和闸片上，使制动盘和闸片之间摩擦力降低。司机通过操作清洁制动按钮施加清洁制动，使每辆车均施加 70 kPa 的制动缸压力，清除制动盘和闸片之间的冰雪或杂物。

8. 防滑保护

雨雪天气，制动过程中易发生滑行现象，滑行不仅会使列车制动距离增加，还可能导致车轮踏面擦伤，因此，动车组设有车轮防滑保护功能。列车运行过程中，各轴速度传感器采集各轴车轮的速度信号，防滑控制单元根据各轴车轮的速度进行计算分析和逻辑判断，当检测到某根车轴发生滑行时，减小再生制动力，并控制防滑阀动作调节空气制动力，使滑行车轴恢复车辆速度，有效的进行防滑保护，减少车轮擦伤或抱死风险。

9. 踏面清扫

每个车轮设置一个踏面清扫器，满足一定条件时（动车组处于制动状态且速度在 30 km/h 以上、检测到空转或滑行等）控制踏面清扫的研磨子动作，实现对车轮踏面的清扫，改善轮轨黏着，并对车轮踏面的微小损伤进行修复。

10. 撒砂控制

动车组通过向车轮踏面和轨面之间喷撒石英砂，以提高轮轨间的摩擦系数，改善轮轨黏着。

CR400AF 型动车组撒砂装置安装在 01、04、05、08 的 1 轴（共 4 个轴），具体布置如图 1-4 所示。运行方向 2 根轴撒砂，01 车主控时 01 和 04 车撒砂；08 车主控时 08 和 05 车撒砂。

司机操纵台设置撒砂开关，当轮轨黏着差时，司机手动操作司机台上的撒砂开关进行手动撒砂。另外，当动车组发生空转和滑行时，可进行自动撒砂，改善轮轨黏着。

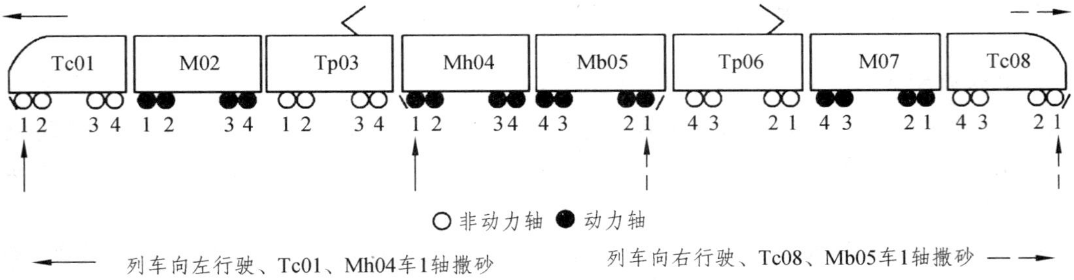

图 1-4　撒沙装置分布示意

11. 救援回送

动车组能够被既有机车、动车组救援，也能救援其他动车组。当动车组被救援回送时，安装在被救援动车组上的 BP 救援转换装置可以把救援动车组或机车列车管的减压信号转换为电气制动指令，控制本车制动施加或缓解；当动车组救援其他动车组时，BP 救援转换装置可以把救援动车组的电气制动指令转为列车管减压信号，通过列车管传递给被救援动车组，控制被救援动车组制动施加或缓解。

12. 制动夹钳防冻结

为防止制动夹钳在雨雪天气、寒冷潮湿环境被冰雪冻结，复兴号高寒动车组设置制动夹钳防冻结功能。通过司机显示屏“夹钳防冻结”界面上的“夹钳防冻结开始”按钮进入防冻结模式后，列车按照规定的程序控制各车制动夹钳依次循环“缓解—施加”空气制动，使制动夹钳单元依次、间歇动作，防止列车在雨雪天气、寒冷潮湿环境，制动夹钳被冰雪冻结。

二、CRH380A 型动车组概述

（一）制动系统组成

制动系统由供风系统、制动控制装置、基础制动装置、撒砂装置和踏面清扫装置等组成，如图 1-5 所示。

1. 供风系统

供风系统为列车用风设备提供清洁、干燥的压缩空气，主要由主供风单元和辅助供风单元等组成。

主供风单元由螺杆式空气压缩机（见图 1-6）和膜式干燥器组成。8 辆编组动车组全列设置 2 台螺杆式主空压机，每台空气排量为 1330 L/min，由制动控制系统控制主空压机的启动和停止，使全列总风压力维持在 780 ~ 880 kPa。

在有受电弓的车辆设置辅助供风单元，组成及工作原理与 CR400AF 型动车组相同。

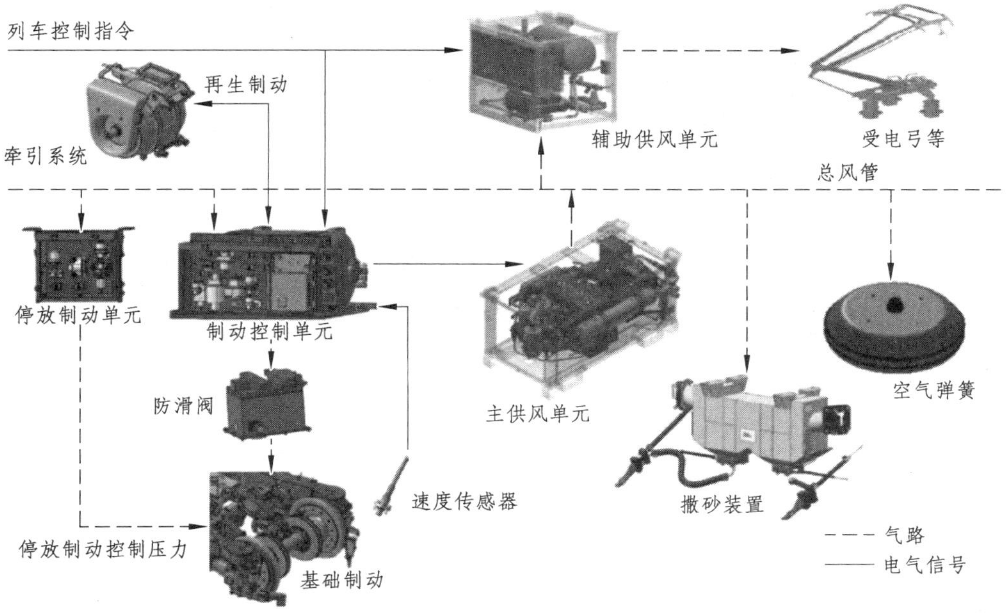

图 1-5　制动系统组成

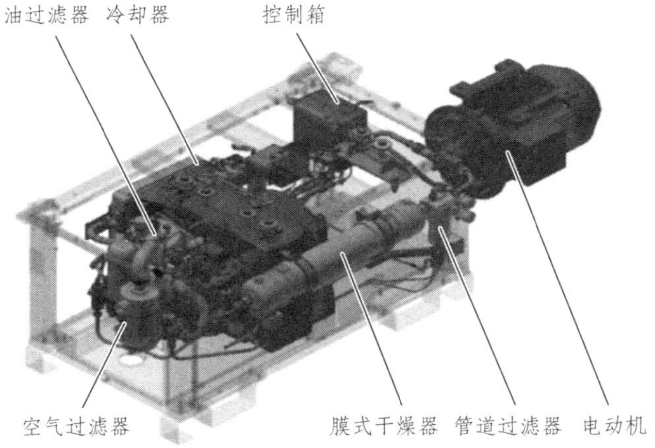

图 1-6　螺杆式空气压缩机

2. 制动控制装置

每辆车设置一台制动控制装置，制动控制装置采用模块化设计，由电子制动控制单元（EBCU）和气动控制单元（PBCU）组成，具体结构如图 1-7 所示。

电子制动控制单元（EBCU）采用微处理器控制方式，通过光纤或硬线接收制动指令后，根据各车的载重信号和速度信息算出所需制动力，并对再生制动力和空气制动力进行分配和控制。

气动控制单元（PBCU）包括电空转换阀、中继阀和紧急电磁阀等，电空转换阀接受 EBCU 的控制产生预控压力，输出至中继阀，由中继阀放大流量后输出制动压力至转向架上的制动缸。

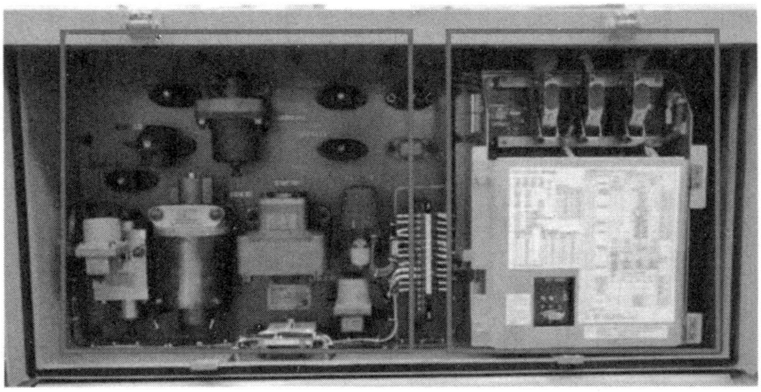

图 1-7　制动控制装置

3．基础制动装置

基础制动装置是将制动控制装置输出的空气压力转换为闸片和制动盘间的摩擦制动力，将列车的动能转化为热能，使列车减速或停车。基础制动装置主要由制动盘、制动夹钳和闸片等组成，安装在每辆车的转向架上。

（二）功能及控制原理

制动系统具有常用制动、紧急制动 EB、紧急制动 UB、停放制动、耐雪制动、防滑控制、踏面清扫、撒砂控制和救援回送等功能。

1．常用制动

动车组采用单元级制动力管理方式，按照列车编组形式和动车、拖车的设置数量，全列车分为 4 个制动单元，列车两端的 2MIT 分别为一个制动单元，中间独立动车各为一个制动单元，如图 1-8 所示。

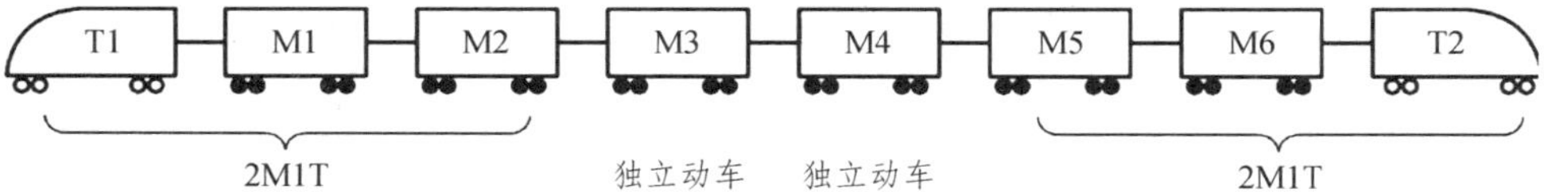

图 1-8　制动单元划分

常用制动时，制动单元内各车 EBCU 接收制动指令，根据列车运行速度和车重信号计算出应能加的制动力。2MIT 单元内，当再生制动力满足制动力需求时，由单元内车再生制动力承担本单元所需制动力；当 M 车的再生制动力不足以完全承担本单元所需的制动力时，先启动 T 车空气制动力进行补充，再用 M 车的空气制动力来补充。数立动车根据列车运行速度和车重信号计算出应施加的制动力，进行单车的电空复合制动。

常用制动时，EBCU 控制本车电空转换阀输出对应于当前载荷状态的制动预控压力，预控压力经中继阀放大流量后，输出至基础制动制动缸。

2. 紧急制动 EB

动车组设有贯通全列的紧急制动 EB 指令硬线，EB 指令线直接发送至各车 EBCU，当 EBCU 接收到该指令线失电时，触发紧急制动 EB。采用电空复合制动，由 EBCU 按照预设的减速度实施制动，具有空重车载荷调整功能，控制原理同常用制动。

当司机制动控制器在“快速”制动位、列车运行控制系统发出紧急制动指令、司机警惕装置动作、紧急制动 UB 被触发、EB 指令硬线失电、司机室内紧急制动开关动作时，自动触发紧急制动 EB。

3. 紧急制动 UB

紧急制动 UB 为纯空气紧急制动，通过独立的紧急制动 UB 安全环路实施。当总风缸压力不足、列车分离、制动系统 DC 110 V 控制电源失电、检测到制动力不足、紧急电磁阀失电、司机制动手柄置“拔取”位置时，自动触发紧急制动 UB。

4. 耐雪制动

雨雪天气下，通过司机室内设置的“耐雪制动”开关启动该功能，动车组速度在 110 km/h 速度以下、施加制动时，自动施加约 60 kPa 压力的空气制动力，清除制动盘和闸片之间的雨雪或杂物。

5. 停放制动

为防止动车组在长期停放过程中压缩空气流失导致溜车事故，早期生产的 CRH380A 型动车组采用“铁鞋”进行停放制动；后期生产的 CRH380A 型动车组采用带停放制动缸的制动夹钳实现停放制动，动车组通过在部分车轴配有带有弹簧储能功能的停放制动缸，使列车在一定坡度的坡道上安全停放。

6. 救援回送

早期生产的 CRH380A 型动车组头车仅设置被救援模块，可实现被救援功能，无救援其他动车组功能，被救援模块可以把救援动车组或机车列车管的减压信号转换为电气制动指令，控制本车制动施加或缓解；后期生产的 CRH380A 型动车组头车增加了救援模块，当救援其他动车组时，救援模块可以把本车的电气制动指令转为列车管减压信号，通过列车管传递给被救援动车组，控制被救援动车组制动施加或缓解，实现救援功能。

三、CRH380B 型动车组概述

CRH380B 型动车组除直通式空气制动系统外，还设置有备用的自动式空气制动系统，通过备用制动实现动车组的回送与救援。

（一）制动系统组成

制动系统由供风系统、制动控制装置、基础制动装置和撒砂装置等组成，如图 1-9 所示。

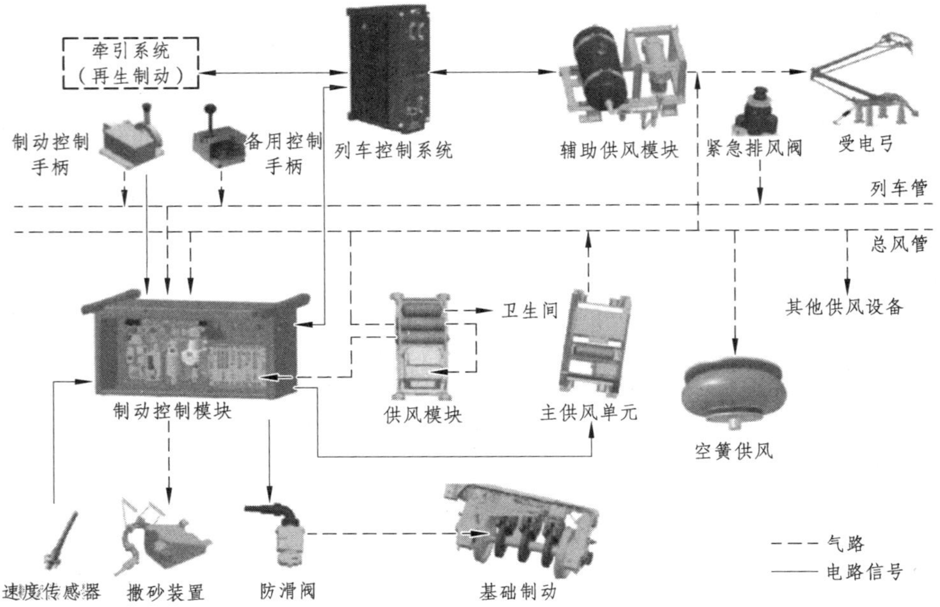

图 1-9　制动系统组成

1. 供风系统

供风系统主要包括主供风单元和辅助供风单元。

动车组全列设置 2 套主供风单元，每套供风单元主要包括电动空气压缩机单元、双塔式空气干燥装置、具有防冻功能的冷凝水收集器、微孔滤油器及有关的辅助设备等。主供风系统为制动系统及其他用风设备提供清洁、干燥的压缩空气，每套空气排量为 1300 L/min，制动控制系统控制主供风单元的启动和停止，使全列总风压力维持在 850 ~ 1000 kPa。电动空气压缩机单元主要由空气压缩机、电机、电气系统、弹性装配装置、监控和安全装置、空气过滤器和其他部件构成。此外，空气压缩机还包括过滤、调节、监控油和空气循环系统的部件。压缩机单元是一个独立的模块化装置，通过弹性连接安装到车上。电动压缩机组为非连续工作，由车载压力控制器控制，当风压低于 850 kPa 时启动，超过 1000 kPa 时关闭。

在有受电弓的车辆设置辅助供风单元，辅助空压机供风单元包含一个由 DC 110 V 电机驱动的单级压缩机。当总风缸管不能提供压缩空气时，由辅助压缩机单元向受电弓、主断路器和隔离开关执行装置提供所需的空气压力。

2. 制动控制装置

制动控制装置由电子制动控制单元（EBCU）和气动制动控制单元（PBCU）组成。直通电空制动系统由电子制动控制单元来控制：电子制动控制单元接收并解读来自牵引/制动控制手柄和信号系统的制动指令，然后发出电信号控制气动制动控制单元。

直通电空制动系统的压缩空气从总风管经止回阀流至制动风缸；当总风压力不足时，止回阀可确保制动风缸内有足够的空气压力。制动风缸为空气制动控制单元提供风源，空气制动控制单元负责空气制动的控制。直通电空制动系统原理如图 1-10 所示。

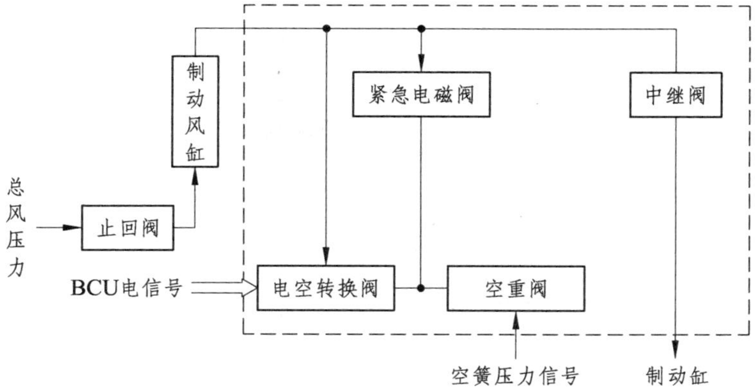

图 1-10　直通电空制动系统原理

在空气制动控制单元内，电空转换阀将来自电子制动控制单元的电信号转换成相应的预控制空气压力。常用制动时，紧急电磁阀失电关闭，从电空转换阀来的压缩空气经空重阀进入中继阀，经过中继阀流量放大后，输出的压缩空气充入制动风缸。空重阀可根据载重情况，限制中继阀预控压力的设定值，在制动缸压力控制电路出现故障时保护转向架设备。

紧急制动安全回路断开，紧急电磁阀得电打开，从制动风缸来的压缩空气经紧急电磁阀进入空重阀和中继阀，施加与载荷相应的紧急制动压力；此时，如电子制动控制单元处于正常工作状态，可同时控制电空转换阀产生紧急制动压力。紧急制动指令同时也发送给备用的自动空气制动系统，制动管的压缩空气通过一个紧急排风阀迅速排空，继而触发分配阀产生紧急制动动作。

3．基础制动装置

基础制动装置是将制动控制装置输出的空气压力转换为闸片和制动盘间的摩擦制动力，将列车的动能转化为热能，使列车减速或停车。基础制动装置主要由制动盘、制动夹钳和闸片等组成，安装在每辆车的转向架上。

4．功能

制动系统具有常用制动、紧急制动、停放制动、防滑控制、撒砂控制和备用制动等功能。

四、CRH5A 型动车组概述

CRH5A 型动车组采用微机控制的直通式电空复合制动系统和间接空气制动系统。正常运行情况下，常用制动通过直通电空复合制动系统实现，紧急制动通过直通电空复合制动系统和间接空气制动系统冗余控制实现。救援时使用间接空气制动系统。

（一）制动系统组成

制动系统由供风系统、制动控制系统、基础制动装置等组成，如图 1-11 所示。

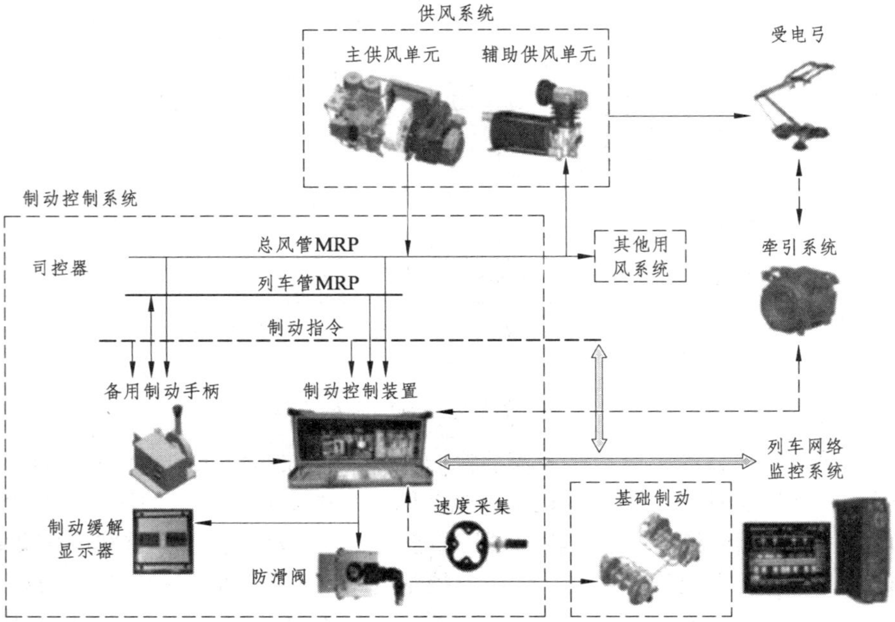

图 1-11　制动系统组成

1. 供风系统

主供风单元主要由空气压缩机和干燥装置组成。全列设置 2 台主供风单元，每台空气排量为 1060 L/min，由列车网络控制主供风单元的启动和停止，使全列总风压力维持在 850～1000 kPa，主供风单元如图 1-12 所示。

在有受电弓的车辆设置辅助供风单元，在动车组主供风单元不能工作且总风压力不足时，可启动辅助供风单元工作为受电弓、真空断路器（VCB）等高压设备提供压缩空气。辅助供风单元由车辆蓄电池供电，空气排量不小于 70 L/min，辅助供风单元如图 1-13 所示。

图 1-12　主供风单元

图 1-13　辅助供风单元

2. 制动控制系统

制动控制系统包括电子制动控制单元（EBCU）和空气制动控制单元（PBCU）。

3. 基础制动装置

基础制动装置主要由制动盘、制动夹钳和闸片等组成，安装在每辆车的转向架上。

（二）功能及控制原理

制动系统具有常用制动、紧急制动 EB、紧急制动 UB、乘客紧急制动、停放制动、保持制动、备用制动、防滑保护、撒砂控制和救援回送等功能。

1. 常用制动

牵引制动手柄采用无级控制，当手柄位于制动第一扇区（电制动扇区）时，仅动车施加电制动，手柄进入第二扇区（电空复合制动扇区）后，拖车和动车的拖轴开始补充施加空气制动。

常用制动时，EBCU 控制本车 PBCU 内电空转换阀输出对应于当前载荷状态的制动预控压力，预控压力经中继阀放大流量后，输出至基础制动缸。

2. 紧急制动 EB

紧急制动 EB 是由紧急制动 EB 安全环路控制施加的紧急制动，采用电空复合制动，由 EBCU 按照预设的减速度实施制动，具有空重车载荷调整功能，控制原理同常用制动。

3. 紧急制动 UB

紧急制动 UB 通过独立的安全环路实施，直接作用于紧急制动电磁阀。紧急制动电磁阀采用失电制动的控制形式，制动风缸内的压缩空气通过空重车调整阀调压后，再通过紧急电磁阀到达中继阀，由中继阀放大流量后输出制动缸压力。

4. 乘客紧急制动

当乘客拉动客室内的乘客紧急制动拉手后，紧急制动信号被迅速传递到司机室，列车管将迅速排风，动车组产生空气紧急制动作用。乘客紧急制动装置具有 3 s 延时，如果司机认为动车组处在不适宜停车的位置，可以发出指令取消该紧急制动的产生。

5. 停放制动

在司机室操纵台上设有停放制动施加按钮和停放制动缓解按钮，在列车静止时，操作停放制动施加按钮，控制双脉冲电磁阀排出停放制动缸中的压缩空气，施加停放制动；当需缓解停放制动时，操作停放制动缓解按钮，控制双脉冲电磁阀向停放制动缸充入压缩压力，缓解停放制动。

6. 保持制动

司机室内设置保持制动施加按钮，可通过按下保持制动施加按钮，确保定员载荷状态下动车组在一定坡道上静置。当司机操作牵引制动手柄推至小牵引位时约 1 s 后保持制动自动缓解，可确保定员载荷状态下动车组在一定坡道上启动时不溜逸。

7. 备用制动

如果电空装置发生故障或处于救援模式，动车组可启动备用制动继续运行。此时制动将通过列车管中的压力（600 kPa）进行控制。备用制动系统具有紧急制动功能。

8. 防滑保护

防滑控制单元根据各轴车轮的速度进行计算分析和逻辑判断，当检测到某根车轴发生滑行时，减小再生制动力，并控制防滑阀动作调节空气制动力，使滑行车轴恢复车辆速度。

9. 撒砂控制

司机操纵台设置撒砂开关，当轮轨黏着差时，司机手动操作司机台上的撒砂开关进行手动撒砂。另外，当动车组发生空气制动滑行时，可进行自动撒砂。

10. 救援回送

动车组设有自动式空气制动的备用制动系统，当动车组被救援回送时，自动式空气制动的备用制动系统通过贯通整列动车组的列车管控制，根据列车管的压力变化实现动车组的制动和缓解。

复习思考题

1. 随着动车组技术的发展和运用速度的不断提高，制动系统未来的发展方向是什么？
2. CRH380B 型动车组制动系统由哪几部分组成？
3. 保持制动的作用是什么？

项目二　动车组基础制动装置

项目导入

CRH380A 型动车组发车时，机械师报 00 车“制动控制装置速度发电机断线 1”及“抱死 1”故障，机械师下车检查发现 00 车 1 位转向架 1 位轴闸钳冻住导致抱死故障，机械师严格按照规定要求迅速到达故障车辆，对故障车做空气制动切除处理。机械师不惧严寒，迅速清理相应位置冰块，故障消除，随即恢复空气制动切除。司机得到机械师恢复制动故障信息后立即申请信号开车，经过机械师及车上工作人员的周密配合及共同努力，发车晚点控制在 20 min 以内，后续交路运行正常。

通过本项目学习，掌握基础制动装置的组成及原理，能够使用所学知识，分析、处理基础制动装置故障。

知识目标

（1）掌握基础制动装置的组成及原理。

（2）掌握基础制动装置故障处理方法。

能力目标

（1）能够描述制动夹钳的动作过程。

（2）能够处理基础制动装置故障。

素质目标

（1）养成遵章守纪、爱岗敬业的工作作风。

（2）培养团结奋进、勇于创新的高铁精神。

任务一　制动盘、制动夹钳单元

任务描述

（1）了解动车组基础制动装置的组成。

（2）了解动车组基础制动装置的原理。

相关知识

动车组制动装置性能的好坏不仅会对动车正常运行有影响，更关系到乘客的乘车安全。基础制动系统是动车组制动系统中最重要的装置之一，在动车组制动系统中，当所有的制动系统都失去作用或是无法满足动车制动的效果时，基础制动装置就成为动车组的最后一道安全保障。

动车组基础制动装置利用杠杆原理，将空气制动产生的制动缸活塞推力，经过夹钳单元杠杆作用放大适当倍数后较为一致地传到各制动闸片上，使闸片压紧制动盘，从而达到制动目的。

基础制动装置安装在转向架上，是转向架的重要组成部分之一，目前动车组制动系统的基础制动装置主要采用的是盘形制动装置，主要由制动夹钳、制动盘、制动闸片 3 部分组成。

一、动车组基础制动装置的基本要求

动车组基础制动装置必须具备以下条件：

（1）必须能够承受紧急制动时产生的巨大制动负荷。在其他制动形式失效的情况下，基础制动装置作为主要的甚至唯一的安全保障，必须能够承担动车组巨大的制动负荷，并将巨大的动能转化为热能消散在大气中。

（2）基础制动装置动作必须灵活、安全可靠。动车组基础制动装置动作的灵活性及可靠性直接关系到列车的运行安全。当电制动失效时，盘形制动必须保证动车组能在规定的制动距离内停定，以确保行车安全，因此盘形制动作为基础制动装置的重要组成部分，是动车组的基本制动方式。

（3）基础制动装置结构必须紧凑、制动效率高。动车组基础制动装置结构必须紧凑，以满足动车组每轴配置多套基础制动单元的需要。盘形制动的制动效率一般应大于 90%，以保证有足够的制动力输出。

（4）基础制动装置的制动摩擦副在各种速度下都必须有良好的耐磨性，摩擦系数稳定，制动盘和闸片有足够长的使用寿命。

（5）基础制动装置要保证列车在规定的坡道上安全停放。

（6）基础制动装置要有良好的环境适应性，在低温、雨、雪、风沙、潮湿等环境下能够长期正常工作。

二、动车组基础制动装置的结构组成

动车组的基础制动系统主要由制动盘、制动夹钳单元（包括制动缸、制动杠杆、闸片托等）等组成。

（一）制动盘

制动盘是基础制动装置的重要组件，它的主要功能是将动能通过摩擦转换为热能，并消耗于大气中。

1. **制动盘结构**

按摩擦面的配置，制动盘可分为单摩擦面和双摩擦面两种。按盘本身的结构，制动盘可分为整体式和由两个半圆盘用螺栓组装而成的对半式；对半式便于制动盘磨耗到限时更换，不需退轮。按盘安装的位置，制动盘可分为轴盘式和轮盘式，前者装在车轴上，如图 2-1 所示，后者装在车轮幅板的两侧，如图 2-2 所示。

图 2-1　制动轴盘

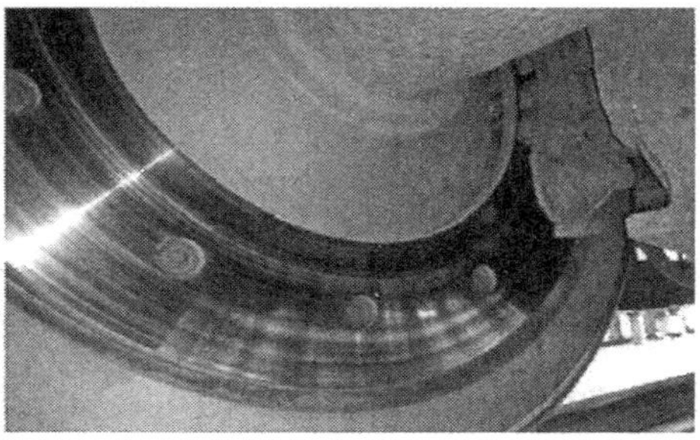

图 2-2　制动轮盘

动车组中动车的非动力轴和拖车一般采用轴式制动盘，而动车由于动力轴上要安装驱动装置，使安装制动盘的空间受到限制，动力轴则多采用轮式制动盘。

由于制动盘是一个既受力又受热的部件，不宜采用过盈配合直接装在车轴上，所以轴盘式制动盘通常要采用锻钢盘毂作为车轴与制动盘之间的过渡零件，而且在制动盘的螺栓连接处加装弹性套。制动盘和盘毂之间采用多个径向弹性圆销实现浮动连接，受热时制动盘可沿着径向弹性圆销自由伸缩，以消除内应力。考虑到制动盘应有良好的散热性，在制动盘的中间部分设计有散热筋片，当车辆运行时，空气对流即可达到散热作用。

轮盘式制动盘是在车轮幅板的两侧各设置一个盘片，用螺栓紧固。它也有两种形式：一种是在轮对组装状态下就可以更换的对半式盘；另一种是只有卸下车轮才可以更换的整体式盘。安装时用螺栓把制动盘固定在车轮上，对半式盘在每个盘的结合面各设置 2 个定位销。轮盘式制动装置在制动盘的背面设有散热筋，轮装制动盘的结构示意如图 2-3 所示。

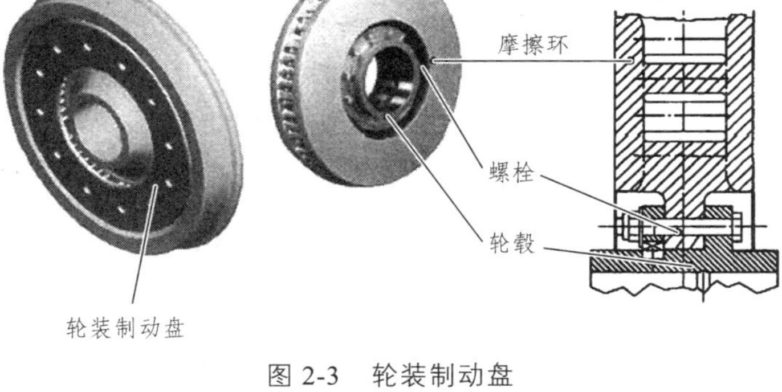

图 2-3　轮装制动盘

1. **制动盘材料**

制动盘的材料可分为两大类，铁系金属材料和复合材料。

（1）铸铁制动盘：具有摩擦性能好、耐磨、耐热、抗热裂、抗变形及可铸性好等优点。

（2）铸钢制动盘能够大量吸收制动产生的热量，并具有以下特点：① 温度稳定性较高，热裂纹倾向小，这样可以更好地抑制制动盘裂纹的产生；② 对潮湿环境的敏感性较低；③ 制动力大时，闸片磨耗较少，更好地延长制动盘的使用寿命；④ 高温时摩擦系数较均匀，保障摩擦系数不会随着制动盘温度的变化而发生变化。与锻钢制动盘相比，尽管铸钢制动盘的制造成本较低，但批量生产时其质量较难控制。

（3）锻钢制动盘具有良好的机械性能，同时具有较高的抗热裂性。在研制初期，锻钢制动盘存在因制动摩擦热引起较大变形的问题，但通过改变形状或施加反向预变形等措施，可以达到实用化的程度。

2. 制动盘裂纹检修

在动车组一二级修中，会按照检修标准对制动盘进行检修，以保证车辆部件功能正常。一般检查会针对制动盘的外观状态、磨耗程度、安装的紧固程度、部件是否缺失、是否出现裂纹等进行逐项检查，其中制动盘的表面裂纹检查是检查的重点。

1）轮装制动盘

轮盘依据以下细节进行裂纹检测。裂纹分为细微裂纹（发裂）、裂纹和贯穿裂纹。

a. 细微裂纹

在运行过程中，摩擦面在大的热应力作用下，会产生很浅的细微网状裂纹，如图 2-4 所示。这些发裂对于运行没有什么影响，可以允许在摩擦面上随机分布。

b. 裂纹

轮盘裂纹示意如图 2-5 所示，裂纹分为类型 a 和类型 b 两种，其定义如下：a 裂纹离摩擦盘内径或外径有 1 个 10 mm 的最小间隙。b 裂纹是连着内径或外径，或者是离内径或外径的间隙小于 10 mm。如果在一个位置上两个或多个裂纹之间的相互距离小于 7 mm，则将其看作组合裂纹，其长度应按照距离最远的裂纹端头之间的距离计算。如果其中一个裂纹为类型 a，另一个裂纹为类型 b，则该组合裂纹应被看作类型 b。

如果 $a<80$ mm，$b<60$ mm，裂纹是允许存在的。摩擦面可能有多个随机排布的裂纹。

如果 80 mm$\leqslant a<100$ mm，60 mm$\leqslant b<80$ mm，裂纹在一定条件下允许存在。与另一个在一定条件下允许存在的裂纹的最短间距必须有 50 mm（两裂纹间距）。带有在一定条件下允许存在的裂纹的制动盘可以继续运行到下次检查。根据制动盘的状况必须缩短检修周期。

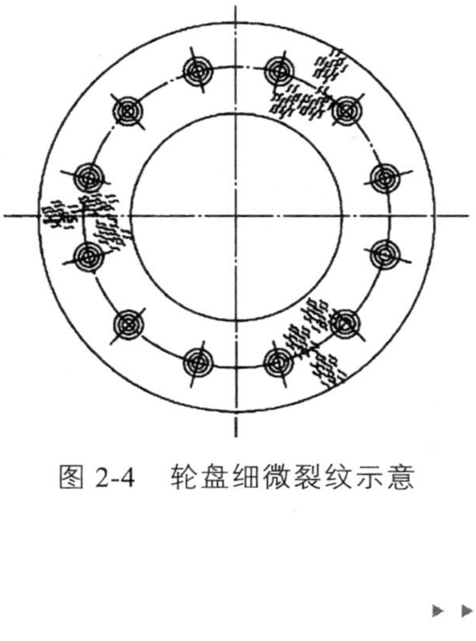

图 2-4　轮盘细微裂纹示意

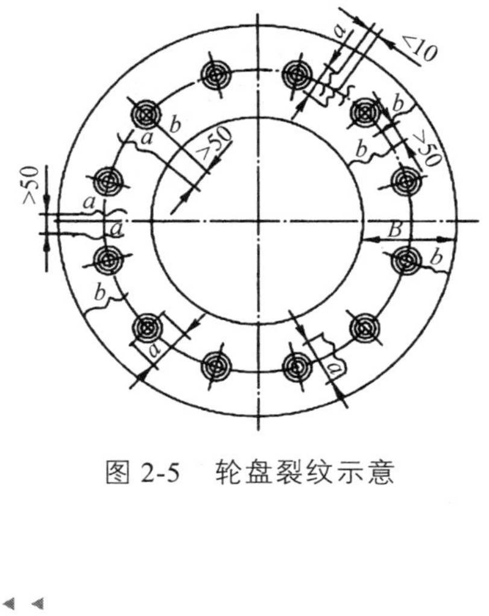

图 2-5　轮盘裂纹示意

如果 $a \geq 100$ mm，$b \geq 80$ mm，裂纹不允许存在。带有不允许出现的裂纹的制动盘必须尽快更换。

c. 贯穿裂纹

贯穿裂纹是指制动盘上从内径贯穿到外径或者贯穿到摩擦盘厚度方向的裂纹，如图 2-6 所示，贯穿裂纹不允许存在。有此类裂纹的制动盘必须立刻更换，不能继续运行。

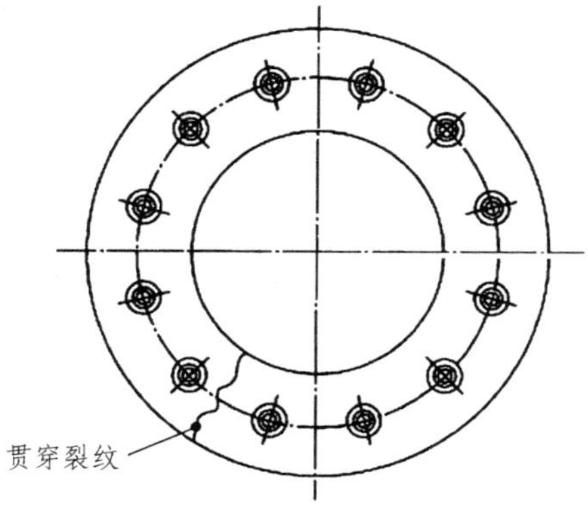

图 2-6　轮盘贯穿裂纹示意

2）轴装制动盘

轴盘依据以下细节进行裂纹检测。裂纹分为细微裂纹（发裂）、表面裂纹、初始裂纹和贯穿裂纹。

a. 细微裂纹

在运行过程中，摩擦面在大的热应力作用下，会产生很浅的细微网状裂纹，如图 2-7 所示。这些裂纹对于运行没有什么影响，可以允许在摩擦面上随机分布。

b. 表面裂纹

轴盘表面裂纹如图 2-8 所示，裂纹也分为类型 a 和类型 b 两种。a 裂纹离摩擦盘内径或外径有 1 个 10 mm 的最小间隙。b 裂纹是连着内径或外径，或者是离内径或外径的间隙小于 10 mm。如果在一个位置上两个或多个裂纹之间的相互距离小于 7 mm，则将其看作组合裂纹，其长度应按照距离最远的裂纹端头之间的距离计算。如果其中一个裂纹为类型 a，另一个裂纹为类型 b，则该组合裂纹应被看作类型 b。

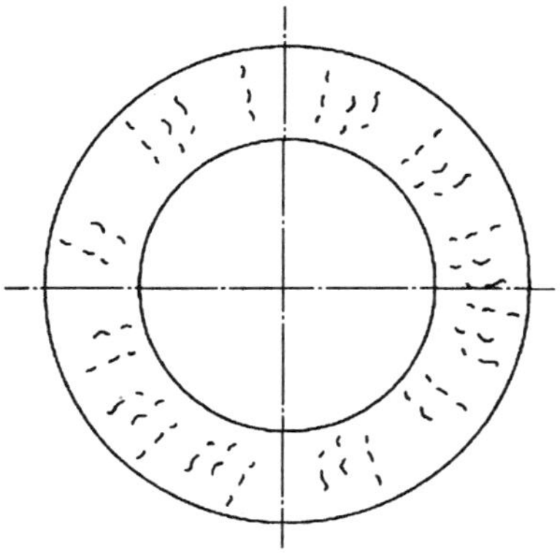

图 2-7　轴盘细微裂纹示意

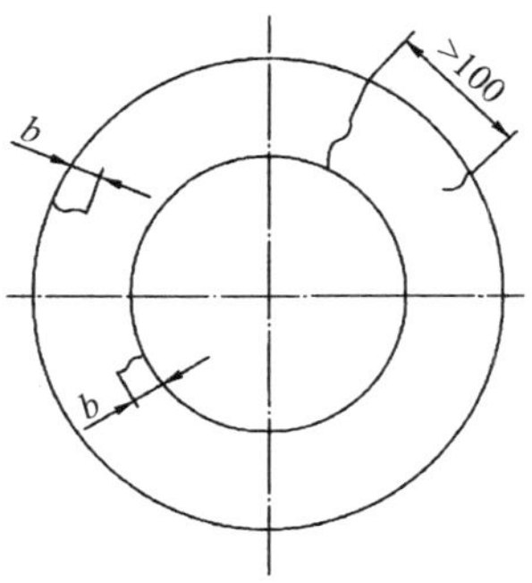

图 2-8　轴盘表面裂纹示意

c. 贯穿裂纹

摩擦环上不允许有贯穿裂纹。有贯穿裂纹的摩擦环必须立即更换。

3）制动盘检修限度

制动盘检修过程中各种限度要求如表 2-1 所示。

表 2-1　制动盘检修限度表

<table>
<tr><th>项目</th><th>原型</th><th colspan="2">一级修程</th><th>二级修程</th><th>备注</th></tr>
<tr><td>轮盘磨耗厚度（单侧）</td><td>3 mm</td><td colspan="2">磨耗量≤2.8 mm；同一车轮两侧磨损差不超过 2 mm</td><td>磨耗量≤2.5 mm；同一车轮两侧磨损差不超过 2 mm</td><td rowspan="2">可将钢尺放置在摩擦盘的摩擦面边缘，检查磨耗量</td></tr>
<tr><td>轴盘磨耗厚度（单侧）</td><td>5 mm</td><td colspan="2">磨耗量≤4.7 mm；同一车轮两侧磨损差不超过 2 mm</td><td>磨耗量≤4.5 mm；同一车轮两侧磨损差不超过 2 mm</td></tr>
<tr><td>制动盘表面凹槽</td><td></td><td colspan="2">≤0.8 mm</td><td>≤0.8 mm</td><td></td></tr>
<tr><td>制动盘偏磨最高点和最低点之差</td><td></td><td colspan="2">≤0.8 mm</td><td>≤0.8 mm</td><td></td></tr>
<tr><td>制动盘表面刻蚀</td><td></td><td colspan="2">≤1 mm</td><td>≤1 mm</td><td></td></tr>
<tr><td rowspan="8">轴盘摩擦面裂纹检查</td><td rowspan="8"></td><td colspan="2">细微裂纹（发纹）</td><td>细微裂纹（发纹）</td><td>运行无影响</td></tr>
<tr><td rowspan="3">表面裂纹</td><td>a<80 mm
b<50 mm</td><td>a<80 mm
b<50 mm</td><td>允许</td></tr>
<tr><td>80 mm≤a<100 mm
50 mm≤b<80 mm</td><td>80 mm≤a<100 mm
50 mm≤b<80 mm</td><td>一定条件下允许</td></tr>
<tr><td>a>100 mm
b≥80 mm</td><td>a≥100 mm
b≥80 mm</td><td>不允许</td></tr>
<tr><td rowspan="3">初始裂纹</td><td>a<50 mm
b<50 mm</td><td>a<50 mm
b<50 mm</td><td>允许</td></tr>
<tr><td>50 mm≤a<70 mm
50 mm≤b<70 mm</td><td>50 mm≤a<70 mm
50 mm≤b<70 mm</td><td>一定条件下允许</td></tr>
<tr><td>a≥70 mm
b≥70 mm</td><td>a≥70 mm
b≥70 mm</td><td>不允许</td></tr>
<tr><td colspan="2">穿透裂纹</td><td>穿透裂纹</td><td>立刻更换，不能继续运行</td></tr>
<tr><td rowspan="5">轮盘摩擦面裂纹检查</td><td rowspan="5"></td><td colspan="2">细微裂纹（发纹）</td><td>细微裂纹（发纹）</td><td>运行无影响</td></tr>
<tr><td rowspan="3">裂纹</td><td>a<80 mm
b<60 mm</td><td>a<80 mm
b<60 mm</td><td>允许</td></tr>
<tr><td>80 mm≤a<100 mm
60 mm≤b<80 mm</td><td>80 mm≤a<100 mm
60 mm≤b<80 mm</td><td>一定条件下允许</td></tr>
<tr><td>a≥100 mm
b≥80 mm</td><td>a≥100 mm
b≥80 mm</td><td>不允许</td></tr>
<tr><td colspan="2">穿透裂纹</td><td>穿透裂纹</td><td>立刻更换，不能继续运行</td></tr>
</table>

3. 制动盘检查

在动车组运用检修过程中，会对制动盘进行一般检查。另外，每隔 2 年，会对制动盘进行详细的检查。详细检查的操作步骤如下：

（1）对于受高温载荷的制动盘来说，使用过程中会在摩擦片上出现很浅的散射状细微裂纹，这就是龟裂。这些龟裂对于运行没有什么影响，允许在整块摩擦片上任意位置出现。

（2）检测摩擦片裂缝情况，没有从内径贯穿到外径、但深度已贯穿摩擦带厚度的裂纹称为裂缝。

（3）检查摩擦片表面裂纹情况。表面裂纹是指裂开但未贯穿摩擦带厚度的裂纹。在下列情况下，摩擦片表面上允许有表面裂纹存在。

（4）检查穿透裂纹情况。在连接搭攀处不允许出现穿透裂纹。摩擦片的两条摩擦带上不允许出现从内径贯穿到外径以及贯穿到散热通道的穿透裂纹。

（5）检查轮装盘式制动器的摩擦片无灼烧痕迹、烧焊和材料脱层现象。若没有穿透裂纹或值得注意的裂缝，则带灼烧痕迹的摩擦片可以继续使用。

（6）检查制动盘的摩擦面刻痕、磨损、斜向磨损及单侧磨损情况。检查摩擦面刻痕。刻痕：最深 1.0 mm。检查摩擦面磨损，磨损量 H 最大不超过 1.0 mm。检查摩擦面斜向磨损，斜向磨损量 S 最大不超过 1.0 mm。检查两个摩擦面的磨损偏差应小于 2 mm。

（7）检查制动盘紧固性。检查轮毂必须紧固在轮组轴上，不得出现轮轴轴向偏移现象和轮毂压合座上的锈蚀扩散情况。检查摩擦片固定在轮毂上的螺纹连接件无松动、防松标记清晰无错位。

（二）制动闸片

制动闸片是基础制动重要的摩擦部件，其外形如图 2-9 所示。闸片的形状均呈月牙形或扇形，也有对称分成两半的，其好处是容易拆卸，特别适用于闸片与制动盘空间很小的情况。闸片上的散热槽有各种不同的形式，有横向槽、竖向槽和斜槽等，其作用都是增加摩擦面的贴合性，便于排除磨屑和散热。

目前，主流的制动闸片均采用的是浮岛式设计，并且采用弹性安装，保证闸片与制动盘之间的贴合更加紧密。

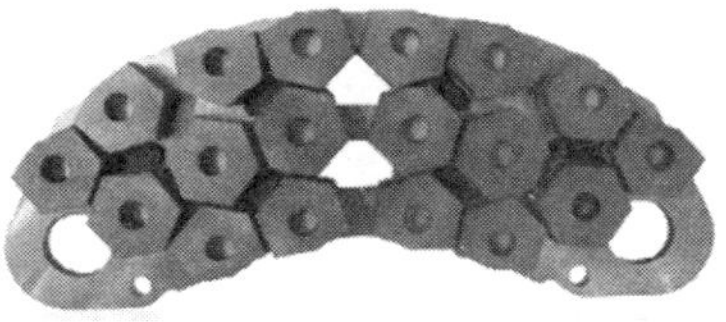

图 2-9　制动闸片

其实对于制动闸片来说，最重要的是它的材料，即选用什么材质的制动闸片才能和制动盘匹配得更好。制动闸片材料的发展与制动盘材料的发展密切相关，闸片材料要求具有以下性能：

（1）具有足够而稳定的摩擦系数，外界条件（如制动初速度、压强、温度、缓解介质等）改变时对其影响较小。

（2）具有较高的耐磨性。

（3）具有良好的物理机械性能，导热性好，热容量大，有一定的高温机械强度。

（4）对制动盘的表面损伤小，不易划伤表面和产生黏着磨损，摩擦过程中不易产生噪声，无臭味，无污染。

（5）经济性好，原料来源充裕，价格便宜，生产工艺简单。

现在动车组用制动闸片材料一般都为粉末冶金，是以一种金属或合金为主要成分，加入摩擦、减磨或起某些特殊作用的其他金属、非金属成分，具有明显的金属性、优越的物理力学性能和摩擦磨损性能。

制动闸片初始厚度为 17 mm，在动车组运用检修中，制动闸片的厚度应不小于 5 mm。

磨耗余量（到下个一级检修前闸片厚度不得低于 5 mm，测量时包含摩擦块的金属背板在内，在最薄处测量）。如果发现任一闸片厚度小于此限度时。制动卡钳两侧的闸片须同时更换。

（三）制动夹钳单元

制动夹钳装置是制动指令的最终执行部分，是盘形制动的三大部件之一，其作用是利用杠杆原理将制动原动力放大并传递，使空气压力转化为闸片与制动盘之间的正压力，通过制动盘和闸片的摩擦形成制动力。

为了实现制动功能，无论何种制动夹钳装置，从结构上大致都包含制动缸、自动间隙调整器及手动复位机构、杠杆机构及闸片托。另外，部分杠杆式和紧凑型夹钳单元还包含停放制动缸及手动缓解装置。

根据转向架结构尺寸和空间布置，可将夹钳结构分为紧凑式、杠杆式和一体式三种。

1. 紧凑型制动夹钳装置

CRH1 型和 CRH380AL 型两种动车组上采用紧凑型制动夹钳装置。紧凑式制动夹钳采用模块式结构，由单独的制动缸和间隙调整器组成。该种夹钳采用轻量化结构，占据最小的转向架空间。通过减少接头和轴承以及加装密封套等措施提升该装置的效率，增加使用寿命。紧凑式夹钳装置尺寸小，质量轻，减轻了列车自重，增强了列车运行的稳定性。CRH1 型和 CRH380AL 型两种动车组上采用紧凑型制动夹钳装置，如图 2-10 所示。

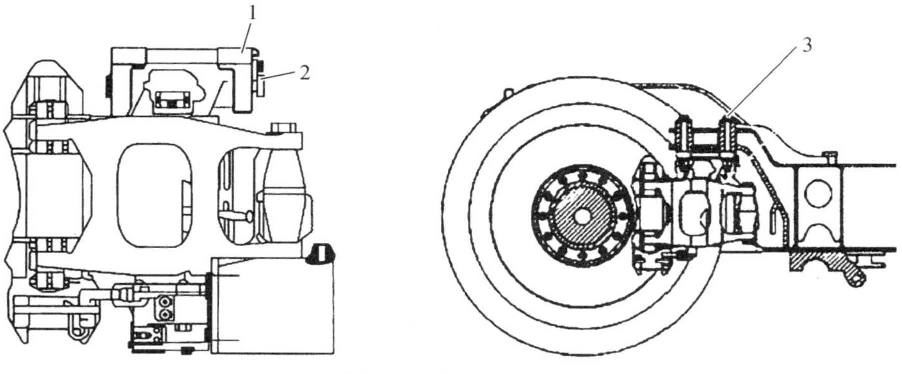

1—支架；2—销子；3—螺栓。

图 2-10　紧凑型制动夹钳装置

1）结构组成

制动夹钳装置由夹钳体、膜片式制动缸、制动杠杆、止推杆调整器、闸片和闸片托组成，如图 2-11 所示。膜板式制动缸用法兰接头连接，两个相同形状的制动杠杆（5）在铰链上连接。在自由端，每个杠杆带有连接闸片托（2）和制动闸片（1），制动杠杆（5）把相对端连接在间隙调整器上。膜板制动缸包括膜板（11）、制动缸活塞（7）、制动缸活塞复原弹簧（12）。一根制动杠杆在偏心轴（3）的支点部件偏心销（4）摆动，偏心轴（3）在外壳内滚动，接触轴承转动；另一根制动杠杆在连接外壳的固定支点上摆动。

位于偏心轴（3）对面的外壳内有间隙调整传动系统，包括杠杆（16）、摇臂（15）、缓冲弹簧（14）。止推杆（13）连接外壳和闸片间隙调节器。杠杆两端用橡胶密封，防止脏物进入闸片间隙调节器和外壳。闸片间隙调节器主要包括轴（9）、管状螺母和六角复位头（8）、套管飞轮（10）等。

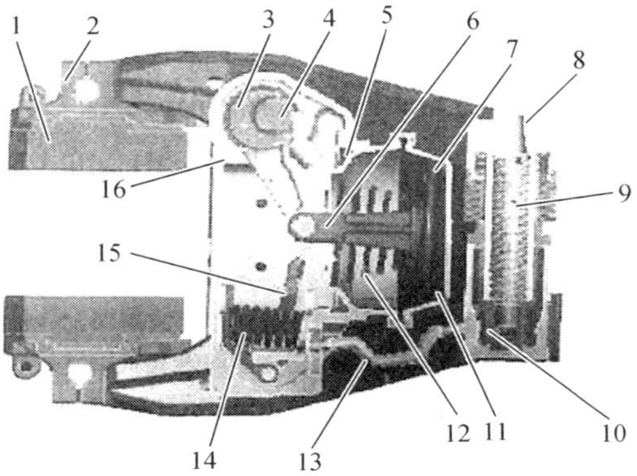

1—制动闸片；2—闸片托；3—偏心轴；4—偏心销；5—制动杠杆；6—制动缸活塞杆；7—制动缸活塞；8—管形螺母和六角复位头；9—轴；10—套管飞轮；11—制动缸膜板；12—制动缸活塞复原弹簧；13—止推杆；14—缓冲弹簧；15—摇臂；16—杠杆。

图 2-11 紧凑型制动夹钳装置的基本构成

2）工作原理

制动时，压缩空气进入膜片式制动缸，制动缸活塞（7）产生一定的移动，并在杠杆（16）上旋转偏心轴（3），安装在偏心销（4）上的制动杠杆（5）移到制动位置，相对的制动杠杆（5）连接到止推杆（13）调整器，也移到制动位置，制动片接触制动盘，产生制动力。

缓解时，制动缸排气，在复原弹簧的作用下，制动缸活塞杆（6）退回，带动杠杆（16）、偏心轴（3）、偏心销（4）回复原位。

当制动闸片（1）间隙大于设定值时，制动夹钳装置能够自动调整闸片间隙。具体工作原理是：制动时，压缩空气进入膜片式制动缸，制动缸活塞（7）产生一定的移动，并在杠杆（16）上旋转偏心轴（3），安装在偏心销（4）上的制动杠杆（5）移动到制动位置，对面制动杠杆和闸片间隙调节器连接也到达制动位置，制动缸活塞（7）完成相当于制动闸片（1）间隔设定的冲程，活塞杆与杠杆连接端部接触摇臂（15）。随着活塞杆继续外移，止推杆（13）由摇臂（15）推动。止推杆（13）连接闸片间隙调节器的套管飞轮（10），导致轴（9）旋转，管形螺母和六角复位头（8）沿轴（9）轴向移动，闸片间隙调节器加长。制动闸片（1）和制动盘间隙随闸片间隙调节器加长而减小。

止推杆（13）调整器是一个单向运动装置，随着力的变化进行控制。这意味着仅在一个方向提供自动间隙调整，当闸片间隙大于设定值时，增加调整器长度可以减少闸片间隙。

2. 杠杆式制动夹钳装置

CRH3 型、CRH5 型及 CRH380BL 型等动车组上采用杠杆式制动夹钳装置。杠杆式制动夹钳是用一根横杆将两个制动杠杆用销轴连接起来，形成“H”形的结构，制动缸和闸片分别安装在“H”形夹钳的两端。制动时，通过制动缸及制动杠杆的作用，使安装在另一端的闸片夹紧制动盘；缓解时，由于制动缸内的压强降低，在制动缸内缓解弹簧的作用下，闸片离开制动盘。

1）结构组成

制动夹钳装置的主要组成部件为带或不带停放制动缸（弹簧储能器）的制动缸（1）、制动杠杆（2、3）和带锁闩卡锁的制动闸片托架（4、5）。通过中间吊架上的固定支点支座（7）及前端两个片托上的两个吊耳（8），共 3 个悬挂点，实现与转向架的连接，如图 2-12 所示。

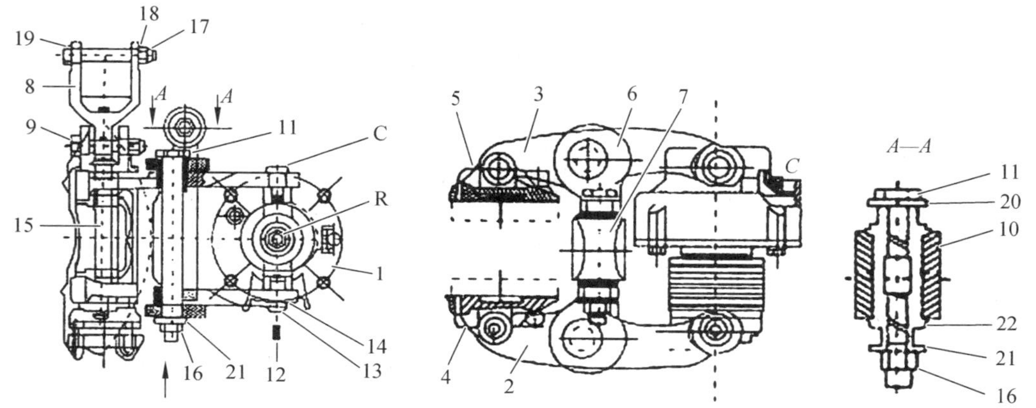

1—制动缸；2、3—制动杠杆；4、5—制动闸片托架；6—拉杆；7—支点支座；8—吊耳；9、11、19—螺纹销；10—锥形轴套；12—排气螺栓；13—轴位螺栓；14—锁紧环；15—销栓；16、17—防松螺母；18、20、21—垫片；22—法兰轴套；R—制动缸上的复位螺母；C—常用制动缸的压缩空气接口。

图 2-12 杠杆式制动夹钳装置

在支点支座（7）处拉杆（6）通过锥形轴套（10）和螺纹销（11）悬挂在转向架上。螺纹销（11）通过两个法兰轴套（22）和两个垫片（20、21）支承在转向架上。两个吊耳（8）通过螺纹销（9）与制动闸片托架（4、5）铰接连接。销栓铰接和弹性的锥形轴套使得制动夹钳装置可以根据轮轴的轴向运动随时调整。制动夹钳包括两个制动杠杆（2、3），通过拉杆（6）铰接在一起。制动杠杆（2、3）的一端固定在制动闸片托架（4、5）上。制动杠杆的另一端钻有螺孔，用于装入为支承制动缸（1）所需的轴位螺栓（13）。

2）工作方式

杠杆式制动夹钳装置由一根横杆将两个制动杠杆用销轴连接起来，形如“H”形的结构，制动缸和闸片分别安装在“H”形夹钳的两端。制动时，制动缸（1）充风，通过制动缸及制动杠杆的作用，使安装在另一端的闸片夹紧制动盘，抱闸后即形成制动力。若有停放制动缸，则停放制动缸排气，便可使停放制动施加抱闸，闸片借助停放制动缸的作用力压在制动盘上。

3. 一体式制动夹钳装置

CRH2 型动车组上采用了一体式制动夹钳装置。一体式制动夹钳由支架和“H”形的本体组成，由于整个本体为一个零件，故称“一体式”夹钳。它由支持架（2）和“H”形的本体（1）组成。“H”形本体（1）一端以支持销（6）与支持架（2）连接，本体（1）可在支持销（6）上滑动，另一端安装液压油缸（内藏于夹钳）（3）和闸片（4）。本体（1）上还有闸片间隙调整器（5）以适应闸片的不同磨耗程度。这种一体式夹钳结构只在夹钳本体的一侧设有液压油缸，夹钳本身可以移动，称为浮动式夹钳。这种制动夹钳装置的最大优点是结构紧凑且杠杆倍率较大，结构如图 2-13 所示。闸片间隙调整器（5）的作用是当制动夹钳的闸片磨耗引起闸片与制动盘的间隙变大时，能够自动将闸片与制动盘之间的间隙调整到正常值。

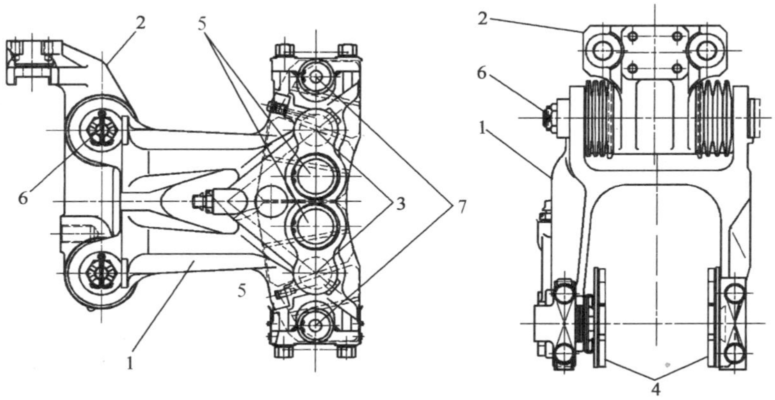

1—本体；2—支持架；3—液压油缸；4—闸片；5—闸片间隙调整器；6—支持销；7—插销。

图 2-13 一体式制动夹钳装置的基本构成

制动夹钳的夹紧动作是由液压油缸驱动的，而推动该液压油缸的高压油则是通过一套空油变换装置将制动管内的压缩空气的压力增大约 18 倍后获得的。

加压制动时，高压油注入液压油缸（3），通过液压油缸（3）的作用，油缸侧的闸片（4）先碰到制动盘的表面，然后夹钳本体（1）因反作用力而使支持销（6）部分滑动，非油缸侧闸片（4）也压上制动盘的表面，从而产生制动作用。为防止因闸片的磨损而引起制动盘和闸片间间隙扩大，制动夹钳有保持一定间隙的自动间隙调整装置。

闸片间隙自动调整的过程如下：制动时，当制动闸片磨耗时，闸片与制动盘之间间隙变大，液压制动缸动作，可调活塞内的摩擦弹簧与杆之间出现相对滑动，该相对滑动量不会随着液压制动缸卸压（制动缓解）而缩回，这就从结构上保证了当液压制动缸卸压时闸片的返回量一定，即保证制动闸片与制动盘之间的间隙始终保持在规定值内。

制动缓解时，液压即便消除，液压制动缸侧闸片仍保持与制动盘面相接触，但由于制动盘表面的凸凹、振动，使本体拉动支持销移动至不发生打滑的位置，在此位置由橡胶固定，使油缸侧、油缸对侧均出现间隙。

三、动车组基础制动的工作原理

目前，国内动车组基础制动所采用的方式都是通过对空气的压缩来进行制动力量传递的，其主要是通过动车组内部机构的活塞缸体及杠杆机构，将作用在气缸内的空气压力转化为动车组的制动力。其工作原理是通过对缸体内的空气进行压缩，依靠压力产生活塞运动，将运动所产生的压力依靠连接销传递到制动杠杆和闸片托，使闸片托上的闸片与制动盘之间形成制动摩擦副，并实施摩擦制动。为了能够对闸片与制动盘进行自动调整，要在制动夹钳内设置间隙调整的相应装置，以保证闸片和制动盘间的间隙处于正常大小状态。

四、复兴号动车组基础制动装置

复兴号动车组制动夹钳采用的是三点吊挂式制动夹钳，外形如图 2-14 所示，制动缸采用活塞式制动缸。拖车转向架设有停放制动，带停放制动夹钳如图 2-15 所示，安装在拖轴中间，双侧缓解。

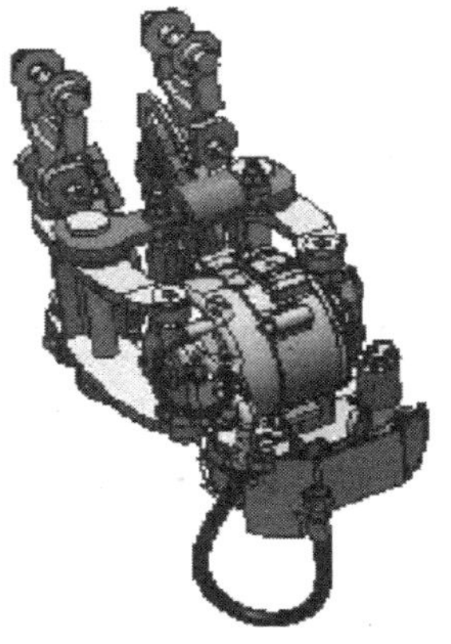

图 2-14　带停放制动的夹钳

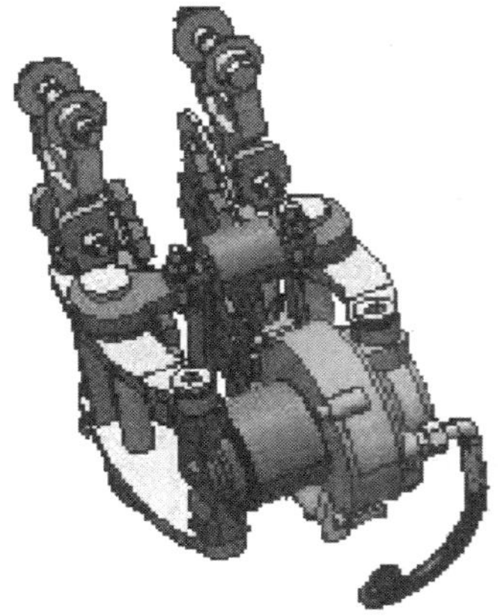

2-15　普通制动夹钳

动车每轴配置 2 个轮装制动盘，通过螺栓安装于车轮腹板，如图 2-16 所示；拖车轴每轴配置 3 个轴装制动盘，通过盘毂与车轴压装配合，如图 2-17 所示。制动盘采用铸钢或锻钢材料。

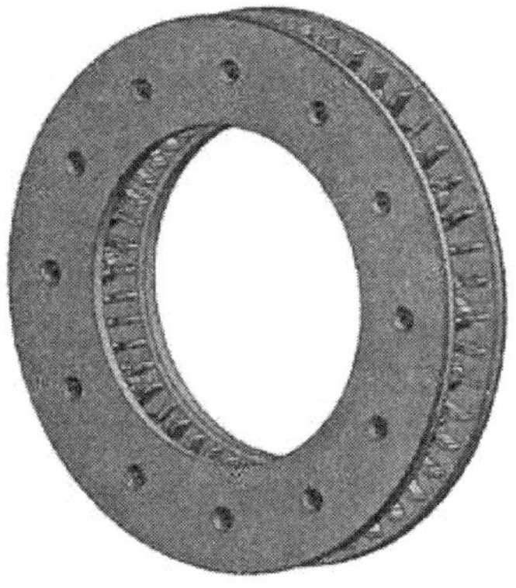

图 2-16　轮盘

图 2-17　轴盘

制动闸片与制动盘匹配，按统型技术条件执行，外形如图 2-18 所示。制动闸片采用弹性浮动结构、粉末冶金材料。

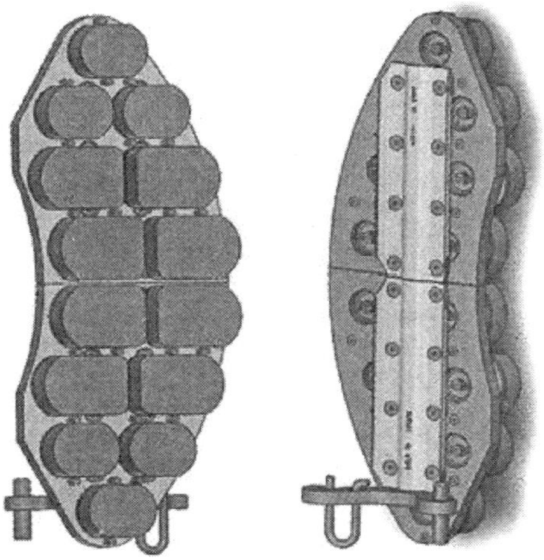

图 2-18　制动闸片

任务二　踏面清扫及撒沙装置原理

任务描述

（1）掌握踏面清扫装置组成。
（2）掌握踏面清扫装置原理。

相关知识

由于现行动车组均采用盘形制动，因此正常情况下车轮踏面上的一些污垢、尘埃等较难清除，从而对轮轨之间的黏着会有一定的影响。设置踏面清扫装置的目的是：在制动时，除去车轮踏面的尘埃、锈迹、油脂等，保持轮轨间稳定的黏着性能。为防止车轮空转和打滑，在制动时应将研磨块压在踏面上进行清扫。为防止踏面清扫装置在冬季出现阻塞，应将气缸、复位弹簧、自动间隙调整装置组装成一个单元，研磨块的材质应采用树脂。踏面清扫装置安装在制动夹钳上部的支持架上。

而撒砂装置则是通过在轮轨之间撒砂，有效改善轮轨接触面的工作环境，改善黏着系数，提高动车组运行品质。

一、踏面清扫装置

（一）结构及动作方式

踏面清扫装置的外形如图 2-19 所示，基本结构如图 2-20 所示，主要由缸筒、活塞杆、止动销、销子、闸瓦（研磨子）构成，主要参数如表 2-2 所示。

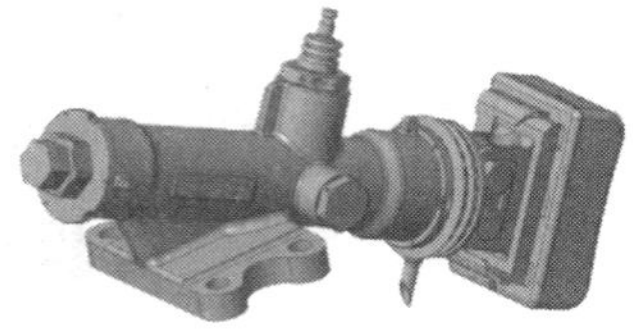

图 2-19　踏面清扫装置

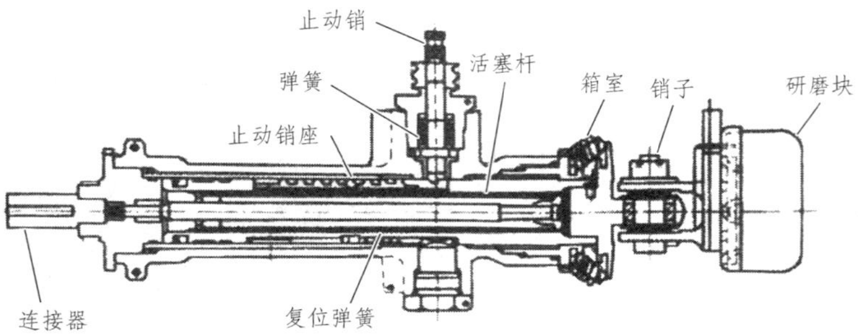

图 2-20　踏面清扫装置基本结构

表 2-2　踏面清扫装置主要结构参数

型式	直动型
气缸尺寸	ϕ 40 mm
面积	12.57 cm²
使用空气压力	490 ~ 590 kPa
最大行程	80 mm
研磨子厚度	40 mm（有效磨耗量：30 mm）
基本构成	缸筒、活塞杆、止动销、销子、研磨子

踏面清扫装置由 4 根螺栓固定在转向架架构的制动夹钳支持架上。通过连接器加压后，活塞杆被顶出，装置在活塞头端的研磨子就触抵车轮的踏面。缓解时，在复位弹簧的作用下，活塞杆及闸瓦复位。研磨头托架的连接销由防振橡胶支撑，吸收车轮的倾斜，以防止研磨头的偏磨耗并减轻振动。踏面清扫装置的安装如图 2-21 所示。

图 2-21　踏面清扫装置安装示意

（二）作用原理

踏面清扫装置的作用原理如图 2-22 所示，压缩空气通过连接器进入气缸后，活塞杆被顶出，安装在活塞杆端部的研磨块就被压紧在车轮的踏面上。

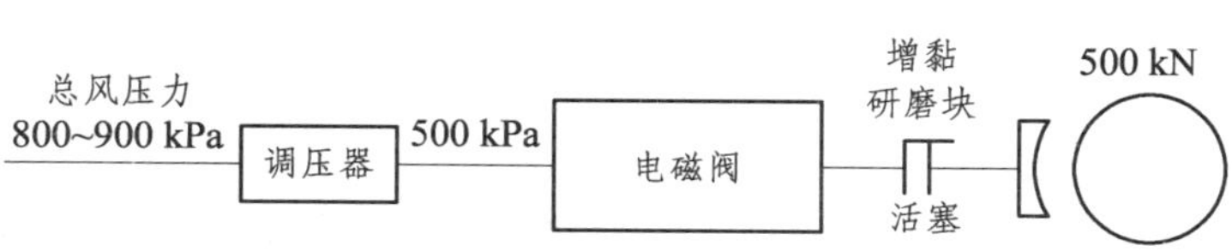

图 2-22　踏面清扫器作用原理

缓解时，压缩空气排出，在复位弹簧的作用下，活塞杆及研磨块复位。研磨头托架的连接销由防振橡胶支撑，吸收车轮的倾斜，以防止研磨头的偏磨耗并减轻振动。

研磨块和车轮的踏面受到磨耗后，止动销座（安装在活塞杆的槽内）的顶部将弹簧压住的止动销推起并越过它，由此使研磨块与车轮踏面的间隙保持在 15 ~ 23 mm 的范围内。在缸内有残留空气的情况下，须将止动销拉出 2 ~ 3 次进行排气。

踏面清扫装置的控制逻辑如图 2-23 所示，压缩空气通过连接器进入气缸后，活塞杆被顶出，安装在活塞杆端部的研磨块就被压紧在车轮的踏面上。

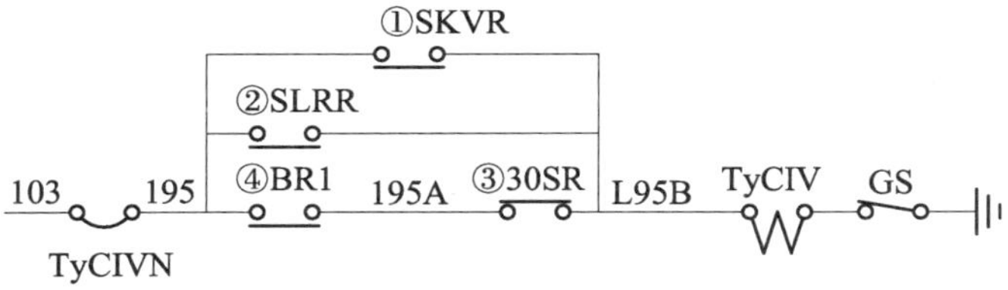

图 2-23　踏面清扫控制逻辑

在以下 4 个条件满足对应关系时，踏面清扫电磁阀 TyCIV 励磁，踏面清扫开始动作：

① SKVR 励磁：检测到滑行。

② SLRR 励磁：检测到空转（只适用于 M 车）。

③ 30SR 为非励磁：30 km/h 以上。

④ BR1 励磁：有制动指令（车辆传输终端→BR1）。

（三）研磨块更换

研磨块的使用限度（有效磨损量）：尺寸达到 10 mm 前需进行更换。

1. 研磨块拆卸

（1）关闭相应车厢 2 位侧“踏面清扫”截断塞门。

（2）用手拉出踏面扫清装置止动销，排尽踏面扫清装置气缸筒内残留的压缩空气。

（3）研磨块完全复位后放开止动销。

注：若气缸筒内的残留压缩空气未排干净，研磨块未完全复位，须将止动销拉出 2 次进行排气；如果拉不动止动销，可用克丝钳适当用力夹住止动销向上挑。

（4）研磨块完全复位后，使两侧卡销处于闭合状态，用手将研磨块移向转向架外侧卸下研磨块。

2. 研磨块的安装

（1）将新的研磨块从转向架外侧，与安装板相配合后用力嵌入。

（2）确认锁紧研磨块两侧卡销已打开。

（3）用手转动研磨块，确认其不会脱落。

（4）打开每辆车 2 位侧“踏面清扫”截断塞门。

（5）将司机室 BV 手柄置于 B1 位。

（6）对空挡开关进行闭合、断开操作。

（7）确认研磨块压紧、缓解动作良好。

二、撒砂装置

（一）撒砂控制箱

1. 撒砂控制箱结构组成

撒砂控制箱的外形如图 2-24 所示。撒砂控制箱内部结构如图 2-25 所示。

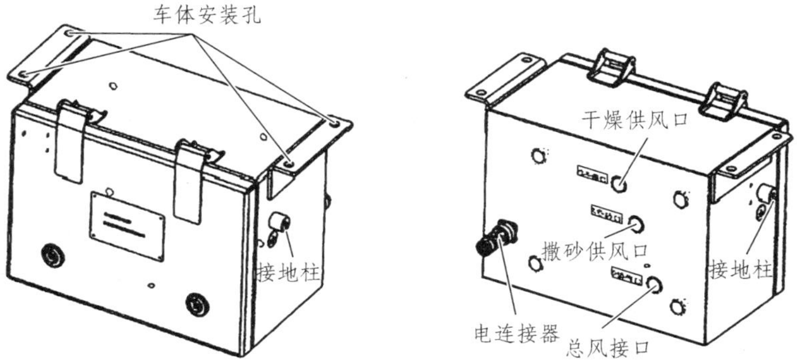

图 2-24 撒砂控制箱结构

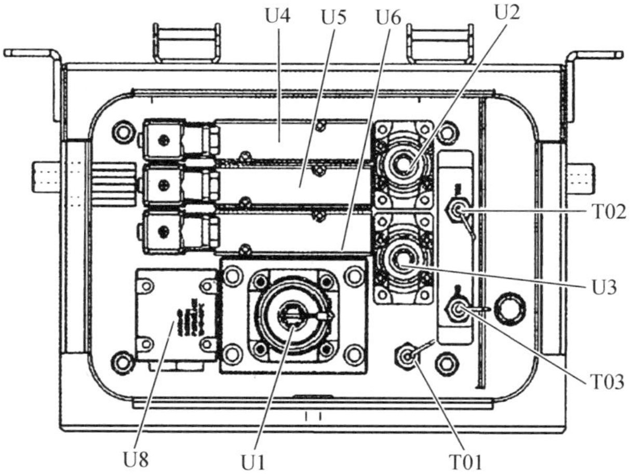

U1—溢流阀；U2—低压减压阀；U3—高压减压阀；U4—干燥供风电磁阀；U5—低压撒砂电磁阀；U6—高压撒砂电磁阀；U8—过滤器；T01—总风压力测点；T02—低压减压阀压力测点；T03—高压减压阀压力测点。

图 2-25 撒砂控制箱的部件

2. 撒砂控制原理

撒砂控制箱用来控制撒砂单元的入口供风条件，具有干燥砂供风、低压撒砂供风和高压撒砂供风的功能。撒砂控制箱的气路原理如图 2-26 所示。

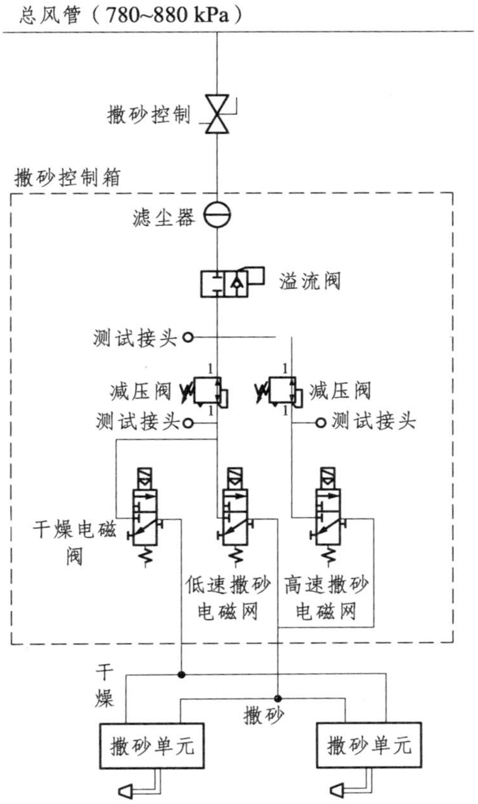

图 2-26　撒砂控制箱气路原理

撒砂控制单元与总风管相连，通过溢流阀、减压阀、电磁阀给撒砂装置供风。当总风压力高于 700 kPa 时，溢流阀开启，列车撒砂功能可用；若总风压力低于 700 kPa，则溢流阀关闭，列车撒砂功能不可用。当主控信号投入、VCB 闭合后，撒砂干燥电磁阀处于常得电状态，持续施加 270 kPa 的压缩空气，自动干燥砂子。

1）手动撒砂功能

司机操纵台设置球形拨键开关，自复位三级。

前位：本车前进方向撒砂；中间 0 位：不撒砂；后位：全部轮对前进方向撒砂（01 车 3 轴、02 车 3 轴、07 车 2 轴一组，或 02 车 2 轴、07 车 3 轴、08 车 3 轴另一组）。

制动过程中，司机可根据需要（轮轨出现非正常的油污附着等恶劣情况，操纵大级位制动仍无法快速停车）采用手动撒砂，使轮轨黏着恢复。司机操纵台中部设有撒砂控制开关，可向前或向后扳动实施撒砂，向前或向后扳动撒砂效果一致，均在主控端有效，信号发送到中央装置，由列车网络通过终端装置发送到各车 BCU，BCU 启动撒砂继电器进行撒砂。速度为 5 km/h 以下时，允许短时撒砂（10 s），需重新复位撒砂开关再次进行撒砂；速度为 5 km/h 以上时，扳动撒砂开关进行持续撒砂，不受时间限制。

01 车主控时，操作撒砂开关，01 车 3 轴、02 车 3 轴、07 车 3 轴撒砂装置动作；00 车主控时，操作撒砂开关，00 车 2 轴、02 车 2 轴、07 车 2 轴撒砂装置动作。

2）自动撒砂

当各车 BCU 在 7N、EB、UB 制动工况下检测出严重滑行时，通过 BCU 向 MON 屏发送撒砂请求信号，MON 屏接收到任意车 BCU 发来的撒砂请求信号时，由 MON 屏向各车 BCU 统一下发自动撒砂控制指令，BCU 控制撒砂继电器得电，自动撒砂输出持续撒砂，至本列无车辆滑行停止。当自动撒砂功能切除，自动撒砂条件触发后，MON 屏弹出“列车严重滑行，请注意撒砂”，提示司机手动撒砂。

3）撒砂分级控制

手动控制或自动控制时进行撒砂分级控制。当列车速度高于 160 km/h 时，高速撒砂电磁阀得电，撒砂装置施加 630 kPa 的压缩空气；当列车速度低于 160 km/h 时，低速撒砂电磁阀得电，撒砂装置施加 270 kPa 的压缩空气。

4）砂箱干燥和加热控制

当主控信号投入、VCB 闭合后，干燥电磁阀处于常得电状态，一直施加 270 kPa 的压缩空气干燥砂子、自动干燥砂子；当温度低于 5 °C 时，砂箱加热器和砂嘴加热器自动启动。

3. 砂控制箱拆卸步骤

撒砂控制箱安装与拆卸说明如表 2-3 所示。

表 2-3　撒砂控制箱拆卸步骤

类型	部　件	步　骤	备　注
安装	撒砂控制箱	安装撒砂控制箱至车辆吊架上	注意：有压缩空气，安装与拆卸时应切断压缩空气连接
	撒砂控制箱/车辆	① 安装撒砂控制箱。准备好撒砂控制箱与车辆的安装螺栓，并涂抹规定的油脂 ② 将撒砂控制箱与车辆安装孔定位。用安装螺栓将撒砂控制箱和车辆连接，并按照规定的扭矩拧紧后涂防松标记。拧紧时应用力均匀，交叉对角拧紧	
拆卸	撒砂控制箱/撒砂控制模块	从撒砂控制箱上拆下撒砂控制模块	
	撒砂控制箱/车辆	① 将撒砂控制箱与车辆的安装螺栓拆下 ② 将撒砂控制箱取下并安放好	

（二）撒砂装置

由于动车组运行的环境不同，在恶劣条件下，可通过撒砂系统有效改善轮轨接触面的工作环境，改善黏着系统，提高动车组运行品质。

CRH380B 型动车组的撒砂装置采用压差式的撒砂单元，位于两头车转向架的 1 轴和中间动车转向架的 1 轴和 4 轴，其在结构如图 2-27 所示。

撒砂单元的压缩空气来自于主风管，由主风管来控制其压力，撒砂设备可以通过带触点的截断塞门来隔离。主风管的压缩空气到达减压阀，流经电磁阀至砂箱底部的撒砂器。电磁阀共有三个触头，分别为向前撒砂、干燥砂和向后撒砂。在撒砂器启动时，砂子被空气吹进砂管到达已经加热的喷嘴。为优化撒砂的给砂量，撒砂装置将在列车高速时（v>160 km/h）施加 630 kPa 的压力，而在低速时（v<160 km/h）施加 270 kPa 的压力。这是由 EBCU 根据列车速度来进行控制的。

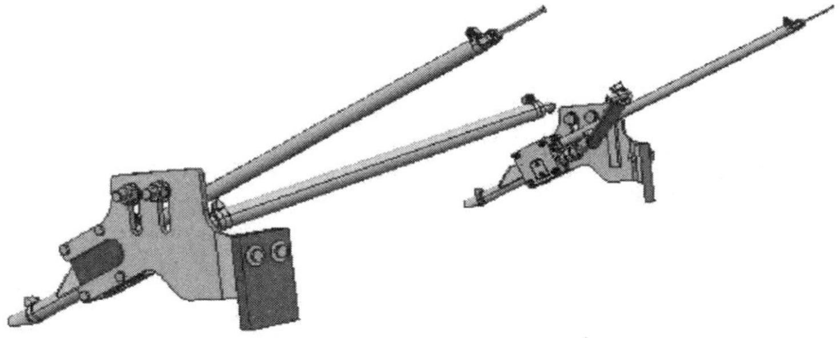

图 2-27　动车组撒砂装置

1．结构组成

1）撒砂口

撒砂装置中的撒砂口分为两种：撒砂口 A 和撒砂口 B，安装在车轴上，通过撒砂口的铭牌可辨别，外形如图 2-28 所示。

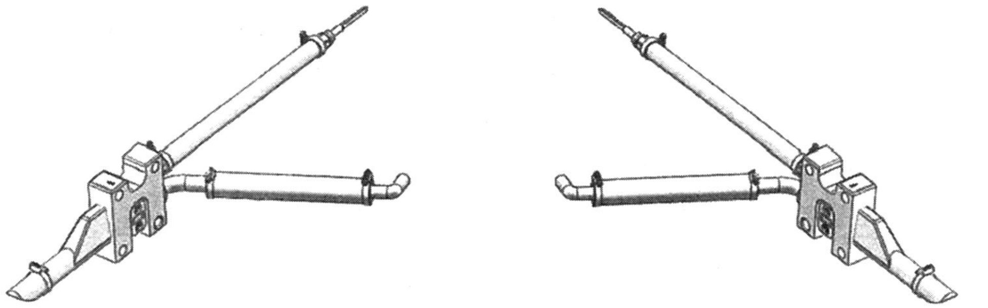

（a）撒砂口 A　　（b）撒砂口 B

图 2-28　撒砂口外形

撒砂口通过 4 个 M12 螺栓安装在车轴的固定支架上，撒砂口的金属外皮软管通过卡套接头与撒砂单元底部的出砂口相连。撒砂口加热元件电缆芯的正负极定义如下：棕——火线（AC 220 V）；蓝——零线；黄绿——接地。

当列车运行中的环境温度不高于 5 °C 时，列车对撒砂口加热元件通电（AC 220 V），当环境温度大于 5 °C 时，列车停止对撒砂口加热元件通电。

2）撒砂盖

砂箱盖用于维持砂箱中的压力，并具有限压结构，防止砂箱中的压力过高，还具有防脱结构，如图 2-29 所示。砂箱盖保压最大压力为 30 kPa；排气压力为 50 kPa±10 kPa。

防脱销钉用于防止砂箱盖相对于砂箱盖座转动。砂箱盖与砂箱盖座之间有防脱链。当砂箱盖中的压力过高时，砂箱盖上的限压阀将排气泄压。使用时须防止砂粒滞留在砂箱上盖与底座之间，以免砂箱上盖与底座卡滞。

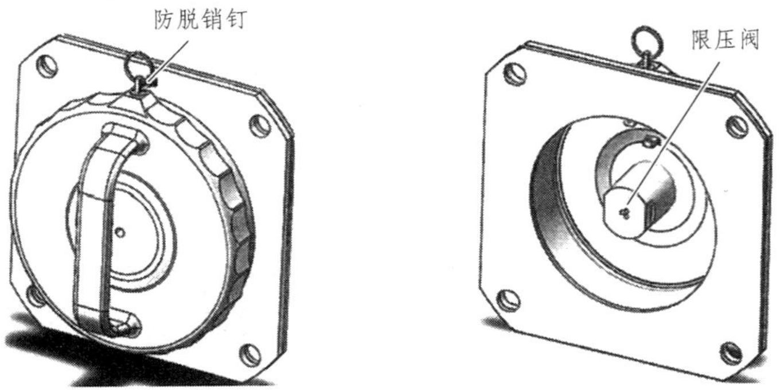

图 2-29　砂箱盖外形

3）撒砂装置的主要性能

（1）撒砂装置可以使成比例的砂子通过砂管喷洒到铁轨上，撒砂量可根据要求调整。

（2）撒砂单元具有烘干功能，即用热空气烘干砂箱中保存的砂子。

（3）撒砂单元和撒砂口具备加热功能，防止低温时砂子和砂管冻结。

（4）技术设计寿命：12 年。

2．撒砂装置工作原理

撒砂装置是一种在一定压力范围内工作的气动传送装置。与传统重力撒砂装置相比，其下砂量控制精准、故障率低，具备砂箱及撒砂管干燥功能。撒砂装置主要由砂箱（C）、砂箱盖（D）、砂室、排出室高管、排出室低管、干燥棒（H）、烧结板、撒砂帽等构成，如图 2-30 所示。

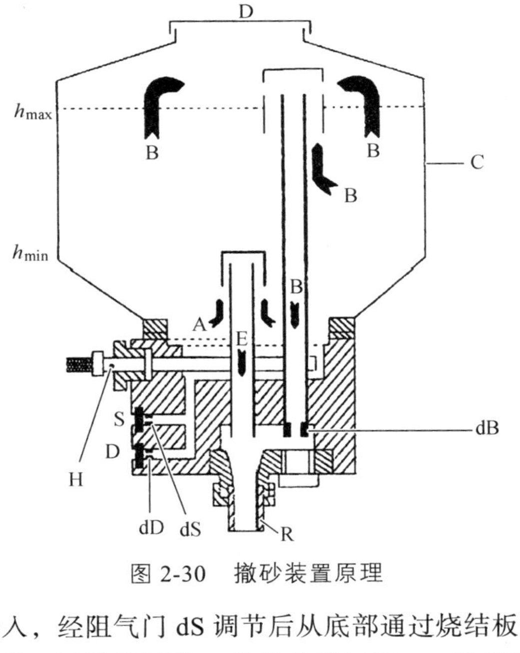

图 2-30　撒砂装置原理

撒砂供风由端口 S 进入，经阻气门 dS 调节后从底部通过烧结板进入砂箱中。在砂箱中，供给的压缩空气被分为两股：计量的气流 A 和排出的气流 B。计量的气流 A 从烧结板流入砂室并将砂子扬起，扬起的砂子进入撒砂帽，在撒砂帽顶壁的阻碍下进入撒砂管，继而进入撒砂出口 R。排出的气流 B 流经砂箱中的砂子使它们松散，最后通过排出室高管和排出阻气门

dB（可选）排出。

撒砂供风由端口 S 进入，经阻气门 dS 调节后从底部通过烧结板进入砂箱中。在砂箱中，供给的压缩空气被分为两股：计量的气流 A 和排出的气流 B。计量的气流 A 从烧结板流入砂室并将砂子扬起，扬起的砂子进入撒砂帽，在撒砂帽顶壁的阻碍下进入撒砂管，继而进入撒砂出口 R。排出的气流 B 流经砂箱中的砂子使它们松散，最后通过排出室高管和排出阻气门 dB（可选）排出。

砂子的传输由气流 A 和气流 B 的比值决定（由阻气门 dS 和排出室高管的内径控制或者可选择当使用分散型的砂时在排出管中补充一个阻气门 dB），两股气流汇合后流向撒砂出口 R。

3. 撒砂装置检修操作

撒砂装置的检修操作包括安装位置检查、外观检查、电磁阀 F04 检查和功能测试等。

1）安装位置检查

（1）检查撒砂装置。把钢尺架于钢轨上，测量撒砂装置喷嘴下檐到钢轨的垂直距离。

（2）检查扫石器装置高度。用钢尺测量扫石器橡胶到钢轨的垂直距离，测量方法如图 2-31 所示。

（3）限度如下：

CRH380B（L）撒砂装置：头车为（67±2）mm，中间车为（70±2）mm。

CRH380B 扫石器装置的高度设置：（54±2）mm。

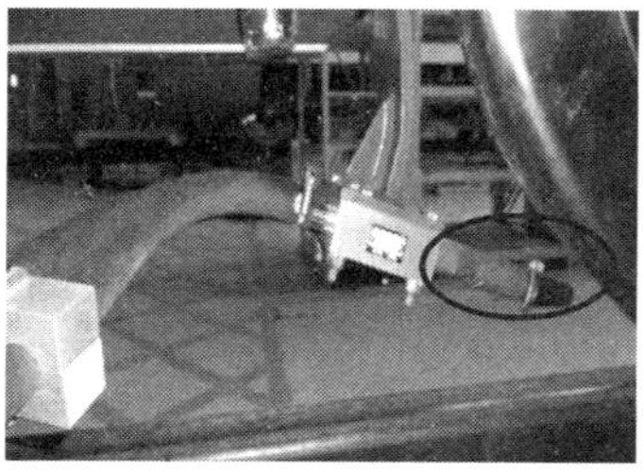

图 2-31　安装位置检查

2）外观检查

（1）打开检查裙板。

（2）检查在头车车辆各自的轮对 1 前和中间车车辆各自的轮对 1 和轮对 4 前的撒砂装置、砂管加热器及砂箱盖，如图 2-32 所示。

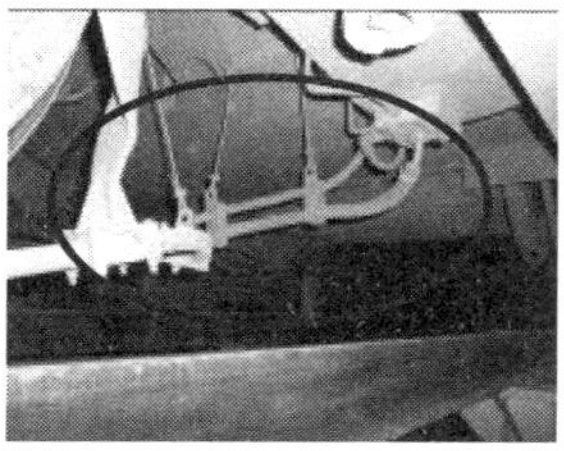

（a）撒砂管

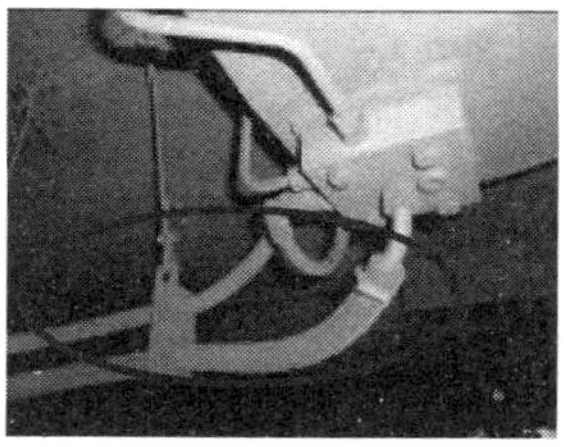

（b）加热管

图 2-32　外观检查

（3）检查设备的位置应正确，紧固元件无缺失，防松标记清晰，无错位。

（4）检查确认压缩空气接口在设备上的位置正确，撒砂装置的撒砂出口喷嘴各自对准轨道，无漏风。

（5）检查确认电气接口无损伤、老化，绝缘良好。

（6）关闭打开的裙板，确认恢复良好。

3）电磁阀检查

（1）打开检查裙板，如图 2-33 所示。

图 2-33　裙板电磁阀检查

（2）检查设备的位置应正确，紧固元件无缺失，防松标记清晰，无错位。

（3）检查确认压缩空气接口在设备上的位置正确。

（4）检查确认电气接口无损伤、老化，绝缘良好。

（5）关闭打开的裙板，确认恢复良好。

4）撒砂功能测试

（1）起动设备正常工作状态。

（2）检查砂箱内的砂箱料位，如果需要则充砂。

（3）在撒砂装置的撒砂管旁装一个合适的承接容器。

（4）接通撒砂装置，借助电磁阀（B02F06.06）的电气控制激活撒砂。

（5）检查时间结束后，借助电磁阀（B02F06.06）的电气控制停止撒砂。

任务三　基础制动装置案例分析

任务描述

（1）能够分析基础制动装置故障原因。

（2）能够处理基础制动装置故障。

相关知识

基础制动装置是制动系统的具体实施部分，需要与轮对直接接触，本任务介绍了基础制动装置的故障处理方法。

一、CRH380A 型动车组

（一）CRH380A 型动车组制动夹钳冰冻无法缓解

1. 案例概况

CRH380A 型动车组发车时，机械师报 00 车“制动控制装置速度发电机断线 1”及“抱死 1”故障，机械师下车检查发现 00 车 1 位转向架 1 位轴闸钳冻住导致抱死故障，机械师对故障车做空气制动切除处理。清理相应位置冰后，故障消除，随即恢复空气制动切除。司机申请信号开车，发车晚点 15 min，后续交路运行正常。

2. 原因分析

由于 00 车转向架夹钳冰冻无法缓解，导致车辆启动后轴速度小于 3 km/h 以下的状态（持续 2 s 以上），当基准轴速度达到 10 km/h，满足抱死故障检测条件，MON 屏报出抱死故障。

3. 相关原理

动车组拖车采集 4 个轴端的 AG37/AG43 速度传感器信号，车辆在牵引、惰行工况下，基准轴速度（4 个轴中最大速度）10 km/h 以上，且断线轴速度小于 3 km/h 持续 2 s 以上；或制动工况下，基准轴速度 3 km/h 以上，滑行轴速度在 3 km/h 以下持续 5 s 时，BCU 通过网络及硬线同时上报抱死故障，其中网络上报“断线”（牵引、惰行工况）或“黏着检出”（制动工况），硬线上报“抱死”。

4. 案例总结

本次故障是由于冰雪天气导致制动夹钳受冻结冰无法缓解造成。

冰雪天气，动车组库外长时间停放（含车站长时间停放）时，可进行制动、缓解循环操作，直至制动盘、闸片、夹钳表面温度同环境温度一致。车辆次日出库时，安排随车机械师提前上车，若夹钳一旦被冰雪冻死，可沟通司机反复施加牵引、制动数次，直至夹钳缓解。

（二）CRH380A 型动车组制动盘固定螺栓断裂故障

1. 案例概况

动车组运行中，司机接调度通知：“02 车 3 轴 2 位制动盘螺栓凸出，要求立即停车检查。”司机采用紧急制动停车，随车机械师检查 02 车 3 轴 2 位制动盘一条紧固螺栓断裂，随车机械师取下断裂螺栓。机械师对轮对踏面进行检查均正常，随后将 02 车常用制动切除，限速 185 km/h 运行。

2. 原因分析

对断裂的制动盘螺栓进行分析得出结论：螺栓断口属于低应力疲劳断裂特征，表明螺栓在服役使用过程中，承受了长时间循环应力的作用，从螺纹齿底表面萌生疲劳裂纹，裂纹向芯部缓慢疲劳扩展，最终发生断裂。

二、CRH380B 型动车组

（一）CRH380B 型动车组撒砂换向电磁阀进水导致空开跳开

1. 案例概况

CRH380B 型动车组运行途中，03 车报“MCB28-F19 制动面板断开”（代码：658A），且空开无法重新闭合。停车切除 03 车制动，限速维持运行。后续运行中，03 车报出相同故障，停车切除 03 车制动，限速维持运行。

2. 原因分析

撒砂换向电磁阀 F04 接线盒密封不良，在途中大雪天气造成接线盒表面结冰，冰雪融化后水渗入接线盒内部，致使接线盒内部线路绝缘不良，最终导致供电空开 28-F19 跳开且无法闭合。具体情况如图 2-34 所示。

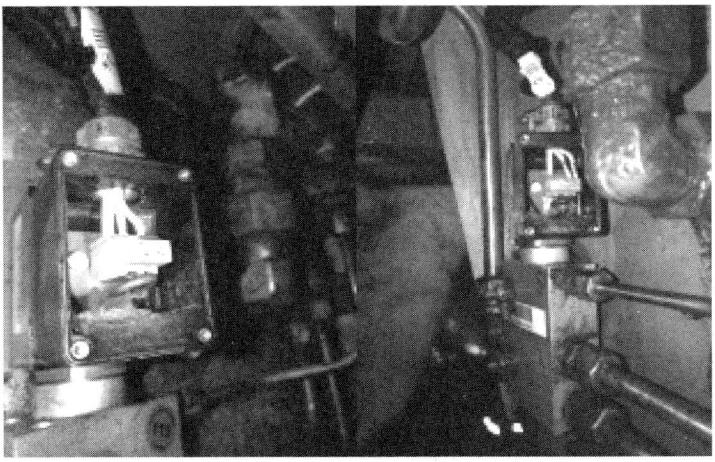

图 2-34　F04 撒砂换向电磁阀接线盒

3. 相关原理

撒砂换向电磁阀 F04 由 28-F19 供电，由 BCU 的 A9 板卡控制。当撒砂换向电磁阀 F04 绝缘性能不良时，则会导致 28-F19 空开跳开。

4. 案例总结

应加强车下电气设备的防水性能的检查。一是加强对车下接线盒（如撒砂换向电磁阀接线盒）、制动阀板内截断阀的电气插头，以及各类传感器插头等的检查，发现密封胶或腻子脱落的情况，应及时检查内部绝缘情况和相应功能后重新密封。二是在高级修、故障修等环节注意将防水措施恢复到位，规范车下各类电气插头、电气盒的防水措施。

（二）CRH380B 型动车组制动闸片脱落

1. 案例概况

动车组进行一级检修作业时，发现该车组 08 车 2 轴 2 位、08 车 3 轴 2 位上半幅闸片脱落。

2. 原因分析

该车组 08 车 2 轴 2 位、3 轴 2 位上半幅闸片燕尾与闸片钢背采用焊接的方式连接，由于焊接存在质量问题，闸片在长时间服役过程中受到动车组走行过程中的振动和冲击作用，导致闸片燕尾与闸片钢背脱焊后掉落。

3. 相关原理

闸片由燕尾、钢背、铆钉、垫片及摩擦块组成，在钢背与摩擦块之间放置 3 个垫片，通过铆钉使摩擦块与钢背连接，钢背与摩擦块连接后，燕尾与钢背进行焊接（见图 2-35）。

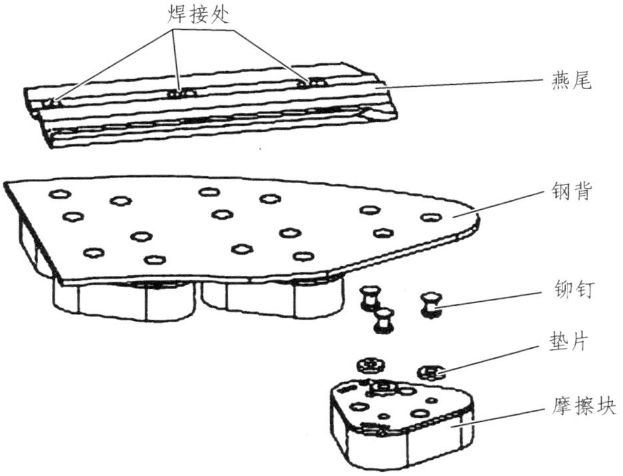

图 2-35　故障闸片示意

项目三　动车组供风系统 ▶▶▶

项目导入

CRH380B 型动车组运行途中，司机发现 03 车报“MCB28-F19 制动面板断开”（代码：658A），且机械师发现空开无法重新闭合。机械师在车辆人员协助下，迅速下车切除 03 车制动，限速维持运行。后续运行中，03 车报出相同故障，停车切除 03 车制动，限速维持运行。

通过本项目学习，掌握供风系统装置的组成及原理，能够使用所学知识，分析、处理基础制动装置故障。

知识目标

（1）掌握供风系统装置的组成及原理。

（2）掌握供风系统装置故障处理方法。

能力目标

（1）能够描述供风系统原理。

（2）能够处理供风系统装置故障。

素质目标

（1）养成遵章守纪、爱岗敬业的工作作风。

（2）培养团结奋进、勇于创新的高铁精神。

动车组供风系统一般包括主供风系统和辅助供风系统。

主供风系统为制动和其他用风设备提供所需的压缩空气，其他用风设备主要用于风管、空簧、汽笛、卫生间、盥洗室、车门、头罩开闭机构等。

辅助供风系统则主要是在总风压力不足时，为受电弓控制管路提供风源，主要为升弓气囊、高压隔离开关、真空短路器（VCB）提供风源。

任务一　主供风系统

任务描述

（1）能够描述主供风系统的原理。
（2）能够描述不同车型干燥器的区别。

相关知识

主供风系统主要为制动系统提供压缩空气产生空气制动作用，本任务介绍了主供风系统的原理。

一、风缸及空气管路

动车组供风系统风缸具有压缩、分配、储存压缩空气的功能。空气管路将动车组的各个部位风缸及用风设备连接起来。

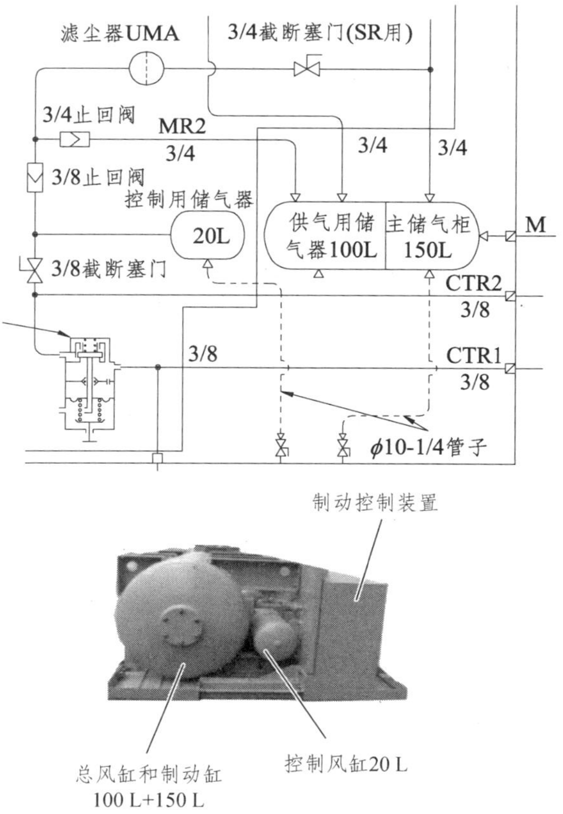

图 3-1　风缸位置及实物

供风形式有两种。

第一种供风形式为双管供风，适用于备用制动系统采用自动式空气制动机的动车组。目前，国产动车组大多采用这种形式。

如图 3-2 所示，由两根风管贯通整个列车。其中，一根风管为总风管，为动车组制动系统、空气弹簧、受电弓、车门、卫生间风笛、撒砂装置等设备供风；另一根风管为制动管，为备用制动系统提供制动时所需的压缩空气。

对于 8 辆编组的动车组，一般配有 2~3 台空气压缩机，压缩空气进入总风缸之前，在空气压缩机模块中经过压缩、干燥和净化，然后经过总风管将空气分配至各用风设备。

为便于设备的更换和维护，备用风设备通过截断门与总风管相连。车辆与车辆之间通过制动软管相连。

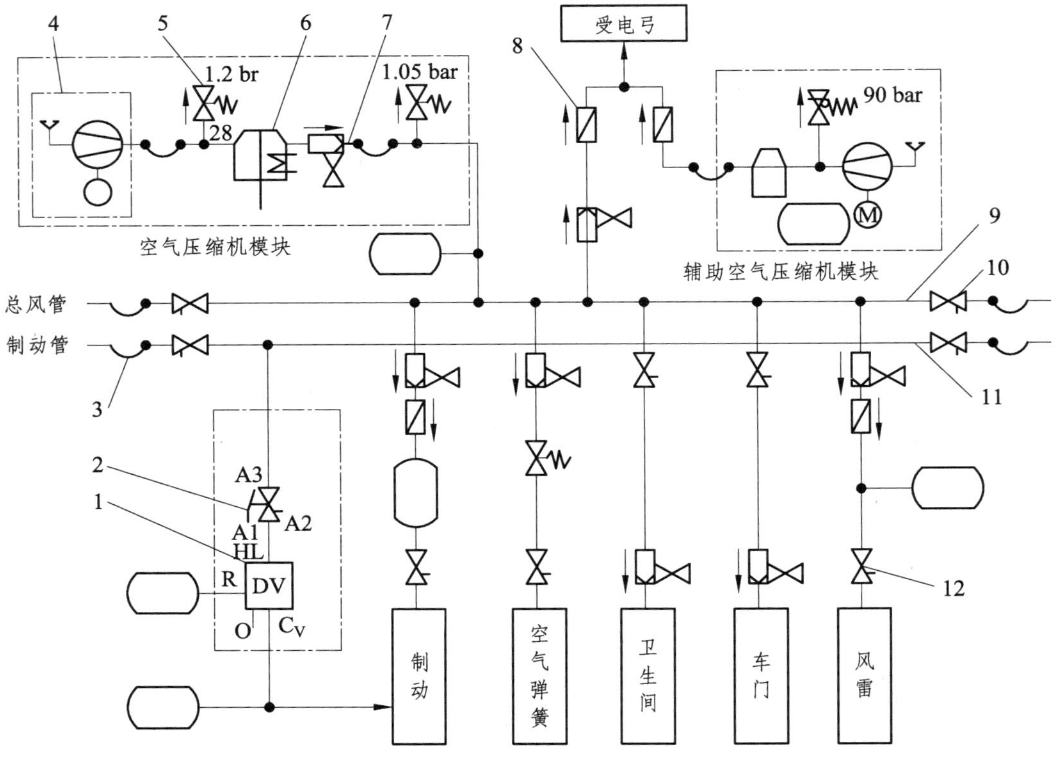

1—分配阀；2—带微型开关的截止旋塞；3—制动软管；4—主压缩机；5—安全阀；6—干燥器；7—空气滤清器；8—止回阀；9—总风管；10—截止旋塞；11—制动管；12—截断塞门。

图 3-2　双管供风

第二种供风形式为单管供风，适用于备用制动系统采用直通式电空制动机的动车组。目前，在 CRH2、CRH380AL 型动车组中采用了这种供风形式。

如图 3-3 所示，由一根总风管贯通整个列车，整个列车的压缩空气由分布在动车组中的 2~3 台空气压缩机提供，压缩机产生的高压气体经干燥处理后送往总风缸并经管路送往总风管，各动车组制动系统、空气弹簧、受电弓、车门、卫生间、风笛等设备从总风管获取所需的压缩空气。

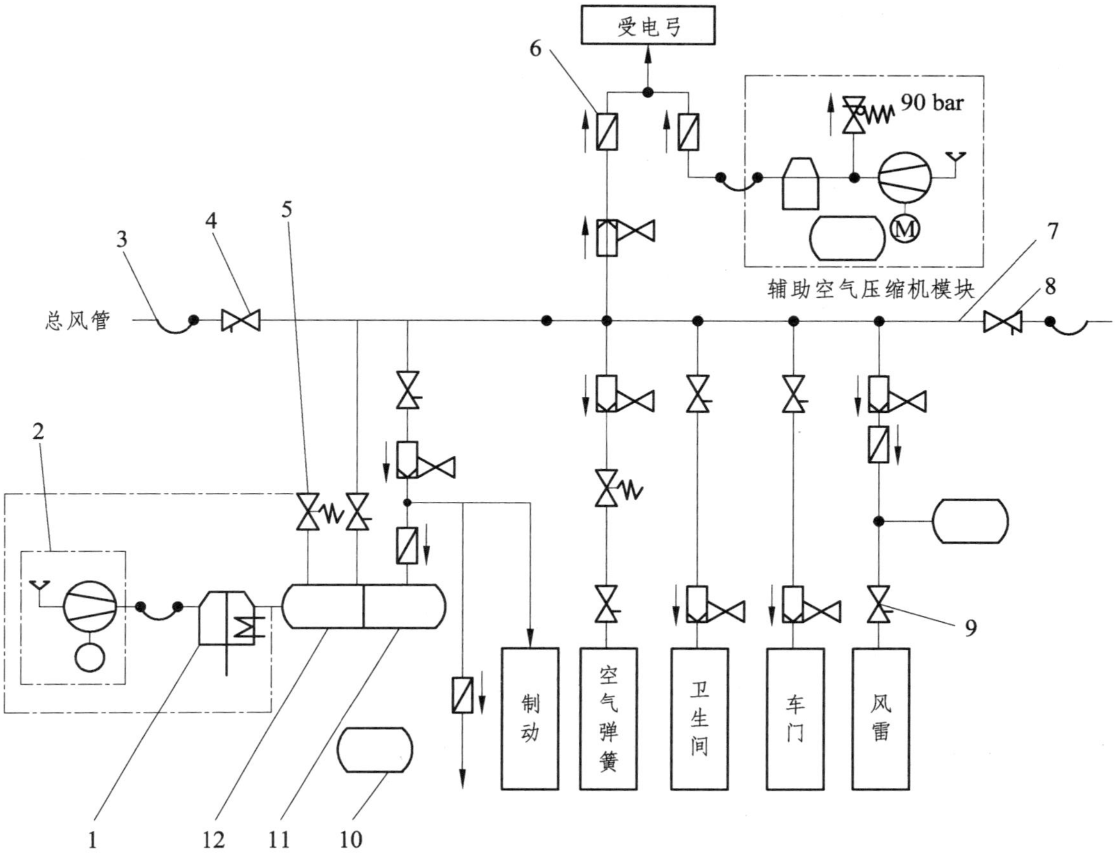

1—干燥器；2—主压缩机；3—制动软管；4—截断塞门；5—安全阀；6—止回阀；7—总风管；8，9—截断塞门；10—控制风缸；11—制动风缸；12—总风缸。

图 3-3　单管供风

二、供风系统附属部件

1. 管路

管路的作用是将空气压缩机输出的压缩空气输送给风缸、制动控制装置、空气弹簧、车门等用气设备。连接各设备的管路有金属钢管、橡胶软管和金属编织软管。目前动车组上连接各设备的空气管路大多采用不锈钢管。各设备根据空气流量的大小，可采用不同尺寸的管路来输送压缩空气。

橡胶软管根据用途不同分为制动软管和总风软管。制动软管的用途是连接相邻各车辆的制动主管，总风软管则是连接相邻各车辆的总风缸管。采用橡胶软管的目的是在列车通过曲线或各车辆间距变化时，保证压缩空气畅通。

2. 截断塞门

截断塞门是用来根据需要截断或打开压缩空气气路的部件，可安装在连接风缸和空气制动控制装置等设备的管路前后。截断塞门的两端为管螺纹接口，有开通位和关闭位两个位置。在开通位时，球芯中的孔与管路平行，压缩空气自由通过截断塞门进入下游部件；在关闭位时，球芯中的孔转到与管路垂直的位置，密封体压住球芯，从而截断供风。

3. 风缸

风缸是用来存储压缩空气的容器。根据用途的不同，动车组上设置了各种不同规格的风缸。由空气压缩机输出的压缩空气存储在总风缸中，制动风缸是用来存储制动专用压缩空气的风缸，控制风缸是为空气弹簧、踏面清扫器等制动装置以外的用气设备提供压缩空气的风缸。

4. 安全阀

安全阀安装在有空气压缩机的总风缸上，用于在总风缸空气压力超过规定值时排出多余的压缩空气，以防损坏用气设备及与其相连的其他装置。

5. 油过滤器

油过滤器用来消减压缩空气中的剩余油雾，一般安装在压缩空气通路上干燥装置的下游。油过滤器由机体和过滤器油芯组成。它可以清除 1 μm 以上的悬浮油颗粒和固体杂质。

6. 空气滤尘器

空气滤尘器是对空气中固体杂质进行净化的装置。

以上各部件的电气符号如图 3-4 所示，记住这些符号有利于空气原理图的识读。

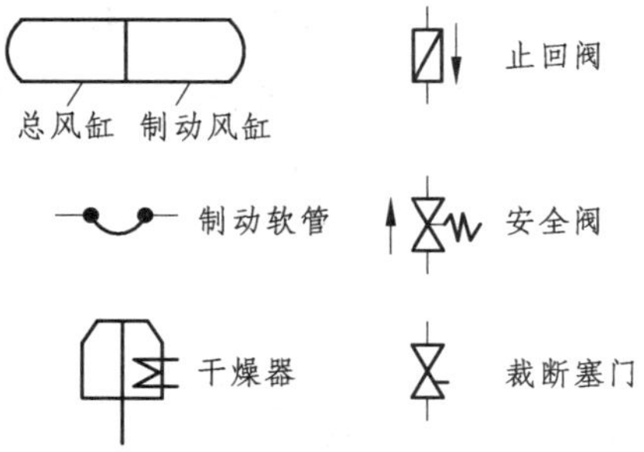

图 3-4　各部件电气符号

三、空气压缩机

（一）CRH380A 型动车组的空气压缩机

CRH380A 型动车组使用的主空压机是 TC2000B 型往复式空气压缩机，采用往复式二级压缩方式，其本体由曲柄箱、吸排气阀片、气缸、活塞、连杆、曲柄轴、轴承、油压泵、供油口等组成，外观如图 3-5 所示。

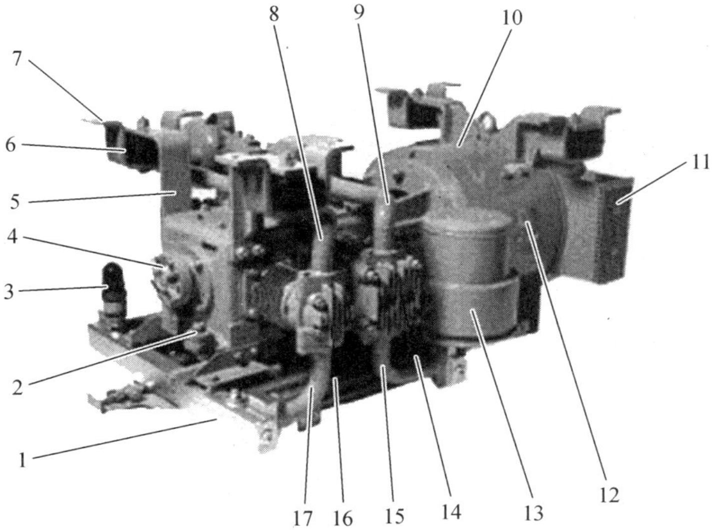

1—中间冷却器；2—进油口；3—安全阀；4—齿轮泵；5—吊架；6—防振橡胶垫；7—吊架座；8—高压排气管；9—低压吸气管；10—电动机；11—接线盒；12—铭牌；13—吸入式滤尘器；14—低压缸；15—低压排气管；16—高压缸；17—高压吸气管。

图 3-5　空压压缩机外观

电动机转动通过曲轴带动高低压活塞缸移动，然后产生高压气体。

气体从低压吸气管进入一级压缩气缸，然后从低压排气管排出，然后进入中间冷却器冷却后从高压吸气管进入二级压缩气缸，二级压缩后的高压气体从高压排气管排出到用风设备。

（二）CRH380B 型动车组的空气压缩机

CRH380B 型动车组的风源由空气压缩机供应。供风单元封装在一个箱体内，内部集成了电机、压缩机、干式空气滤清器、双塔干燥器、油水分离器等设备。压缩机采用了成熟、可靠、长寿命、维修简单的螺杆式压缩机，提高了车辆的可靠性、可维护性、可用性。主空压机有两个，分别设在 IC03/06 车的车体底架下。主空压机通过车载变流器由接触网设备提供电能。

螺杆式压缩机供风能力为 1300 L/min，最高工作压力 10.5 bar（注：1 bar=100 kPa）。双塔干燥器由两个干燥塔组成，一个塔干燥时，另一个塔再生，保证了可持续干燥空气。

空气压缩机抛视图如图 3-6 所示。

1. 空气压缩过程

通过压缩机转动体吸气端的入口止回阀和空气过滤器的空气被抽入并被压缩后，通过与压缩机转动体连接的送风管被送入压缩机箱体内。

压缩机开始运行时，低压阀保持初始关闭状态，以使压缩机箱体内的压力迅速增加。在此压力下，油循环马上开始进行。当压缩机箱体内的压力达到 650 kPa 时，低压阀开启，压缩空气被送到下游的车载风动系统中。当压力达到设定值时，压缩机停止工作；同时低压阀关闭，以免来自供风系统的空气逆流回压缩机箱体中。

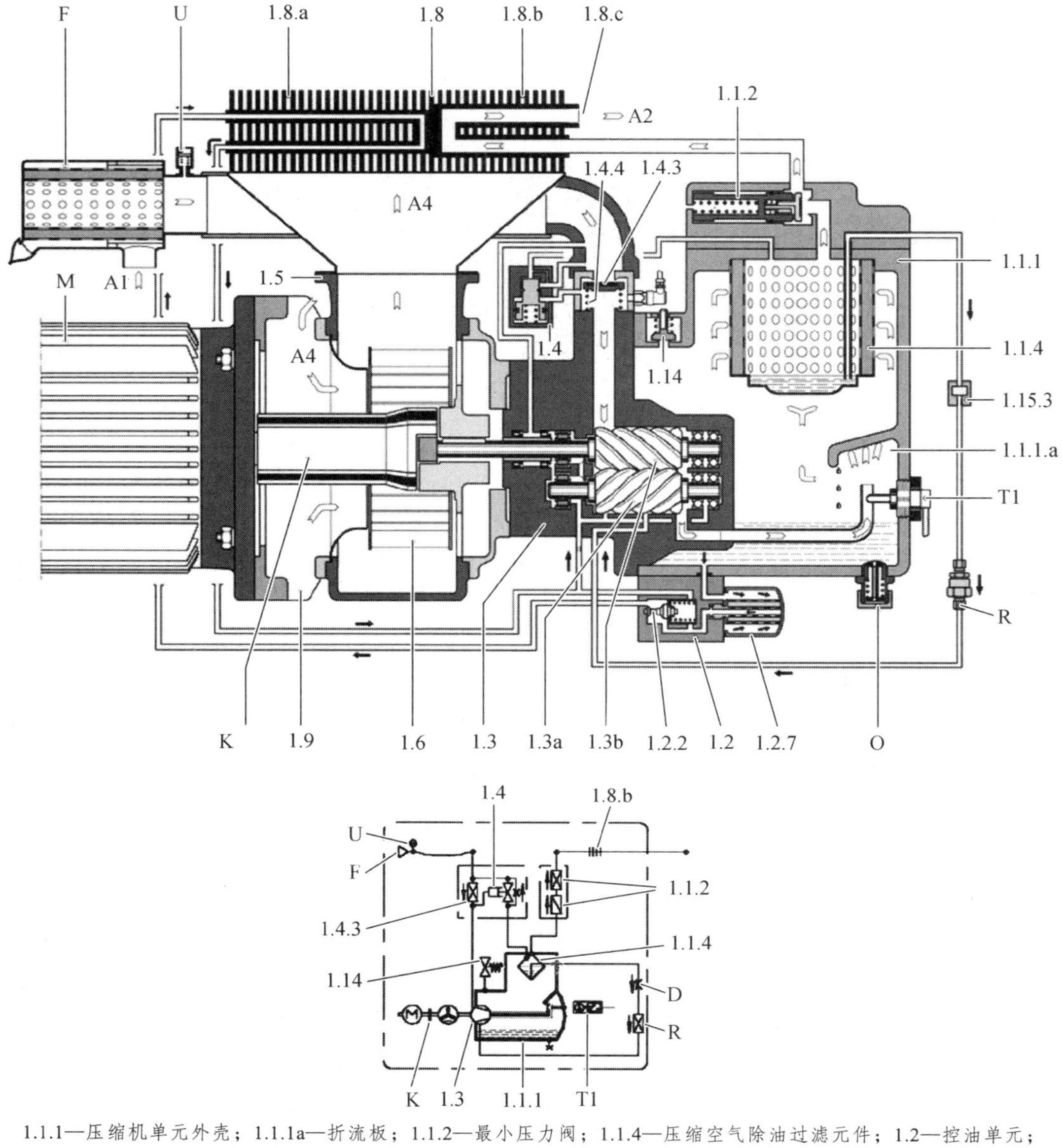

1.1.1—压缩机单元外壳；1.1.1a—折流板；1.1.2—最小压力阀；1.1.4—压缩空气除油过滤元件；1.2—控油单元；1.2.2—调温器；1.2.7—滤油芯筒；1.3—压缩机单元；1.3.a—主转子；1.3.b—副转子；1.4—卸压阀；1.4.3—止回阀；1.4.4—压缩弹簧；1.5—蜗壳；1.6—离心式风机；1.8—冷却器；1.8.a—油冷却器；1.8.b—空气散热器；1.8.c—压缩空气接口；1.9—连接套；1.14—安全阀；1.15.3—吸油管道过滤器；D—喷嘴；O—放油阀；K—离合器；F—空气滤清器；M—电机；T1—温度继电器；U—真空指示器；R—止回阀；A1—进气口；A2—压缩空气出口；A4—冷却空气。

图 3-6　空气压缩机抛视图

每次压缩机关闭时，压缩机内的压力通过卸压阀自动卸载降压。当压缩机停止工作后，低压阀和入口止回阀关闭，入口管路中的压力因来自压缩机转动体的逆流压缩空气而增大；此时，卸压阀动作，允许压缩空气从压缩机箱体流到空气过滤器，使箱体内的空气压力马上降到约 180 kPa，然后，压力通过卸压阀上的节流孔慢慢降低为零。

2. 油路循环

如图 3-7 所示，由于运转中压缩机组里的压差，油经过滤油芯筒（1.2.7）被输送到螺杆式压缩机的注油点，并在注油点润滑轴承和转子对。

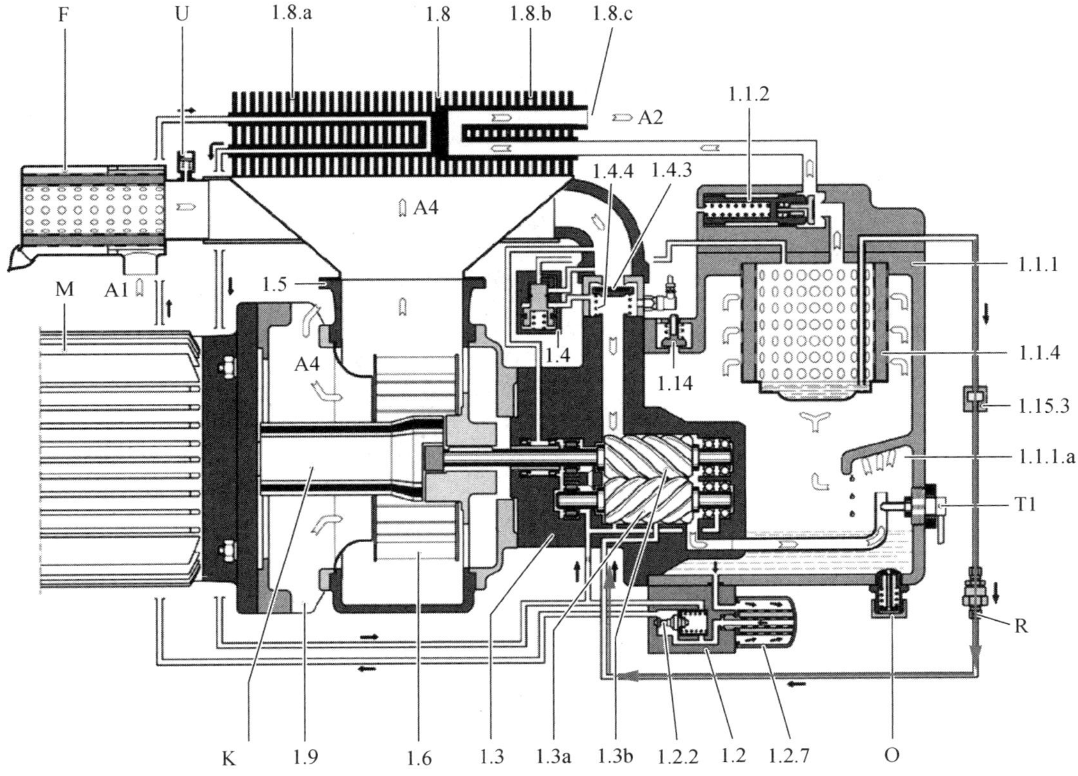

1.1.1—压缩机单元外壳；1.1.1a—折流板；1.1.2—最小压力阀；1.1.4—压缩空气除油过滤元件；1.2—控油单元；1.2.2—调温器；1.2.7—滤油芯筒；1.3—压缩机单元；1.3.a—主转子；1.3.b—副转子；1.4—卸压阀；1.4.3—止回阀；1.4.4—压缩弹簧；1.5—蜗壳；1.6—离心式风机；1.8—冷却器；1.8.a—油冷却器；1.8.b—空气散热器；1.8.c—压缩空气接口；1.9—连接套；1.14—安全阀；1.15.3—吸油管道过滤器；D—喷嘴；O—放油阀；K—离合器；F—空气滤清器；M—电机；T1—温度继电器；U—真空指示器；R—止回阀；A1—进气口；A2—压缩空气出口；A4—冷却空气。

图 3-7 油路循环 1

此外，油带走压缩过程中产生的热量，并填充转子之间及转子与压缩机外壳之间的空隙从压缩机单元流出的气油混合物通过压力被送至压缩机外壳的折流板（1.1.1.a）处，进行初次分离。

随后在压缩空气除油过滤元件（1.1.4）内进行精细分离。在此分离出来的油积聚在压缩空气除油过滤元件的底部，在压缩机外壳内过压的作用下，经过带有过滤器（1.15.3）、喷嘴（D）和止回阀（R）的吸油管道再流入压缩机单元。

如果油温达到约 83 °C，则控油单元（1.2）内的调温器（1.2.2）即打开到油冷却器（1.8.a）的通路。低于该温度时，油在冷却器与直接注射口之间分配（见图 3-8）。以这种方式可很快达到最佳工作温度，并使冷却器达到最佳预热效果。

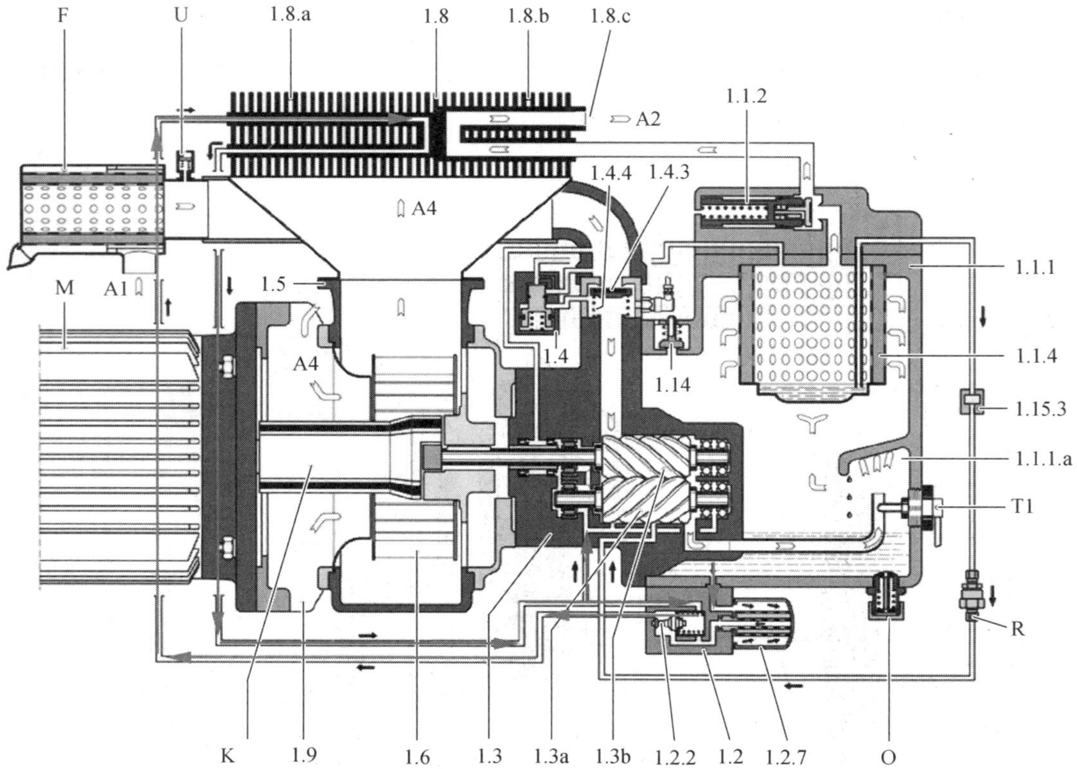

1.1.1—压缩机单元外壳；1.1.1a—折流板；1.1.2—最小压力阀；1.1.4—压缩空气除油过滤元件；1.2—控油单元；1.2.2—调温器；1.2.7—滤油芯筒；1.3—压缩机单元；1.3.a—主转子；1.3.b—副转子；1.4—卸压阀；1.4.3—止回阀；1.4.4—压缩弹簧；1.5—蜗壳；1.6—离心式风机；1.8—冷却器；1.8.a—油冷却器；1.8.b—空气散热器；1.8.c—压缩空气接口；1.9—连接套；1.14—安全阀；1.15.3—吸油管道过滤器；D—喷嘴；O—放油阀；K—离合器；F—空气滤清器；M—电机；T1—温度继电器；U—真空指示器；R—止回阀；A1—进气口；A2—压缩空气出口；A4—冷却空气。

图 3-8 油路循环 2

四、空气干燥器

微课：CRH380B 干燥器

（一）CRH380A 型动车组的空气干燥器

空气干燥器用于消除压缩空气中的水分，防止因水分冷凝造成管路、风缸及用气设备等的腐蚀，防止因冬季排水阀冻结而发生设备故障。有的干燥装置在吸收压缩空气中水分的同时，还可以吸附灰尘和油等，因而无须再专门设置滤油装置。

吸咐式干燥器是通过压力变化（变压吸附原理）来达到干燥效果的。

由于空气容纳水汽的能力与压力成反比，其干燥后的一部分空气（称为再生气）减压膨胀至大气压，这种压力变化使膨胀空气变得更干燥（压力低干燥使得更能吸水），然后已吸收足够水气的干燥塔中水气排出，达到脱湿的目的。

除湿装置主要由干燥器、排出阀、止回阀以及再生风缸组成，为防止冻结，在排出阀部及 D4 排泄阀上装备有加热器（见图 3-9）。

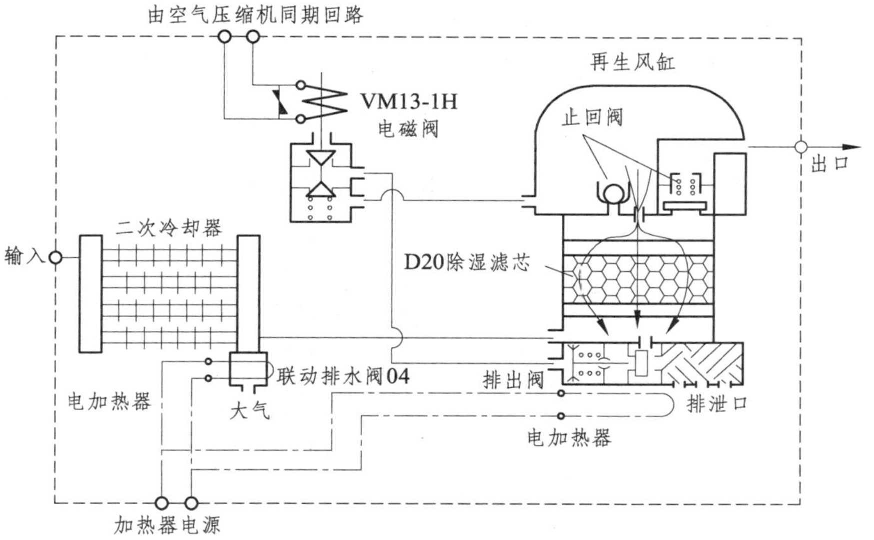

图 3-9　除湿装置

1．除湿滤芯干燥过程

总风缸的压力降低到调压下限值，压力控制器立即动作使空气压缩机启动，同时电磁阀 VM13-1H 失电，在复原弹簧的作用下，下阀口关闭，上阀口打开。排出阀活塞左侧经打开的电磁阀上阀口与大气相通，排出阀在弹簧的作用左移，关闭排泄口。

由空气压缩机来的压缩空气经过二次冷却器冷却后，输送到 D20NHA 除湿干燥器，吸附水分、灰尘和油分等。压缩空气在这里充分干燥后分为两路，一路顶开再生风缸内的止回阀向再生风缸充气，另一路顶开止回阀向总风缸充气。

经干燥处理后的空气输送到总风缸，随着总风缸压力上到调压上限值，压力控制器立即动作，使空气压缩机停止运转，电磁阀 VM13-1H 得电励磁，压缩复原弹簧，使上阀口关闭，下阀口打开，连通排出阀活塞左侧与再生风缸之间的通路，排出阀在活塞左侧压力的作用下右移，打开排泄口。

因此，从空气压缩机到干燥器止回阀之间存在的压缩空气迅速排出，同时由空气中分离出的水分、灰尘、油分等杂物也向外排出去。

2．除湿滤芯被干燥过程

在再生风缸里储存的干燥的压缩空气，经过干燥器上面的节流孔后迅速膨胀为大气压状态，变得更为干燥。

空气逆流到吸附剂时，吸收 D20 除湿滤芯在除湿作用时吸附的水分，然后从排泄口排放到大气之中，吸附剂的功能得到再生，随着再生风缸的压力降低，当压力降至低于弹簧的弹力时，排出阀的排出口被自动关闭。

（二）CRH380B 型动车组的空气干燥器

CRH380B 型动车组采用双塔干燥器（见图 3-10），此干燥器采用活性氧化铝。双塔运转的形式采用平行工作制，当潮湿空气在一个塔中进行干燥时，另一个干燥塔的干燥剂正在再生。潮湿的压缩空气从空气压缩机中出来后进入双塔干燥器，在这里压缩空气中的水和油将被彻底分离出来，当压缩空气经过一个塔的干燥剂后，出来的压缩空气的相对湿度为 35%。

双塔式空气干燥装置可同时进行干燥和再处理工作。当气流在一个塔中被干燥时，另一塔中的干燥剂同时进行再生。两个干燥塔按照特定的循环交替工作。

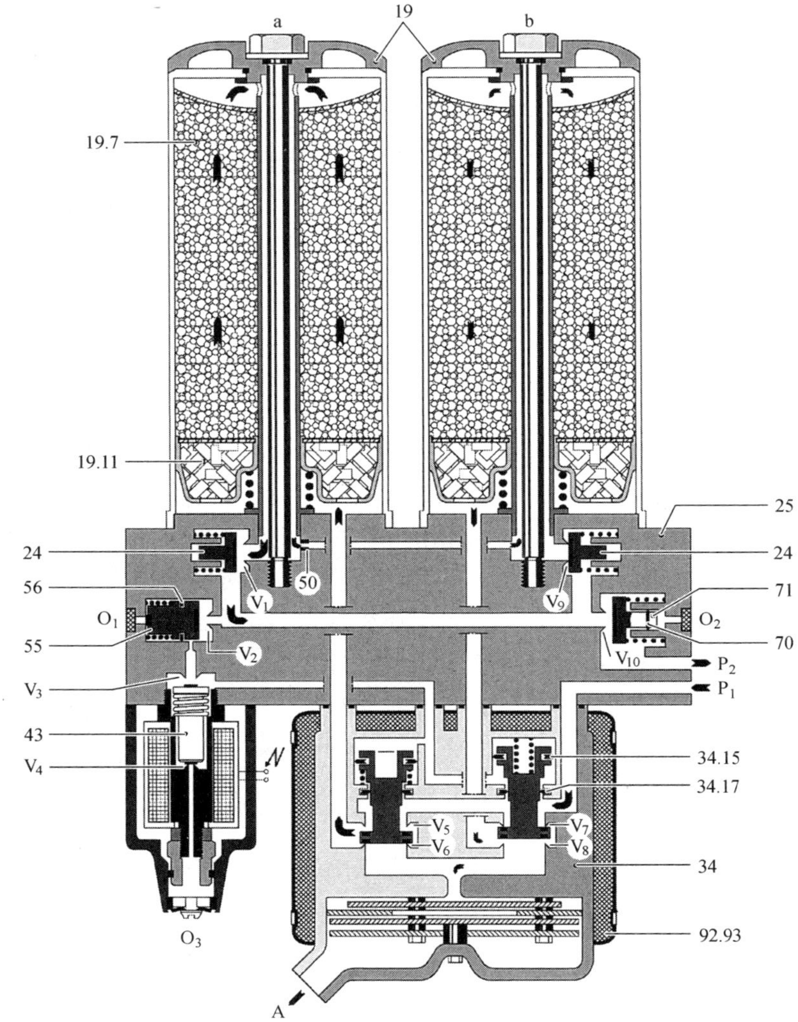

19—风缸；19.7—干燥剂；19.11—带有 Raschin 环的油分离器杯；24—止回阀的阀锥；25—支座；34—双活塞阀 D；34.15—KNORRK 圈；34.17—KNORRK 圈；43—电磁阀；50—再生节流孔；55—预控阀活塞；56—KNORRK 圈；70—KNORRK 圈；71—中央旁通阀；92.93—防寒层；O_1，O_2，O_3—通大气口；P_1—来自压缩机的进风口；P_2—通往主风缸的出风口；V_1 ~ V_{10}—阀口；A—排泄口。

图 3-10　双塔干燥器抛视图

图 3-11 所示为处于运行状态的空气干燥机装置，其中塔 19a 处于其干燥阶段，塔 19b 处于其再生阶段。

控制循环的阀门电磁铁（43）通过来自循环计时器的电输入信号得电，上阀口（V_3）打开。

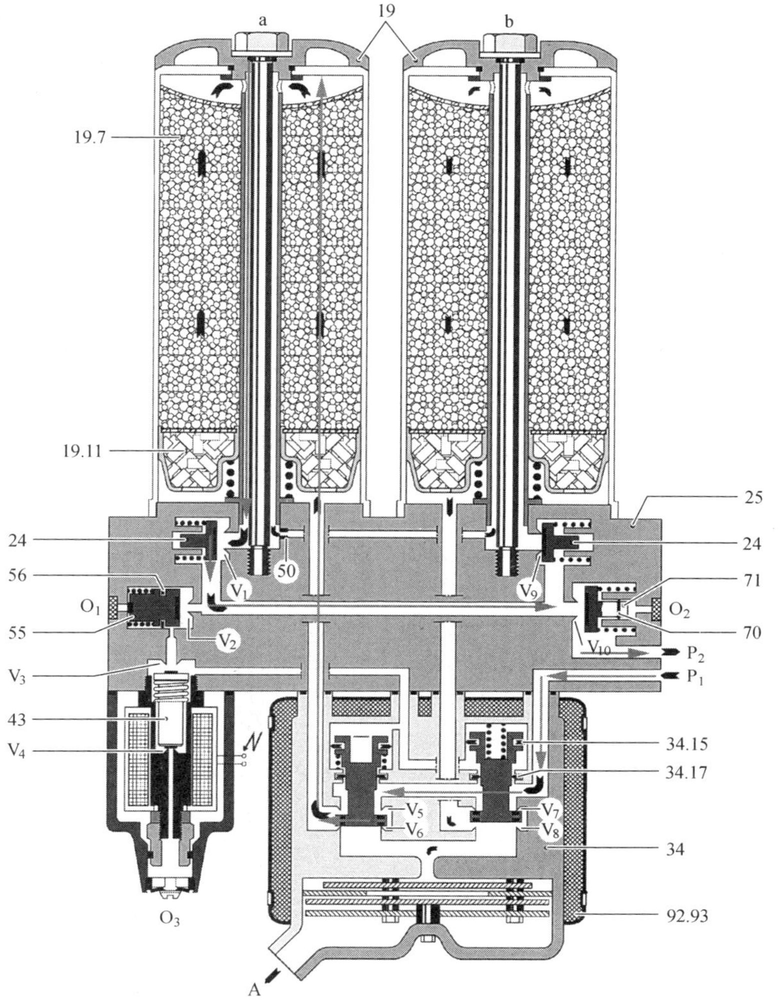

19—风缸；19.7—干燥剂；19.11—带有 Raschin 环的油分离器杯；24—止回阀的阀锥；25—支座；
34—双活塞阀 D；34.15—KNORRK 圈；34.17—KNORRK 圈；43—电磁阀；50—再生节流孔；
55—预控阀活塞；56—KNORRK 圈；70—KNORRK 圈；71—中央旁通阀；92.93—防寒层；
O_1，O_2，O_3—通大气口；P_1—来自压缩机的进风口；P_2—通往主风缸的出风口；
V_1 ~ V_{10}—阀口；A—排泄口。

图 3-11　干燥原理 1

从空气管路到出风口（P_2）分流出的压缩空气流经打开的阀口（V_2）和（V_3），到达双活塞阀（34），预控阀活塞（55）的设计可防止双活塞阀（34）处与中间活塞联通。只有达到必要的转换压力后，预控阀活塞（55）才打开。

空气压力克服起作用的弹簧弹力，推动左活塞到达底部打开上阀口（V_5），推动右活塞到达顶部位置打开下阀口（V_8）。

来自压缩机经过冷却和预处理的空气从进风口（P_1）流经打开的上阀口（V_5）通向干燥塔（19a）。

它从干燥塔（19a）底部到顶部，然后被重新引回下方的中央管经过止回阀（24），顶开阀口（V_1），再经中央旁通阀（71）到达出风口（P_2）。

在空气进入干燥剂（19.7）之前，要首先通过油分离器的 Kaschin 圈。在经过多次偏转、涡旋和回弹效应后，仍悬浮在压缩空气中的油和水的微小颗粒即沉积到 Kaschin 圈相对较大的表面上。它们汇聚在一起形成较大的液滴，然后在重力作用下落入收集室中。

接下来，当压缩空气经过干燥剂时，它所含的大部分水分会被吸收，其离开干燥塔（19a）时的相对湿度低于 35%。

此干燥空气中的一部分从支路引出，经过再生节流孔（50）膨胀，在相反方向通过塔（19b）中的干燥剂。这路膨胀后的空气也称再生空气，它会从需要再生的燥剂中吸取水分，再通过打开的下阀座（V_8）和消音器释放到大气中（见图 3-12）。

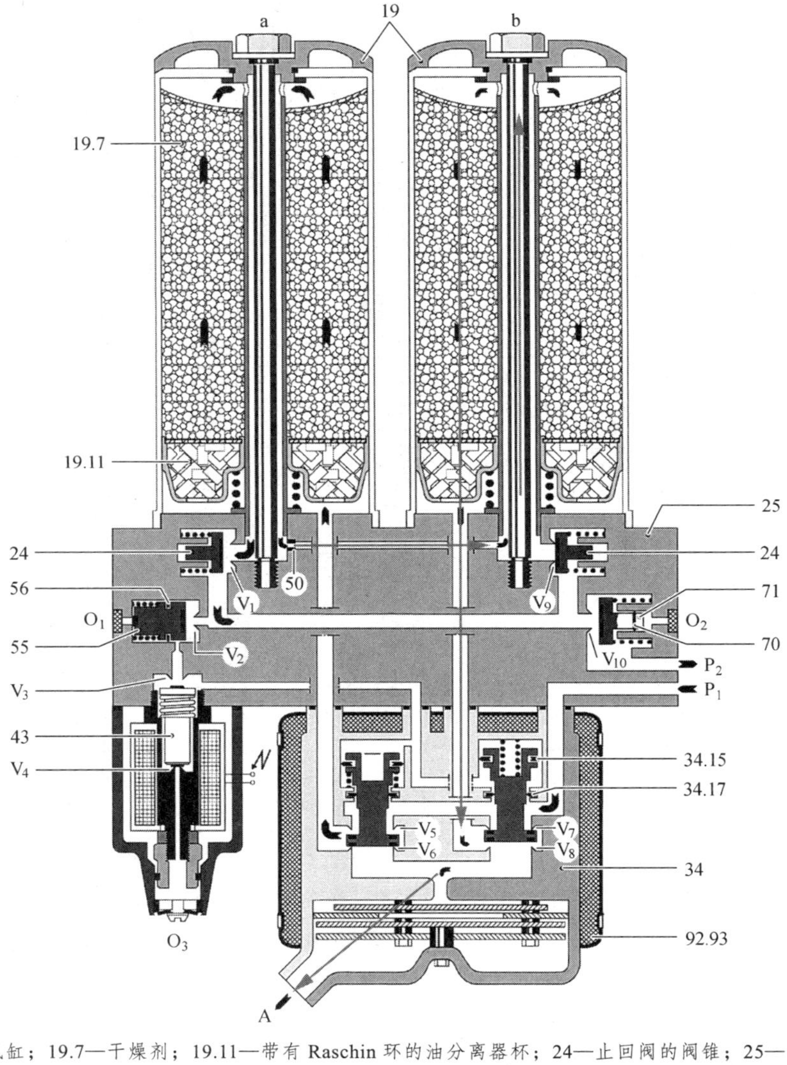

19—风缸；19.7—干燥剂；19.11—带有 Raschin 环的油分离器杯；24—止回阀的阀锥；25—支座；34—双活塞阀 D；34.15—KNORRK 圈；34.17—KNORRK 圈；43—电磁阀；50—再生节流孔；55—预控阀活塞；56—KNORRK 圈；70—KNORRK 圈；71—中央旁通阀；92.93—防寒层；O_1，O_2，O_3—通大气口；P_1—来自压缩机的进风口；P_2—通往主风缸的出风口；V_1 ~ V_{10}—阀口；A—排泄口。

图 3-12　干燥原理 2

在干燥剂即将达到饱和状态之前，电磁阀（43）失电，上阀口（V_3）关闭，下阀口（V_4）打开。通往双活塞阀（34）的控制管路通大气。由此，左活塞被弹簧力推至顶部，右活塞被弹簧力推至底部位置，使阀口（V_5）和（V_8）关闭；阀口（V_6）和（V_7）打开（见图 3-13）。

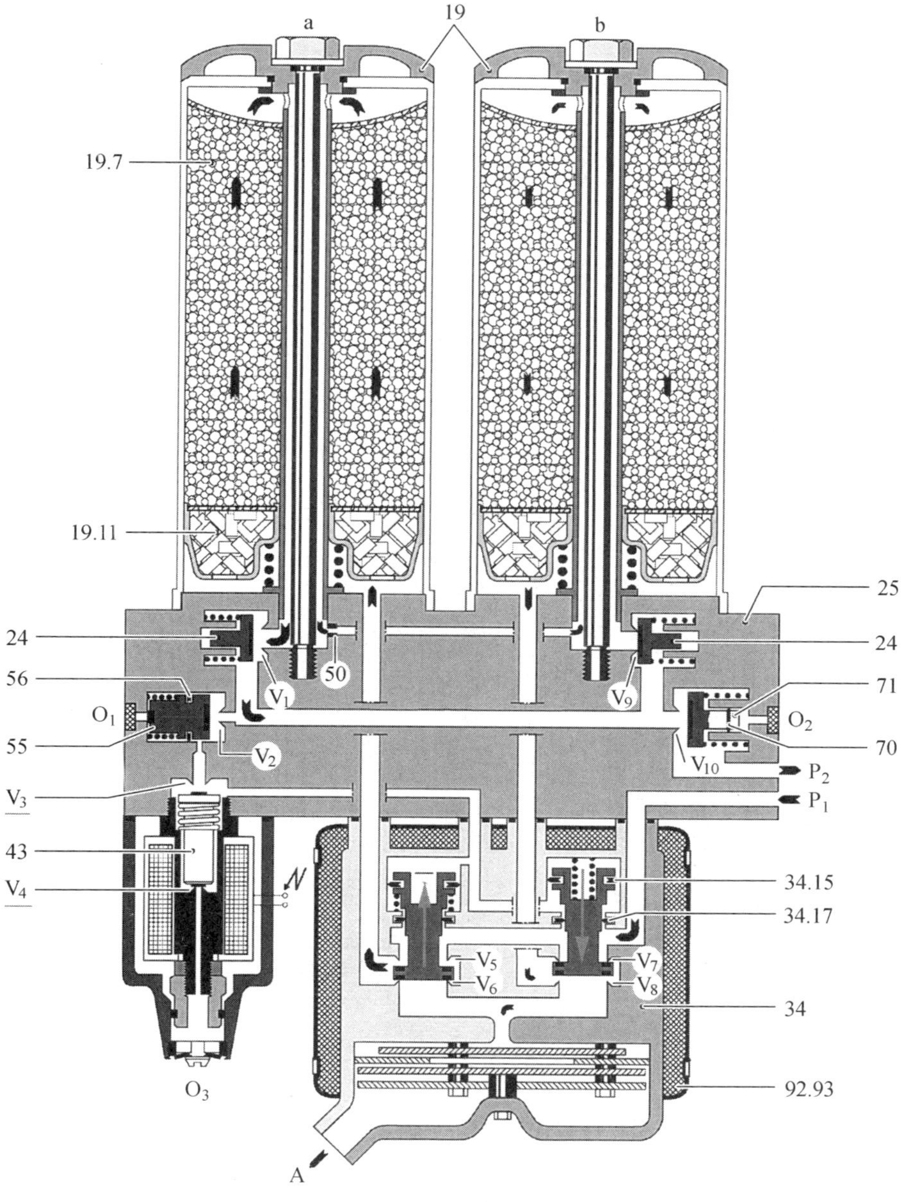

19—风缸；19.7—干燥剂；19.11—带有 Raschin 环的油分离器杯；24—止回阀的阀锥；25—支座；34—双活塞阀 D；34.15—KNORRK 圈；34.17—KNORRK 圈；43—电磁阀；50—再生节流孔；55—预控阀活塞；56—KNORRK 圈；70—KNORRK 圈；71—中央旁通阀；92.93—防寒层；O_1，O_2，O_3—通大气口；P_1—来自压缩机的进风口；P_2—通往主风缸的出风口；V_1～V_{10}—阀口；A—排泄口。

图 3-13　被干燥原理 1

在此状态下，主气流在塔（19b）中进行干燥，而塔（19a）中的干燥剂正处于再生阶段。当压缩机静止时，两个止回阀（24）可以防止主风缸和车辆管路通大气（见图 3-14）。

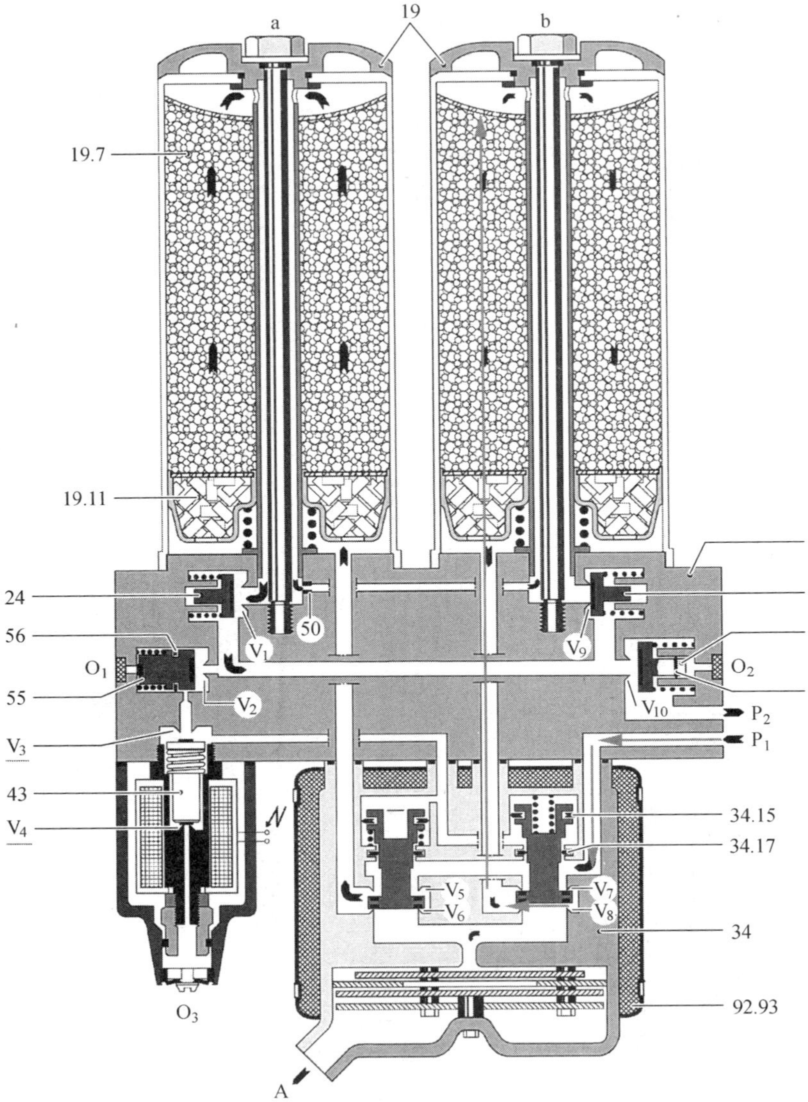

19—风缸；19.7—干燥剂；19.11—带有 Raschin 环的油分离器杯；24—止回阀的阀锥；25—支座；34—双活塞阀 D；34.15—KNORRK 圈；34.17—KNORRK 圈；43—电磁阀；50—再生节流孔；55—预控阀活塞；56—KNORRK 圈；70—KNORRK 圈；71—中央旁通阀；92.93—防寒层；O_1，O_2，O_3—通大气口；P_1—来自压缩机的进风口；P_2—通往主风缸的出风口；V_1 ~ V_{10}—阀口；A—排泄口。

图 3-14　被干燥原理 2

任务二　辅助供风系统

任务描述

（1）能够掌握辅助供风系统的原理。

（2）能够描述不同车型辅助供风系统的区别。

相关知识

辅助供风系统主要为受电弓升起提供压缩空气，本任务介绍了辅助供风系统的原理。

一、CRH380A 型动车组

总风压力不足时，受电弓升不起弓，这时辅助空压机为真空断路器及升弓气囊提供压缩空气。

空气压缩机采用单级压缩、空气冷却的方式。

图 3-15 中，辅助风缸用于储存在辅助空气压缩机内制成的压缩空气（容量 33 L），冷凝水分离器除去产生的冷凝水及油脂、垃圾，保护干燥器。

干燥器把压缩空气（饱和水蒸气）中的水通过塑线膜除去。

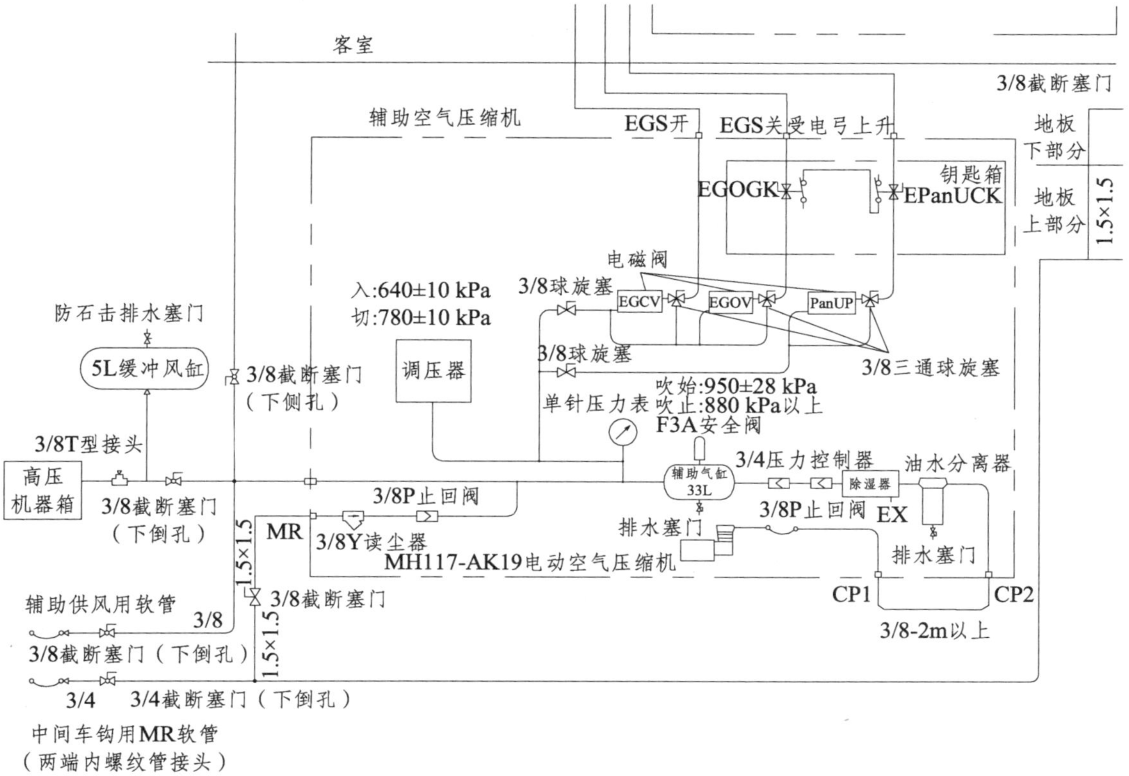

图 3-15　辅助空压机位置

MR 压力降低及辅助空气压缩机停止工作时，止回阀防止辅助风缸压缩空气向总风管逆流。

F3A 安全阀防止万一因为压力控制器的作用不良而使辅助风缸压力上升至 950 kPa 以上时，本阀会启动使压缩空气向大气放出，以防止辅助风缸的压力上升过高产生危险。

压力控制器可监视并自动控制辅助风缸的压力，当辅助风缸的压力下降至 640 kPa 时，调压阀动作，压缩机运转。当辅助风缸的压力升至 880 kPa 时停机。

压缩机产生的气体经过除湿器、单向阀、单针压力表分别流到 EGS 和受电弓装置。辅助空压机产生的气体不能流向 MR 管。

二、CRH380B 型动车组

辅助压缩机的作用：当总风管压力过低或无风时，为受电弓、主断路器、车顶隔离开关提供压缩空气，保证动车组正常升弓。

辅助空压机也有两个，分别设在 TC02/07 车的车体底架下。辅助空压机通过独立于接触网的蓄电池进行操作。其实物如图 3-16 所示。

图 3-16　辅助空压机实物

辅助空压机模块（B02U03）用于给集电器、主开关和顶部管路分离器的气动功能供风（压缩空气出口 2）。

来自主风缸管路（MR 压力）的压缩空气通过压缩空气入口 3 给辅助空压机模块（B02U03）供风（见图 3-17）。

如果辅助空压机模块（B02U03）中没有足够的压力以实现集电器、主开关和顶部管路分离器的气动功能，按要求则需通过压缩机组（U01）经由压缩空气入口 1 给辅助空压机模块（B02U03）供风，如图 3-18 所示。

如图 3-19 所示，设备可由压缩空气入口 1，也可由压缩空气入口 3 进行供风。流入的压缩空气在过滤器（.03）内被清洁。

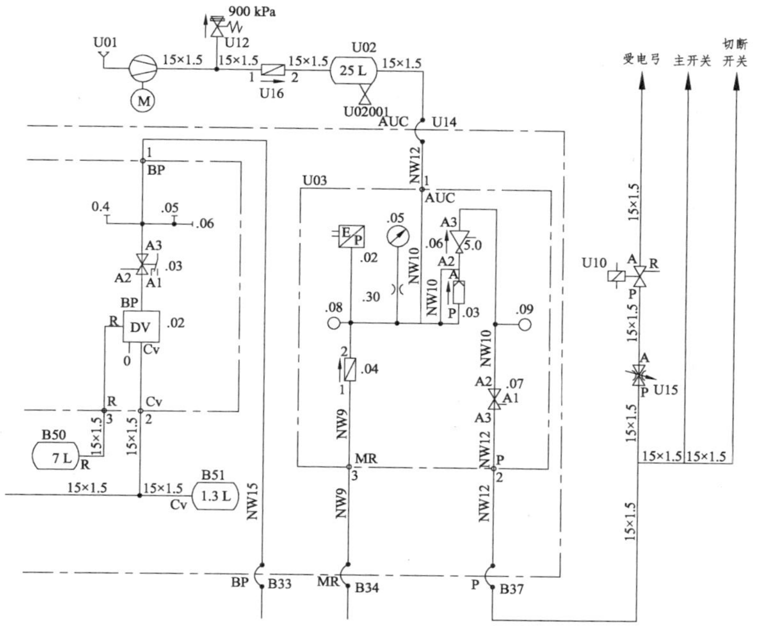

图 3-17　辅助空压机气路

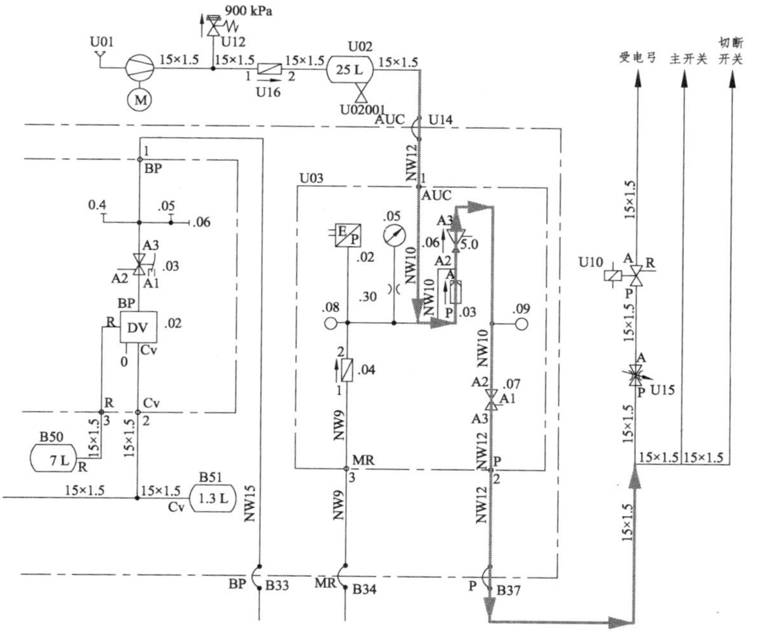

图 3-18　辅助空压机气路原理 1

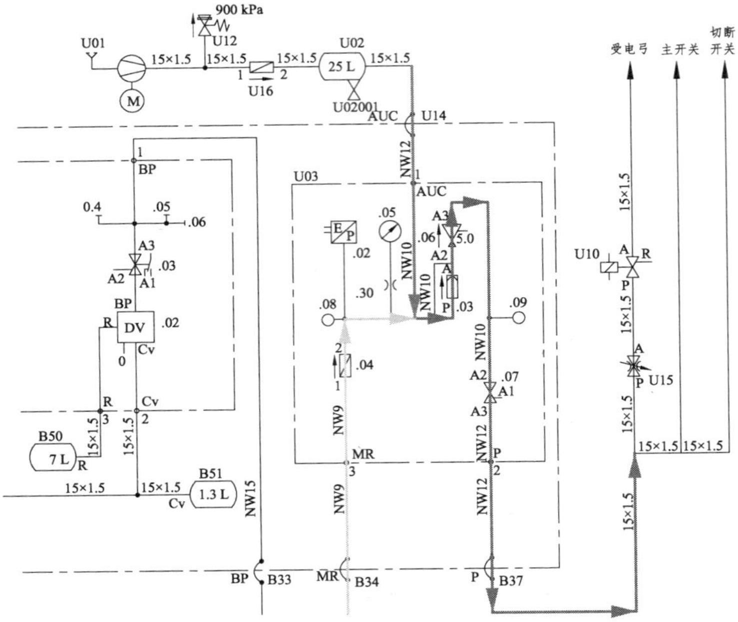

图 3-19　辅助空压机气路原理 2

减压阀（.06）将供给压力降低至预设的工作压力。已减小的压力经过截断塞门（.07）到达压缩空气出口 2。

如果截断塞门（.07）处于闭锁位置，则下游设备在截断塞门（.07）处被排风。流入的压缩空气的压力在测压计（.05）上显示。

通过检测套管（.08）和压力传感器（.02）可监控流入的压缩空气。

检测套管（.09）处可检测减压阀（.06）的输出压力。

止回阀（.04）防止压缩空气从模块回流至压缩空气入口 3。

任务三　供风系统案例分析

任务描述

（1）能够分析供风系统故障原因。

（2）能够处理供风系统装置故障。

相关知识

供风系统是制动系统的压缩空气来源，没有供风系统就不会产生制动力，本任务介绍了供风系统故障处理方法。

一、CRH380A 型动车组的供风系统

（一）CRH380A 型动车组总风管脱落漏风

1. 案例概况

CRH380A 型动车组出库途中全列报 MR 压力下降故障（代码：079），车辆触发紧急制动停车，启用热备担当其后续交路。列车退行至存车线，检查发现 13 车 1 位端车钩总风软管脱出。

2. 原因分析

经测量（见图 3-20），车钩总风软管松脱一端软管压套直径为 53.73 mm（此数值异常，正常值为 49.5 mm±0.6 mm）。

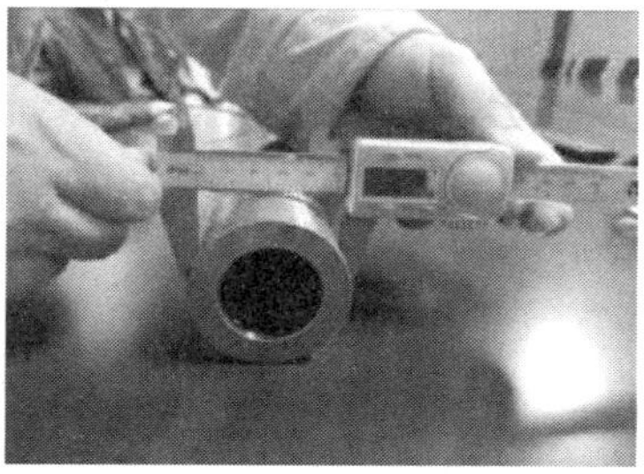

图 3-20　松脱端压套直径尺寸测量

分析故障原因为总风软管制造过程中，操作人员未严格按照工艺文件操作，在压紧到位指示灯亮起之前就松开了压紧按钮，造成设备停止压紧动作，压套外径未收缩到位，软管与管接头组件连接强度不足。途中漏风总风压力降低至 590 kPa 以下时触发列车紧急制动并报出 MR 压低故障。

3. 相关原理

总风软管与金属管芯采用扣压结构组装，该软管由胶管、压套、管芯、螺母等部件组成（见图 3-21）。组装过程中将螺母及管芯组装后插入胶管中，由扣压机将压套压入胶管表面，保证胶管被压接在管芯及压套之间，软管组装后由主机厂负责将其通过紧固连接至列车总风管路。

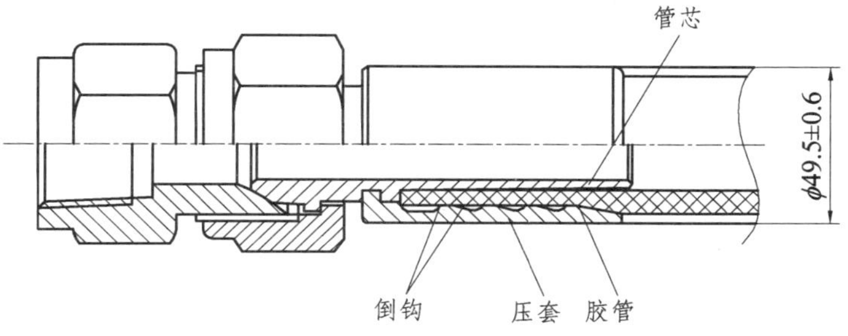

图 3-21　软管结构

1）报“079/MR 压力下降”原因

（1）本编组头车.M271=1 或本编组尾车.M271=1MR 压力低。

（2）MON 启动 10 s。

（3）（1）（2）同时成立 3.5 s，终端装置记录“079/MR 压力下降”。

2）紧急制动原理（制动电路部分基本原理见后续章节）

CRH380AL 型动车组紧急制动分为全列紧急制动 UB、单车紧急制动 UB、紧急制动 EB。全列紧急制动 UB 为 153 干线失电造成；单车紧急制动 UB 为单车 UVR 回路失电造成；紧急制动 EB 为 154 线失电造成。全列紧急制动 UB、单车紧急制动 UB 会导致 154 线失电，进而触发紧急制动 EB。

总风压力下降，590 kPa 压力开关检测到压力下降，引起主风缸空压开关继电器失电，进而引起 153K 继电器失电，触发紧急制动 UB（见图 3-22）。

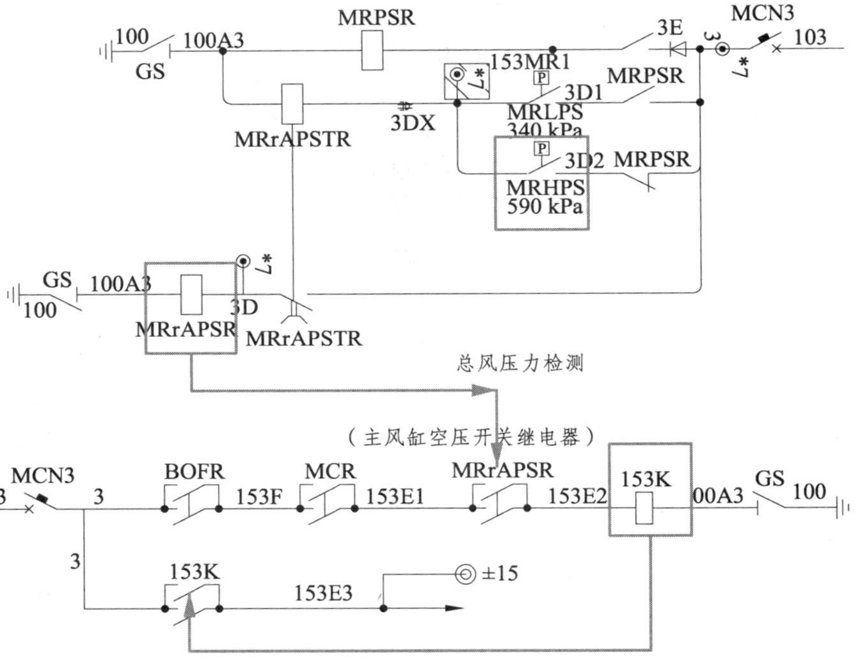

图 3-22　153K 接触器得电原理

（二）CRH380A 型动车组空压机干燥装置漏风

1. 案例概况

CRH380A 型动车组发车时，03 车总风漏风，切除 01/02/03 车总风，为保证旅客安全，工作人员加班加点快速启用热备车担当后续交路。入库检查发现 03 车空压机板式止回阀失效，总风反向通过空压机干燥装置泄露。

2. 原因分析

板式止回阀阀芯的硫化橡胶件采用中低腈丁腈橡胶，耐油性差；同时润滑油为美孚，可与中低腈丁腈橡胶相溶，长期使用后橡胶强度及硫化黏接强度降低，出现破损及剥离现象，导致漏风。

3. 相关原理

当空压机正常工作供风时，VM电磁阀失电，排出阀处于关闭状态，压缩空气经过干燥装置，如冷却器、除湿芯体（实现干燥作用）以及内部的板式止回阀，往总风管供风（如图3-23所示箭头路线），同时向20 L再生储气器供气。当空压机停止供风后，总风在板式止回阀作用下不会回流；同时VM电磁阀得电，再生储气器内压缩空气通过排出阀排出，实现除湿芯体再生。

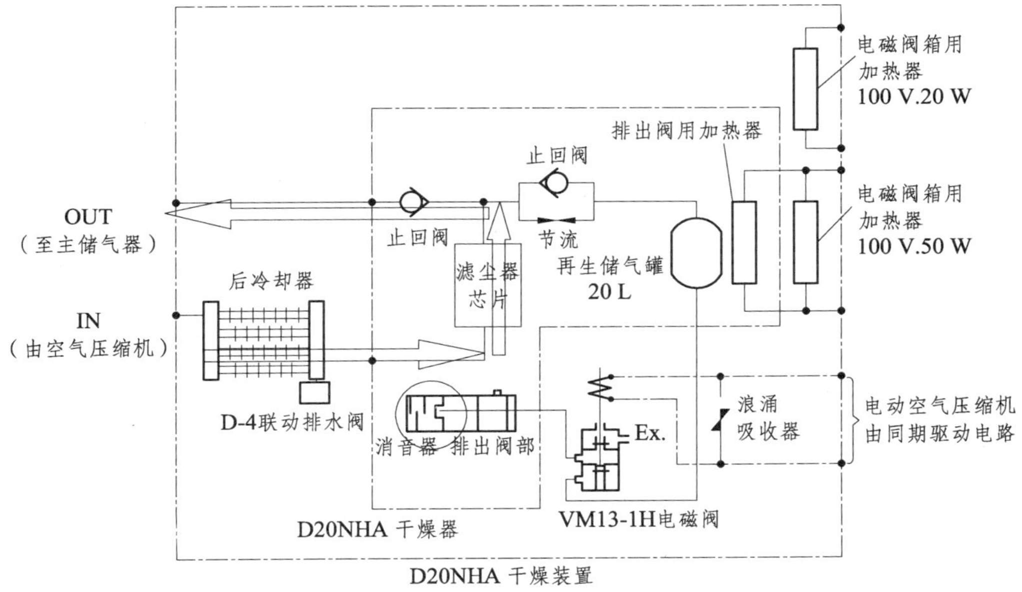

图3-23　干燥装置原理

板式止回阀主要由衬套、阀导承、阀芯、复位弹簧及阀座组成，其中阀芯为带金属骨架的橡胶硫化件，如图3-24所示。造成总风泄漏的故障原因有两种：一是阀芯橡胶破损，密封不良；二是阀导承卡滞，阀芯无法回落，止回功能失效。以上均会导致总风通过排出阀向大气泄漏，造成总风压力较快下降。

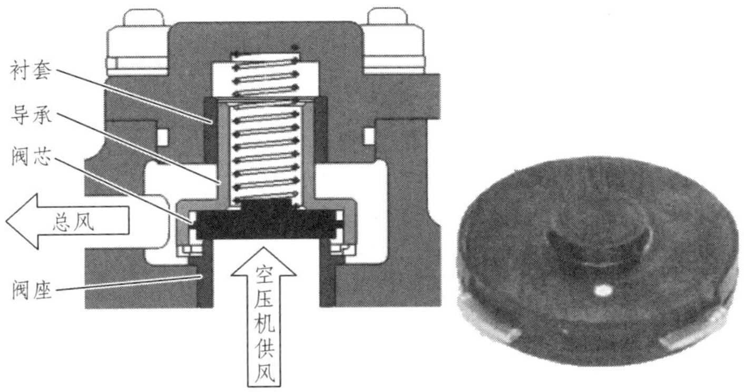

图3-24　板式止回阀结构及阀芯

4. **案例总结**

针对板式止回阀阀芯的硫化橡胶件与润滑油相溶导致的漏风问题，已优化板式止回阀阀芯橡胶材质，由中低腈丁腈橡胶更改为高腈丁腈橡胶，结合运用故障修及四、五级修更换。

运行途中若发现主空压机处持续排风导致总风压力下降过快，则断开故障车【压缩机同步】及【压缩机控制】空开，若故障消除，则维持运行，待回库处理；若故障未消除，按照总风泄露应急处置措施处理。

项目四　动车组空气制动原理 ▶▶▶

项目导入

CRH380B 型动车组无动力回送途中，列车自动施加紧急制动停车，机械师及司机认真检查车组，车组显示正常，重新动车后，列车再次自动施加紧急制动停车。机械师立即切除全列紧急制动阀，切除占用端停放制动监控回路，滚动测试正常后发车。运行中机械师及司机全神贯注、时刻观察车辆运行状态，当运行至 XX 站供电后，发现 02 车报"列车已移动而停放制动未缓解"（代码：1738）、"停放制动隔离阀<H29>或<H27>被截断"（代码：173A），机械师再次对 02 车做空气制动切除后继续运行。

通过本项目学习，掌握空气制动系统的组成及原理，能够使用所学知识，分析、处理空气制动系统故障。

知识目标

（1）掌握空气制动中常用制动、紧急制动、备用制动原理。

（2）掌握空气制动系统故障处理方法。

能力目标

（1）能够分析空气制动系统故障原因。

（2）能够处理空气制动系统故障。

素质目标

（1）养成遵章守纪、爱岗敬业的工作作风。

（2）培养团结奋进、勇于创新的高铁精神。

任务一　CRH380A 型动车组空气制动原理

任务描述

（1）能够掌握 CRH380A 型动车组制动系统气路原理。

（2）能够说出 CRH380A 型动车组常用制动与紧急制动气路原理区别。

相关知识

CRH380A 型动车组空气制动系统主要有常用制动、紧急制动组成，本任务介绍了常用制动、紧急制动以及制动阀原理。

微课：CRH380A 气路讲解 1：制动电路图 UV 部分

微课：CRH380A 气路讲解 2：紧急制动和紧急制动复位

微课：CRH380A 气路讲解 3：停放制动

微课：CRH380A 气路讲解 4：防滑装置

微课：CRH380A 气路讲解 5：防滑电磁阀的结构

微课：CRH380A 气路总览

一、气路原理

（一）制动气路来源

制动作用需要压缩空气，如图 4-1 虚线所示，空气压缩机产生压缩空气，然后经过过滤装置、单向阀、进入主储气柜，然后从主储气柜出来进入 MR 管，MR 管是贯穿每个车辆的气路管，车辆制动所需要的压缩空气都从 MR 管获得。

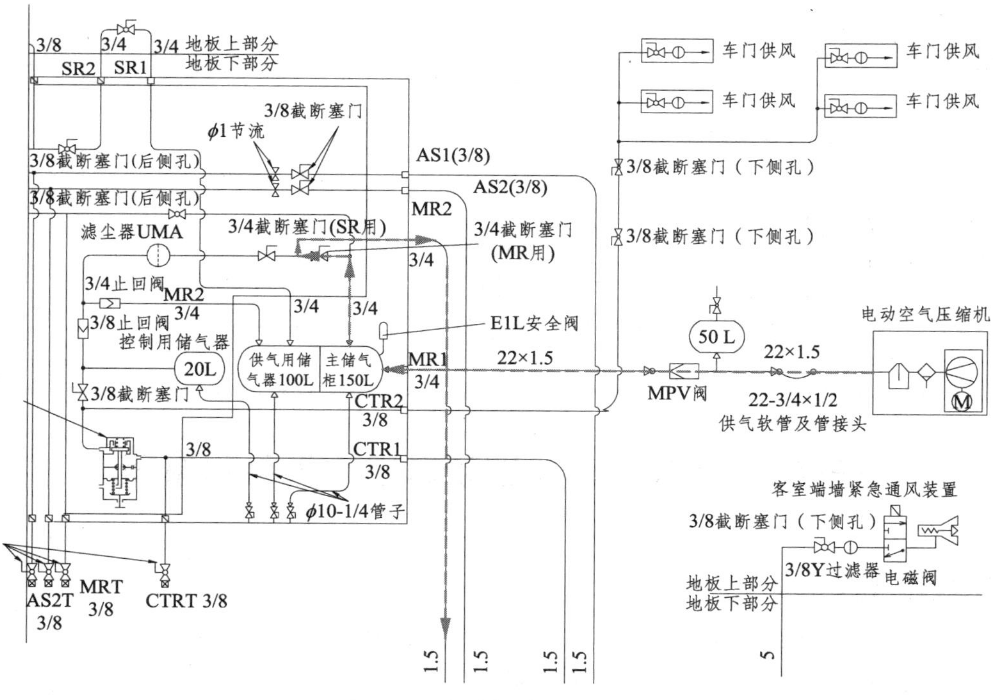

图 4-1　制动气路来源原理

（二）常用制动

如图 4-2 虚线所示，制动气体从 MR 管出，然后进入主储气柜，从主储气柜出来经过滤尘器、单向止回阀进入供气用储气器，然后从供气用储气器出来沿着图中虚线进入电控转换阀和中继阀，然后从中继阀出来到制动装置产生制动力。电控转换阀和中继阀间具体过程在后文中描述。

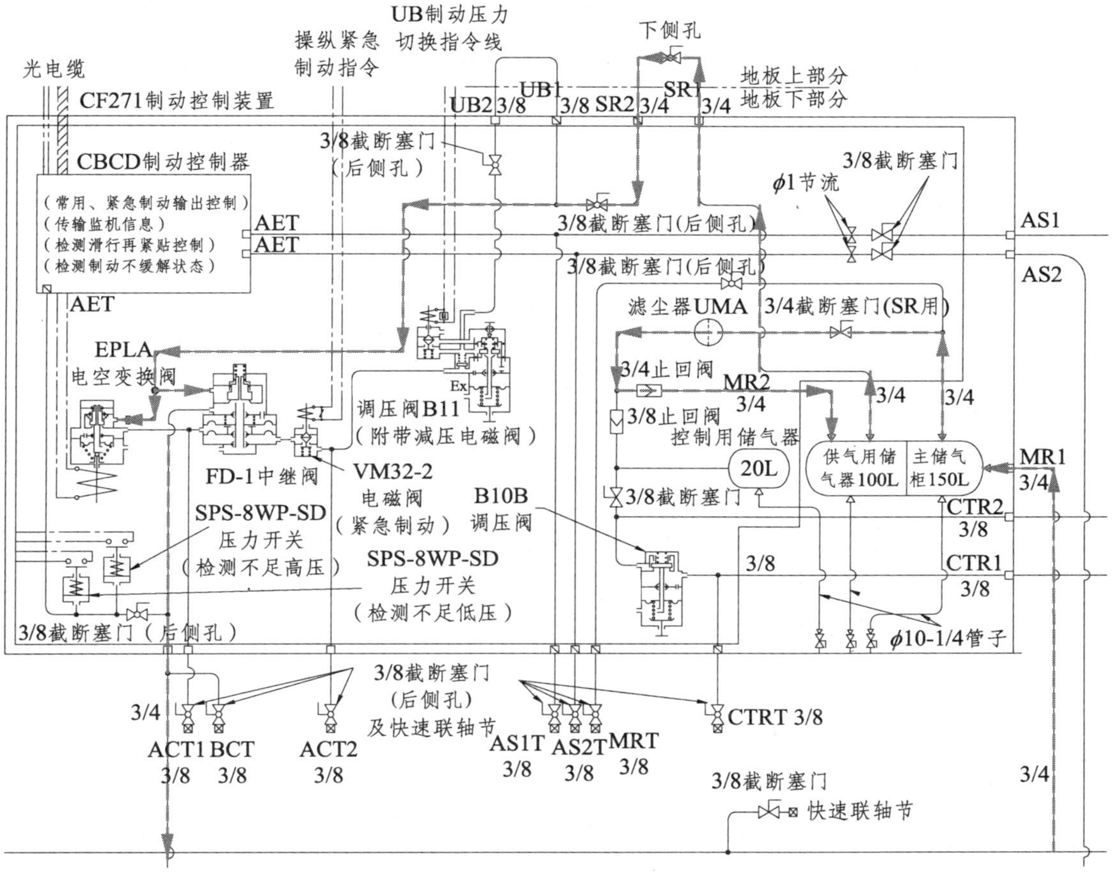

图 4-2　制动气路 1

常用制动主要由 EPLA 电空转换阀和 FD-1 中继阀完成，主要包括制动作用、制动保压作用、阶段制动作用、制动缓解作用、缓解保压与阶段缓解作用。紧急制动主要由 VM14-2H 紧急制动电磁阀、VM32 型电磁阀和 FD-1 中继阀完成，主要包括紧急制动作用、紧急制动复位作用。制动气路如图 4-3 所示。

1．制动作用

中继阀是一个流量放大阀。其作用是根据电空阀来的空气压力信号产生向上推力，推动中继阀给排活塞上移顶起供给阀，形成一个比较大的充气路。

制动控制装置施加空气制动时，BCU 产生 B1~B7 级常用制动，对应的电流指令到电空转换阀。

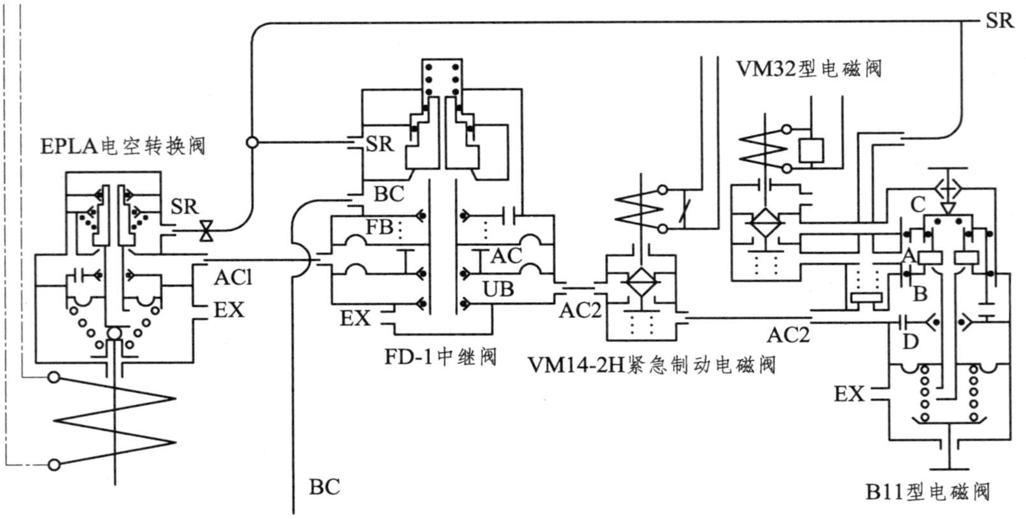

图 4-3　制动气路 2

电空转换阀产生与电流指令相应的电磁力，推动给排活塞上移，压缩给排活塞复原弹簧，当给排活塞杆接触到供给阀时，首先关闭给排活塞顶端的排气口，接着顶起供给阀。制动风缸来的压缩空气 SR 经打开的供给阀流入阀内通路，经 AC1 口流出，从而将电流信号转换成相应的空气压控制信号。压缩空气经缩孔到达波形膜板上方 AC 室。

从电空转换阀 AC1 口输出的控制压缩空气进入中继阀上膜板 AC 室，推动中继阀给排活塞上移顶起供给阀，制动风缸来的压缩空气 SR 经打开的供给阀流入二次侧 BC 室，BC 压缩空气经管路进入基础制动装置，产生常用制动作用。

2. 制动保压作用

当司机制动控制器处于 B1~B7 的某一级位时，BC 压力增大，空气进入缩孔 BC 室，使得 FB 模板下移，关闭 FD-1 中继阀 SR 到 BC 的进气孔。

EPLA 电空转换阀的供给阀在其上方复位弹簧的作用下，下移到供给阀座，关闭制动风缸到中继阀的充气通路，此时，AC 压力保持在与电气指令对应值上，常用制动处于保压状态。

3. 阶段制动作用

从 B1→B7 逐级转动时，EPLA 电空转换阀的电磁线圈上的电流逐级增大。

电流增大使得电磁阀上的电磁吸引力再次增加，柱塞克服波形膜板上面的压力而顶开供给阀，再次打开充气通路，直到 AC1 空气压力再次达到电气指令所需的空气压力。

同理，当 AC1 压力升高时，中继阀内的供给阀重新被顶开，再次形成制动风缸向基础制动装置增压缸的充气通路，直至基础制动装置增压缸的压力达到与 AC1 压力平衡为止。再次到达制动保压位置。

保压状态下，如果增压缸出现漏气，中继阀内 FB 室的压力经由 BC 室缩孔随增压缸压力而下降，由于电空阀保持压力不变，中继阀波形膜板上下两侧原来的压力平衡被破坏，供给阀重新打开，又开始向增压缸充气，直到压力平衡，供给阀重新关闭，从而实现制动缸的自动补风。

4. 缓解作用

当司机将司机制动控制器从常用制动（B1~B7）位转至运行位时，电空阀的电磁线圈失电消磁。EPLA 电空转换阀给排活塞上下两侧压力平衡被打破，给排活塞被压下，离开供给阀，打开排气口。

中继阀 AC 室的压缩空气由 AC1 口经电空阀的给排活塞杆中心孔排出大气。

在此过程中，中继阀由于 AC 室压力的降低，中继阀内的给排活塞下移，打开排气口，增压缸压缩空气经中继阀的给排活塞中间通路排出到大气中，直至排完为止。这种状态叫作“缓解位置”。

5. 缓解保压与阶段缓解作用

在保压状态下，当司机制动控制器从 B7→B1 转动时，电空阀的电磁线圈电流逐级减小。

中继阀 AC 室的压缩空气经电空阀的给排活塞中心孔排出大气，AC 室压力也逐级减小。当电空阀波形膜板上方压力降到电气指令所需的空气压力时，电空阀重新处于保压状态。

在此过程中，中继阀由于 AC 室压力的逐级降低，增压缸压力也逐级减小。当中继阀上膜板 BCF 室与 AC1 室的压力呈出平衡状态，中继阀转入“解保压位置”。

总之，随着司机制动控制器从 B7~B1 转动，制动缸的压力随之逐级降低，形成阶段缓解作用。

（三）紧急制动

制动气体从 MR 管出，然后进入主储气柜，从主储气柜出来经过滤尘器、单向止回阀进入供气用储气器，然后从供气用储气器出来沿着图中虚线经过调压阀和紧急制动阀进入中继阀，然后从中继阀出来到制动装置产生紧急制动力（见图 4-4）。调压阀和紧急制动阀的具体工作过程在后文中描述。

紧急制动是在紧急情况下产生作用的制动方式，其特点与快速制动类似。它与快速制动的区别在于：快速制动一般为电、空联合制动，也可以是空气制动；而紧急制动则只有空气制动作用。

任何情况导致的安全环路失电都会起紧急制动。紧急制动为纯空气制动，其制动力（或减速度）根据列车运行速度进行两级调整。当列车速度在 250~300 km/h 范围内时，获得较低的减速度，约为 0.519 m/s^2；当速度在 250 km/h 以下时，减速度较高，约为 0.706 m/s^2。紧急制动时，不再有空重车调整功能。

紧急制动分为紧急制动作用和紧急制动复位作用。

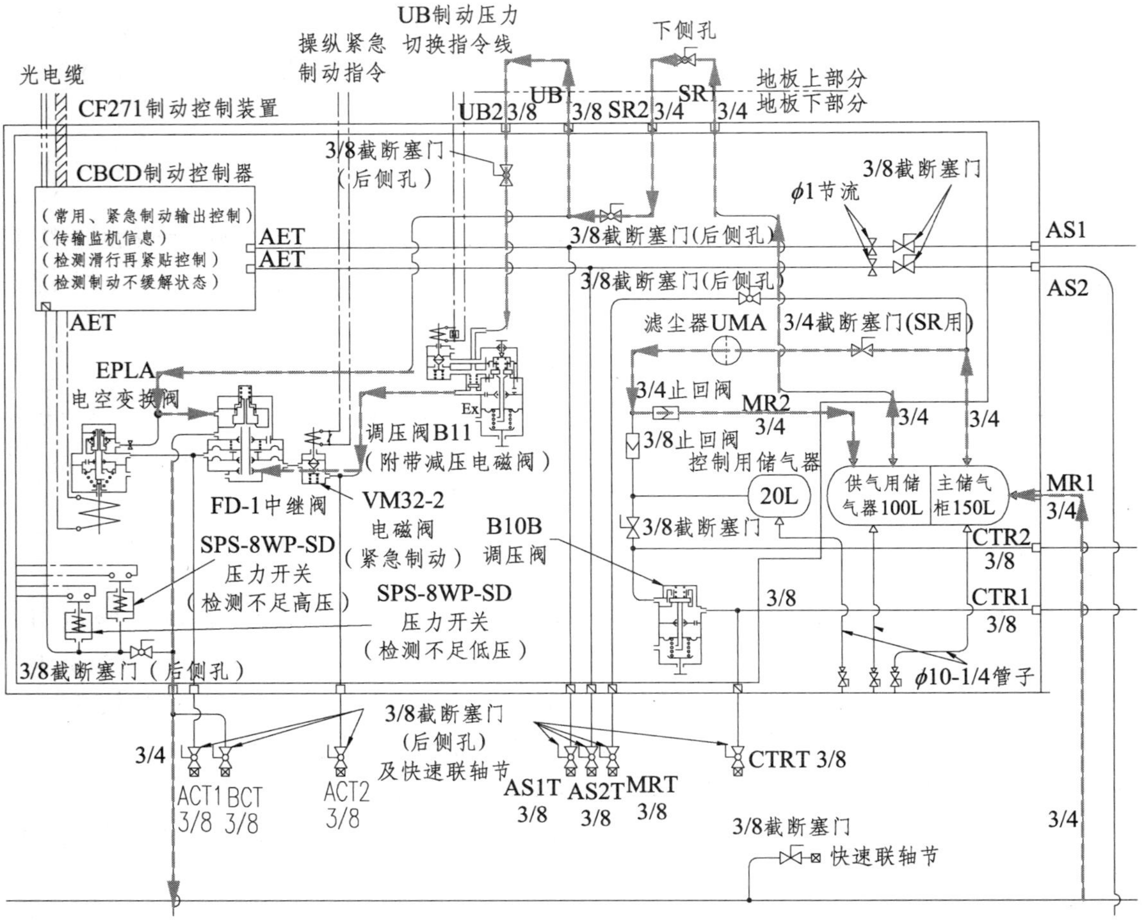

图 4-4 紧急制动气路 1

1．紧急制动

列车在正常情况下，VM14-2H 型紧急制动电磁阀常得电，关闭由调压阀 B11 通往中继阀 UB 室的空气通路。

而当列车发生紧急制动时，根据列车运行速度的不同，控制气路输出两级制动压力。

当列车速度在 250 km/h 以下时，VM32 型磁阀失电消磁，下阀口打开。

制动风缸来的压缩空气 SR 经 VM32 型电磁阀打开的下阀口进入 B11 型调压阀的 C 室，将阀盒压在最下位置，B11 型调压阀活塞杆顶开供给阀，制风缸来的压缩空气 SR 由 A 输出到 B 室，经 AC2 口输出（见图 4-5）。

当 AC2 的压缩空气升高到与调压弹簧的压力平衡时。关闭供给阀，此时输出的 AC2 压力为 300~700 kPa 的高压。

当列车速度在 300 km/h 以上时，VM32 型电磁阀得电励磁，上阀口打开。

C 室的压缩空气经过电磁阀排放出大气中，阀盒被阀盒弹簧顶起，直至碰到低压调整螺丝为止，由于阀盒上移，供给阀跟随供给阀座一起上升，打开活塞顶端的排气口，AC2 的压缩空气由 B 室经活塞杆中间通路流向 E 室排气，随着 B 室的排气，活塞上移直到接触供给阀，

关闭排气口为止（见图 4-6）

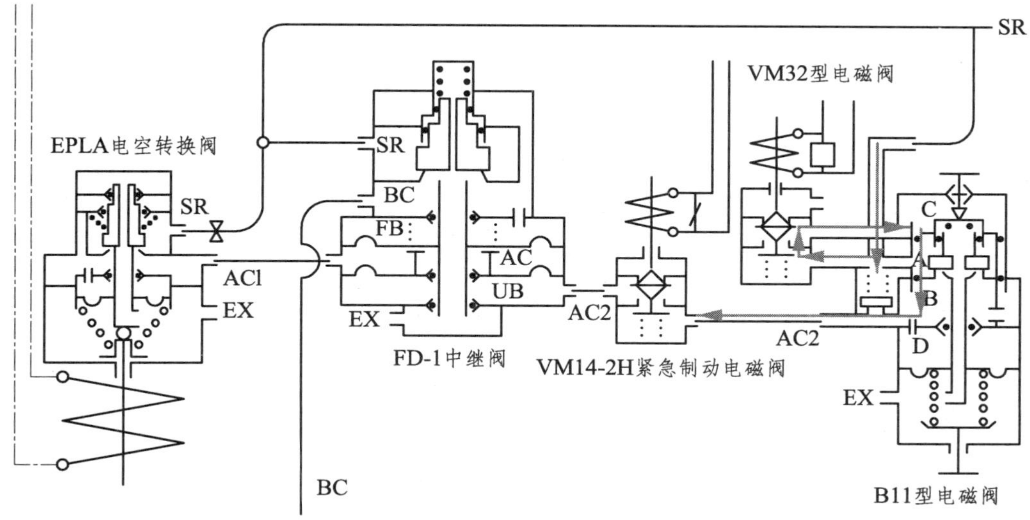

图 4-5　紧急制动气路 2

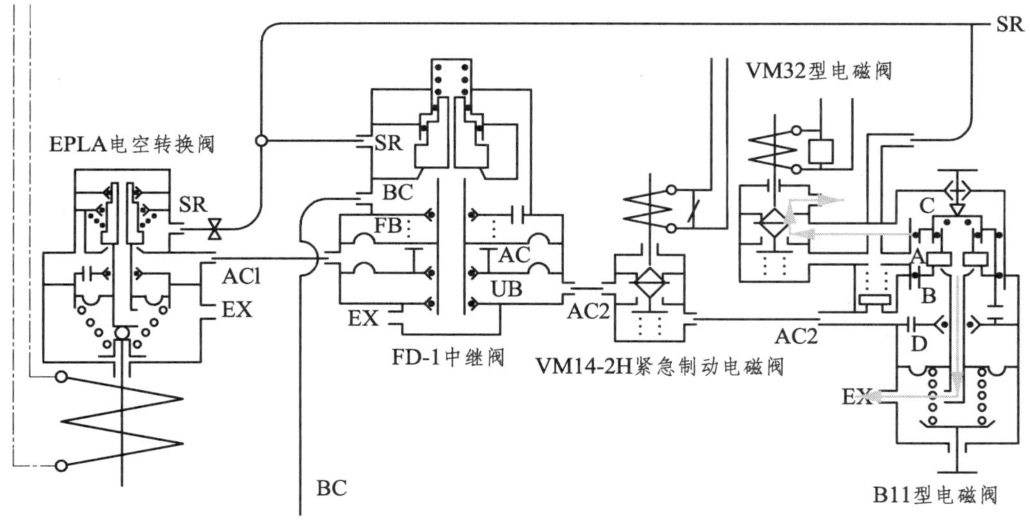

图 4-6　紧急制动气路 3

此时，由于 AC2 的压力下降，输出 0~500 kPa 的低压，AC2 的压缩空气经空气管路进入电磁阀。

当紧急制动电磁阀失电时，在下方复原弹簧的作用下关闭上阀口，打开下阀口，AC2 的压缩空气经打开的紧急制动电磁阀进入中继阀下膜板下腔 UB 室（见图 4-7）。

压缩空气推动中继阀给排活塞上移，打开供给阀，形成制动风缸向增压缸的充气通路。此时，根据 AC2 控制压力为高压（或低压），控制增压缸相应获得高压（或低压）制动力（见图 4-8）。

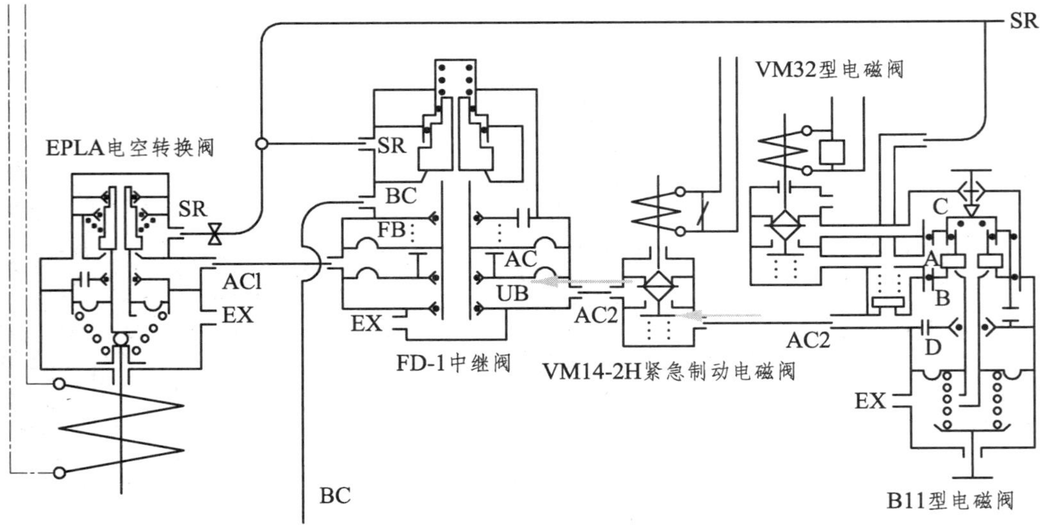

图 4-7 紧急制动气路 4

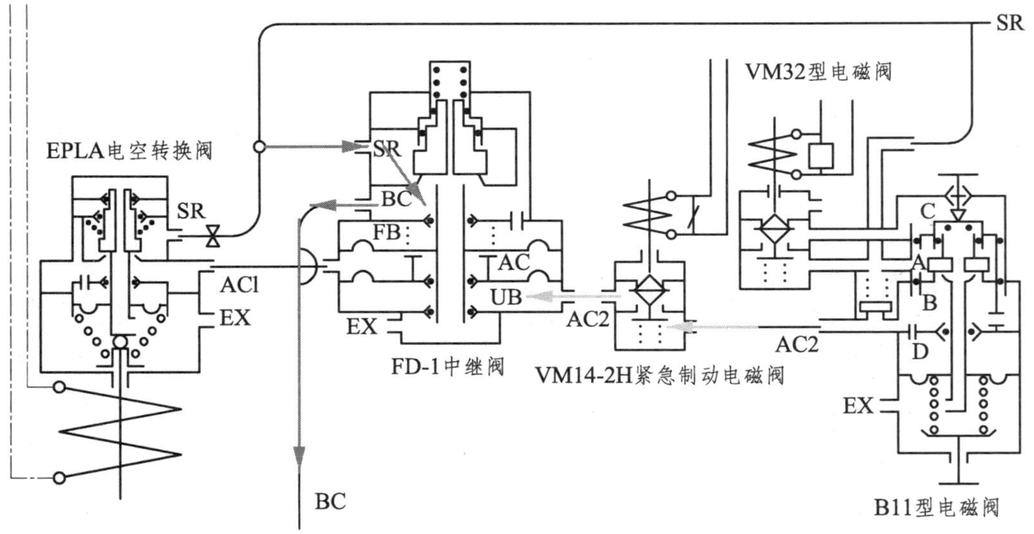

图 4-8 紧急制动气路 5

若紧急制动发挥作用的同时，快速制动得到指令，经电空阀转换后形成与快速制动电流相对应的空气压力信号 AC1，进入中继阀上膜板下腔。

此时，中继阀依据高位优先的原则由快速制动压力和紧急制动压力高的一方推动给排活塞杆上移，打开供给阀，形成制动风缸向增压缸的充气通路（见图 4-9）。

2. 紧急制动复位

紧急制动作用发生后，动车组将减速直至停车，中途无法缓解。列车再次启动前，必须进行复位操作。

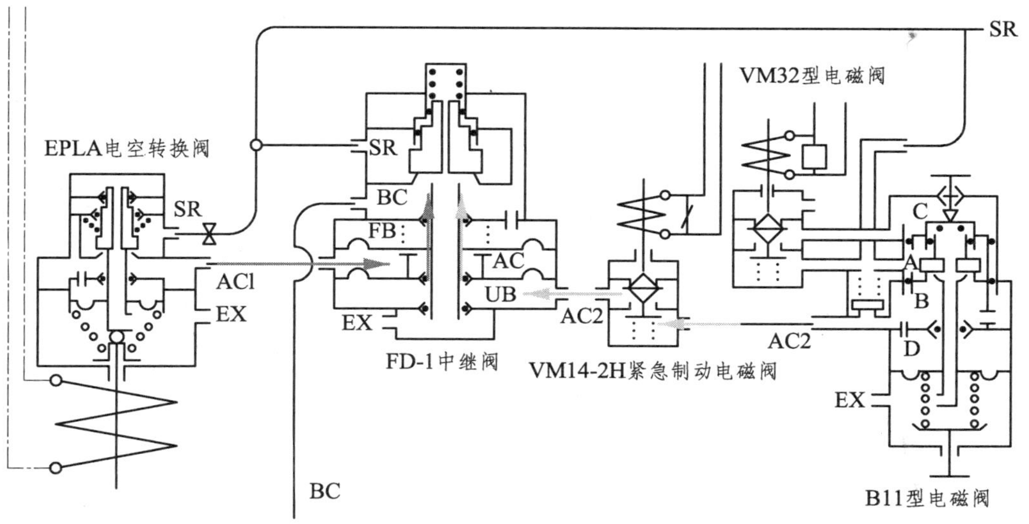

图 4-9　紧急制动气路 6

按下紧急制动复位按钮后，153 线重新恢复得电，紧急制动电磁阀重新得电，紧急制动即可复位。

（四）停放制动

CRH380A 统型动车组在 T1、M2、M6、T2 车上，每轴设置 1 套带停放制动缸基础制动单元，共 16 套。

停放制动功能是由单独的停放制动控制装置来控制的。当需要施加停放制动时，停放制动控制装置排出停放制动缸中的空气，停放制动施加；当需缓解停放制动时，停放制动控制装置向停放制动缸充气到预定压力。所以停放制动是充气缓解，排气制动。

图 4-10 中各部件作用如下：

（1）VM28 电磁阀接收电指令，开关停放制动空气回路。

（2）调压阀将总风的压缩空气调整至规定的压力提供给电磁阀。

（3）双向逆止阀将双向通路的压缩空气中压力较高一侧的空气压力提供给另一方。

（4）压力开关（SPS-8WP）在设定压力的上限和下限同时获得 ON-OFF2 点控制信号，根据需要可进行调整。

（5）通过手动操作带侧孔旋塞开关管路，关闭二次侧的压缩空气时，从本体侧面排出空气压力。

（6）过滤器可去除压缩空气中的灰尘、污垢及其他脏物，起到保护装置的作用。

3. 施加过程

停放制动缓解通过停放指令对停放制动压力进行控制。

接收到停放制动 ON 信号时，电磁阀排气动作，排出停放制动缸内的压缩空气，施加停放制动（见图 4-11）。

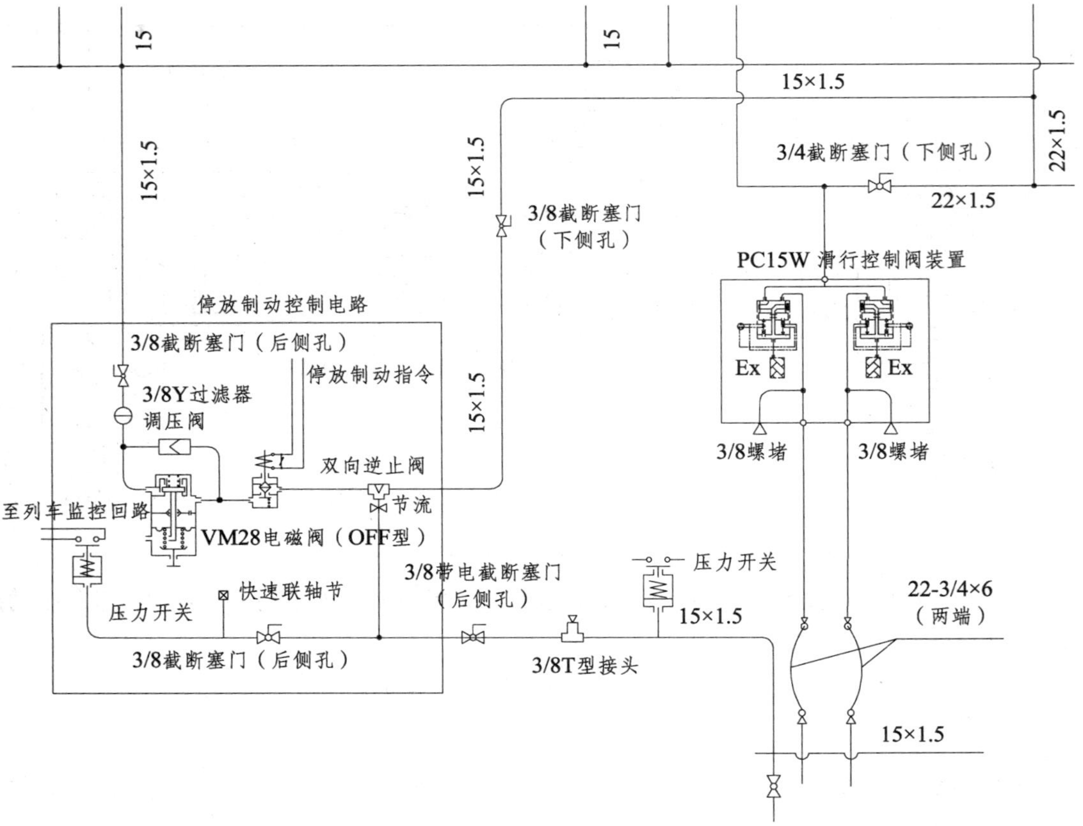

图 4-10　停放制动装置气路

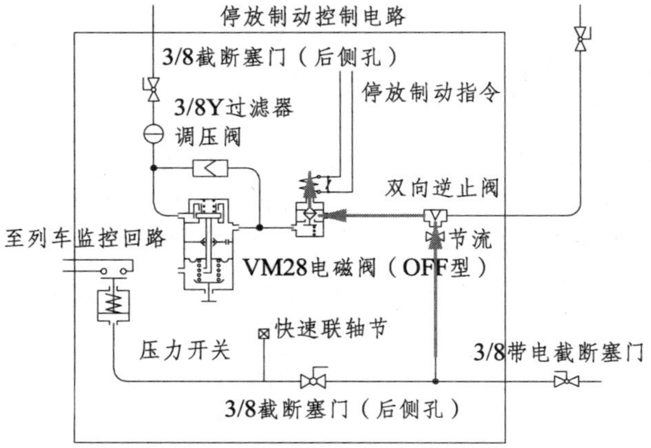

图 4-11　施加停放制动

4．缓解过程

当接收到停放制动 OFF 信号时，通过电磁阀供气动作，向停放制动缸内充入压缩空气，停放制动缓解（见图 4-12）。

当车辆施加有停放制动时，如果此时施加常用制动，常用制动气体流向双向逆止阀右边，然后流向停放制动装置，使得停放制动装置缓解，这样可以避免常用制动及停放制动同时施加，防止制动力过大对制动盘及制动闸片造成损伤。

在动车组长期停留时，MR 管空气泄露或排空，则停放制动自动动作。

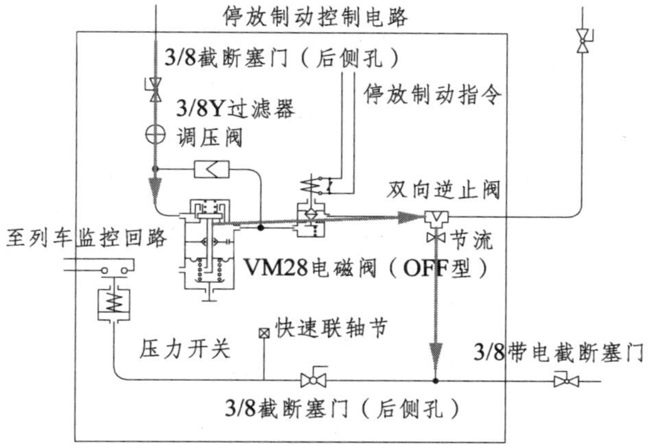

图 4-12　停放制动缓解

（五）救援装置

救援装置在 T1、T2 车设置有电空转换阀和救援指令器，使用本装置可以对具备制动管的车辆进行救援，通 10 号钩将列车管、总风管与其他车型动车组导通。

CRH380A 统型动车组加装 BP 救援装置，主要用于不同车型动车组间进行救援连挂。

对装有制动管的列车，将本车制动电制动指令转换成制动管压力（BP 压力），或将救援车辆输出的制动管压力转换成本车的制动电指令达到控制被救援车辆的制动力，或接收救援车辆输出的制动指令信号，以实现救援或被救援的功能。

救援装置的主要控制内容包括电空转换阀对制动管压力的控制和紧急制动压力的控制。其气路图如图 4-13 所示。

通过本装置对被救援车进行 BP 压力的控制，当接收到司控台发来的电制动指令，通过 EPLA 电空转换阀进行电空转换，将（1~7N、EB）转换为列车管压力信号，对被救援车的 BP 压力进行控制，控制被救援车辆的制动。

救援转换装置可以读取 BP 管的压力，当 BP 压力从 500 kPa 或 600 kPa 开始减压时，装置将以数字信号输出符合其减压量的制动指令，制动控制装置根据制动指令产生相应的动作。

电空转换阀（EPLA）具有将电气指令（电流指令）转换成空气压力指令信号并能够将供给空气提供给工作机构（中继阀）或者根据指令信号排出工作机构的空气，具备连续、平滑地控制空气压力输入输出的特性。

中继阀（FD-1）可以增容 EPLA 电空转换阀的指令压力和同等压力，提供排出 BP 压力。

排气阀可快速排出 BP 压力，根据控制压力信号让 BP 压力急速排出，实现快速（紧急）制动的功能。

紧急电磁阀（VM31-1）根据电指令保持、排除压缩空气，消磁为保持、励磁为排气（见图 4-14）。

球旋塞安装在空气管路中，手动操作可以开闭管路。

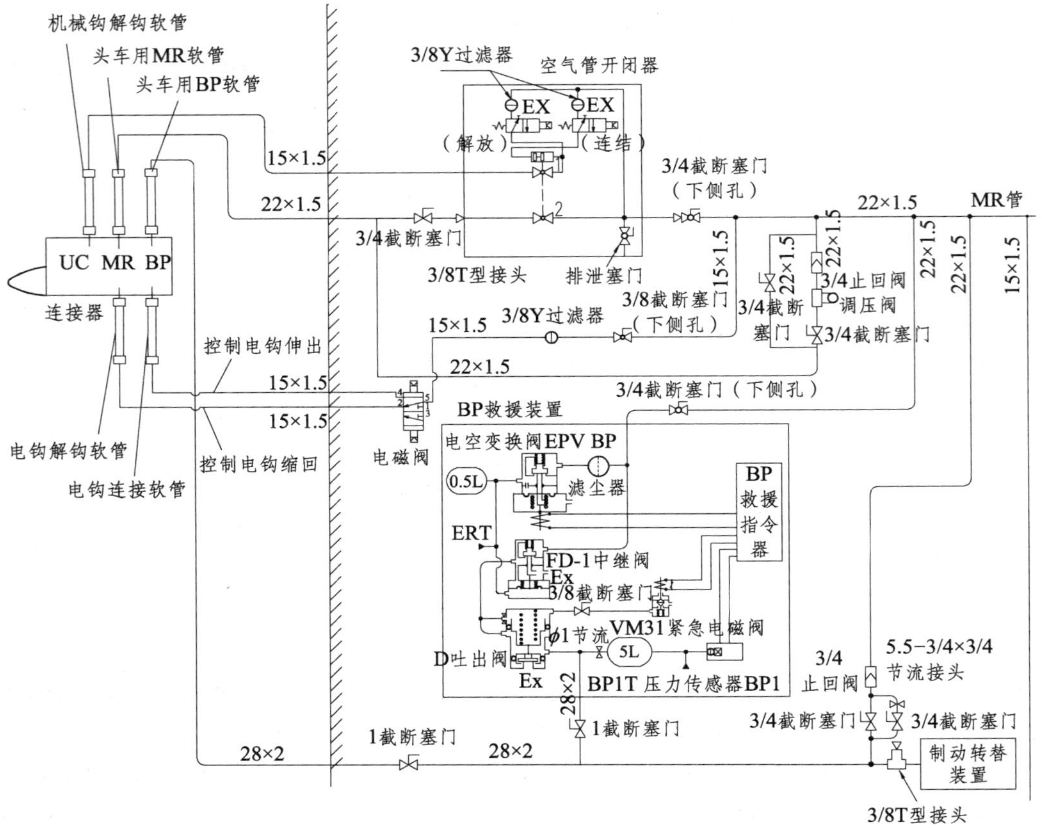

图 4-13 救援转换装置气路

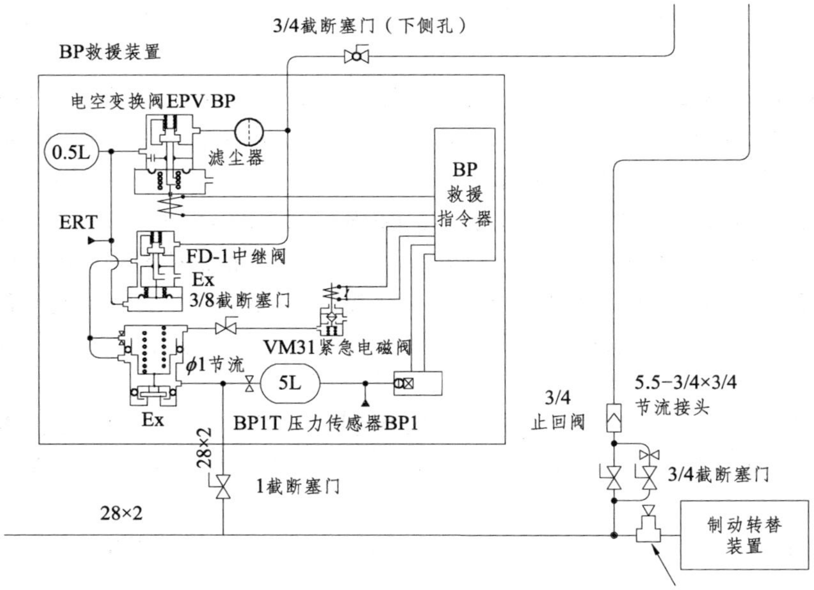

图 4-14 BP 救援转换局部原理

（六）防滑电磁阀

防滑电磁阀是防滑装置的执行机构，它可以根据滑行检测器发出的控制信号进行动作，实现制动缸的排风、保压、充风，从而控制制动力，使防滑装置起到防滑并控制黏着的作用。图 4-15 所示的滑行控制装置就是防滑电磁阀。

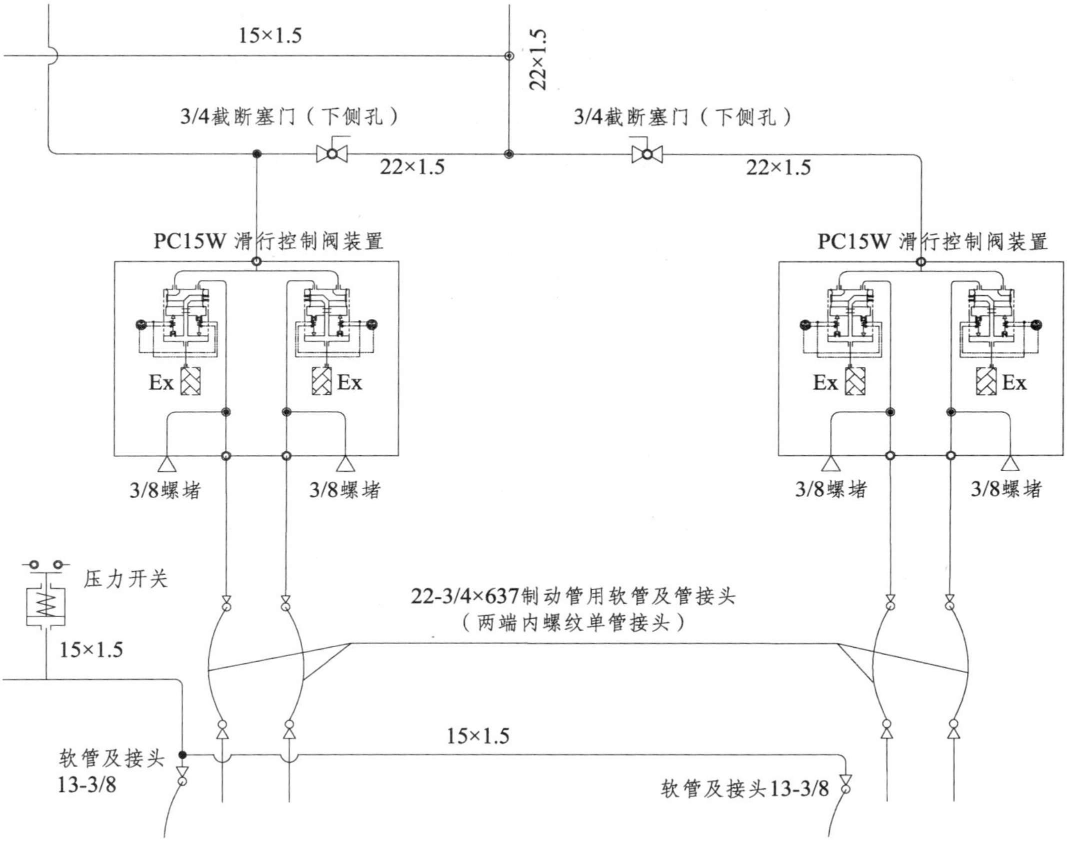

图 4-15　防滑电磁阀位置

5. 防滑电磁阀的结构

防滑电磁阀的结构形式虽然千差万别，但就现有防滑电磁阀来说，不论是国内还是国外，其设计要求和工作原理都几乎完全相同，主要由中间体、侧体、膜板、电磁先导部分等组成（见图 4-16）。

防滑电磁阀的作用由无防滑功能时的制动和缓解作用、有防滑功能时的排气作用、有防滑功能时的再制动（充气）作用、有防滑功能时的压力保持（保压）作用几个部分组成。

1）无防滑功能时的制动和缓解作用

此时电磁阀 VM1、VM2 均不励磁。通道 k、u 关闭，通道 M、N 打开制动时来自制动控制装置中继阀的压缩空气到进风口 D。经 T 室作用在进气膜板 V1 上，由于控制室 SD 经 SD→g→开启的阀座 N→r→q→O 通大气，因此进气膜板 V1 被推至右端极限位置，进气膜板 V1 打开。

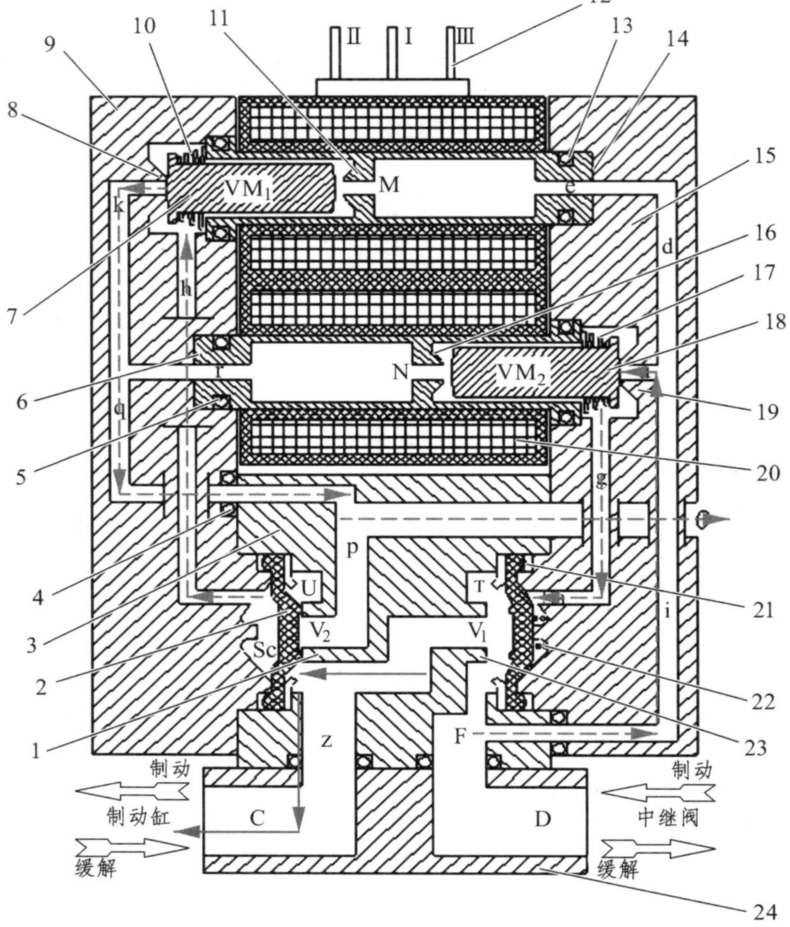

1、23—膜板座；2—排气膜板 V2；3—阀体；4、5、13—密封圈；6、14—阀座；7—电磁阀 VM1；8、19—外部阀座；9、15—侧板；10、17—弹簧；11、16—内部阀座；12—接线柱；18—电磁阀 VM2；20—电枢及绕组；21—进气膜板 V1；22—膜板弹簧；24—阀座。

图 4-16　防滑电磁阀结构

F 室的压缩空气经 F→d→M→h→SC，在排气膜板 V2 左侧控制室 SC 室压力与 U 室压力的压差作用下（注意 V2 右侧→O 通大气）排气膜板 V2 关闭。

这样，D→F→V1 左侧→ZC 通路打开。

车辆进行正常的制动缓解开始时，如下图 C→Z→V1 左侧→F→D 通路畅通，当进气膜板 V1 右侧弹簧压力高于 T 室压力时，进气膜板 V1 关闭，U 室的剩余空气打开排气膜板 V2，排尽制动缸 C 的剩余空气（见图 4-17）。

2）有防滑功能时的排气作用

接到排气指令的同时，电磁阀 VM1、VM2 均励磁。通道 k、u 打开，通道 M、N 关闭，变成排气缓解位置。

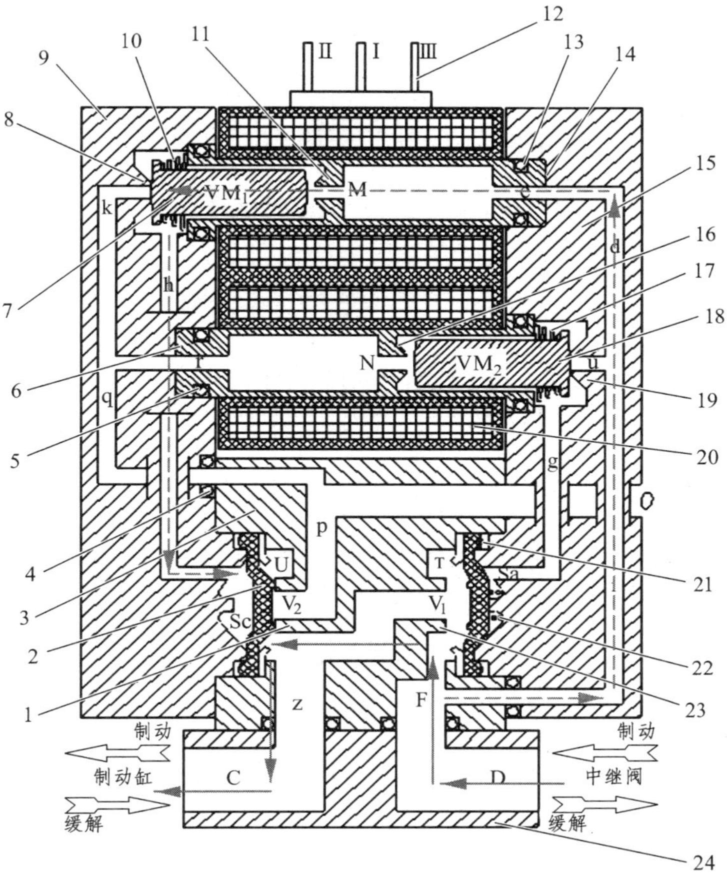

1、23—膜板座；2—排气膜板 V2；3—阀体；4、5、13—密封圈；6、14—阀座；7—电磁阀 VM1；8、19—外部阀座；9、15—侧板；10、17—弹簧；11、16—内部阀座；12—接线柱；18—电磁阀 VM2；20—电枢及绕组；21—进气膜板 V1；22—膜板弹簧；24—阀座。

图 4-17　防滑阀排气原理 1

压缩空气经 F→i→g→SD，SD 室压力上升，与 T 室压差很快达到平衡，膜板弹簧将进气膜板推至左端位置，SD 室压力继续上升，弹簧力+SD 室压力与 T 室压力的压差越来越大进气膜板保持关闭，从而 D→F→V1 左侧→Z→C 的通路关闭，这时中继阀 D 处来的空气压力不管如何增加，也不会增加制动缸的压力；同时控制室 SC 的空气经 SC→k→q→O 通大气 U 室的压缩空气打开排气膜板 V2，制动缸 C 的空气经通路 C→Z→V2 右侧→p→O 排出大气。

3）有防滑功能时的再制动（充气）作用

此时电磁阀 VM1、VM2 均不励磁。通道 k、u 关闭，通道 M、N 打开来自中继阀 D 的压缩空气经 T 室作用在进气膜板 V1 上，由于控制室 SD 的空气经 SD→Nq→O 通大气，因此迅速降为与大气压力相同，在 T 室空气压力作用下，进气膜板 V1 被推向右端位置，进气膜板 V1 再次打开（若制动缸空气尚未排尽，在 T 室和 V1 左侧空气压力的共同作用下，进气膜板 V1 打开更快）；同时来自 D 的压缩空气经 F→d→Mh→SC，SC 室压力迅速上升，在 SC 室压力与 U 室的压差作用下（V2 右侧→O 通大气）排气膜板 V2 迅速关闭，制动缸的空气不再排大气。这样，D→F→V1 左侧→Z→C 通路再次打开，车辆再次进入制动充气状态（见图 4-18）。

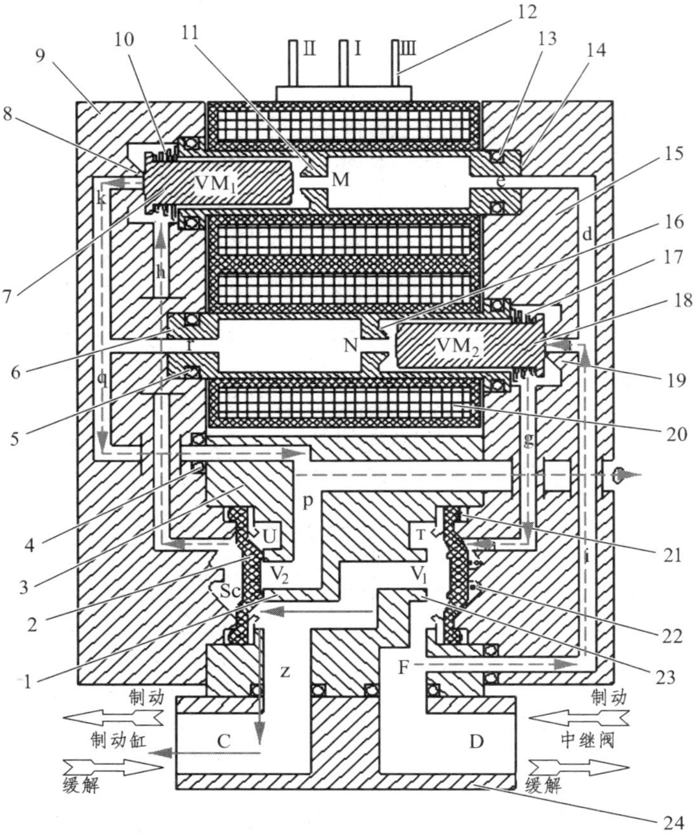

1、23—膜板座；2—排气膜板 V2；3—阀体；4、5、13—密封圈；6、14—阀座；7—电磁阀 VM1；8、19—外部阀座；9、15—侧板；10、17—弹簧；11、16—内部阀座；12—接线柱；18—电磁阀 VM2；20—电枢及绕组；21—进气膜板 V1；22—膜板弹簧；24—阀座。

图 4-18　防滑阀排气原理 2

4）有防滑功能时的压力保持（保压）作用

此时电磁阀 VM1 不励磁、VM2 励磁。通道 k、N 关闭，通道 M、u 打开压缩空气经 F→i→SD，SD 室压力迅速升，与 T 室压差很快达到平衡，膜板弹簧将进气膜板推至左端位置，SD 室压力续上升，弹簧力+SD 室压力与 T 室压力的压差越来越大，进气膜板保持关闭，从而 D→F→V1 左侧→Z→C 的通路关闭；同时压缩空气经 F→i→d→e→M→h→SC，SC 室压力迅速上升，排气膜板 V2 迅速关闭。这时制动缸既不排风也不充气，形成压力保持（保压）状态。

在保压状态时，若使 VM1 间断地励磁（得电），制动缸便会间断地排风，实现阶段缓解若保持 VM 始终励磁（得电），而 VM2 间地励磁（得电），制动缸便会间断地充气，实现阶段制动。

二、气路阀原理

CRH380A 制动系统气路阀主要有电空转换阀、中继阀、压力调整阀（B10 型调压阀、B11 型调压阀）、

微课：CRH380A 阀体讲解 1　　微课：CRH380A 阀体讲解 2　　微课：CRH380A 阀体讲解 3

VM32-2 紧急电磁阀、SPS-8WP 压力开关等组成，各个阀体位置如图 4-19 所示，实物如图 4-20 所示。

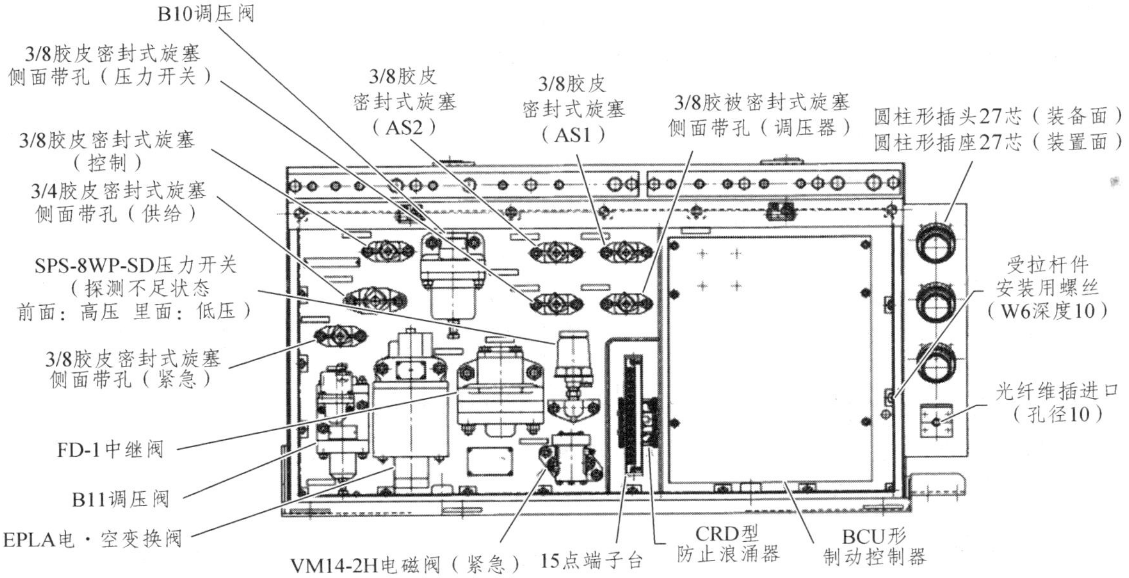

图 4-19 气路阀位置

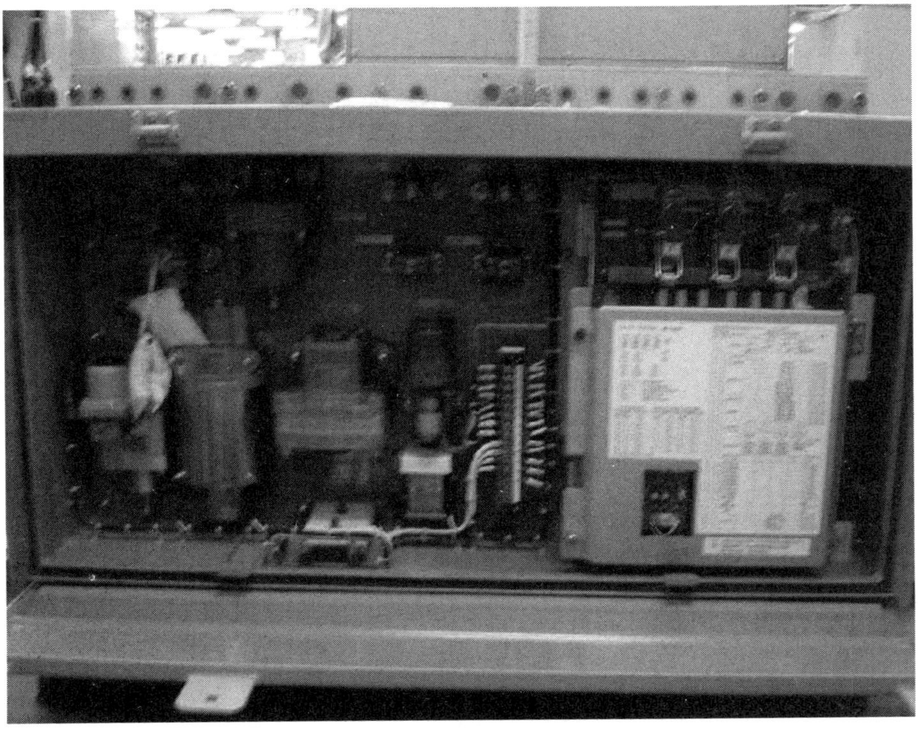

图 4-20 气路阀实物

（一）电空转换阀

电空转换阀又称为电空阀，安装在空气制动控制装置内（见图 4-21），其作用是把制动控制计算机发来的电流指令转换为空气压力，从而控制中继阀的供、排气。根据结构及工作原理的不同，电空阀分为模拟型和数字型两种。国产动车组中除 CRH2、CRH380AL 采用模拟型外，其余型号动车组均采用数字型电空转换阀。

由于模拟型电空换阀的电流指令可以无级变化，所以电空转换阀的优点是可以使输出的空气压力能实现无级调控。电空转换阀由电磁阀、排气活塞和供排气阀等零件组成（见图 4-22），有励磁和消磁两种工作状态。

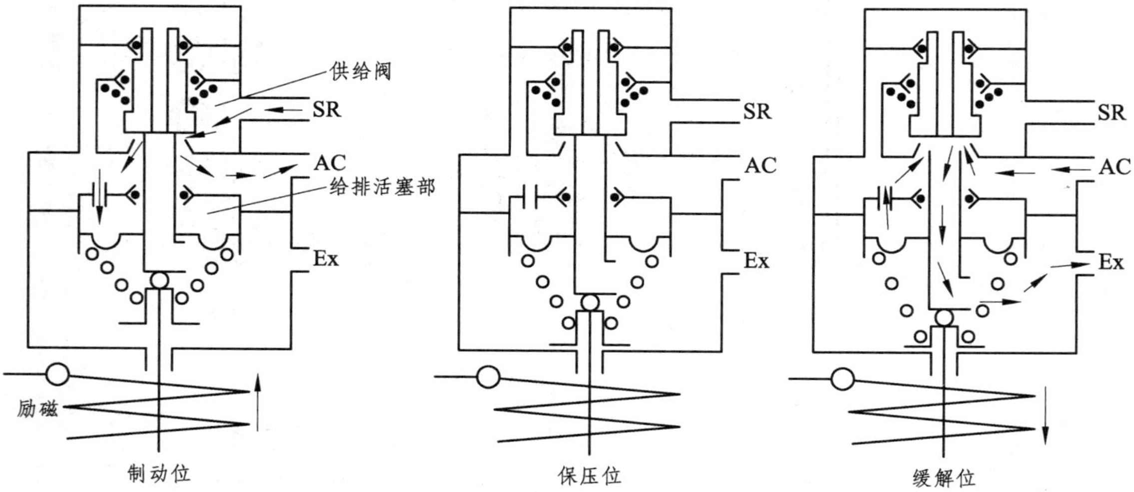

图 4-21 电空转换阀位置

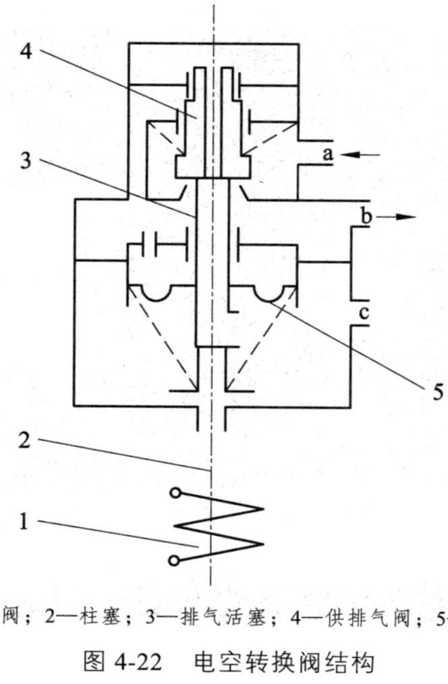

1—电磁阀；2—柱塞；3—排气活塞；4—供排气阀；5—膜板。

图 4-22 电空转换阀结构

1. 制动位

电磁线圈接收电气指令后，线圈被励磁，柱塞动作使给排活塞上移。

给排活塞在上移的过程中，首先接触供给阀，关闭给排活塞杆端的排气孔，接着顶开供给阀，使之离开阀座。

从风源来的压缩空气 SR 经打开的供给阀通过 AC 口进入中继阀。同时，压缩空气经缩孔到达波形膜板上方（见图 4-23）。

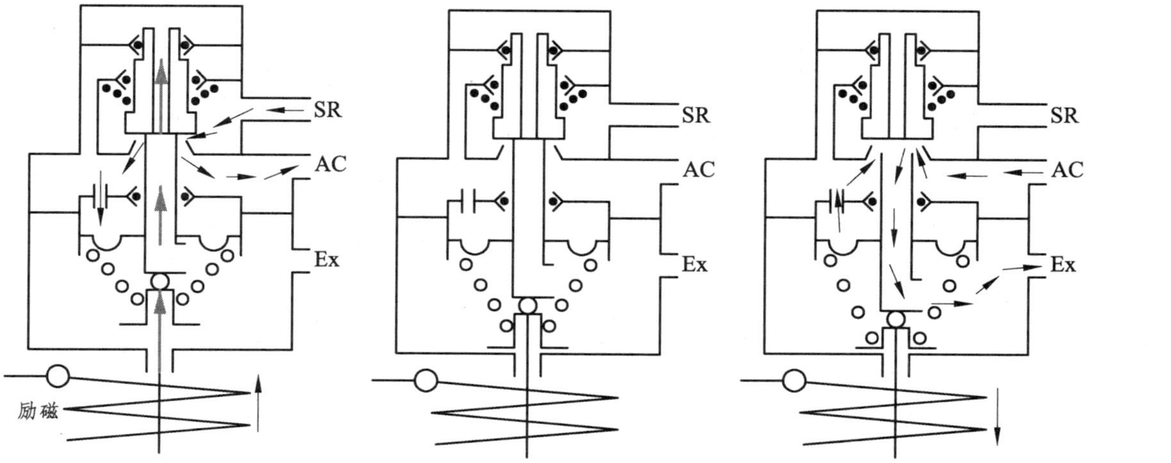

（a）制动位　（b）保压位　（c）缓解位

图 4-23　制动、保压、缓解位气路

2. 保压位

随着压缩空气的注入，波形膜板上方的压力逐渐增大，当压缩空气压强达到电气指令对应值时，波型膜板上下两侧压力接近平衡，供给阀在其上方复位弹簧的作用下下移到供给阀座，关闭风源到中继阀的充气通路，此时，供给阀处于保压位。

当司机制动控制器从 B1→B7 转动时，电磁线圈上的电流逐级增大。当接收到增加空气压力的电气指令时，电磁线圈上的电磁吸引力再次增加，柱塞克服波形膜板上面的压力而顶开供给阀，再次打开充气通路，直到空气压力再次达到电气指令所需的空气压力后，充气通路再次关闭，再次处于保压状态。保压状态下，如果出现漏气，由于波形膜板上方的压力降低，电磁线圈产生的向上电磁力大于作用于膜板的向下的空气压力，原来的压力平衡被破坏，柱塞通过给排活塞杆将供给阀顶开，此时又开始充气，直到压力平衡，供给阀重新关闭，从而实现制动缸的自动补风。

3. 缓解位

在保压状态下，当司机制动控制器从 B7→B1 转动时，电磁线圈上的电流逐级减小。电磁线圈输出的电磁力小于膜板所受的空气压力，给排活塞被压下，离开供给阀，打开排气口，中继阀的压缩空气由 AC 经给排活塞杆中心孔排出大气。当波形膜板上方压力降到电气指令所需的空气压力时，给排活塞上移，关闭排气口，重新处于保压状态。

（二）中继阀

中继阀安装在空气制动控制装置内，它是一个流量放大阀，其作用是根据 EP 阀（或紧急制动电磁阀）输出的气体压力，控制制动缸（或增压缸）的充气、排气，以实现制动机的制动、缓解和保压作用。根据结构的不同，中继阀有单膜板式和双板式两种类型。CRH380A 型动车组上所使用的中继阀是 FD-1 型双膜板式中继阀，由给排活塞、供气阀、复位弹簧等构成。中继阀的作用位置有制动位、保压位和缓解位（见图 4-24）。

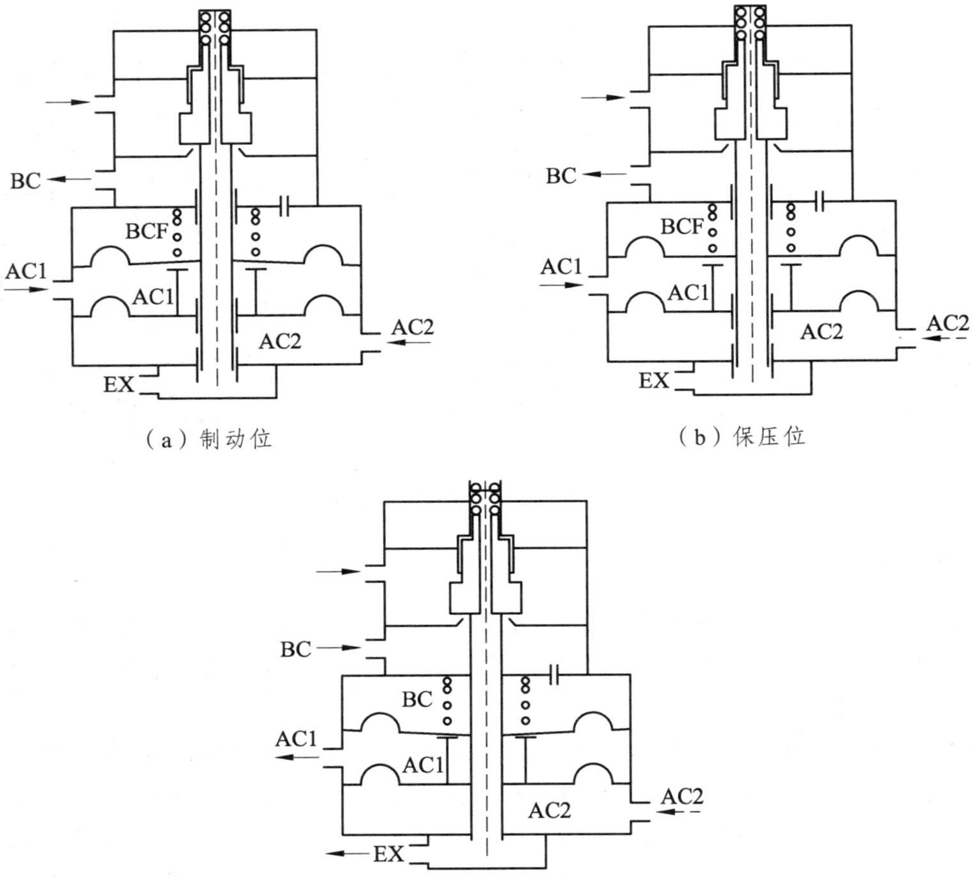

（a）制动位　　（b）保压位

（c）缓解位

图 4-24　中继阀三种制动状态

1. 制动位

常用制动或非常制动时，从电空转换阀来的压缩空气 AC1 进入 AC 室，紧急制动时，从紧急用压力调速阀送来的压缩空气 AC2 进入 AC2 室。工作压力（AC1、AC2）流入上、下膜板后，供、排气阀杆向上移位打开供给阀。然后，SR 压缩空气通过打开的供给阀口输至增压缸，这种状态称为“制动位”（见图 4-25）。

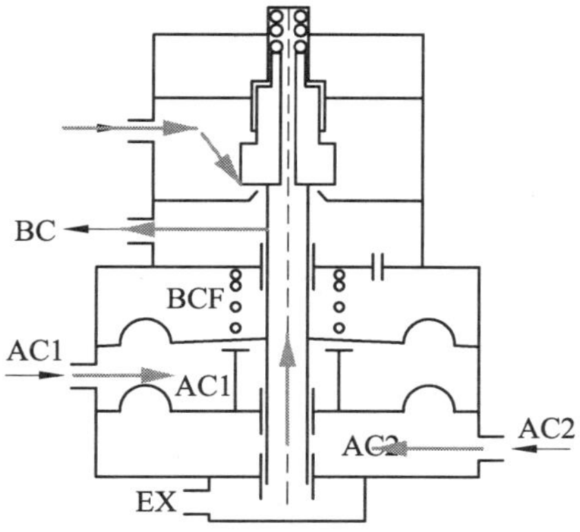

（a）制动位

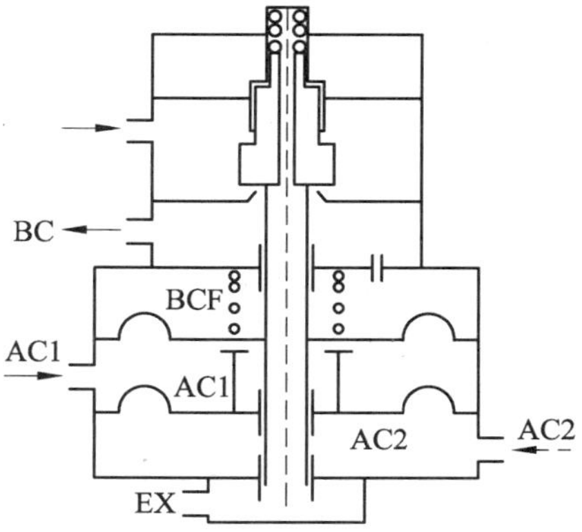

（b）保压位

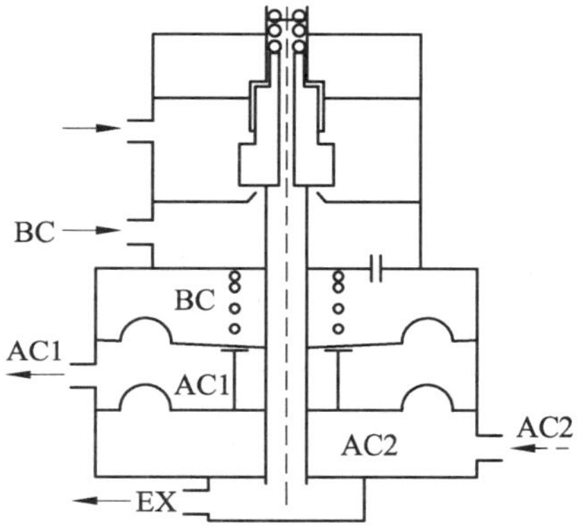

（c）缓解位

图 4-25　制动位

2. 保压位

增压缸压缩空气还流入 BCF 室产生反馈作用，当增压缸空气压力上升到与 AC1 及 AC2 两室的压力相同时，给排活塞复位弹簧压下，给排阀下移关闭阀口，SR 压缩空气停止向增压缸的流动，供排阀杆接触供 ji 阀，排不出增压缸的气体，这时的增压缸空气与 AC 压力或紧急制动压力相同。这种状态称为“保压位”制动（见图 4-26）。

3. 缓解位

制动缓解时，降低控制压力 AC1 或 AC2，ji 排活塞给往下移动，离开给排阀，增压缸压缩空气经过给排活塞中心的轴向孔排出到大气中。这种状态叫作“缓解位”（见图 4-27）。

当停止工作压缩空气（AC1、AC2）的减压，上、下膜板 BCF 室以及 AC1 室或 AC2 室的压力将呈现出平衡状态，中继阀又转入“保压位置”。

电空转化阀将送来的压缩空气调整到与制动指令相对应的空气压力，并作为指令压力送给中继阀。中继阀将电空转换阀的输出作为控制压力，输出与其相应的压缩空气到增压缸（当车辆设备发生故障时，经由紧急电磁阀的压缩空气作为指令压力送到中继阀，此时中继阀与常用制动一样，将具有相应压力的压缩空气送到增压缸）。

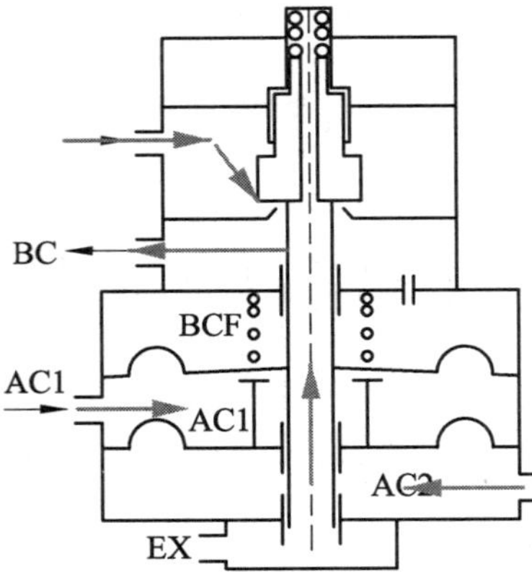

（a）制动位

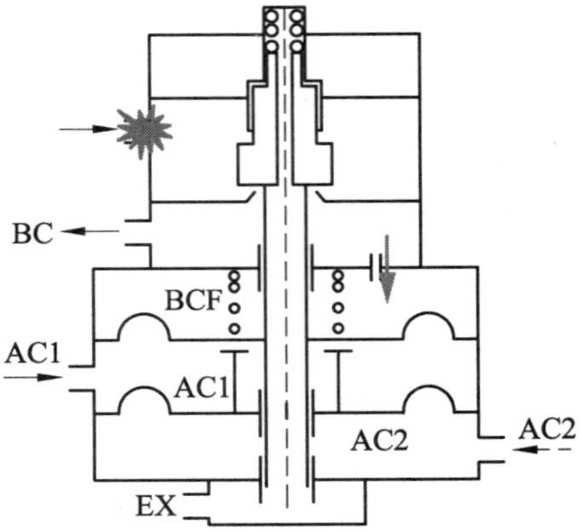

（b）保压位

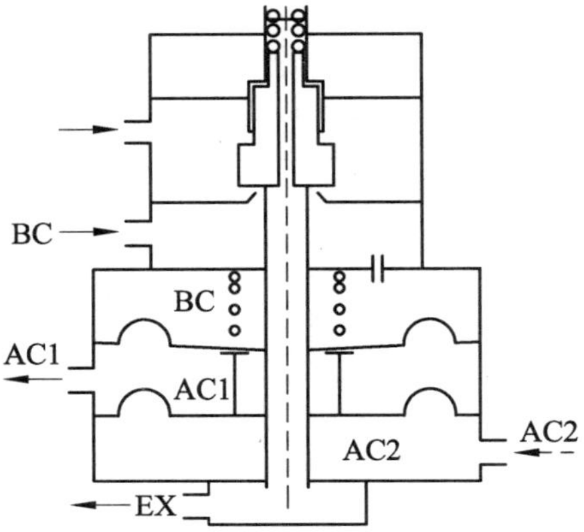

（c）缓解位

图 4-26　保压位

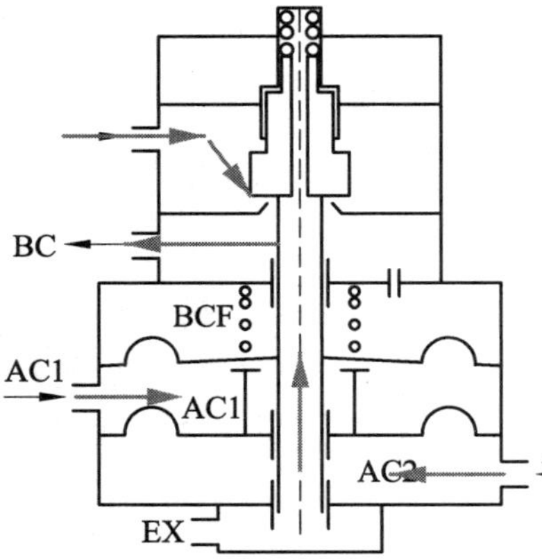

（a）制动位

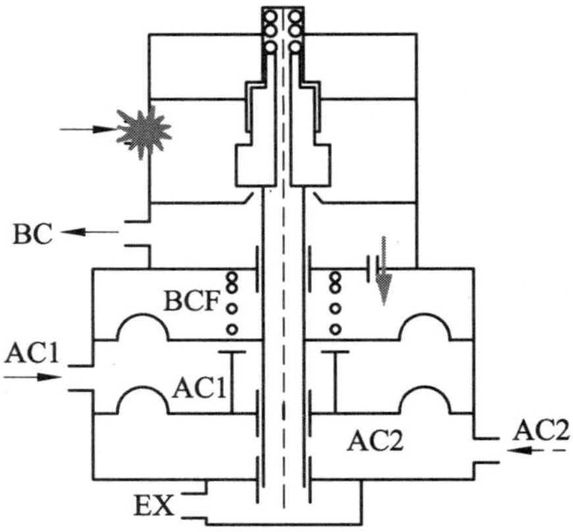

（b）保压位

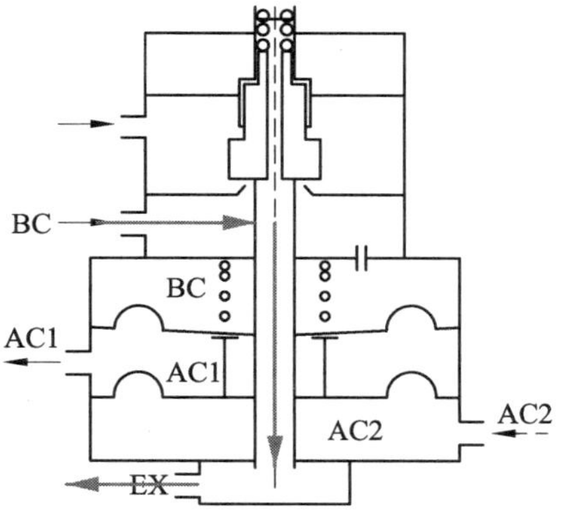

（c）缓解位

图 4-27　缓解位

（三）压力调整阀

压力调整阀（简称调压阀）一端输入来自风源的压缩空气，另一端输出用于某种用气设备的压缩空气。例如，在 CRH380A 型动车组中，B11 型调压阀输入制动风缸的压缩空气，输出紧急制动用的压缩空气。B10 型调压阀输入控制风缸的压缩空气，输出踏面清扫装置用的压缩空气。

压力调整阀是利用弹簧力和空气压力的差使膜板动作，进行空气压力调整。弹簧力大小可通过安装在调整阀下部的调整螺钉来调整，从而实现输出不同的空气压力。

1. B10 型调压阀

B10 压力调整阀由供给阀部、给排活塞部和调压部 3 部分组成（见图 4-28）。

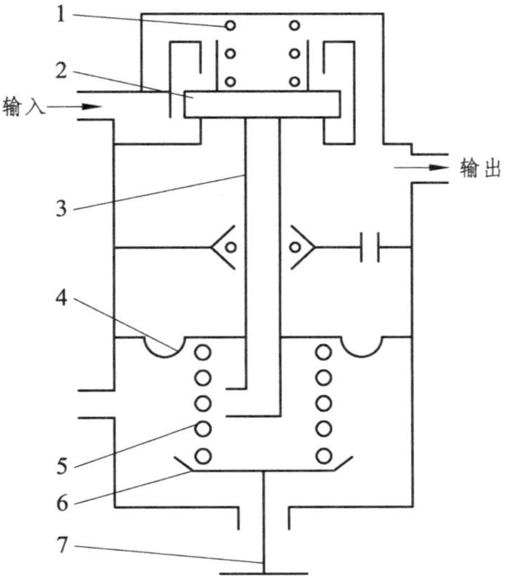

1—供给阀弹簧；2—供给阀；3—给排活塞杆；4—膜板；5—调压弹簧；6—弹簧托；7—调整螺钉。

图 4-28　B10 压力调整阀简略图

在未供气时，调压弹簧顶给排活塞杆使供给阀放开，控制来自风缸的压缩空气经打开的供给阀向二次压力侧充气，同时，气体经节流栓到达膜板上方。当空气压力达到与调压弹簧的弹簧力平衡时，供给阀在复位弹簧的作用下关闭，供给排活塞部到达保压位置（见图 4-29）。二次压力即为调压压力。

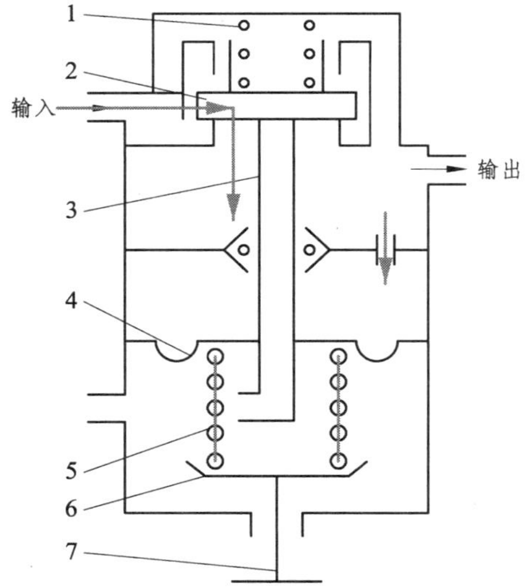

1—供给阀弹簧；2—供给阀；3—给排活塞杆；4—膜板；5—调压弹簧；6—弹簧托；7—调整螺钉。

图 4-29　B10 压力调整阀 1

如果因其他原因使二次侧压力降低时，给排活塞杆顶开供给阀，补充压缩空气直到压力重新平衡为止。

相反，当二次侧的空气压力过高时，膜板上部的压力升高，以其膜板的压力压缩弹簧而使它降低，压缩空气就经过给排活塞杆中间的通路排放到大气中，从而使二次侧压力降低（见图 4-30）。

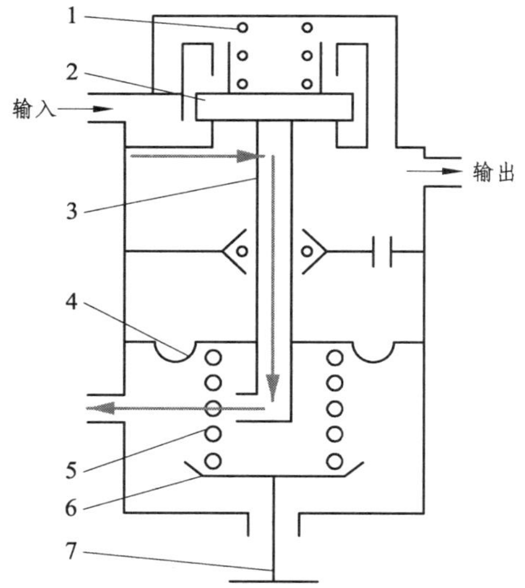

1—供给阀弹簧；2—供给阀；3—给排活塞杆；4—膜板；5—调压弹簧；6—弹簧托；7—调整螺钉。

图 4-30　B10 压力调整阀 2

2. B11 型调压阀

B11 型调压阀是一种附带电磁阀的调压阀，根据不同需要，它可以通过电气指令输出两种不同的定压。B11 型调压阀使用扁平膜板，便于维修保养。阀体、弹簧盒均采用铝合金，达到阀体的轻量化。

B11 型调压阀由压力调整部、供给阀部、给排活塞部、止回阀部和电磁阀五部分组成。

B11 型调压阀主要有高压输出功能，即 C 室有一次侧压缩空气（电磁阀处于消磁状态）；低压输出功能，即 C 室无一次侧压缩空气（电磁阀处于励磁状态）；逆流排气功能。

1）C 室有一次侧压缩空气

VM32 电磁阀失电消磁后，下阀口打开处于供气状态，一次侧的压缩空气经过阀封闭于 A 室和 C 室（见图 4-31）。

故阀盒被压在最下位置，活塞杆顶开供给阀（最初调压弹簧是有弹力的，这个弹力使得活塞上移）（AC 室空气压力把供给阀挤压，使得弹簧上移，然后压力弹簧配合往上顶然后打开供给阀），在这种状态下调整输出高压。

一次侧压缩空气由 A 输出到 B 室的同时，经过反馈节流栓流入 D 室。当作用于活塞上方的压缩空气与调压弹簧的压力平衡时，就成为“保压”状态（见图 4-32）。

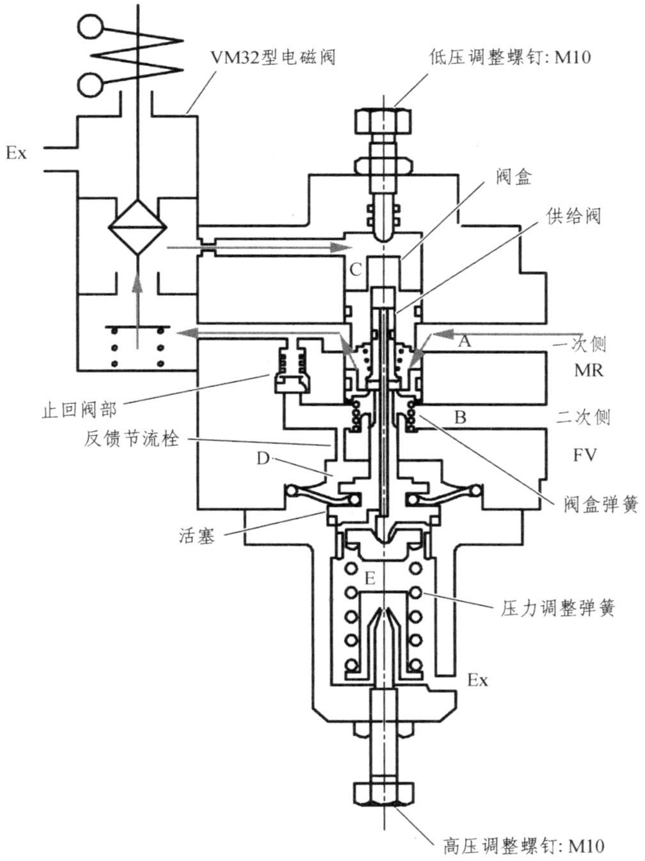

高压输出（保压）

（a）高压输出（保压）

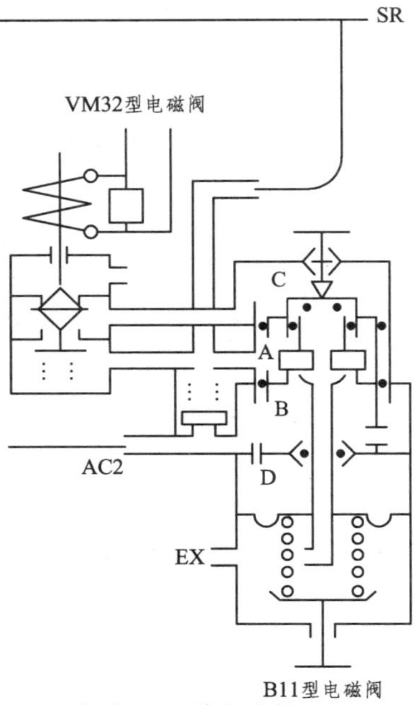

（b）B11 型电磁阀

图 4-31　B11 压力调整阀高压气路 1

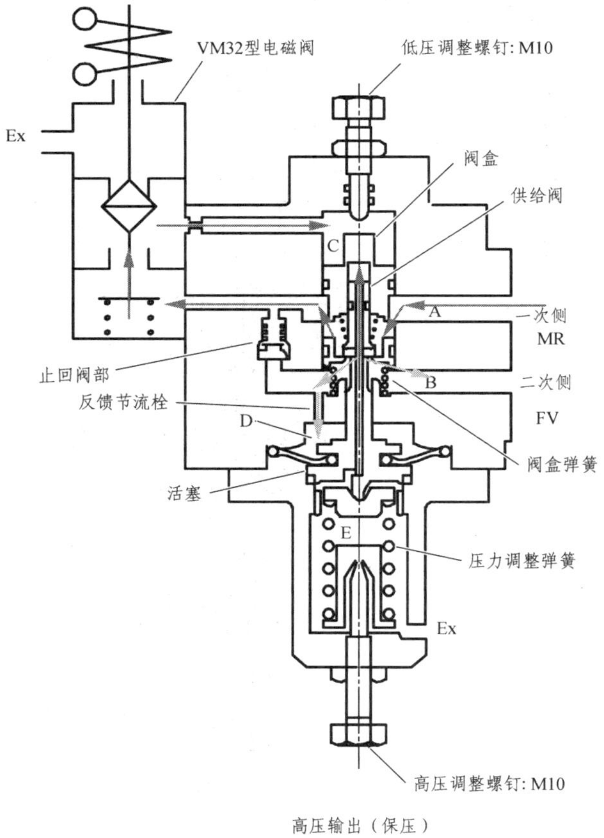

图 4-32　B11 压力调整阀高压气路 2

当二次侧压缩空气升高时，D 室压力也随其上升，活塞会下降（模板拉动活塞），打开排气通路，B 室压缩空气经活塞杆中间通路流向 E 室排气，二次侧的压力通过调压弹簧保持恒定（见图 4-33）。

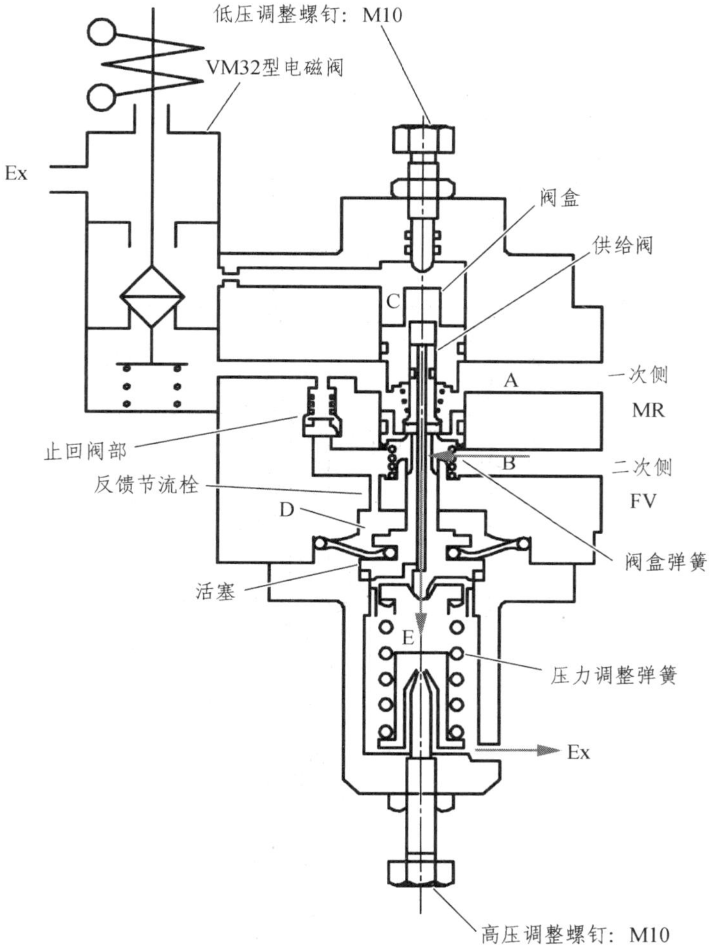

图 4-33　B11 压力调整阀高压气路 3

2）C 室无一次侧压缩空气（电磁阀处于励磁状态）

当 VM32 型电磁阀得电励磁后，上阀口打开，处于排气状态，C 室的压缩空气经电磁阀排放出大气中，故阀盒被阀盒弹簧顶起，直至碰到低压调整螺丝止。另一方面，因为阀盒向上移位，供给阀跟随供给阀座一起上升，打开活塞顶端的排气口，二次侧压缩空气由 B 室经活塞杆间通路流向 E 室排气，同时，D 室压缩空气反馈节流栓流出，跟随二次侧的压力下降此时，作用在活塞上的压力低于调压弹簧的压力，活塞便往上移动，在此过程中一直排出二次侧压缩空气（供给阀和活塞都往上移动，开口更大，加速排气）。

当活塞杆顶端的排气口接触到供给阀时（活塞上排气口与供给阀四座平面重合），关闭二次侧压缩空气的排放通路，当活塞的压力与调压弹簧的压力平衡时，D 室压力就处于“保压状态”，即为设定的二次压力（见图 4-34）。

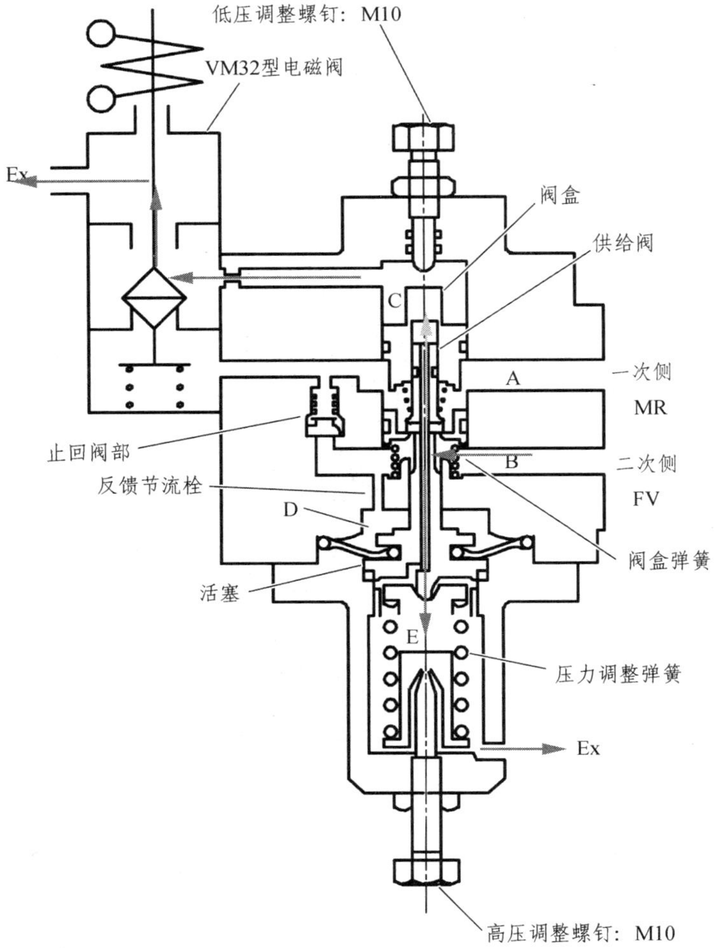

低压输出（保压）

图 4-34　B11 压力调整阀低压气路

3）逆流排气功能

在保压状态排出一次侧压力，止回阀上部失去一次侧压力的压住力量，顶开止回阀，使二次侧压力向一次侧方向逆流排放。由于止回阀的逆流排气，活塞上升。供给阀被活塞顶离供给阀座，供给阀打开，因此二次压力从供给阀部也逆流排放（见图 4-35）。

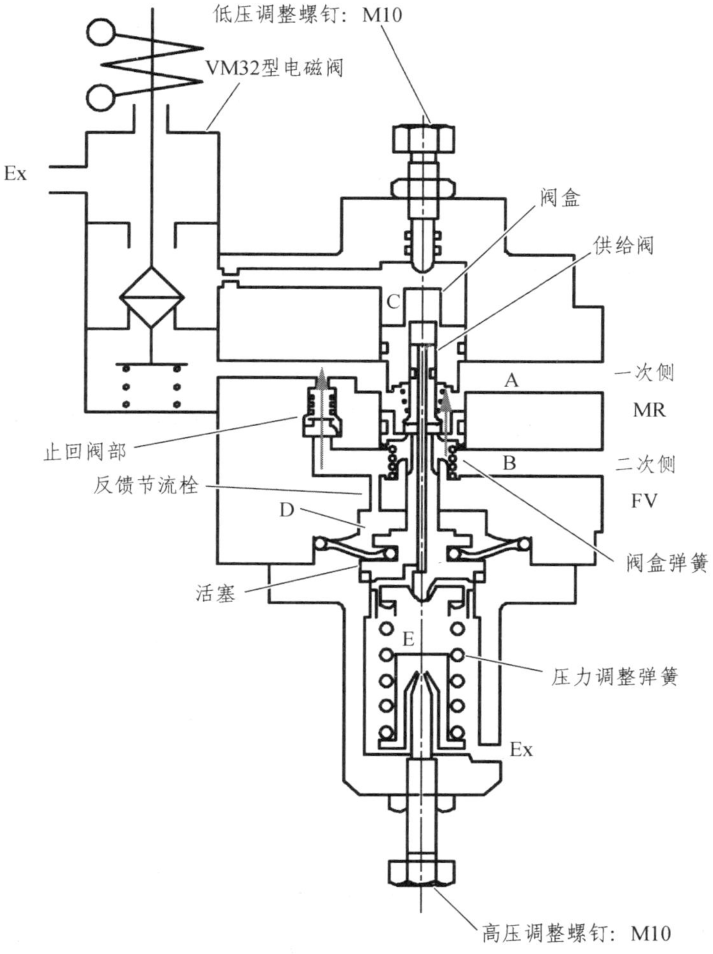

低压输出（保压）

图 4-35 逆流排气气路

（四）VM32-2 紧急电磁阀

VM32-2 紧急电磁阀位于中继阀的控制信号通路上，控制紧急制动信号通路的通断。

当紧急制动信号触发后，VM32-2 型紧急电磁阀失电，阀打开，来自 B11 的控制信号 AC2 送往中继阀，中继阀输出压力增大。

VM32-2 型紧急电磁阀是采用防滴结构的 OFF 型电磁阀，设计时着眼于小型轻量，使用平衡结构，因此可以获得该形状比较大的通道容量。它属于直动型电磁阀，响应性优异。结构上采用橡胶阀和 O 形密封圈，容易维护。采用插入方式，容易装卸。

1. 排气作用

电磁阀上施加了供给电流后，由于磁力的作用，活动铁心与排气阀杆一起克服弹簧的弹力而被拉下，给排阀克服给排阀弹簧的弹力而离开固定铁心，坐入供给阀座。因此，阻断了通道 A 和通道 B 之间的联系，并切断 IN 侧空气。同时，OUT 侧的空气由通道 B→C，排放到 Ex（大气）侧。

2. 供给作用

电磁阀消磁后，由于弹簧的弹力，活动铁心与排气阀杆一起被推向上方；由于供给阀弹簧的弹力，供给阀离开供给阀座，坐入固定铁心。因此，阻断了通道 B 和通道 C（大气）之间的联系，IN 侧的空气由通道 A→B，供给 OUT 侧。

任务二　CRH380B 型动车组空气制动原理

任务描述

（1）能够掌握 CRH380B 型动车组制动系统气路原理。
（2）能够描述 CRH380B 型动车组常用制动与紧急制动气路原理的区别。

相关知识

CRH380B 型动车组空气制动系统主要由常用制动、紧急制动、备用制动组成，本任务介绍了常用制动、紧急制动以及备用制动原理。

微课：CRH380B 常用制动　　微课：CRH380B 备用制动　　微课：CRH380B 紧急、撒砂等

一、气路原理

CRH380B 型动车组空气制动原理图中包含制动控制单元、空气悬挂装置、司机室制动控制装置、备用制动控制模块、风缸模块、基础制动装置。动车组制动种类可以分为常用制动、紧急制动、备用制动、停放制动。其中，司机制动控制装置、制动控制单元、基础制动装置可以实现常用制动、紧急制动功能；制动控制单元、基础制动装置备用制动控制装置可以实现备用制动功能。

停放制动图包含停放制动装置、车顶供风装置，二次供风装置（见附图 A）。

风源系统包含空压机、干燥器等（见附图 B）。

（一）风缸装置

主空压机经图 4-36 所示路径向总风管供 10 bar 的压缩空气。

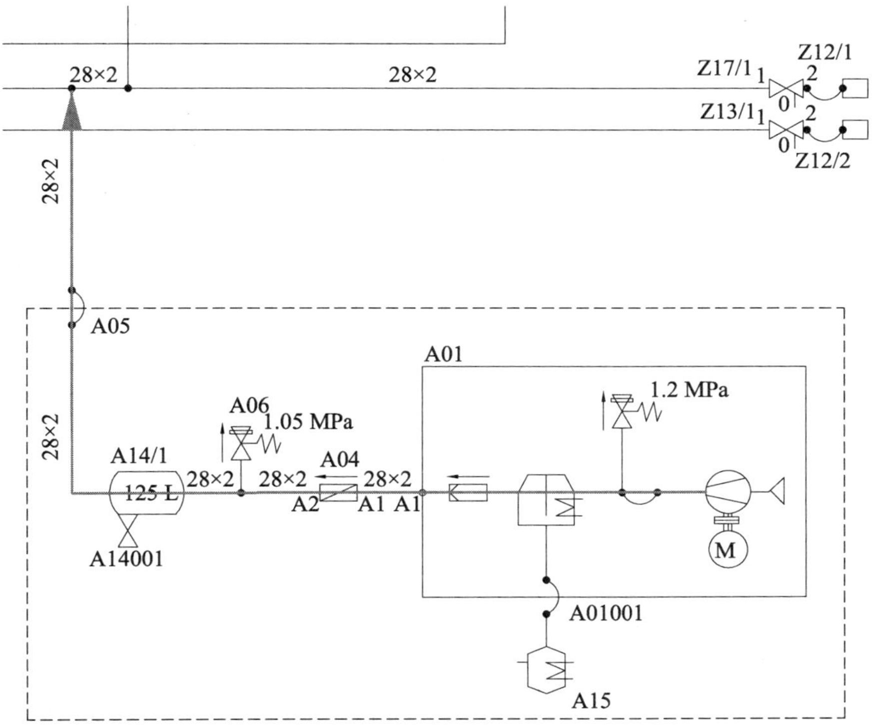

图 4-36　空气压缩机

A01.01 主空压机→A01.04 冷凝水收集器→A01.05 滤尘器→A04 单向阀→A06 安全阀→A14 主空压机风缸→总风管。

主空压机位于 IC03、IC06，每个空压机包括一个传送率为 1300 L/min 的空压机组、一个双塔型干燥器和一个具有防冻功能的冷凝水收集器；主空压机启动后经由单向阀 A04、安全阀 A06、风缸 A14 向列车总风管供应 10 bar 的压缩空气。

图 4-37 所示为辅助空压机气路原理图，辅助空压机位于 02 和 07 车，当总风管压力不够（低于 5 bar），列车无法升弓时，可由蓄电池向辅助空压机供电工作，经图 4-39 中路径向车顶高压设备供风。

如图 4-38 所示，头车总风管经 B27 截断塞门向 A14 总风缸供风，再经 B03 滤尘器、B04 单向阀向 B05 制动风缸供风；同时经 P08 单向阀向 P01 负载风缸供风。

在头车风缸装置中，A14 总风缸除了向 B05 制动风缸供风外，还向卫生间系统和废排单元供风；B05 制动风缸向制动控制单元供风；P01 负载风缸向车钩、汽笛单元供风。

如图 4-39 所示中间车总风管经 B27 截断塞门向 A14 总风缸供风。A14 总风缸经图中加粗路径同时向 Z01 风缸和 B05 制动风缸供风。

在中间车风缸装置中，A14 总风缸除了向其余两个风缸供风外，还向废排单元供风；B05 制动风缸向制动控制单元和停放制动控制模块（仅 02、07 车）供风；Z01 风缸向本车卫生间系统供风。

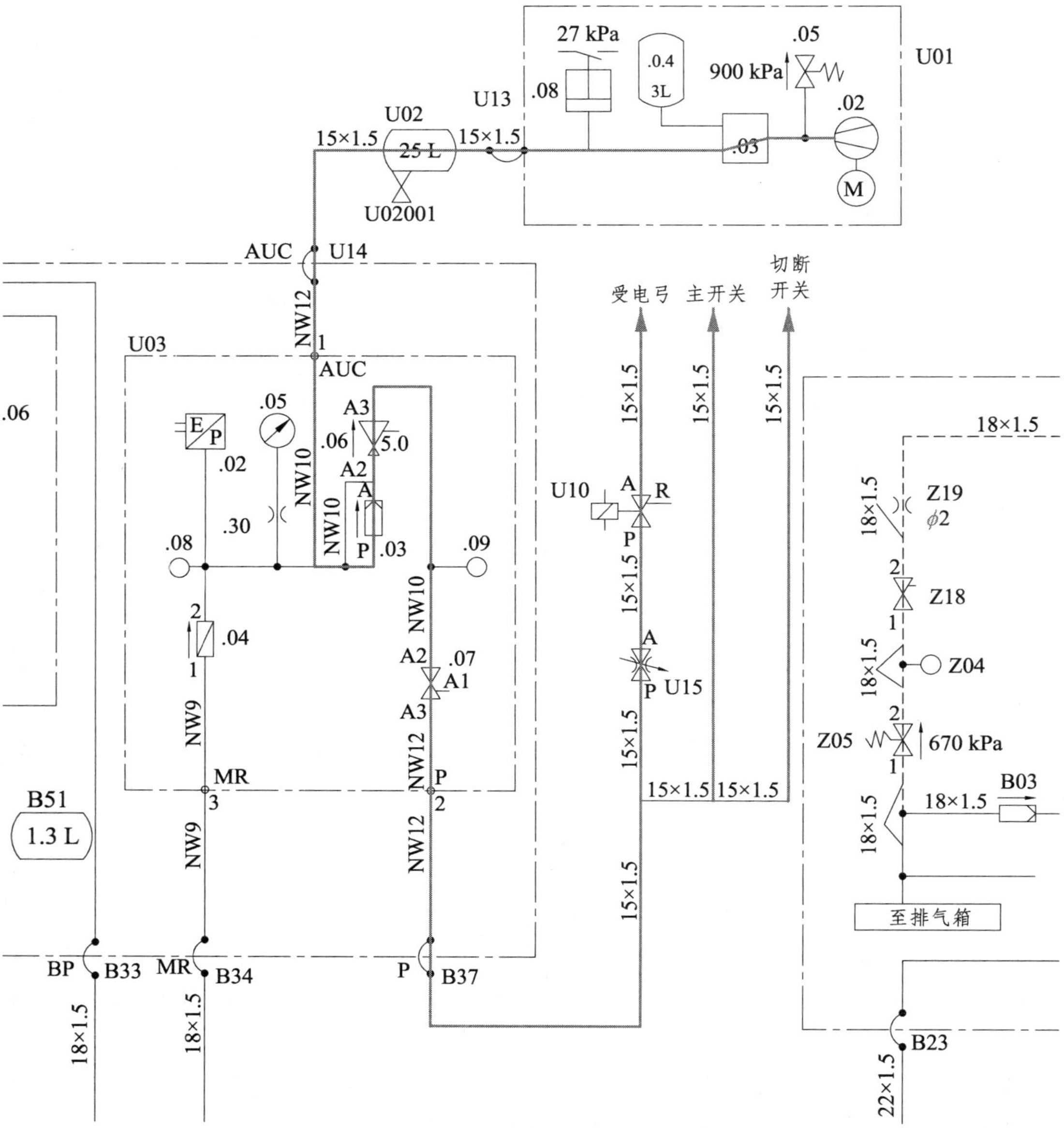

U03.04—单向阀；U03.08—辅助风缸压力测试口；U03.02—辅助风缸压力传感器；U03.05—辅助风缸压力表；
U01—辅助空气压缩机；U12—辅助空压机安全阀；U16—单向阀；U02—辅助风缸；
U03.03—单向滤尘器；U03.06—调压阀；U03.09—升弓压力测试口；
U15—风压调节阀；U10—升弓电磁阀。

图 4-37　辅助空气压缩机

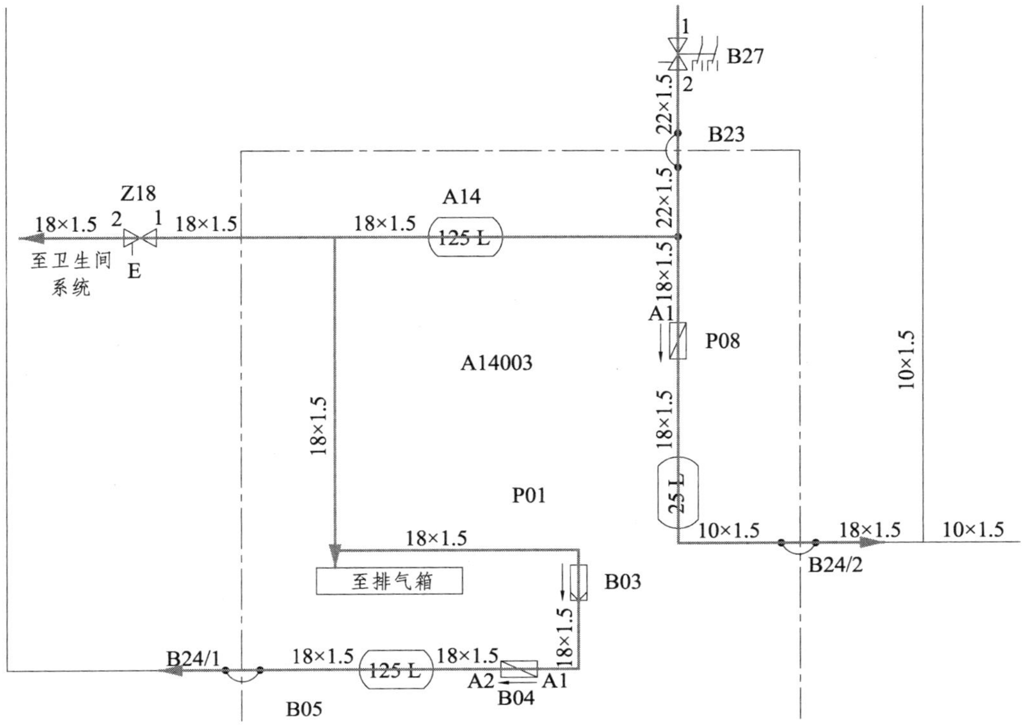

图 4-38　头车风缸气路

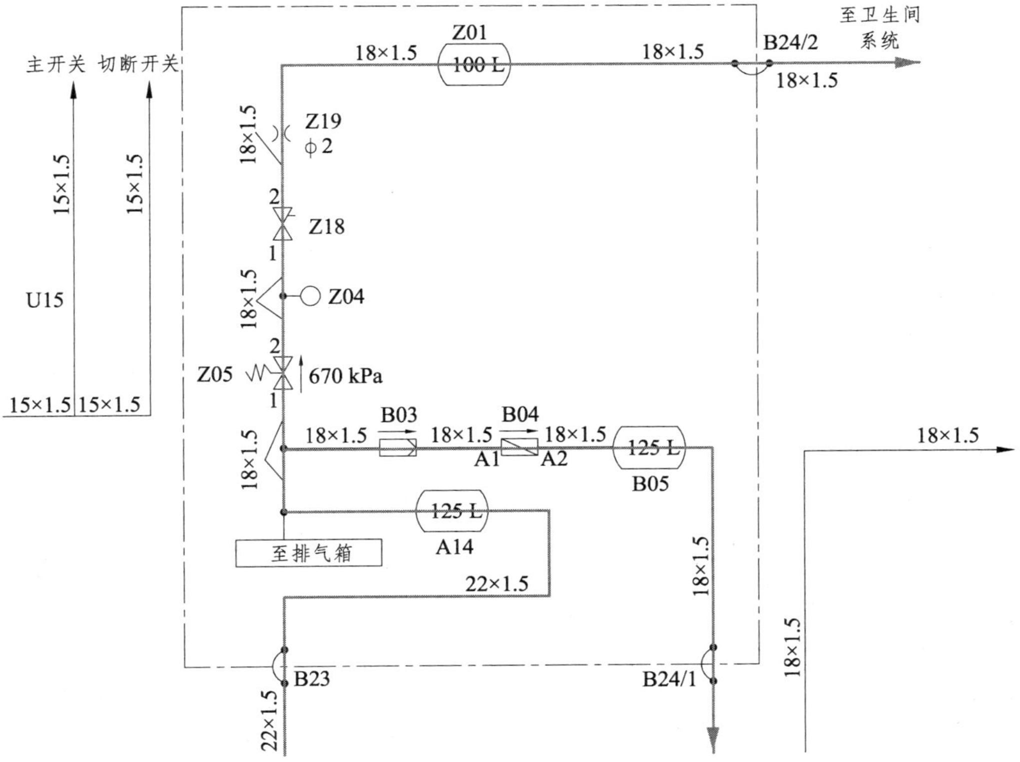

图 4-39　中间车风缸气路

（二）常用制动

RV 阀有 R 口、C 口、Cv 口、T 口，常用制动是由制动风源和预控压力共同作用产生制动气压。制动风源风进入 R 口，预控压力风进入 Cv 口。

1. 制动风源的获得

如图 4-40 所示，制动风源的获得路径为：B05 制动风缸→B06.03 截断塞门→B60.07 中继阀 R 口。

从 B05 制动风缸过来的风经过 B06.03 截断塞门、B60.07 中继阀 R 口，当 Cv 口未预控压力时，R 口和大气相通。当 Cv 口被施加预控压力时，R 口空气从 C 口出，并进入制动缸，从而施加空气制动。C 口出风压力与 Cv 预控压力相同。

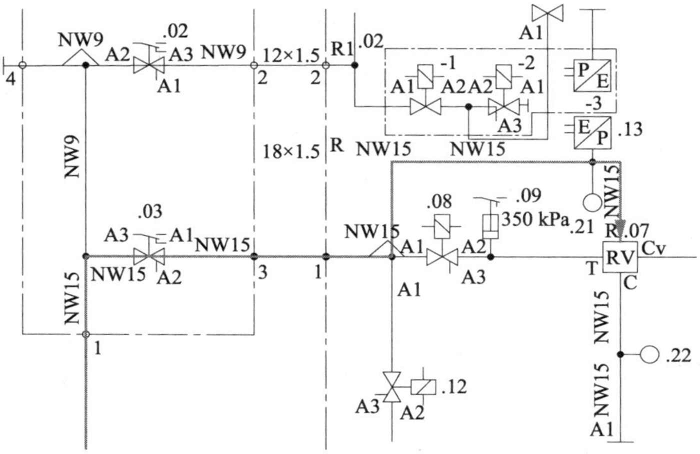

图 4-40　制动风源获得示意图

2. 预控压力的获得

B05 制动风缸中的压缩空气沿如图 4-41 所示箭头路径提供给 B60.07 中继阀预控压力。

B05 制动风缸→B06.02 截断塞门→B60.02-1 电磁阀得电，A1 口和 A2 口通（B60.02-2 电磁阀得电，A2 和 A1 通，截断）→B60.03 电磁阀 A1 口到 A3 口→B60.04 双向阀→B60.05 空重阀→B60.07 中继阀 Cv 口。

B60.05 空重阀会根据空气弹簧的压力（即车重信息）调整预控压力大小，其工作主要由空气悬挂气路装置实现，其过程如图 4-42 所示：总风管→L14 溢流阀→L02 空簧供风截断塞门→L10 滤尘器→L17 2 位端充风高调杆→L16 2 位端空簧排风阀→2 位端空气弹簧→L05/2 压力开关→L13 平均阀（取平均值）→B60.06 截断塞门→B60.05 空重阀。（1 位端过程同）

L17、L04 高度调整阀的作用是用于调节本车的空气弹簧压力，根据车重给本车的空气弹簧进行充气和排气，直到调节到最适合本车车重的压力为止。

L16 空簧排风阀仅安装于头车。若头车 1 位端空气弹簧爆裂漏气，该电磁阀得电，A3 口和 A2 口通，使 2 位端空气弹簧迅速排气。以保持头车前后高度相同，防止头车“低头”，造成车头贴地。

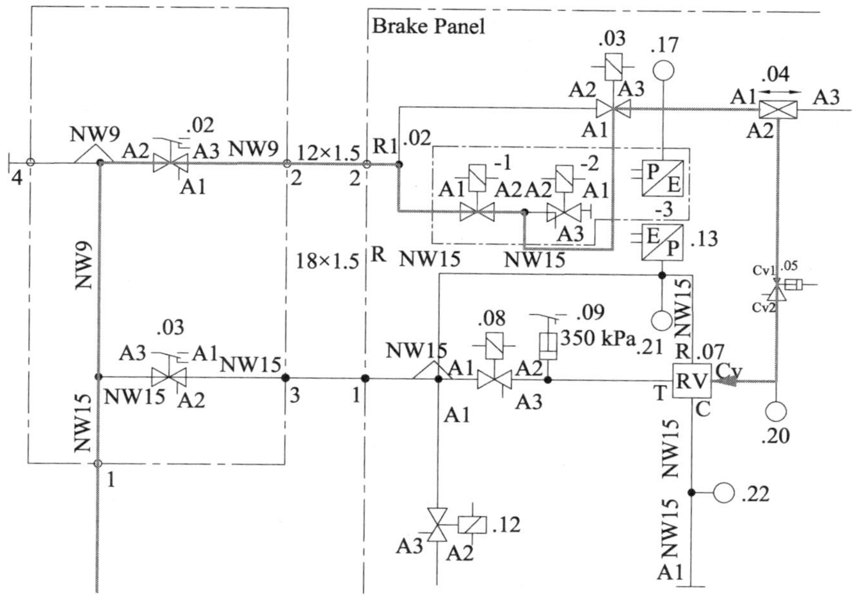

图 4-41　预控压力图

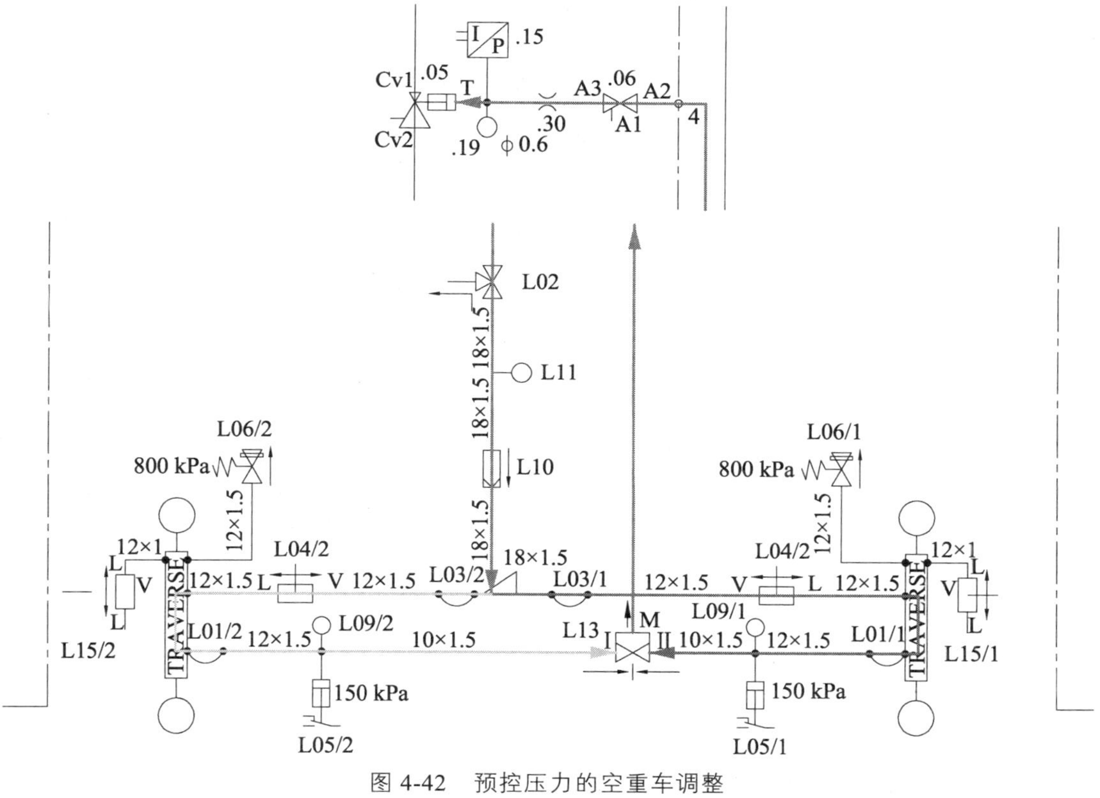

图 4-42　预控压力的空重车调整

为防止空气弹簧爆裂，当检测到空气弹簧压力大于 8.0 bar 时 L06 安全阀得电排气。为保持车体高度，当车体高度过高时 L15 排风高度阀排气。

RV 阀 T 口可以实现制动分级。为防止车速较快时制动造成摩擦过热。在动车中，列车速度高于 200 km/h 时摩擦制动切换为低制动力模式；在拖车中，列车速度高于 300 km/h 时摩擦制动切换为低制动力模式。此时 B60.08 电磁阀得电，A1 口和 A2 口相通，向 B60.07 中继阀 T 口供风，可抵消部分预控压力 Cv，从而减小制动力。若列车速度小于 300 km/h，该电磁阀不得电，即不改变预控压力 Cv。

当 B60.09 压力开关检测输入 B60.07 中继阀 T 口的风压大于 3.5 bar 时，BCU 控制 B60.08 电磁阀失电，A2 口和大气相通，不向 T 口提供风压。

如图 4-43 所示，B60.12 电磁阀用于切除本车空气制动。在车内控制面板操作切除本车制动时，B60.12 电磁阀得电，A1 口和 A2 口相通。B60.10 压力阀得压打开，其 A1 和 A2 口断开，A2 口和 A3 口相通。即制动缸和大气相通，本车制动被切除。

B15 截断塞门用于切除本车空气制动。当车辆控制面板故障或列车蓄电池关闭，即无法控制 B60.12 电磁阀工作时，需下车操作 B15 截断塞门进行本车空气制动切除。

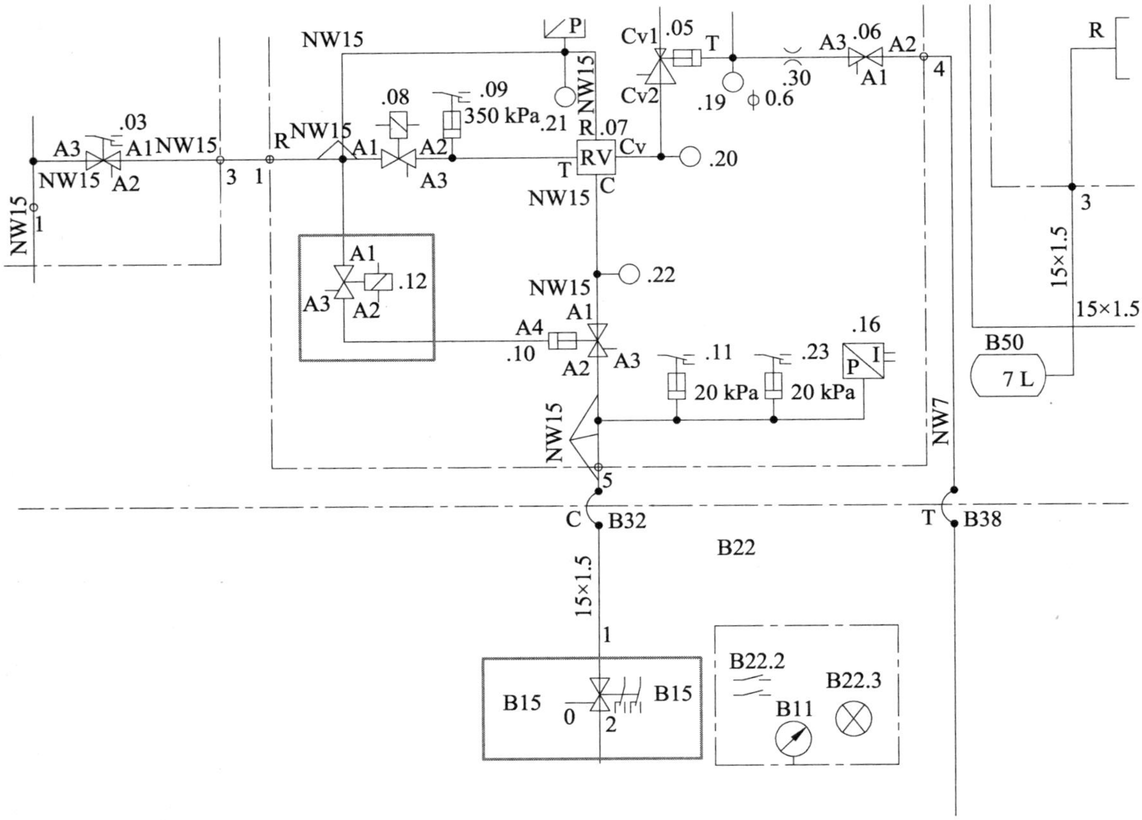

图 4-43　B60.12 电磁阀

（三）紧急制动

1. UB 紧急制动的冗余设计

当 UB 紧急制动触发时，牵引和电制动被切断，B60.03 紧急制动电磁阀得电导通，同时列车管迅速排风使备用制动模块工作。B60.04 双向阀的 A1 口和 A3 口同时得到预控风压，即形成冗余。具体过程如图 4-44 粗线所示。

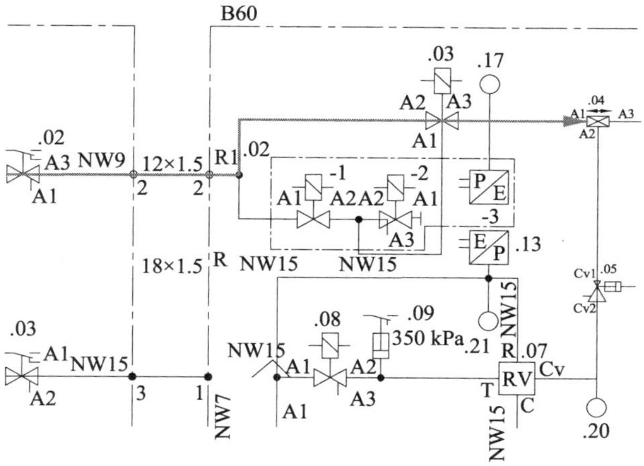

图 4-44　紧急制动

B60.03 紧急制动电磁阀气路的导通路径是当司机按下紧急制动按钮时，B60.03 电磁阀得电，A1 口和 A3 口断开连接，A2 口和 A3 口接通，B05 制动风缸直接经 B60.03 电磁阀向 B60.04 双向阀的 A1 口供风。同时 B60.02-1 和 B60.02-2 电磁阀仍会像常用制动时动作，以防 B60.03 电磁阀出现故障，导通状态未改变。

2. UB 紧急制动的施加

如图 4-45 所示，经 B60.03 电磁阀和备用制动模块的压缩空气进入 B60.04 双向阀后，压力较大的从 A2 口送出，经 B60.05 空重阀调压后到达 B60.07 中继阀，提供预控压力。其余过程（如 B60.07 中继阀 R 口风源的获得、T 口制动分级和制动风进入制动缸等）和常用制动相同。至此完成紧急制动的施加。

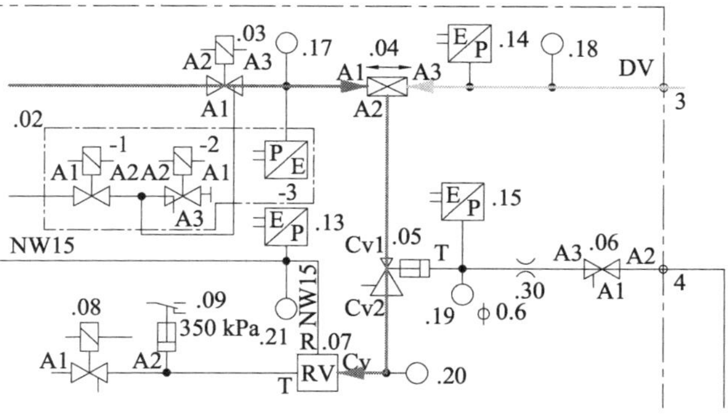

图 4-45　紧急制动施加过程

（四）备用制动

备用制动如图 4-46 所示，由备用制动控制模块 1、备用制动模块 2、制动模块 3 组成。备用制动过程为备用制动控制模块 1 控制制动管排风，引起制动管压力降低，然后备用制动模块 2 中气缸压缩空气流出产生备用制动预控压力到 B60.04 双向阀 A3 口，60.04 双向阀 A3 口中的备用制动预控压力与 A2 口中的预控压力比较，较大的流向 B60.07 中继阀 Cv 口。然后 Cv 口和 R 口共同作用从 C 口排出制动风。其余过程与常用制动一样。

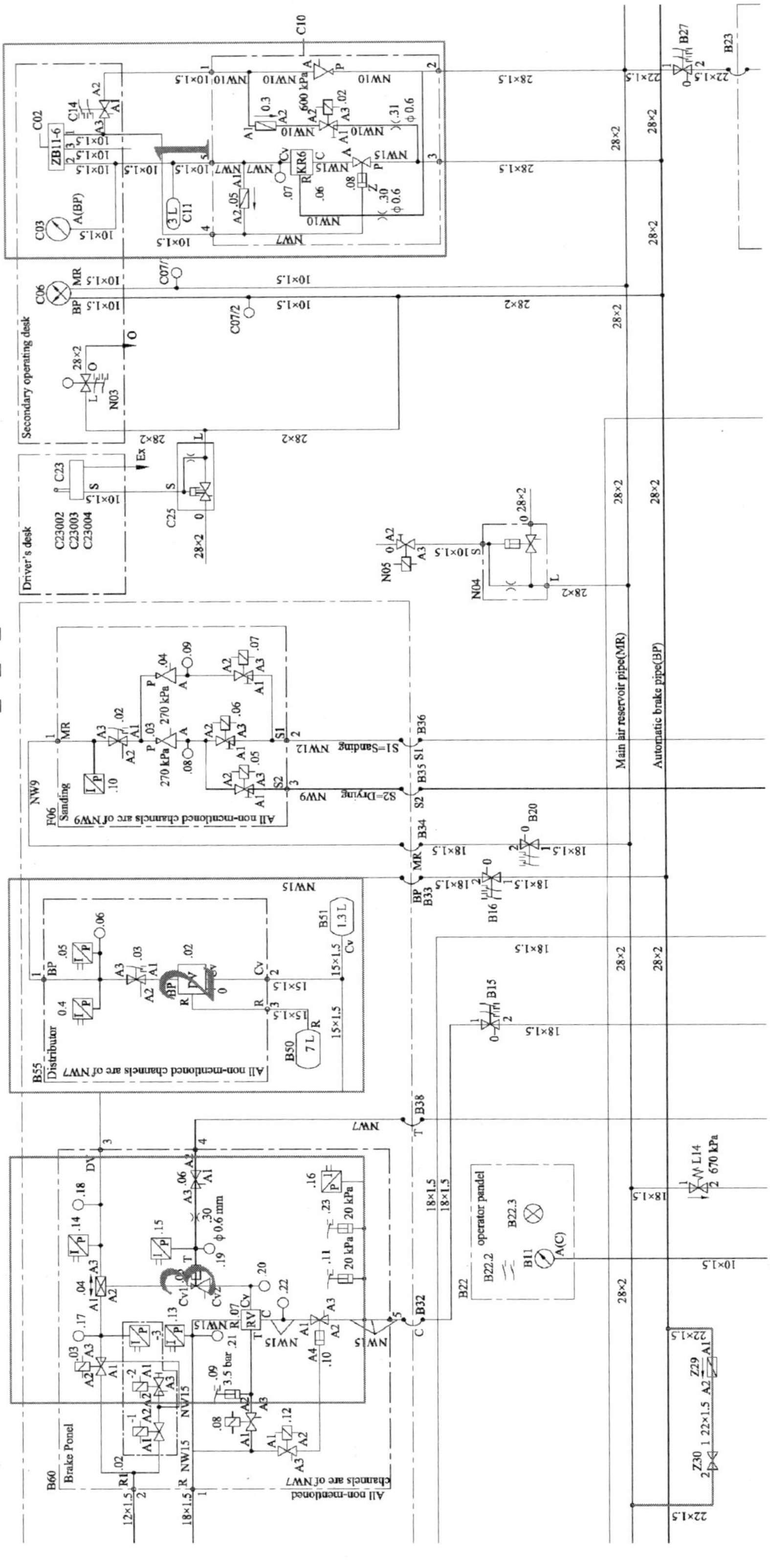
Secondary operating desk
Driver's desk
Brake Panel
Distributer
Sanding
operator pandel
Main air reservoir pipe(MR)
Automatic brake pipe(BP)
All non-mentioned channels are of NW7
All non-mentioned channels are of NW9
S1=Sanding
S2=Drying
N01/1 N01/2 N01/3
C23002
C23003
C23004

图 4-46　备用制动

1．备用制动控制模块工作过程

如图 4-47 所示，当 C14 阀门未开启，即未启用备用制动时，C01.02 电磁阀保持得电，A2 和 A3 接通。总风管通过图 4-49 中粗线路径向列车管供风：总风管→C01.04 减压阀（风压从 10 bar 降为 6 bar）→C01.03 单向阀→C01.02 电磁阀→列车管。

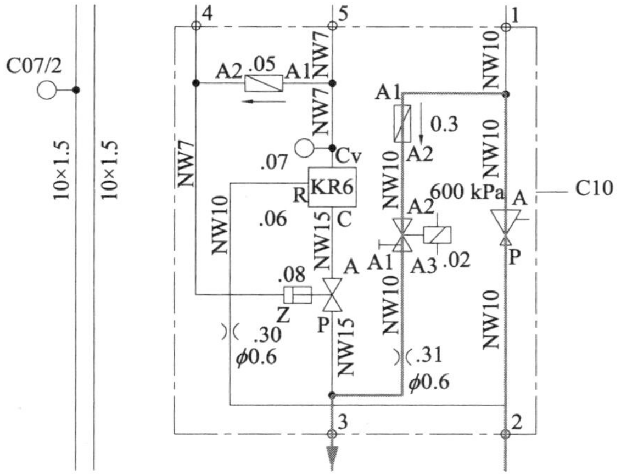

图 4-47　备用制动控制模块

当 C14 截断塞门开通后，即启用备用制动时，如图 4-48 所示，C01.02 电磁阀失电，A2 和 A3 断开连接。

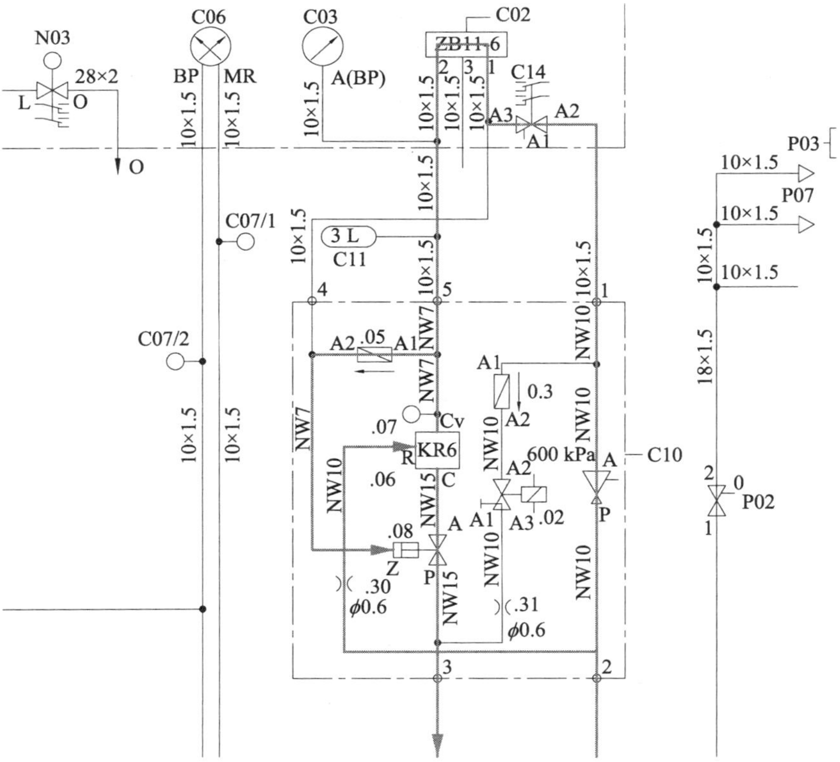

图 4-48　备用制动开启

总风管沿图 4-50 中粗线路径通过 C01.06 中继阀向列车管供风：总风管→C01.04 减压阀→C14 截断塞门→C02 备用制动控制器 1 口到 2 口（默认状态）→C01.06 中继阀 Cv 口。C01.06 中继阀获得 6 bar 预控压力。

C01.06 中继阀 R 口与总风管相通。同时 C01.08 压力阀得压被打开，C01.06 中继阀 C 口到列车管接通。总风管经上述过程通过 C01.06 中继阀向列车管供 6 bar 风。

当司机操作 C02 备用制动手柄时，如图 4-49 所示，2 口和 3 口相通（3 口通向大气），C01.06 中继阀 Cv 端排风，Cv 压力下降。C01.06 中继阀 C 口出风压力随之下降，因此列车管压力下降。至此实现操作 C02 备用制动手柄控制列车管压力下降。

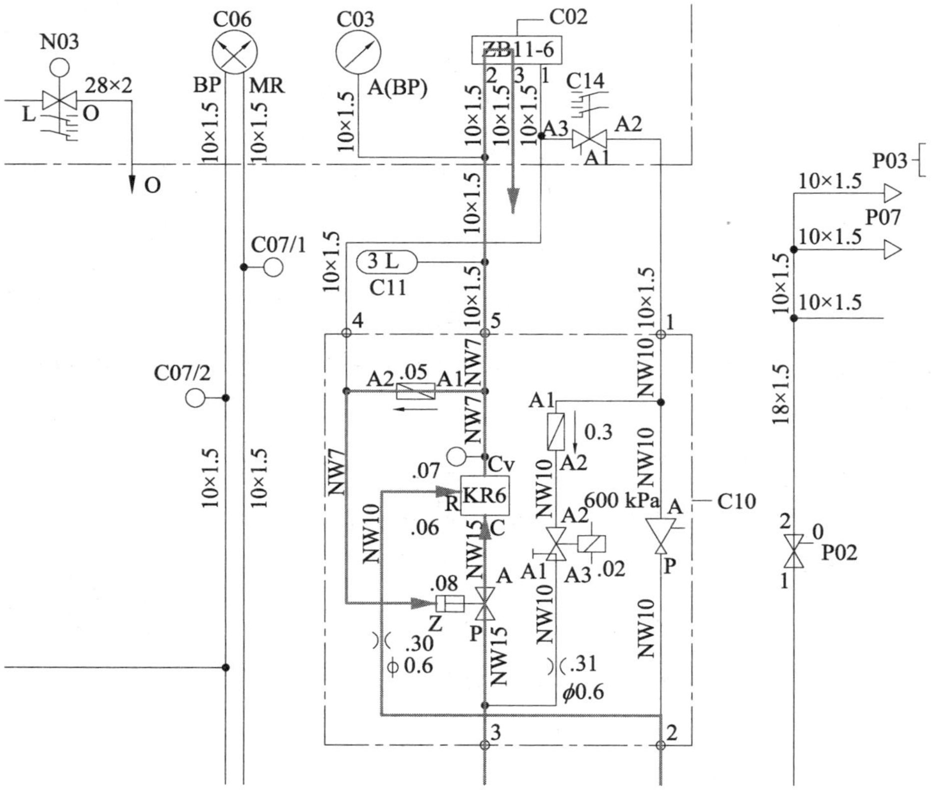

图 4-49　司机操作 C02 时

图 4-50 所示为 B55.02 分配阀的两个不同状态。如图 4-50（a）所示，当列车管压力未下降，BP 口和 R 口接通，Cv 口和 0 口接通。B50 风缸保持和列车管一样的风压，同时 B51 风缸和大气相通。如图 4-50（b）所示，当列车管压力下降时 R 口和 Cv 口接通。

图 4-50　DV 阀

2. 备用制动模块工作过程

当司机未操作 C02 备用制动控制手柄时，如图 4-51 所示，B50 风缸内保持 6 bar 风压（与列车管相通）。

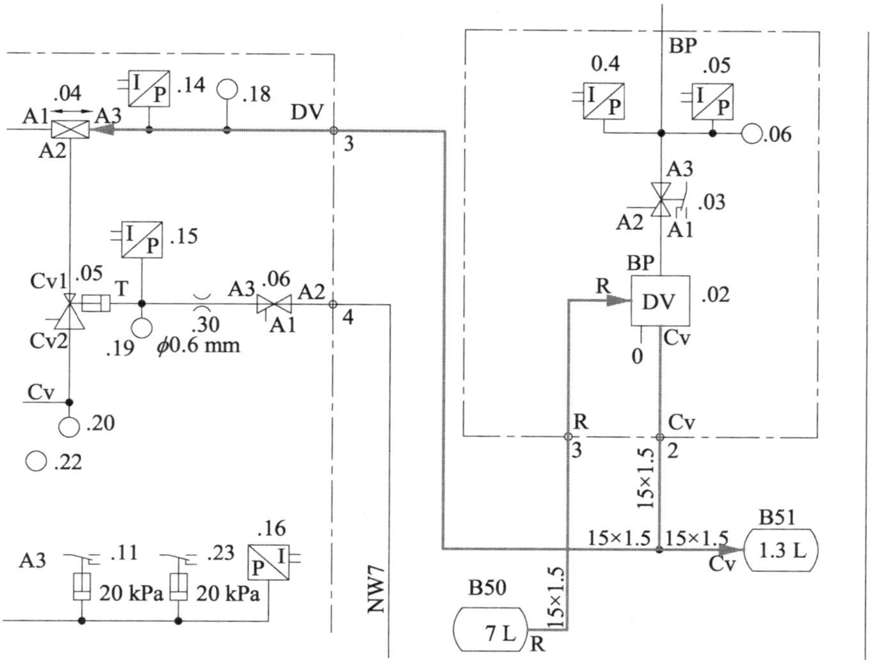

图 4-51　备用制动模块气路

当司机操作 C02 备用制动手柄，备用制动控制模块使列车管风压下降。此时备用制动模块中 B55.02 分配阀 Cv 口和 0 口断开连接，R 口和 Cv 口接通。B50 风缸内存储的压缩空气沿图中粗线路径输送至 B51 风缸和 B60.04 双向阀 A3 口。

3. 制动模块工作过程

如图 4-52 所示，B50 风缸提供压缩空气进入 B60.04 双向阀的 A3 口后，会与 A1 口的风压比较，风压较大的从 A2 口送出，此后经过 B60.05 空重阀调压到达 B60.07 中继阀 Cv 口，提供备用制动预控压力。其余过程（如 B60.07 中继阀 R 口风源的获得、T 口制动分级和制动风进入制动缸等）和常用制动相同。至此完成备用制动施加。

4. 备用制动产生的其他途径

如图 4-53 所示，UB 紧急制动触发时，N05 电磁阀得电，0 口和 A3 口接通，使列车管迅速排风，列车管压力迅速下降。备用制动模块中 B55.02 分配阀 Cv 口输出压缩空气到 B60.04 双向阀。

如图 4-54 所示，司机可通过操作 C23 制动控制手柄至 UB 位或按下 N03 紧急制动按钮触发 UB 紧急制动。

操作 C23 制动控制手柄至 UB 位时，C25 压力阀失压导通，使列车管排风；按下 N03 紧急制动手柄时，L 口和 0 口连通，使列车管迅速排风。使备用制动模块产生预控压缩空气至 B60.04 双向阀 A3 口。

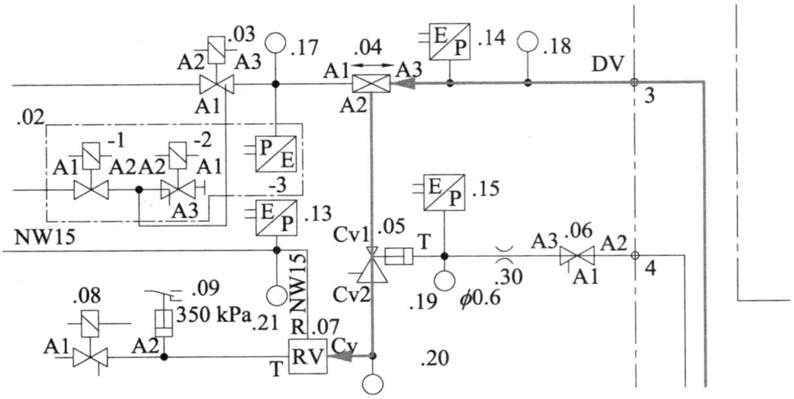

图 4-52　制动控制模块

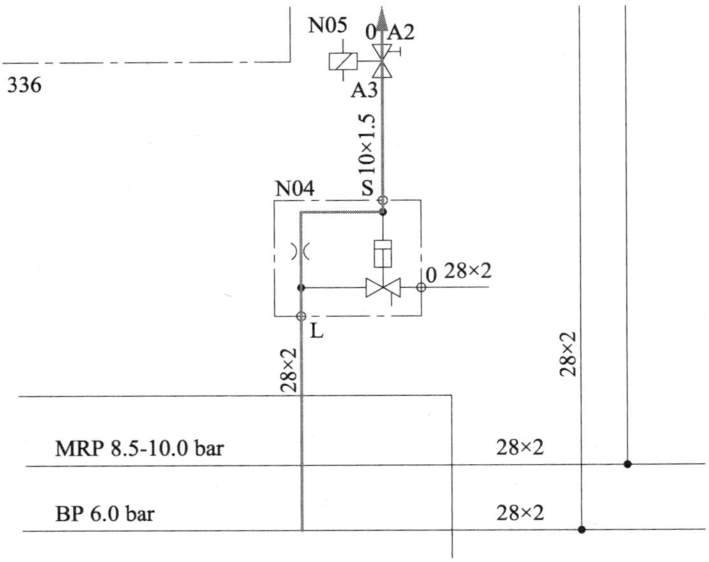

图 4-53　N05 气路

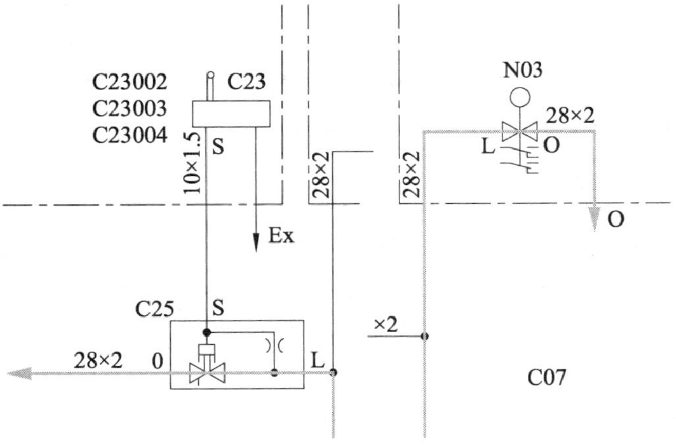

图 4-54　N03 气路

（五）停放制动

停放制动采用弹簧储能制动方式，排风时施加制动，充风时缓解制动，足以使车辆在 30‰ 的坡度上稳固停靠。停放制动缓解时，B05 制动风缸经图中箭头方向向 H02 停放制动缸充风。

基本路径如图 4-55 所示，B05 制动风缸→H01.02 调压阀→H01.30 缩孔→H01.03 停放制动控制电磁阀→H10 双向阀→H28 压力阀→H29 截断塞门→H30 压力开关→H02 停放制动缸。

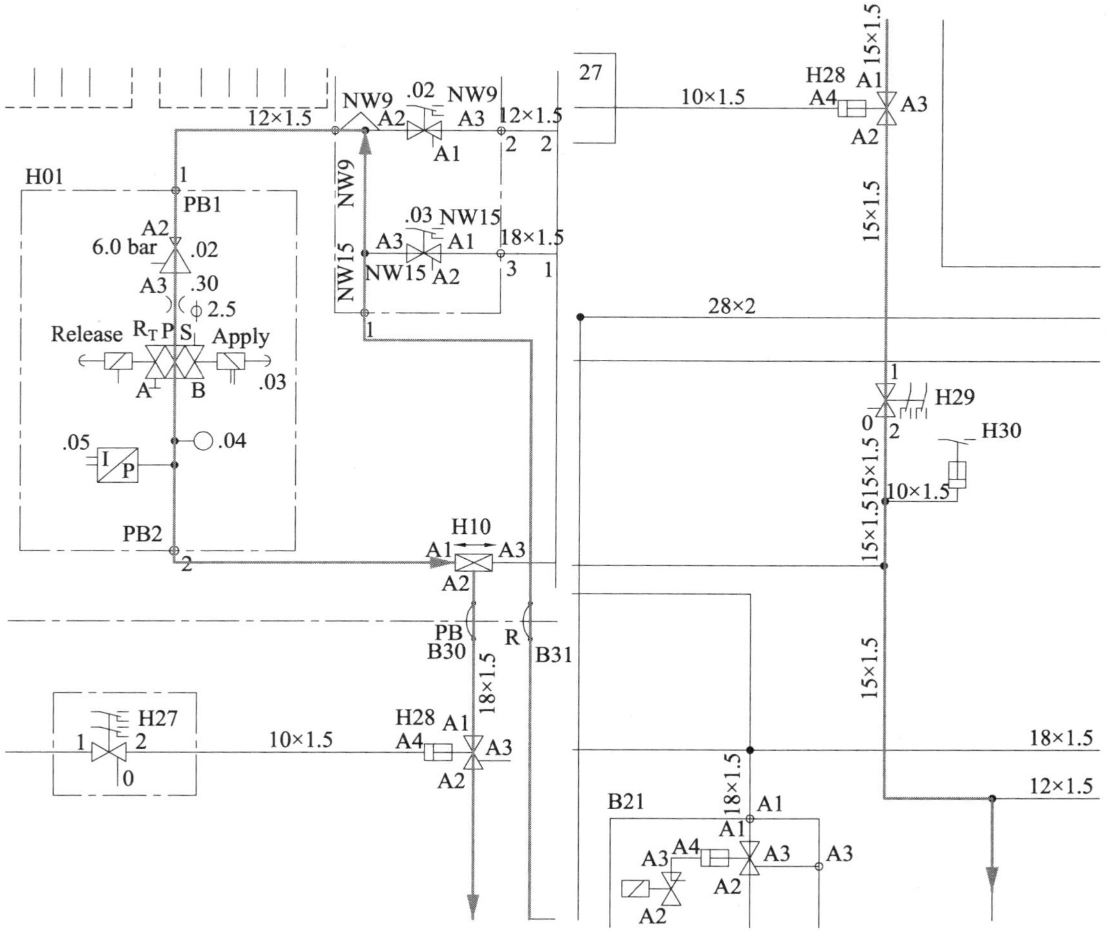

图 4-55　停放制动

图 4-56 中 H01.03 停放制动控制电磁阀作用是控制停放制动的施加和缓解。受控于司机室内停放制动按钮。司机按右侧按钮施加，左侧按钮缓解。

H10 双向阀作用是防止制动夹钳制动力过载。当常用制动和停放制动同时施加时，常用制动通过 H10 双向阀 A3 口向停放制动缸充风，使停放制动得到部分缓解。

图 4-57 中，H27 截断塞门、H28 压力阀作用是用于切除本车停放制动。H27 截断塞门导通后，H28 压力阀得压，A1 口和 A2 口断开连接，A2 口和 A3 口导通，即停放制动缸和大气相通。此时拉动停放制动紧急缓解手柄即可切除本车停放制动。

H29 截断塞门作用同 H27 截断塞门、H28 压力阀。用于切除本车停放制动。

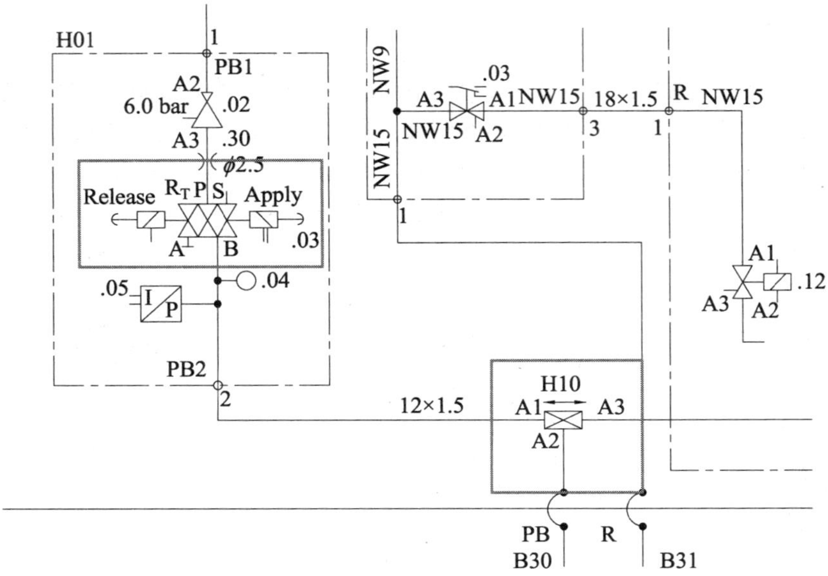

图 4-56　H01.03 停放制动控制电磁阀和 H10 双向阀

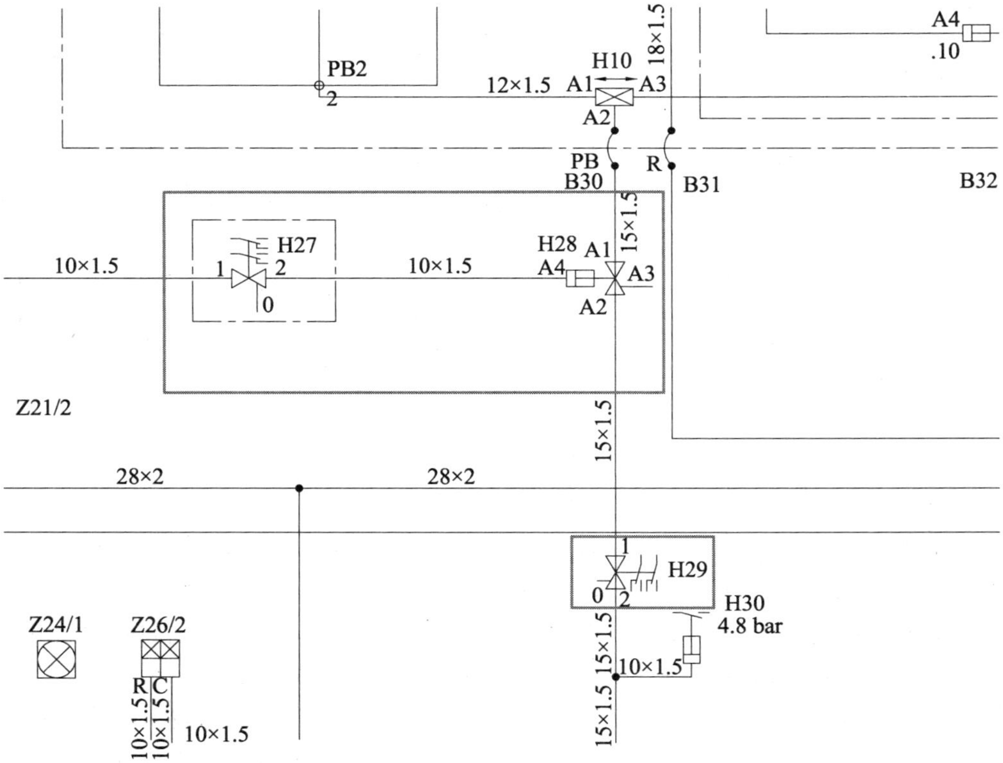

图 4-57　H27 截断塞门

（六）撒砂装置

1. 高低压撒砂控制

为了优化撒砂量，在列车行驶速度小于 160 km/h 时采用 2.7 bar 低压撒砂，在列车行驶速度大于 160 km/h 时采用 6.3 bar 高压撒砂。

撒砂时，根据车速大小，F06.03 调压阀（低压撒砂，2.7 bar）、F06.06 电磁阀得电或 F06.04 调压阀（高压撒砂，6.3 bar）、F06.07 电磁阀得电，总风管经图中两种路径向撒砂装置供风，实现高低压撒砂控制（见图 4-58）。

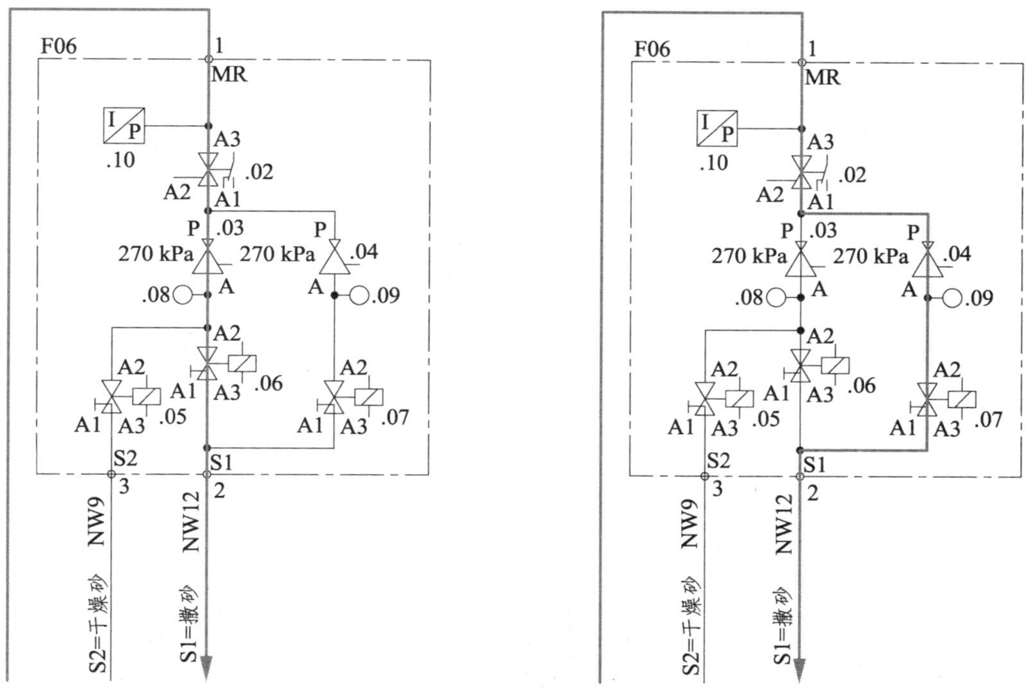

（a）　　　　（b）

图 4-58　高低压撒砂控制

2. 干燥砂功能

当干燥砂功能开启时，F06.03 调压阀得电，P 口和 A 口相通；F06.05 电磁阀得电，A2 口和 A3 口相通。总风管通过图 4-58 中粗线路径向砂粒烘干装置供风。

F06.02 截断塞门用于隔离本车撒砂功能。截断后，F06.02 截断塞门 A3 口和 A1 口断开连接，A1 口与大气导通（见图 4-59）。

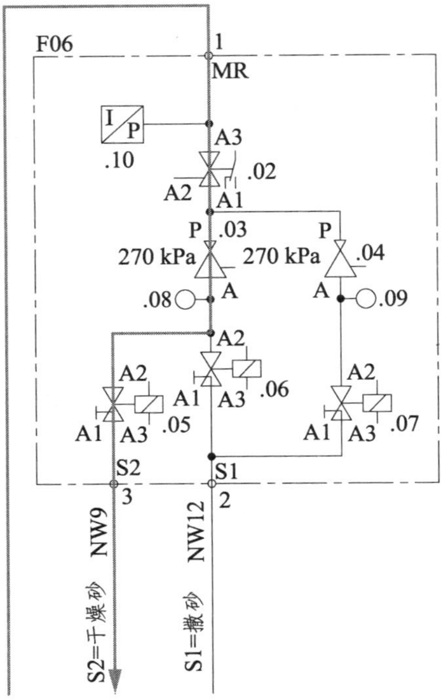

图 4-59　干燥功能

二、气路阀原理

（一）模拟转换器

模拟转换阀由制动电磁阀、缓解电磁阀、压力传感器组成（见图 4-60）。它在制动气路中的位置如图 4-61 所示。

微课：CRH380B 备用制动阀

微课：CRH380B 备用制动控制阀

微课：CRH380B 常用、紧急、限压阀结构原理

微课：CRH380B 阀体串讲

微课：CRH380B 压力转换器、双向止回阀结构原理

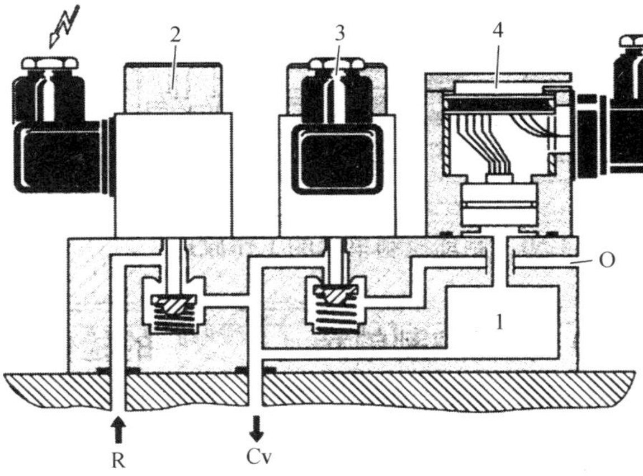

1—内部缓解腔；2—制动电磁阀；3—缓解电磁阀；4—压力传感器；Cv—输出预控制压力；R—来自制动风缸。

图 4-60　模拟转换阀原理

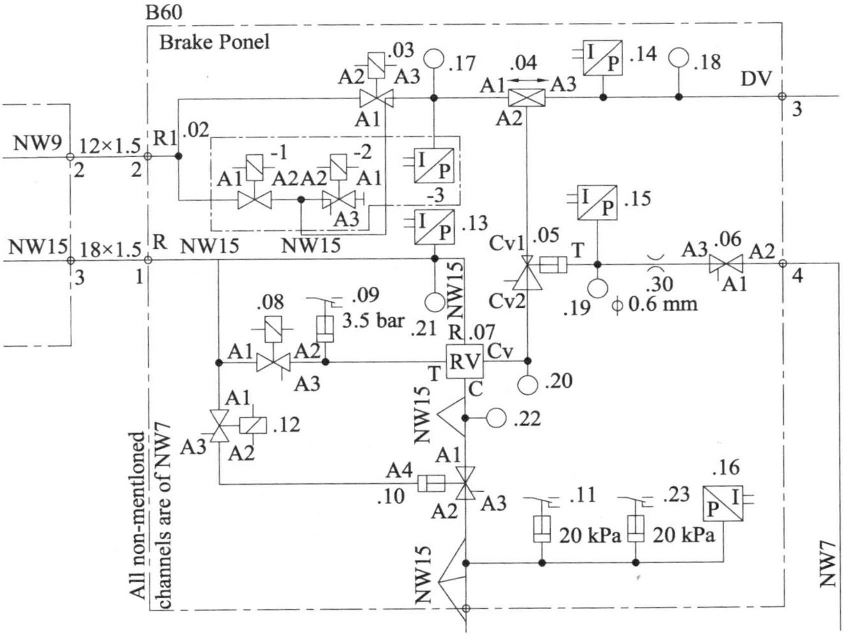

图 4-61　模拟转换阀气路图位置

1. 工作原理

当微处理机发出制动指令时，制动电磁阀的励磁线圈得电励磁，克服弹簧反力，压开阀芯，打开制动电磁阀，使制动风缸的压缩空气通过制动电磁阀进入输出端，作为预控制压力 Cv 输出。

同时 Cv1 也送向压力传感器和缓解阀，压力传感器将该压力信号转换成相对应的电信号，并反馈至制动控制计算机，让制动控制计算机将此信号与制动指令进行比较：

（1）当小于制动指令时，继续开放制动电磁阀口。

（2）而当大于制动指令信号时，关闭制动电磁阀并打开缓解电磁阀，直到控制压力 Cv1 增高或降低到制动指令的要求为止。

（3）此时制动电磁阀和缓解电磁阀同时处于关闭状态。

2. 应用

模拟转换器能增加压力 Cv 的圆筒形线圈和空气储存器压力 R 保持联系，当这个圆筒形线圈由电子控制器给予电压时，空气从管路 R 流入预控管路，因此增加压力 Cv。

能减小压力 Cv 的圆筒形线圈和大气 O 相通，当这个圆筒形线圈被给电时，空气由预控回路释放到大气中，因此减少压力 Cv。

压力传感器记录均压线内腔压力 Cv，它对电子控制器的输出信号是压力读数的模拟值。

当电子控制器一旦探测出实际压力值 Cv 和指定的参考压力 Cv 有偏差时，它就给那个线圈加电，以便重新调整压力 Cv 达到规定的值。当压力 Cv 和参考压力匹配时，线圈再一次被加电，在这种情况下，预控线路既不充电，也不放电，这种情况一直持续到实际压力和规定的压力一致为止。

主要应用在 CRH3 型的制动系统中的常用制动的施加和缓解，能够调节不同级别制动力的大小，分布在 BCU 箱内。

（二）空重车调整阀

空重车调整阀的结构如图 4-62 所示。

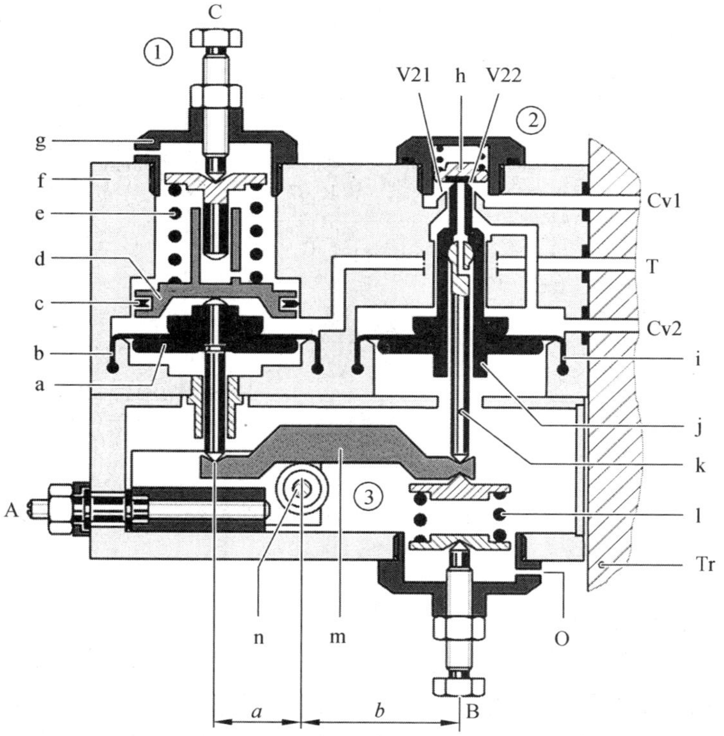

a—隔膜活塞（主动活塞）；b—隔膜；c—KNORRK 环；d—活塞（从动活塞）；e—压缩弹簧；f—阀箱；g—螺塞；②—闭锁装置；h—阀盘；i—隔膜；j—隔膜活塞；k—推杆；①—压缩弹簧；③—机械部分；m—平衡梁；n—平衡梁支承；A—调整螺栓；B—调整螺栓；C—调整螺栓；Tr—支架；O—排风孔；V21—进气阀座；V22—排气阀座；Cv1，Cv2—先导压力；T—气动负载信号。

图 4-62　空重车调整阀

缓解位置（操作位置）原理：缺乏 Cv1 压力表明处于缓解状态。作用在隔膜活塞（a）上的 T 压力来自压缩弹簧（①）的弹力，该弹力是通过平衡梁（m）和推杆（k）传递到隔膜活塞（a）上的。活塞杆克服压缩弹簧的弹力将阀盘（h）从用于进气的阀座 V21 上顶开，用于排气的阀座 V22 保持关闭状态。

在紧急制动时，压力 Cv1 升高到供风压力值。气流经过开启的阀座 V21 流入 Cv2 室，直到压力 Cv2 达到一个值，此时，Cv2 作用在隔膜活塞（j）上的作用力占上风，从而驱使隔膜活塞向下运动。

阀盘（h）在相应的弹力作用下随着隔膜活塞（j）的运动而运动，直到阀座 V21 再次闭锁。

如果车辆负载很大，那么 T 压力及其通过平衡梁作用在隔膜活塞（j）上的力也会升高。因此阀座 V21 在一个很高的 Cv2 压力下才会打开，制动缸的制动力相应地增大。

气动负载信号 T 中断时的紧急制动：当气动负载信号中断（从而作用在隔膜活塞上的取决于负载的分力中断）时，Cv2 室内的压力形成被提前结束，从而使 Cv2 管路中形成的压力过小。其后果是车辆制动力不足。

为避免这一情况，当气动负载信号 T 中断时，通过作用在隔膜活塞（a）推杆上的压缩弹簧（e）的弹力模拟一个负载信号。这个机械负载信号的大小可调节，可根据 Tmin 选定。由此确保在没有 T 压力信号进行紧急制动时，相当于对空车进行制动。

紧急制动后进行缓解：通过降低 Cv1 压力实现缓解。如果 Cv1 压力降至 Cv2 压力之下，那么阀座 V21 就会像止回阀一样开启。由此，Cv2 压力气流会流去补充下降的 Cv1 压力，直到 Cv2 室及 Cv2 压缩空气管道完全排空。阀座 V22 保持关闭状态。

CRH380B 型中的应用：该限压阀—空重车调整阀，分布在 BCU 箱内，而且每个车都有一个空重车调整阀，它采集本车两个转向架空气簧的平均压力值，来对本车制动力的大小进行最合理的调整。

（三）压力转换器

压力转换器（B02B60.07）是制动设备单元（B02B60）的组成部分。用于从间接制动或直通式制动的先导压力 Cv 中制备制动缸压力 C。其基于放大流量和改变制动缸压力与先导压力之间的压力比而产生作用。

1. 设备特征

根据先导压力 Cv 制备制动缸压力。低、高制动之间的转换通过气动转换器的控制压力 F 进行（如果没有先导压力，压力转换器产生高制动位）。

处于低制动能位置时，制动缸压力总是小于先导压力 Cv。

处于高制动能位置时，制动缸压力等于或大于先导压力 Cv。

2. 工作原理

1）缓解位（见图 4-63）

转换器（e）上施加有控制压力 F。活塞（f）位于左端位。

隔膜活塞（a）从 02 和 03 两侧排风，活寒组件上不得施加任何力。

制动器缓解时，活塞组件（a、b、h）处于缓解位，阀座 V1 开启。C 压力（制动缸通过 01 被排风）。

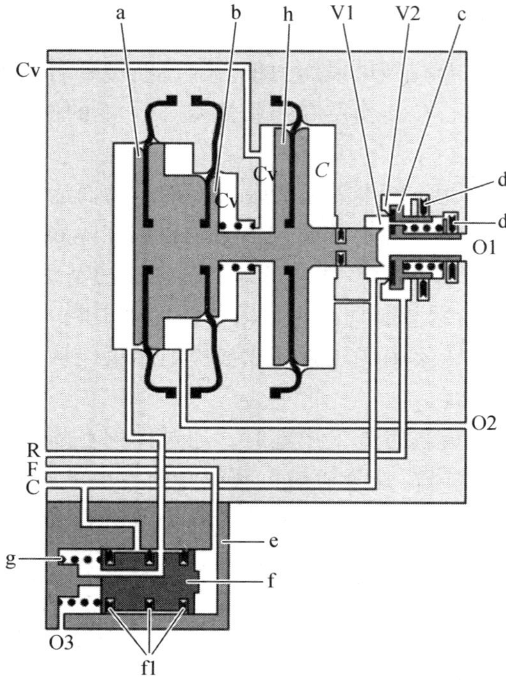

a，b，h—隔膜活塞；c—阀盘；d1，d2，f1—KNORRK 环；e—转换器；f—活塞；g—压缩弹簧；
C—压力（至制动缸）；Cv—先导压力；F—控制压力；O1，O2，O3—排风口；
R—R 压力（自储风缸）；V1，V2—阀座。

图 4-63　缓解位

2）制动位（见图 4-64）

为引发制动过程，输入先导压力 Cv。Cv 压力同时作用于隔膜活塞 b 和 h 的表面。隔膜活塞（h）的活塞面较大，因此隔膜活塞（h）上的力较大。整个活塞组件逆着阀盘（c）运动，阀座 V2 打开，阀座 V1 关闭。

压缩空气从储风缸（R 压力）通过阀座 V2 流向制动缸和隔膜活塞（h）上的 C 室。随着 C 室中压力的升高产生一个将活塞组件（a、b、h）重新回移的力，以关闭阀座 V2。

阀座 V1 和 V2（关闭位置）关闭时，活塞组件上作用的力达到平衡。根据施加的先导压力 Cv 形成制动缸压力 C。

Cv 升高时通过新的活塞运动打开网座 V2。补充 C 室中的压缩空气直到再次达到力平衡且阀盘（c）向关闭位置移动。C 压力的升高类似于 Cv 压力。

Cv 压力下降时隔膜活塞 h 上施加的 C 压力的力占上风。活塞组件打开阀座 V1。C 压力通过排风口（O1）下降，直到活塞组件（a、b、h）上重新达到力平衡为止，且阀座 V1 关闭。

Cv 压力下降直至 0 bar 时，活塞组件（a、b、h）保持处于缓解位。阀座 V1 开启，V2 关闭。C 压力通过开启的阀座 V1 和 O1 也下降至 0 bar 制动缓解。

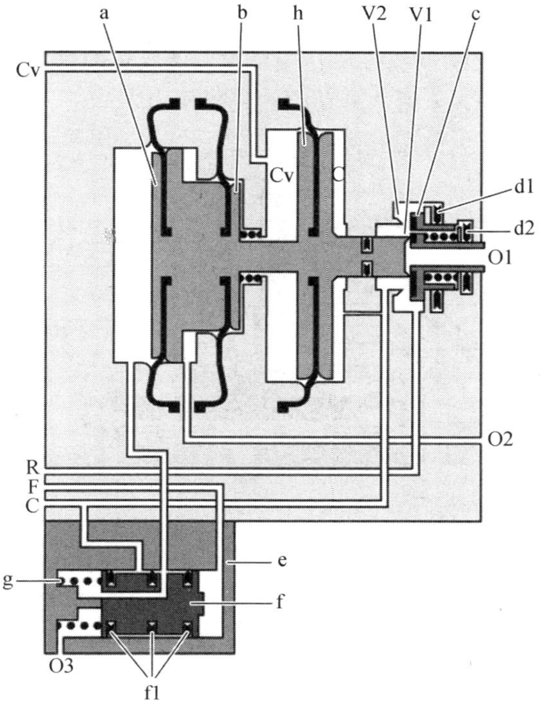

a，b，h—隔膜活塞；c—阀盘；d1，d2，fl—KNORRK 环；e—转换器；f—活塞；g—压缩弹簧；
C—C 压力（至制动缸）；Cv—先导压力；F—控制压力；O1，O2，O3—排风口；
R—R 压力（自储风缸）；V1，V2—阀座。

图 4-64　制动位

（四）继动阀

1. 组成

如图 4-65 所示，继动阀（a）主要由以下部件组成：阀箱（b）、带阀座 V1 的进气阀、带阀座 V2 的排气阀和带罐式隔膜（d）的隔膜活塞（c）。

继动阀（C01.06）是间接制动器的 HL 控制系统（CO1）的组成部分。继动阀（C01.06）将先导室 C、内产生的压力同步地、以约 1∶1 的比例传至一个容积较大的、与压缩空气接口 c 相连的容器中。

设备特征：在最短时间内大容量充风和排风，达到均匀的效果，即制动气缸的充风时间和缓解时间与气缸的大小无关。

排气阀由一个带密封圈的阀门导管（e）和一个压缩弹簧（f）组成。

它采用压力平衡设计形式，即阀套的进气阀座 V1 的面积与阀门导管的直径是相符的。

由 KNORRK 环将 R 和 C 两个压力室隔开。

排气阀由阀座 V2、阀门导管（e）和一个带密封圈的隔膜活塞（c）组成。

C-Cv 控制元件由罐式隔膜（d）、隔膜活塞（c）和用于将隔膜固定在隔膜板上的垫圈组成。

喷嘴（h）防止隔膜活塞（c）产生振荡，否则在对 C 压力室和 Cv 室进行充风和排风时会产生振荡。

在控制过程中需要以下压缩空气接口：接口 R（储风缸的进气口 R）；接口 C（从继动阀到达制动气缸的制动压力）；Cv（到达继动阀的先导压力）。

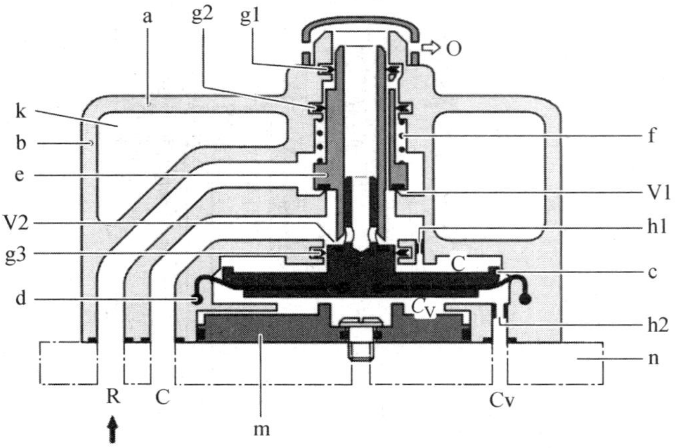

a—继动阀；b—阀箱；c—隔膜活塞；d—罐式隔膜；e—阀门导管；f—压缩弹簧；g1，g2—KNORRK 环；h1，h2—喷嘴；k—控制室 Cv；m—汇接板的安装配件；n—汇接板；V1—进气阀座；V2—放气阀座；C—制动缸压力；Cv—先导压力；O—排风口；R—储风缸。

图 4-65　继动阀

2. 工作过程

起始位置储风缸的压力 R 施加于进气阀座 V1 上。进气阀在压缩弹簧（f）的压力作用下处于关闭状态。放气阀座 V2 处于排风位置，即接口 C 的压缩空气通过排风口排入大气。此时无先导压力 Cv。

制动时先导压力 Cv 被加到隔膜活塞（c）的表面 Cv 上，使得放气阀座 V2 被关上。

压缩弹簧（f）的压力被克服。进气阀座 V1 被打开。进气阀上所产生的压力可作为 C 压力同时加在制动气缸和隔膜活塞（c）的表面 C 上。所产生的 C 压力和压缩弹簧（f）的弹力共同起作用，使隔膜活塞（c）回到其中间位置。进气阀座 V1 关闭。放气阀座 V2 保持关闭状态。C 压力和 Cv 压力大小相同。

缓解时隔膜活塞（c）上产生的 Cv 压力可以通过一个控制阀完全排除。产生的 C 压力将放气阀座 V2 打开。C 压力通过排气阀被完全排放到大气中。放气阀座 V2 保持打开状态，隔膜活塞（c）保持被排风状态。分级制动和缓解：采用分级制动时功能流程基本上与上述过程相符，不同之处在于每次只有所选的压力级起作用。制动气缸中的 C 压力级是按照 Cv 预设值形成的。而在采用分级缓解时，Cv 压力会减小，减小量为预设压差，由此也会使 C 压力相应地降低。

（五）控制阀模块

控制阀模块（B02B55）是制动控制模块（B02）的组成部分，用于接通及切断直通式电空制动器（EP 制动器）的控制压力（见图 4-66）。

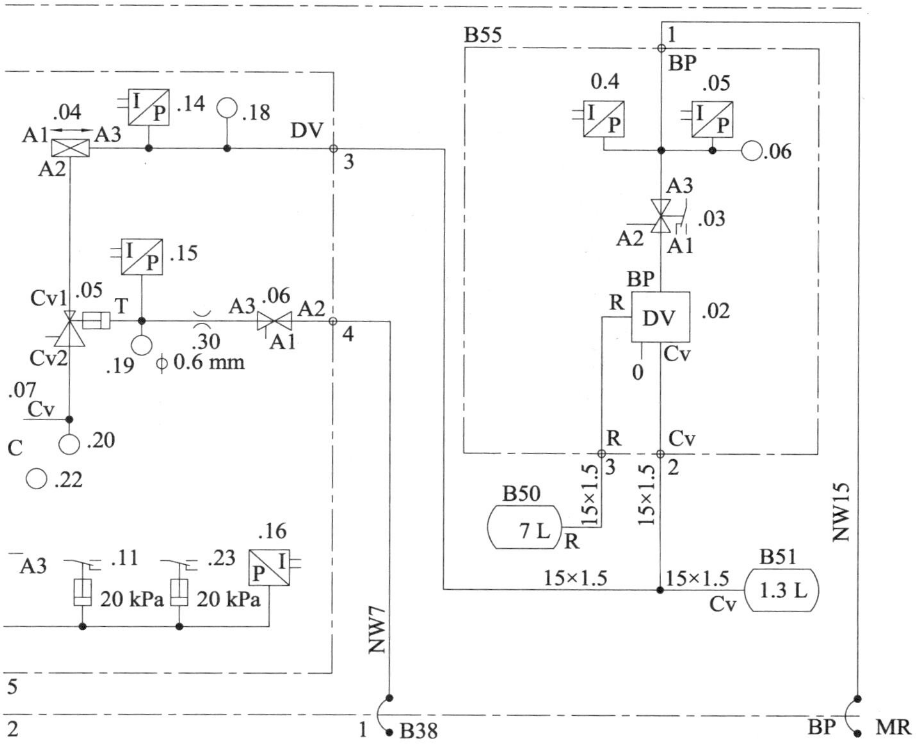

图 4-66　控制阀模块气路

受电气监控的带排气口的截断塞门（03）关闭：设备的压缩空气接口 1 上施加的压缩空气不能流入控制阀（02）。控制阀（02）通过截断塞门（03）的排风口排风。

受电气监控的带排风口的截断塞门（03）开启：通过压缩空气接口 1 流入的压缩空气将被直接导入控制阀（02），并在控制阀（02）中转换为相应于制动管压力的先导压力 Cv。同时储风缸将被充风。截断塞门（03）的排风口封闭。

B55.02 分配阀作用是当列车管压力未下降，BP 口和 R 口相通，Cv 口和 0 口相通。B50 风缸保持和列车管一样的风压，同时 B51 风缸和大气相通。当列车管压力下降时 R 口和 Cv 口通。

正常情况下，不施加被用制动 Cv 口没风、04A3 口没风。

控制阀（B02B55.02）是控制阀模块（B02B55）的组成部分，它根据现有的制动管压力（BP 压力为压力转换器（B02B60.07）产生先导压力。

控制阀 FEIIS 按照双压原理工作，为单次缓解。就是说，视制动管（HL 中压降的情况，以分级制动。但是在制动缸的制动管压力升高时，始终要彻底排风，以使制动彻底缓解。

3. 充风过程

来自司机制动阀的压缩空气通过制动管（HL）流入控制阀的 L 室，并作用在活塞（a）上。压缩空气通过充风喷嘴（b）继续流入 R 室，流向储风缸 R，并通过制动喷嘴（f）流向进气阀（e），压缩弹簧（j）将阀盘（i）压到进气阀（e）上，从 R 口到 C 口的气路关闭（见图 4-67）。

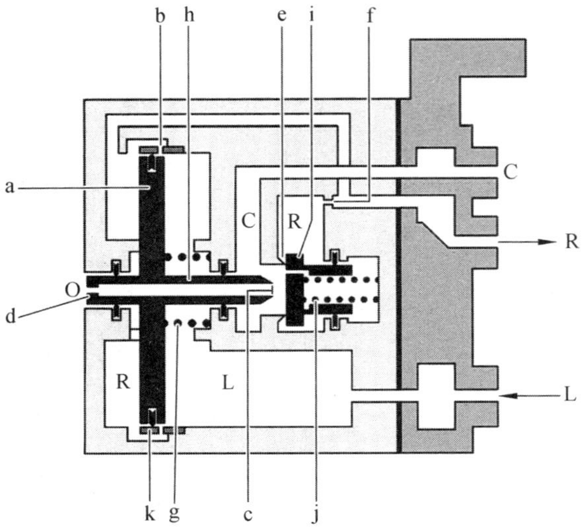

a—活塞；b—充风喷嘴；c—排气阀；d—缓解喷嘴；e—进气阀；f—制动喷嘴；g—压缩弹簧；h—阀杆；i—阀盘；j—压缩弹簧；k—喷嘴村套；C—制动缸；L—制动压力管；O—大气；R—储风缸。

图 4-67　控制阀充风位

4. 制动过程

借助司机制动阀降低制动管 L 中的压力以达到制动（前提）。用活塞（a）分开的 L 室和 R 室之间产生了压差。由此，活塞（a）借助其阀杆（h）从充风位置进入制动位置。此时，活塞经过充风喷嘴（b）（L 室和 R 室之间的连接中断），并用其阀杆（h）关闭排气阀。在继续运行中，活塞顶着压缩弹簧（j）的作用力，从进气阀（e）上将阀盘（i）提起。这时，压缩空气通过制动喷嘴（f）和打开的进气阀（e），从储风缸 R 流向制动缸，直到活塞（a）上产生一个力平衡。活塞（a）借助阀杆（h）向回运动，直至进气阀（e）关闭。排气阀（c）保持关闭状态。控制阀 FE1I5 处于关闭位置。通过继续降低制动管压力，可以逐级反复此流程，直至达到全制动。L 室和 R 室的压力得到平衡，使最大先导全制动时（相当于压力下降了约下 30.4 bar 时）开始制动，压力为 3.5~40 bar（见图 4-68）。

5. 缓解位置

借助司机制动阀提高制动管 L 中的压力来达到缓解制动。提高了的制动管压力施压在活塞（a）上，由此产生的 L 室和 R 室之间的压差以及作用于活塞（a）上的压缩弹簧（g）（缓解弹簧）的作用力，将活塞（a）运行至终端位置，从而达到缓解位置。进气阀（e）关闭，排气阀（c）打开，充风喷嘴（b）开通。压缩空气 C 通过打开的排气阀（c）和缓解喷嘴（d）从制动缸流入大气 O，制动得到缓解。同时储风缸 R 通过充风喷嘴（b）重新充风。缓解过程中，进气阀（e）是关闭的，储风缸 R 和制动缸 C 之间的连接被切断。因为储风缸 R 中的压力始终小于制动管 L 中的压力，所以缓解过程不能中断（见图 4-69）。

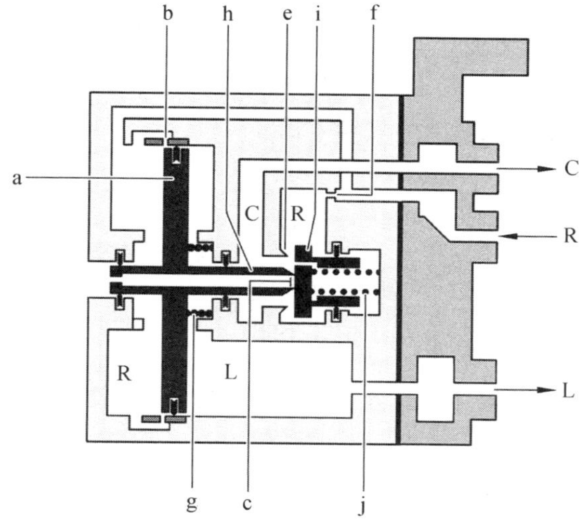

a—活塞；b—充风喷嘴；c—排气阀；e—进气阀；g—压缩弹簧；h—阀杆；i—阀盘；j—压缩弹簧；k—喷嘴衬套；C—制动缸；L—制动压力管；R—储风缸。

图 4-68 制动位置

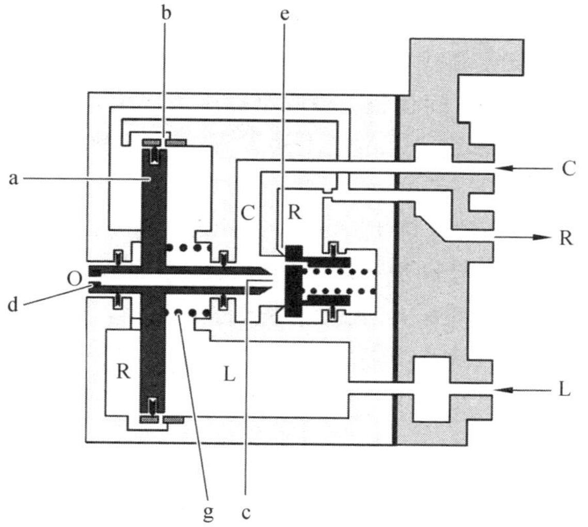

a—活塞；b—充风喷嘴；c—排气阀；d—缓解喷嘴；e—进气阀；g—压缩弹簧；C—制动缸；L—制动压力管；O—大气；R—储风缸。

图 4-69 缓解位置

任务三 气路故障案例分析

任务描述

（1）能够分析制动系统气路故障的原因。

（2）能够处理制动系统的气路故障。

相关知识

作为一名合格的动车组机械师，需要能够分析制动系统气路原理并能根据原理处理故障，本任务介绍了动车组制动系统气路故障处理方法。

一、CRH380A 型动车组

（一）动车组出库调车时制动不缓解

1. 案例概况

动车组出库调车转线时持续伴随有异音，经对 00 车进行关门车处理后异音消除，开始动车转线作业。

2. 原因分析

总风缸的风经过【供给】阀（白阀），施加常用和快速制动时，风经过 EP 电空转换阀、中继阀到【停放制动切除】阀（黑阀），施加紧急制动时，风经过 B11 调节阀到【停放制动切除】阀；总风管的风经过停放制动控制装置到【停放制动切除】阀。

当【停放制动切除】阀关闭时间较长，停放制动压力小于 490 kPa 时，停放制动自动施加，此时只能打开【停放制动切除】阀或拉停放制动手动缓解拉绳进行停放制动缓解。

当【停放制动切除】阀关闭时间较长，停放制动压力小于 490 kPa 时，停放制动自动施加后，打开【停放制动切除】阀，关闭【供给】阀，则由总风管经过停放制动控制装置的风缓解停放制动。

造成动车组在调车过程中 MON 屏上显示停放制动均缓解，而实际未缓解且存在持续异音的原因为：00 车【停放制动切除】阀被关闭时间较长，停放制动压力小于 490 kPa，停放制动自动施加，没有拉停放制动手动缓解拉绳进行缓解停放制动。造成动车组转入二场迂回换端后全列紧急制动未能缓解的原因为：换端后 00 车作为主控端头车且做关门车时未闭合【制动控制装置】空开。

二、CRH380B 型动车组

（一）CRH380B 型动车组停放制动阀 H27 插头插针松动

1. 案例概况

CRH380B 型动车组无动力回送途中，列车自动施加紧急制动停车，车组检查正常，重新动车后，列车再次自动施加紧急制动停车。切除全列紧急制动阀，切除占用端停放制动监控回路，滚动测试正常后发车。运行至 XX 站供电后，发现 02 车报“列车已移动而停放制动未缓解”（代码：1738）、“停放制动隔离阀<H29>或<H27>被截断”（代码：173A），对 02 车做空气制动切除后继续运行。

2. 原因分析

02 车 H27 截断阀的 X09-6/7 针松动，阻值不稳定导致 BCU 错误地监测到截断阀<H29>

或<H27>处于关闭状态而报出故障代码 173A，停放制动监控回路断开，触发紧急制动。

3．相关原理

CRH380B 型动车组在无动力回送时，停放制动监控回路处于激活状态，停放制动回路故障开关 43-S24 处于开位，对列车停放制动状态进行实时监控。由于 02 车 H27 截断阀的-X09-6/7 针缩针，导致停放制动缸瞬间排风，停放制动夹钳施加最大制动力，02 车报代码 173A。此时 BCU 因监控到<H29>或<H27>的异常信号，从而断开停放制动监控回路。H27 停放制动截断阀位于车内，为了便捷切除停放制动而增设的停放制动截断塞门。在正常状态 H27 处于关闭位时，H27 的 X09-6/7 为导通状态。此时 H27 的 X09-6 针处的电压，应与 H29 的 X09-2 针处的电压一致。但故障车此处电压不一致，因此导致报出“停放制动隔离阀<H29>或<H27>被截断”故障。

4．案例总结

（1）应提高新造车组出厂前的质量把控。严格把控配件质量，电气类部件装车前、装车后都要注意功能测试与验证。对质量不达标的配件应追根溯源，查找同批次配件是否有同样问题，避免同类故障发生。

（2）故障处理不彻底。第一次故障处理时，由于故障已消除，在未查明原因的情况下，判断为板卡故障，导致故障再次报出。发生类似故障时，需要全面分析故障发生原因，对相关部件做好充分的检查与测试。建议在无火回送中遇到不明原因的紧急制动故障时，及时切除紧急制动阀及相关故障回路旋钮，并做好故障车厢的状态盯控，避免故障再次发生。

（二）CRH380B 型动车组紧急排风电磁阀故障

1．案例概况

CRH380B 重联动车组发车后，HMI 屏制动状态页面显示 01 车至 06 车制动未缓解，其余车辆制动缓解正常。查看远程系统发现 01 车报“因施加制动行车触发最大常用制动”（代码：636B），对 01 车至 06 车进行空气制动切除操作，确认制动缓解，后续启用热备车组。

2．原因分析

01 车紧急排风电磁阀 N05 自身故障导致动车组列车管风压波动，造成部分车辆间接制动不缓解。列车在制动未缓解时动车，在 20 s 内速度未大于 10 km/h，报出 636B 故障，产生最大常用制动停车。

3．相关原理

列车管（BP 管）为全列贯通制动管路，内部充满 6 bar 压缩空气，当列车管风压下降时通向分配阀的管路压力随之下降，将打破分配阀内部活塞的平衡状态，导致 B50 风缸通过分配阀向双向止回阀充风，该压力经过中继阀调整产生制动缸压力（C 压力）。紧急排风电磁阀（N05）得电或本身故障将导致列车管排风，从而触发紧急制动。紧急制动排风电磁阀得电条件如下：

（1）紧急制动环路状态继电器 43-K24 失电。

（2）停放制动监控环路状态继电器 43-K27 失电。

（3）CCU 通过 Klip 发送紧急制动指令。

636B 代码逻辑分析：当至少有一个牵引单元发送的制动系统未缓解时，列车牵引力设定值大于 0%持续 20 s 且列车速度小于 10 km/h，CCU 产生 636B 故障代码，同时 CCU 封锁牵引力、请求最大常用制动，直至车组停车，通过牵引手柄归零再置于牵引位可以复位该代码。

4. 案例总结

动车组紧急制动不缓解故障应急处置方案不明确、流程不完善，故障判断项点不全，导致故障处置时间过长，再发生类似问题，先施加紧急制动并缓解，确认制动缓解情况，如缓解正常，可继续行车；如仍存在单车制动不缓解问题，切除故障车制动，按制动有效率行车。

（三）CRH380B 型动车组空气簧压力低

1. 案例概况

CRH380B 型动车组，HMI 屏报故障代码 174F（空气弹簧压力低）。车组到达前方站后，随车机械师下车检查，确认 08 车 2 位左空簧压力不足，限速 160 km/h 运行，停车 8 min，开车后故障代码自动消除。

2. 原因分析

08 车 2 位端空气簧排风电磁阀 L16 进水发生冻结（见图 4-70），电磁阀密封胶圈变形密封不严，空簧风压发生泄露，导致车组报故障代码 174F（空气弹簧压力低）。

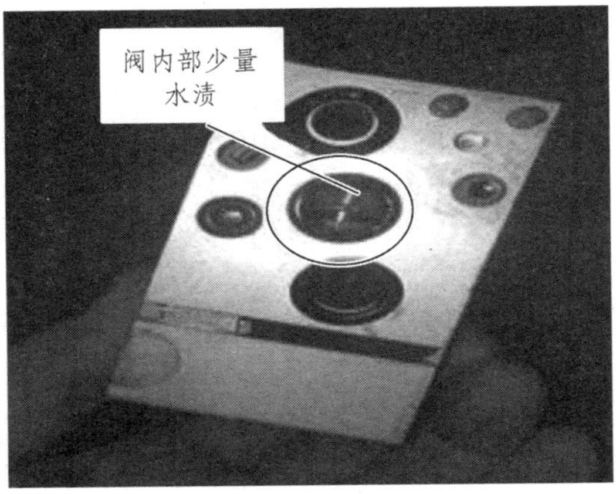

图 4-70　L16 电磁阀内部存在水迹

3. 相关原理

CRH380B 型动车组每个转向架设有一个压力开关 L05，压力开关的设定值为 1.5 bar，其目的为监测空簧是否出现爆裂或重大泄漏，如监测到压力低于 1.5 bar，BCU 将会生成故障代码 174F（空气弹簧压力低）。

空气弹簧的风压由总风管提供，具体路径为：总风管→空气簧供风截断塞门 L02→单向阀

L10→2 位端高度调整阀 L17→2 位端空气簧排风电磁阀 L16→2 位端空气簧→2 位端空气簧压力开关 L05/2→均衡阀 L13→空重车调整阀 B60.05（1 位端空气簧供风走向相同）（见图 4-71）。

防扎头排风阀 L16 仅在端车 2 位端空气簧设置，目的为当 1 位端空气簧爆破时，L16 得电排风，防止头车车体 1 位端出现扎头。

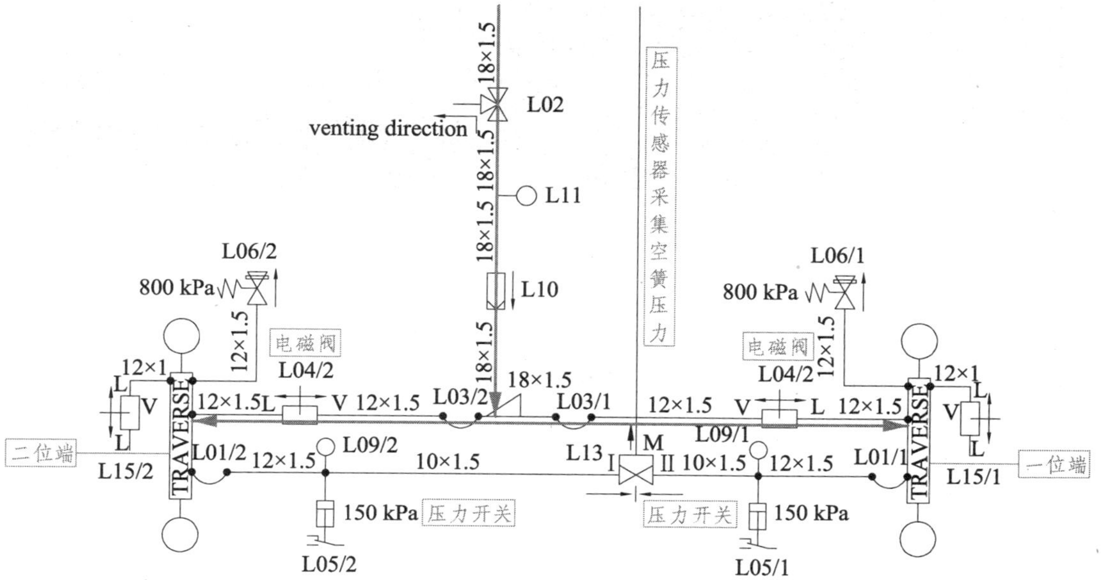

图 4-71　空簧供风管路原理

4．案例总结

（1）应加强运用维护。在冬季运用时，须重点对防扎头排风阀 L16 进行检查，发现存在积冰积雪情况时，应及时清理。融冰除雪作业时应避免高压水枪直接冲洗该部位，规避进水风险。

（2）车下阀体密封性不足。动车组制动供风系统车下安装较多阀类用于供风，且大多直接裸露于空气中，当发生恶劣天气情况积雪严重时，存在阀体进水造成功能失效的风险，主机厂须对此类风险进行研判，考虑提高相关阀体密封防水性能。

（四）CRH380BL 型动车组制动控制箱插头缩针导致停放制动故障

1．案例概况

CRH380BL 型动车组始发时，02 车报“停放制动 PB 干扰故障”（代码：172F），经随车机械师切除 02 车停放制动，滚动试验正常，监控运行。

2．原因分析

经检查发现 02 车 BCU 箱背部 28-K01-X2 大插头活动端 D7 针缩针，如图 4-72 所示，司机操作停放制动缓解按钮的信号无法传输到双稳态电磁阀（H01.03），电磁阀不动作，停放制动夹钳无法充风，导致停放制动无法缓解，HMI 屏上报故障代码 172F（停放制动 PB 干扰）。

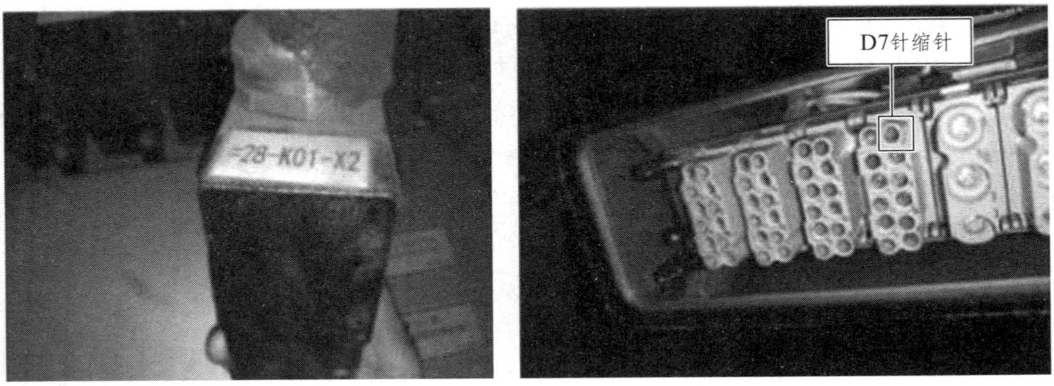

图 4-72　28-K01-X2 大插头活动端 D7 针缩针

3. 相关原理

压缩空气从制动缸经由减压阀将压力降至 6 bar，再经双稳态电磁阀（H01.03）控制车组停放制动的施加与缓解。

压力传感器（H01.05）用于监测停放制动缸压力并将信号反馈至 MB03B-A4 制动控制板卡。在占用端司机室按下停放制动施加按钮后，压力传感器检测到的停放制动缸压力值为 0 bar 左右并反馈至 MB03B-A4 制动控制板卡，车组停放制动施加正常。停放制动缸压力大于 4.2 bar 时车组停放制动才开始缓解，按下停放制动缓解按钮后，压力传感器检测到的停放制动缸压力 6.0 bar 左右，制动控制系统则认为车组停放制动缓解正常；若发出停放制动施加指令后压力传感器检测到的停放制动缸压力小于 4.2 bar，则认为是停放制动故障，报出代码 172F（停放制动 PB 干扰）（见图 4-73）。

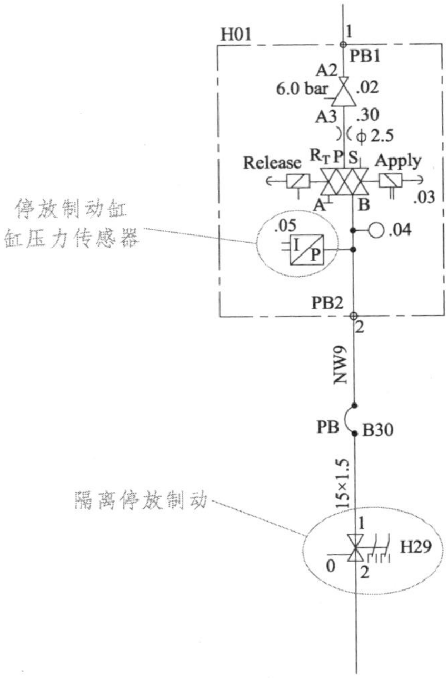

图 4-73　停放制动气路

4. 案例总结

检修及故障处理过程中，涉及类似 28-K01-X2 的 HARTING 插头拆装时，增加插针质量卡控项点，确认插头未出现缩针、偏移、扩孔等问题。

项目五　动车组制动系统电路原理

项目描述

××局配属的动车组待开时，HMI 屏显示 04 车停放制动故障（代码 172F），司机按压停放制动缓解按钮后，停放制动界面显示 04 车停放制动不可作用，故障代码未消除，随车机械师立即前往司机室，根据 HMI 屏故障处理提示信息，向司机申请调度命令下车检查，机械师下车后发现 04 车车下制动指示器显示绿色（制动缓解），上车关闭 04 车"车辆控制面板"上的空气制动开关，切除 04 车空气制动，故障仍未消除，申请启用热备动车组，随后下车打开制动阀板处裙板并关闭 H29 阀（停放制动隔离阀），故障代码消除，取消申请启用热备动车组，后续切除 04 车停放制动时发现 1、2、4 轴手缓拉绳卡滞，无法拉动，再次申请启用热备。CRH380B 重联动车组进动车所处理故障，库内复位 04 车 BCU（制动控制单元）后故障消除。本故障中司机发现故障及时，机械师业务扎实，处理故障迅速。

通过本项目学习，掌握动车组电制动系统的组成及原理，能够使用所学知识，分析、处理电制动系统故障。

知识目标

（1）掌握动车组电制动中常用制动、紧急制动、备用制动的原理。

（2）掌握动车组电制动系统故障的处理方法。

能力目标

（1）能够分析动车组电制动系统故障的原因。

（2）能够处理动车组电制动系统故障。

素质目标

（1）养成遵章守纪、爱岗敬业的工作作风。

（2）培养团结奋进、勇于创新的高铁精神。

任务一　CRH380A 型动车组制动系统电路原理

任务描述

（1）能够掌握 CRH380A 型动车组制动系统的电路原理。

（2）能够描述 CRH380A 型动车组常用制动与紧急制动的气路原理区别。

相关知识

CRH380A 型动车组电路制动系统主要由常用制动、紧急制动组成，本任务介绍了 152、153、154、155、156 等制动线路的原理。

车辆行驶前应具备一些条件，对于制动系统来说，首先要保证 152 线得电，所以车辆行驶前要满足 152 线得电的条件。

如图 5-1 所示，152 线得电的条件是 JTR、BFR 闭合。下面我们讨论 JTR、BFR 的闭合条件。

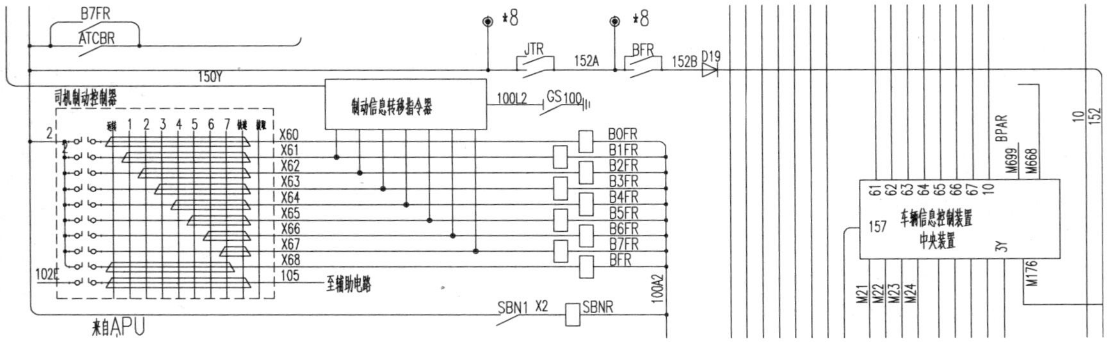

图 5-1　152 号线

车辆行驶前将制动手柄打到快速制动位，从图 5-2 可知此时 BFR 没有得电励磁，B7FR 得电励磁。从图 5-3 可知，B7FR 常开触点闭合。再按压快速制动复位按键，UBRSWR 继电器得电，UBRSWR 常开触点闭合。然后 JTRTD 继电器得电，JTRTD 常开触点闭合。图 5-3 中 JTR 继电器得电，从而 JTR 触点闭合。（图 5-3 中 EBR 为 ATP 控制制动触点，正常情况下处于闭合状态。）车辆行驶时制动手柄打到运行位置，此时 BFR 得电处于闭合状态，152 线得电。

因此，152 线得电、JTR 励磁的条件是：① MCR 励磁；② BFR 为非励磁；③ B7FR 励磁；④ UBRSWR（紧急制动重启）励磁。4 个条件须同时满足。一旦 JTR 励磁，进行自保持（自锁），直至 154 线变为无加压时，JTR 才非励磁。

10 线控制原理：B1FR、ATCBR、ATCKB1R 中的任意一个被励磁时，10 线得电，信息传递给 BCU，BCU 认为需要施加再生制动，BCU 再把再生制动信息传递给 CCU，CCU 结合车辆状态把再生制动命令传递给牵引变流器，完成再生制动指令。但在车速小于 5 km/h、选择了辅助制动、电制动切除开放 SW 为打开的任意情况时，10 线不得电，不会发生再生制动。其中 5SR 表示速度下降到 5 km/h 线圈励磁断开。

		制动设定器指令								
		运转	1	2	3	4	5	6	7	快速
继电器	B运非R	○	○	○	○	○	○	○	○	○
	B1非R		○	○	○	○	○	○	○	○
	B2非R			○	○	○	○	○	○	○
	B3非R				○	○	○	○	○	○
	B4非R					○	○	○	○	○
	B5非R						○	○	○	○
	B6非R							○	○	○
	B7非R								○	○
	B非R	○	○	○	○	○	○	○	○	

图 5-2　制动位置原理

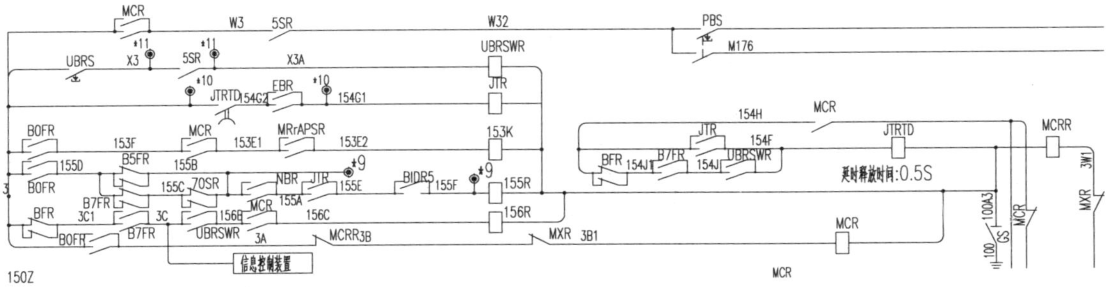

图 5-3　JTR 励磁电路

一、常用制动

制动手柄打到常用制动位时，例如，制动手柄打到图 5-4 中司机制动控制器 1 位，这时 B1FR 线圈得电，B1FR 常开触点闭合，61A 线得电，得电信息传递给车辆信息控制装置中央装置，车辆信息控制装置中央装置把信息传递给 BCU。BCU 发出 1 级制动指令。

微课：CRH380A 电路讲解 1：常用制动

微课：CRH380A 电路讲解 2：列控车载设备输出常用制动指令

制动手柄打到司机制动控制器 2 位，这时候 B1FR、B2FR 线圈得电，B1FR、B2FR 常开触点闭合，61-62A 线得电，得电信息传递给车辆信息控制装置中央装置，车辆信息控制装置中央装置把信息传递给 BCU。BCU 发出 2 级制动信息。

制动手柄打到司机制动控制器 3 位，这时候 B1FR、B2FR、B3FR 线圈得电，B1FR、B2FR、B3FR 常开触点闭合，61-63A 线得电，得电信息传递给车辆信息控制装置中央装置，车辆信息控制装置中央装置把信息传递给 BCU。BCU 发出 3 级制动信息。

制动手柄打到司机制动控制器 4 位，这时候 B1FR、B2FR、B3FR、B4FR 线圈得电，B1FR、B2FR、B3FR、B4FR 常开触点闭合，61-64A 线得电，得电信息传递给车辆信息控制装置中央装置，车辆信息控制装置中央装置把信息传递给 BCU。BCU 发出 4 级制动信息。

制动手柄打到司机制动控制器 5 位，这时候 B1FR、B2FR、B3FR、B4FR、B5FR 线圈得电，B1FR、B2FR、B3FR、B4FR、B5FR 常开触点闭合，61-65A 线得电，得电信息传递给车辆信息控制装置中央装置，车辆信息控制装置中央装置把信息传递给 BCU。BCU 发出 5 级制动信息。

制动手柄打到司机制动控制器 6 位，这时候 B1FR、B2FR、B3FR、B4FR、B5FR、B6FR 线圈得电，B1FR、B2FR、B3FR、B4FR、B5FR、B6FR 常开触点闭合，61-66A 线得电，得电信息传递给车辆信息控制装置中央装置，车辆信息控制装置中央装置把信息传递给 BCU。BCU 发出 6 级制动信息。

制动手柄打到司机制动控制器 7 位，这时候 B1FR、B2FR、B3FR、B4FR、B5FR、B6FR、B7FR 线圈得电，B1FR、B2FR、B3FR、B4FR、B5FR、B6FR、B7FR 常开触点闭合，61-67A 线得电，得电信息传递给车辆信息控制装置中央装置，车辆信息控制装置中央装置把信息传递给 BCU。BCU 发出 7 级制动信息。

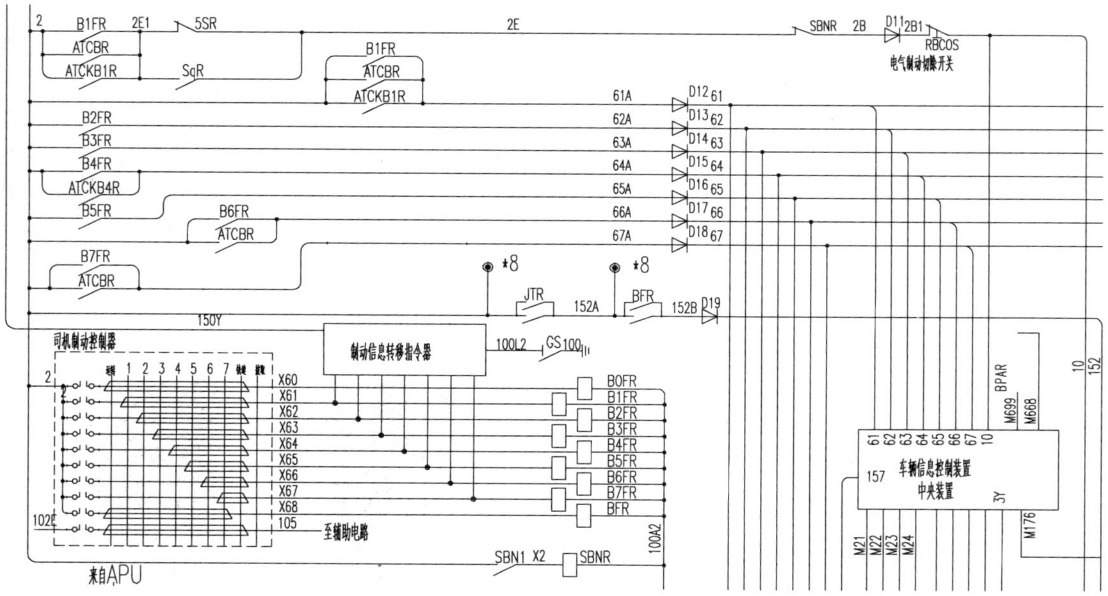

图 5-4　常用制动

二、快速制动

如图 5-5 所示，当 BV 手柄施加快速制动时，此时 X68 线失电，BFR 失电，施加快速制动。

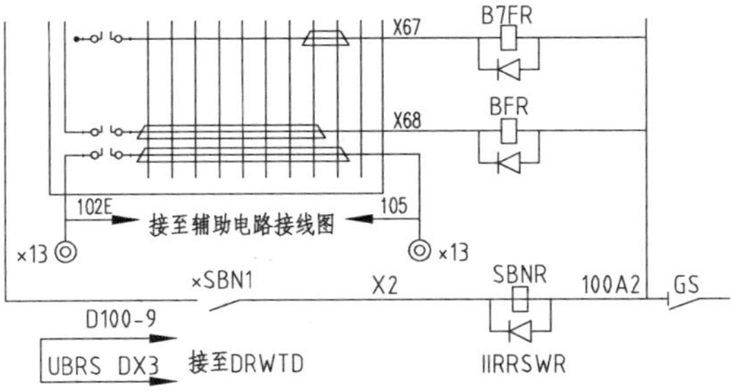

图 5-5 快速制动

三、紧急制动

紧急制动分为紧急制动 UB 和紧急制动 EB。UB 施加方式为空气制动，EB 施加方式为电制动加空气制动。紧急制动的控制电路是从头车的制动控制器到尾车的 153 线和 154 线来实现的。紧急制动产生的条件为① 总风压力下降到 590 kPa 以下；② 列车分离；③ 检测到制动力不足；④ 操作紧急制动制动按钮，使紧急电磁阀失电；⑤ 换端操作，手柄置于“拔取”位；⑥ 运行途中停放制动意外施加。

微课：CRH380A 电路讲解 3：紧急制动原理

（一）153 线与 154 线关系

如图 5-6 所示，153 线从主控端得电，在非主控端送电给 154 线。

153 线为 UB 控制线，153 线断开，根据情况引起单车或全列 UB。153 线全列贯通，并联每车的紧急 UB 控制条件（① UV 电磁阀），153 线上并联的 UV 电磁阀电路断线后引起单车制动。153 线断开后 154 线整体没电，引起全列制动。

154 线为 EB 控制线，154 线也全列贯通，串联全车紧急 EB 控制条件（⑤⑥⑦）。154 线断开，引起全列 EB。

当单车触发 UB，不影响其他车 UB，但会引起全列 EB；当全车触发 EB，不会引起 UB。UB、EB 均为失电制动。

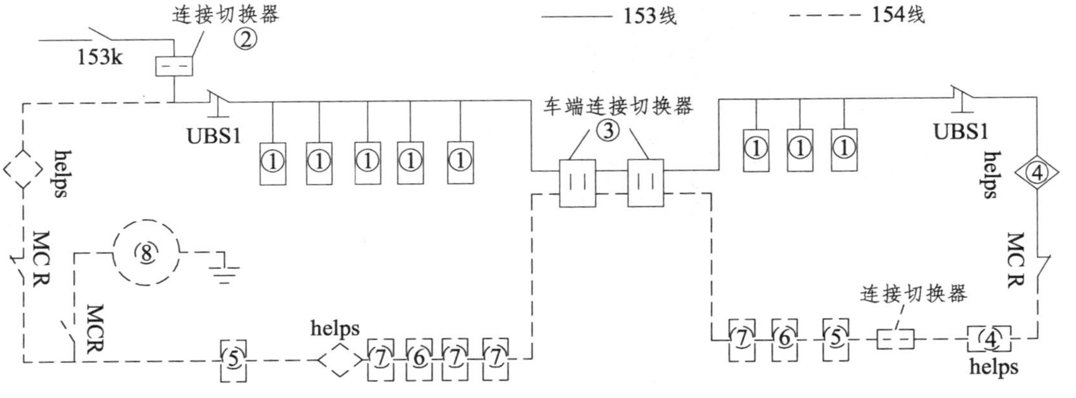

图 5-6 153 线、154 线控制回路示意

如图 5-7 所示，153 线得电即 153k 线圈得电，使得 153k 触点闭合。路径为：3 线—153k—连接切换器—153G1。153k 继电器得电条件：① 制动手柄非拔取位 B0FR 闭合；② 投入主控 MCR 闭合；③ 风缸压力大于 590 kPa；④ MRrAPSR 闭合。4 个条件同时满足 153k 继电器得电，153k 常闭触点闭合。

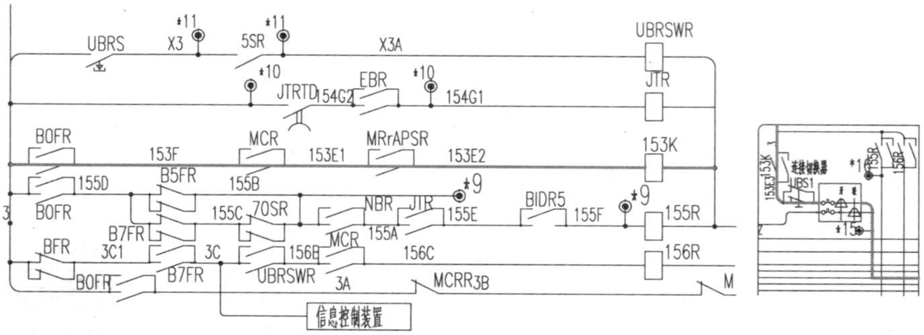

图 5-7　153 线

如图 5-8 所示，救援手柄电路为 153—helps（8 车）—链接切换器—⑤—⑥—⑦—车端连接切换器—⑦—⑦—⑥—⑦—helps（1 车）—连接切换器—⑤—MCR—⑧helps。

手柄正常情况下在“正常”位，当打至“救援”位时，154 线断开，JTRTD 失电，即 JTR 失电，全列实施紧急制动 EB。

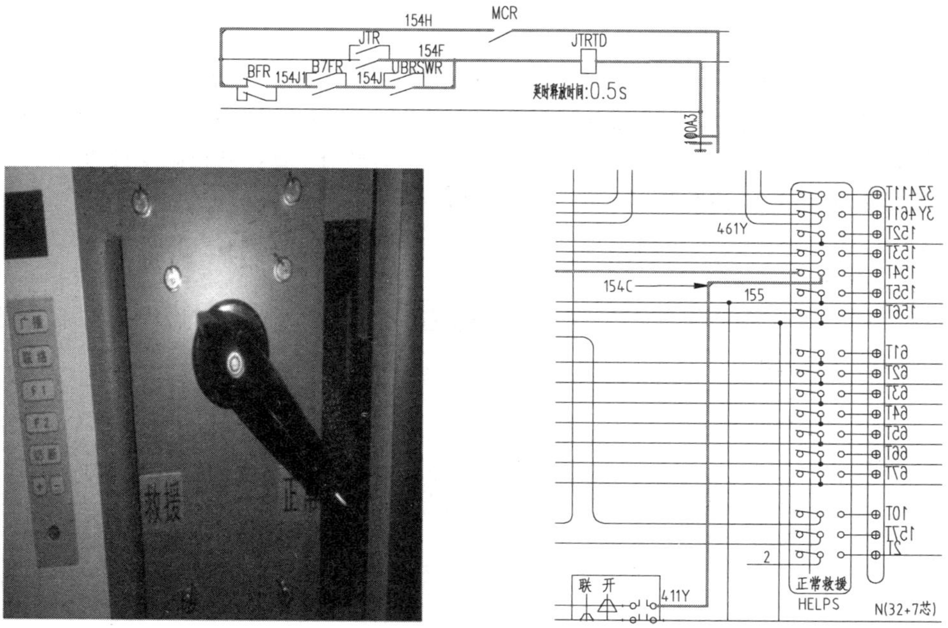

图 5-8　根据 153 线、154 线控制回路示意

（二）153 线引起的单车紧急 UB

引起紧急制动 UB 的根本原因是 UV 电磁阀失电。正常情况下，UV 电磁阀常得电，UVR 线圈常得电，使得 UVR1 常闭，形成自锁。UVN 是紧急制动空开（常闭），UBRSR 是紧急复

位触点，UBTR1是制动力检测不足触点，UV是紧急制动电磁阀，UVR1是紧急制动继电器。

UBR触点断开，UBR继电器失电，UBR触点断开，然后UBTRTD触点断开，即UBTRTD延时继电器失电。

UBR继电器失电，UBR触点断开，随后UBTRTD继电器失电，UBTRTD延时继电器失电，随后UBTR1继电器失电，UBTR1触电断开，随后153线上的UV电磁阀失电引起单车紧急制动（见图5-9）。

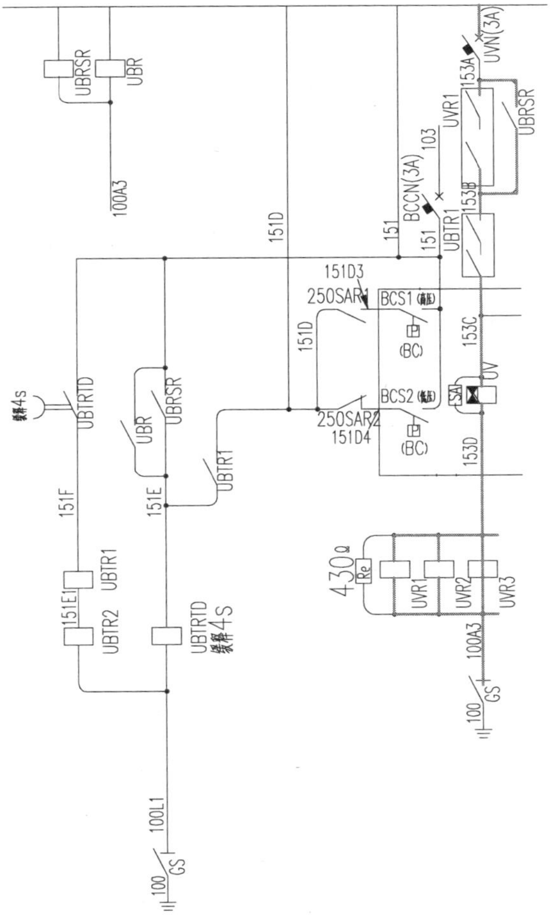

图5-9　UV电磁阀电路

（三）154线引起的全列紧急EB

154线串联全列车辆，如图5-10所示，中间MRrAPSR、UVR1、UVRS、TThR1、PBR、PBRS、TDUR/TDUFR、TThS3有一个断裂就会引起全列制动。

连接切换器正常状态下置“联”位，当打至“开”位时，154线断开，引起EB。

其中重联时，BNUBR触点断开，引起EB。

风缸压力小于590 kPa，MRrAPSR断开，引起EB。

单车起UB时，UVR1断开，引起EB。单车UB引起的EB，可通过UVRS复位。

熔断轴温过高，TThR1 断开，引起 EB。单车 TThS1 熔断轴温过高引起 EB，可通过其复位。停放制动时 PBR 断开，引起 EB。单车 PBRS 停放制动引起 EB，可通过 PBRS 复位。

实时轴温过高，TDUR/TDUFR 断开，引起 EB。实时轴温过高 TThS3 断开，引起 EB，可通过其复位。

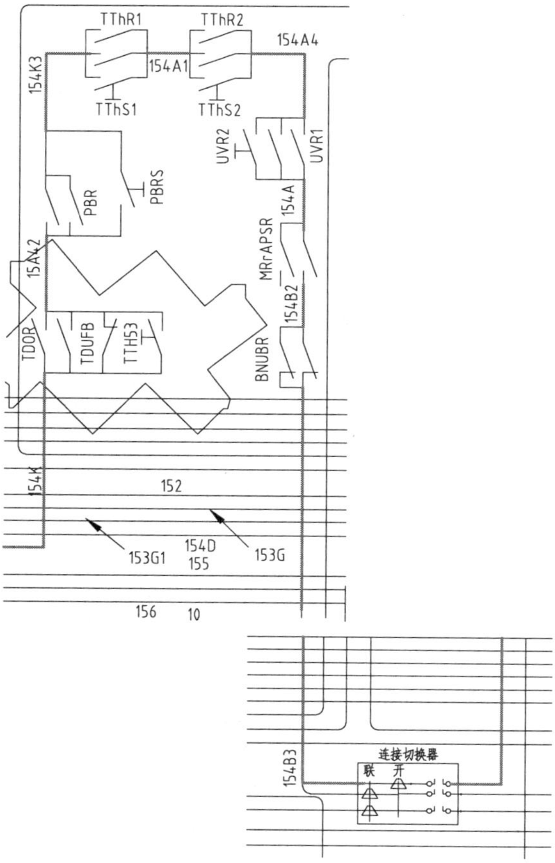

图 5-10　154 线串联器件

（四）操作紧急制动制动按钮

紧急 EB 也叫作快速制动，152 线为快速制动指令线，与 BCU 直接相连；JTR 线圈失电，JTR 触点不动作，此时 152 线失电，BCU 只能检测到 152 线断，检测不到具体是由 JTR 或者 BFR 引起，所以 EB 也叫作快速制动。

（五）155 线引起制动

如图 5-11 所示，155R 连接 UBR 继电器，所以 155 线为制动力不足检测线。

正常情况下 155 线得电。当手柄拔取位（B0FR 失电）；手柄 B5 或 B6，且速度 70 以下；手柄置于 B7 或快速位；施加常用制动（NBR 失电制动）；发生紧急制动 EB（JTR 失电制动）；车辆发生失稳（BIDR5 失电失稳）；以上任一条件发生均会导致使得 155 线失电，155R 继电器得电，155 触点断开，UBR 继电器失电，UBR 触点断开，然后 UBTRTD 继电器失电，UBTRTD 延时继电器失电，然后 UBTR1 继电器失电，UBTR1 触电断开，最后 153 线上的 UV 电磁阀失电引起单车紧急制动。

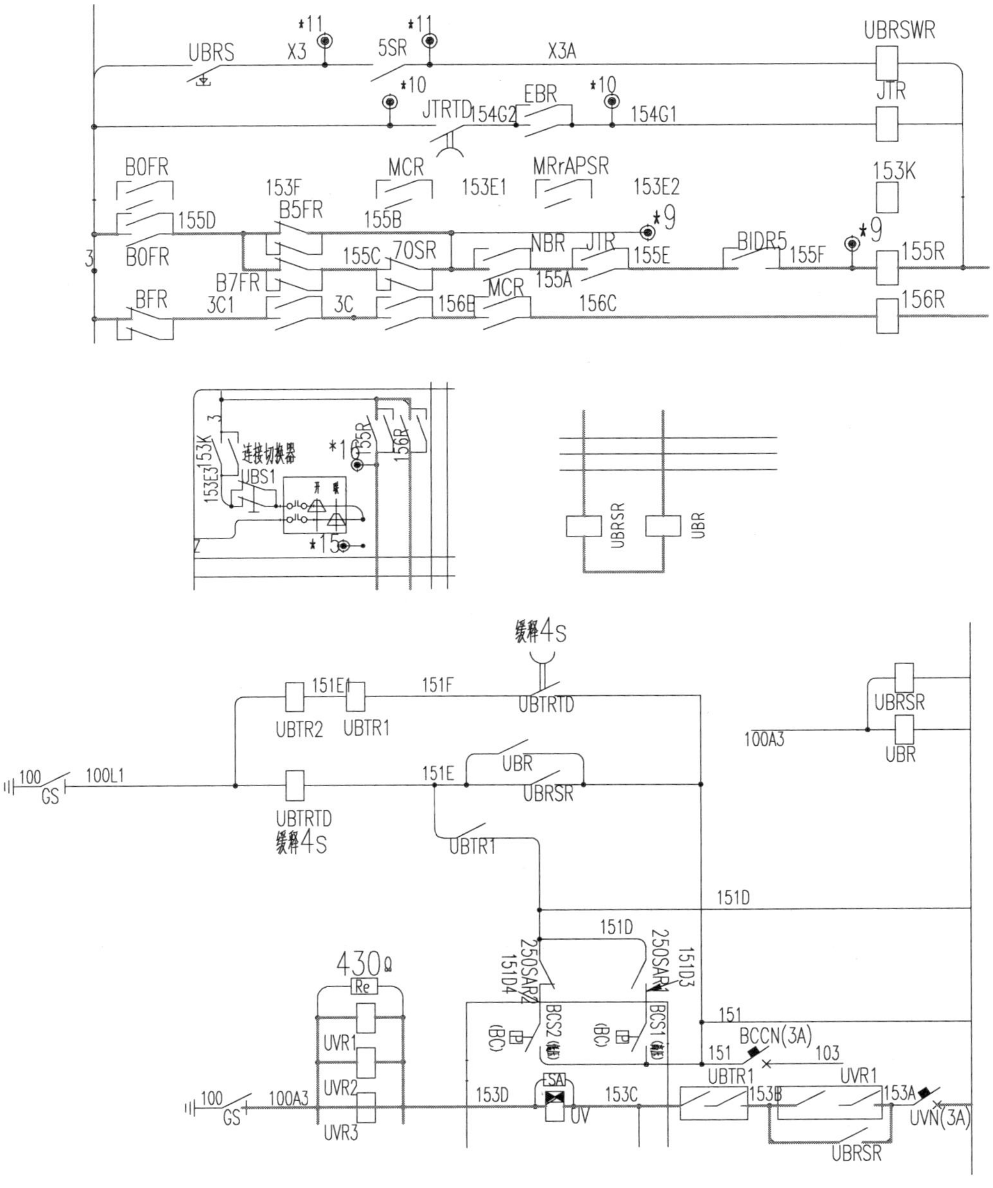

图 5-11　155、156 线原理

（六）156 号线制动力恢复

如图 5-11 所示，156 连接 UBRSR 继电器，所以 156 线为紧急复位线。156R 继电器得电，即 UBRSR 继电器得电。

当制动手柄处于快速位(BFR 失电且 B7FR 得电),UBRSWR 继电器得电,投入主控(MCR 得电)后 156R 继电器得电，156R 触点闭合，然后 UBRSR 继电器得电，UBRSR 触点闭合，然后 UBTRTD 继电器得电，UBTRTD 触点闭合，然后 UBTR1 继电器得电，UBTR1 触电闭合，最后 153 线得电，153 线上的 UV 阀得电，制动力恢复。同时 UVR1 继电器得电，153 号线上 UVR1 触点闭合。然后 UBRSR 断开。

四、停放制动

列车停止运行后，操作停放开关（PBS）至“施加”位，M176 线失电，指令输入中央控制装置，并通过光纤传到 BCU，同时停放制动电磁阀得电，停放制动缸排气，此时压力小于 500 kPa，PBR 失电同时 JTR 失电，154 线断开，引起 EB 紧急制动（停放制动缓解 PBS 打至“缓解”位，其余动作相反），其中 PBCN：停放制动控制空开；PB1/PB2：压力开关；PBR：停放制动继电器（见图 5-12）。

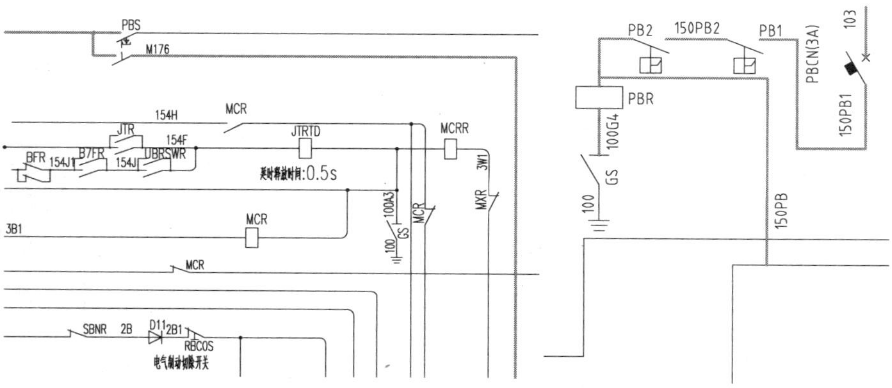

微课：CRH380A 电路讲解 4：辅助制动

图 5-12　停放制动

任务二　CRH380B 型动车组制动系统电路原理

任务描述

（1）能够掌握 CRH380B 型动车组制动系统电路原理。

（2）能够描述 CRH380B 型动车组常用制动与紧急制动气路原理的区别。

相关知识

本节主要讲述 CRH380B 型动车组制动控制单元信号及反馈原理、停放制动的控制原理、防滑保护原理。

微课：CRH380B 电路讲解 1

微课：CRH380B 电路讲解 2

一、BCU 供电过程

头车 BCU 供电过程由 28-F12（BN1）和 28-F11（BD）供电。

01 车 BCU 供电过程为 DC 110 V 电从 320411 线到 28-K01 制动设备面板直流 110 V 电源口，然后从制动设备面板直流 0 V 电源口出，然后到 320410 线。00 车 BCU 供电过程为 DC 110 V 电从 320611 线到 28-K01 制动设备面板直流 110 V 电源口，然后从制动设备面板直流 0 V 电源口出，然后到 320610 线（见图 5-13）。

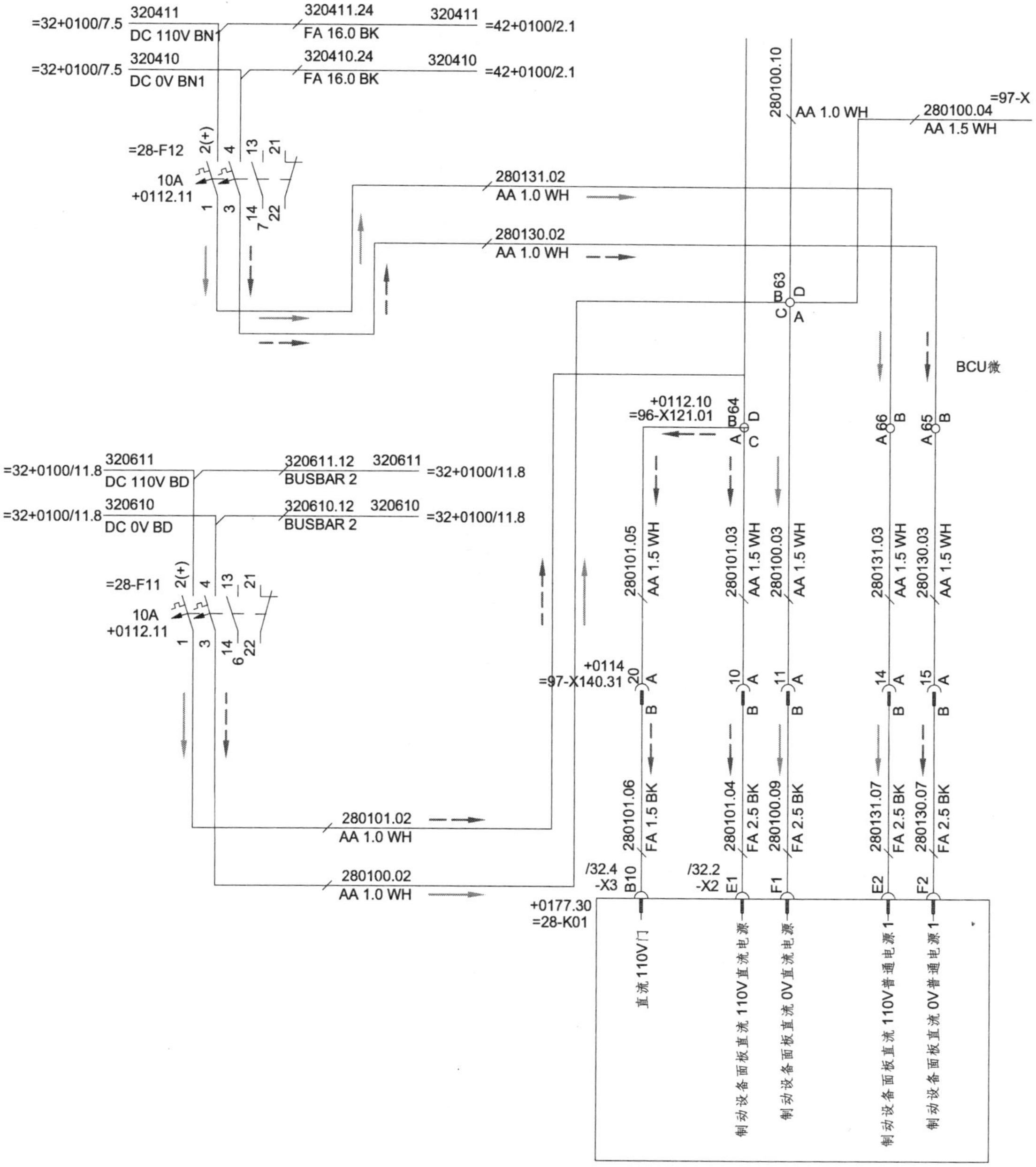

图 5-13　头车 BCU 供电过程

中间车 BCU 供电过程是由 28-F19（BN1）供电。中间车 BCU 供电过程为 DC 110 V 电从 320411 线到 28-K01 制动设备面板直流 110 V 电源口，然后从制动设备面板直流 0 V 电源口出，然后到 320410 线（见图 5-14）。

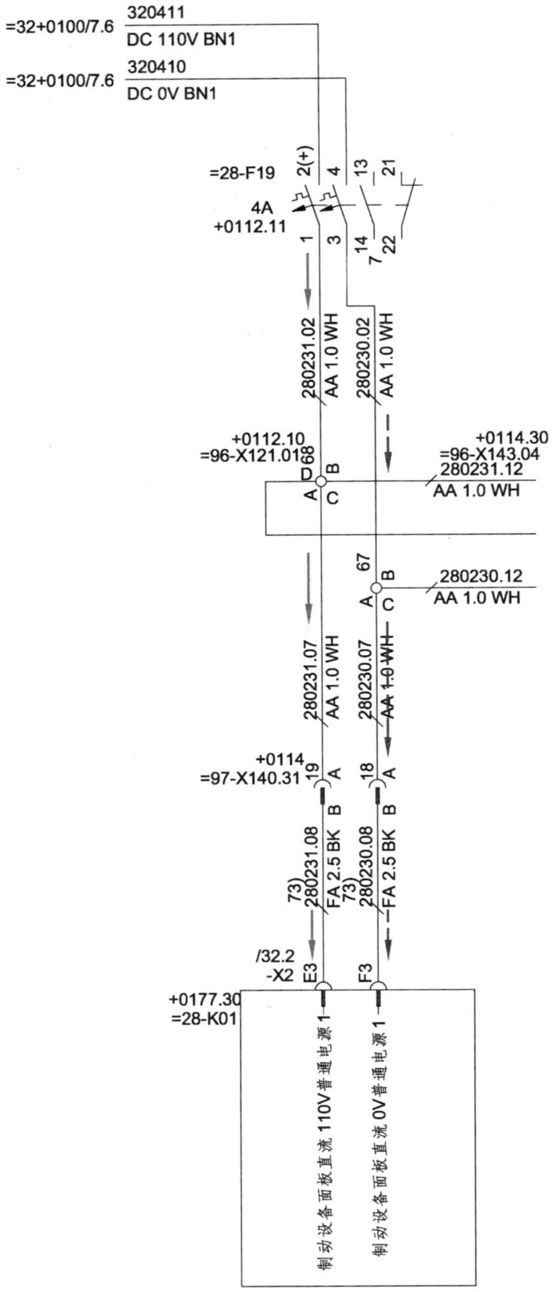

图 5-14　中间车 BCU 供电过程

二、28-K01 与 C23.1、服务接口通信原理

制动控制手柄（C23.1）与制动控制单元 BCU（28-K01）通过图 5-15 所示的 CAN 线实现通信。

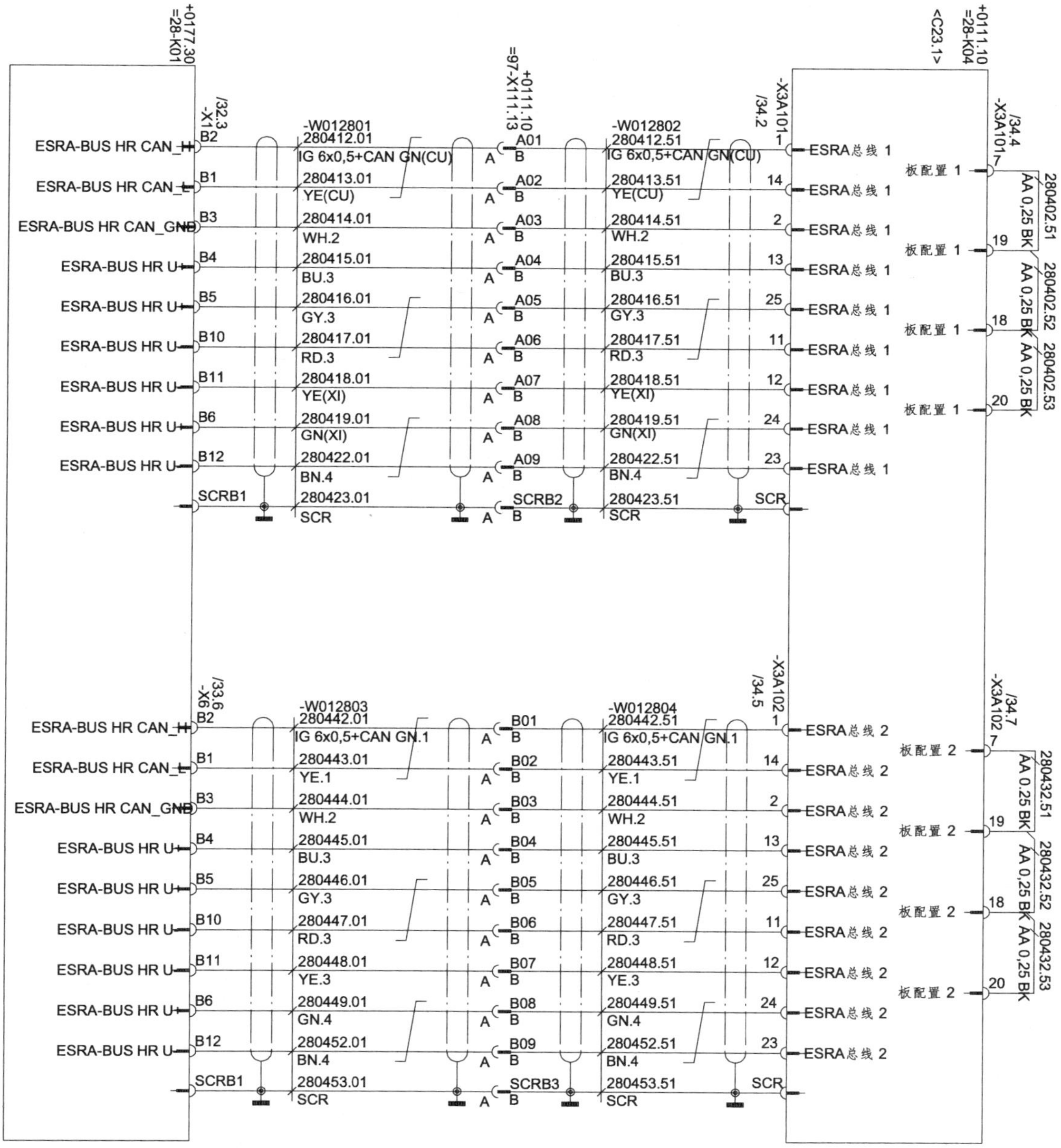

图 5-15　CAN 线通信

图 5-16 所示电路实现制动控制单元 BCU 与车上的服务接口的通信，以方便调试人员在车上监控 BCU1 的状态。

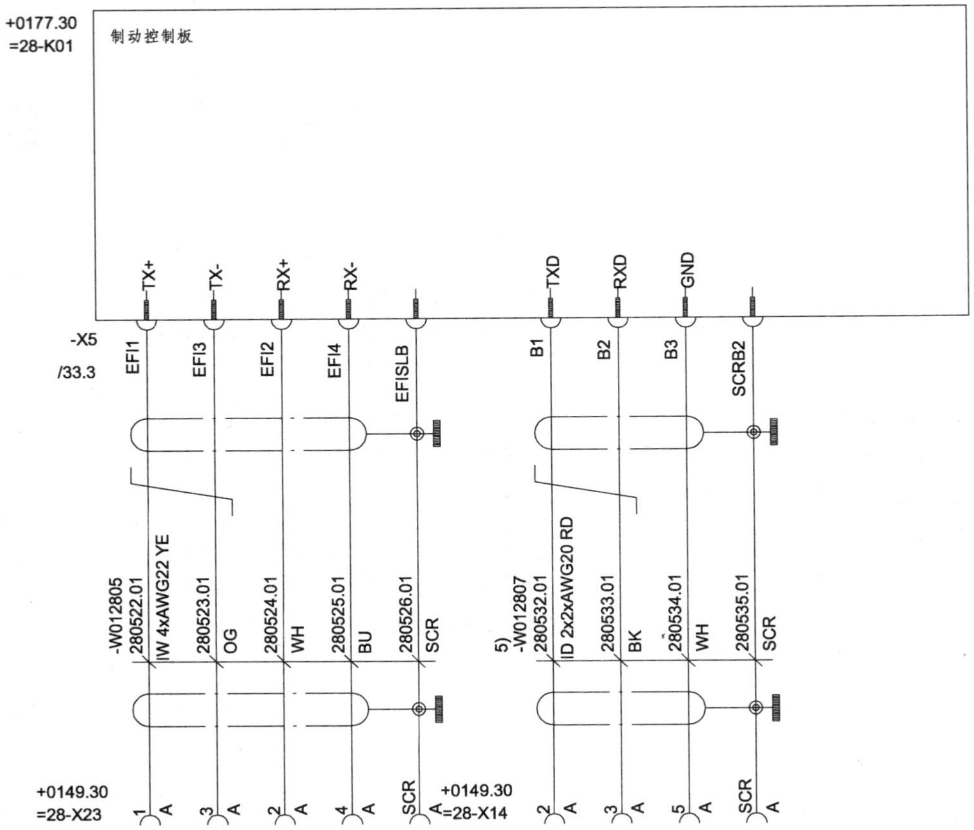

图 5-16 制动控制单元 BCU 与车上的服务接口

三、EC 车转向架空气弹簧控制

当 EC 车 1 位端转向架空气簧压力开关 28-B07（L05/1）感受到空气簧压力小于 1.6 bar 时，能使继电器 28-K15 得电，同时 28-K15 的常开触点 43、43 能够闭合，使电磁阀 28-K16（L16）得电，使得 2 位端转向架空气簧的风被排空（见图 5-17）。此功能只有 EC 车有，中间车无此电磁阀。

28-K15 的作用：反映 EC 车 1 位端转向架空气簧是否爆破，如果爆破（压力小于 1.6 bar）其压力开关 28-B07（L05/1）动作，使得 28-K15 得电。28-K15 得电说明 EC 车 1 位端转向架空气簧爆破。

EC 车转向架空气弹簧状态给制动控制单元 BCU 过程为通过 28-K15 继电器常开（13、14）

和常闭（21、22）触点反映 EC 车 1 位端转向架空气簧状态给制动控制单元 BCU。当 EC 车 1 位端转向架空气簧压力大于 2.0 bar，输出给 BCU 一个高电平。当 EC 车 1 位端转向架空气簧压力小于 1.6 bar，输出给 BCU 一个低电平（见图 5-18）。

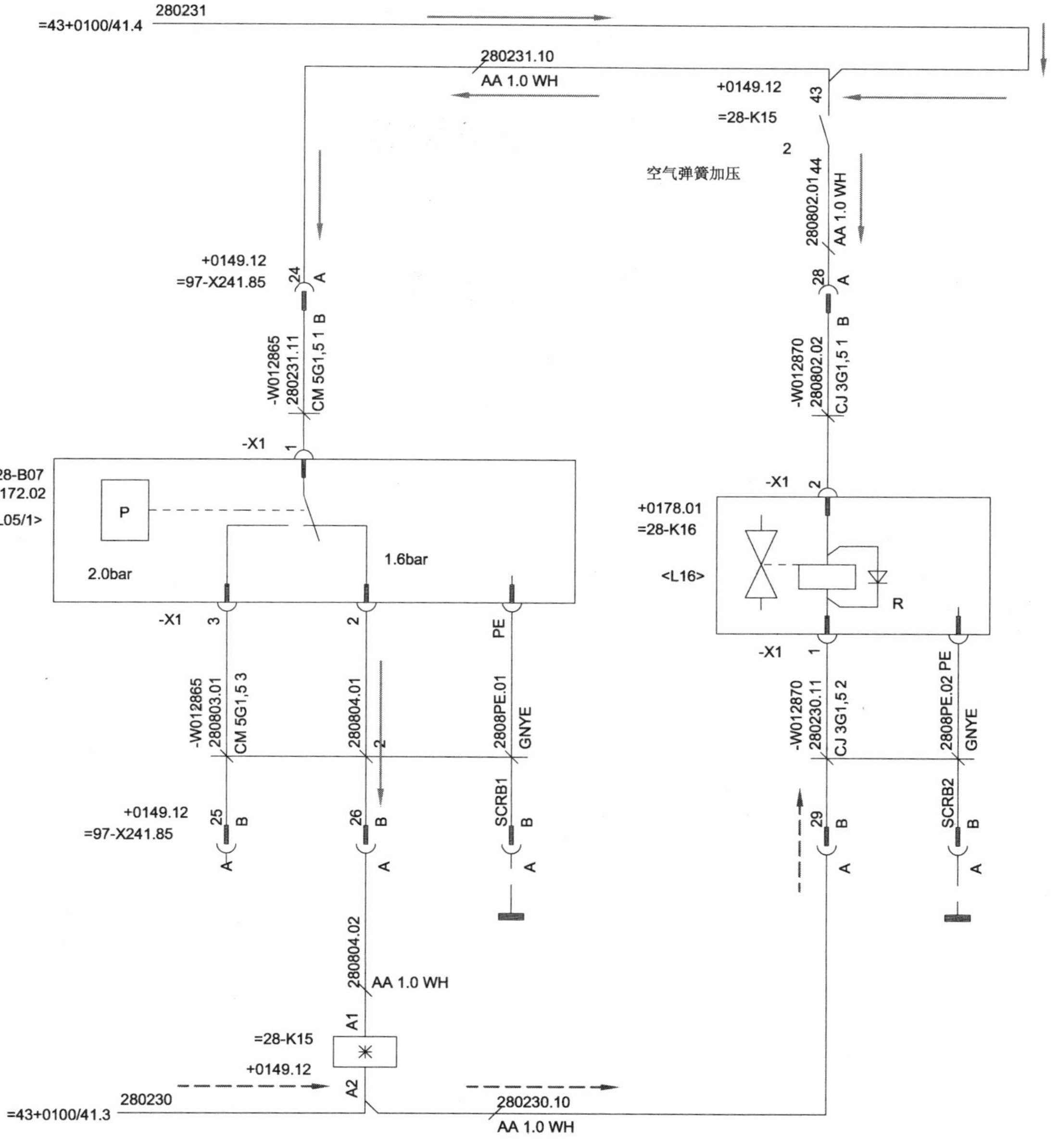

图 5-17　EC 车转向架空气弹簧控制

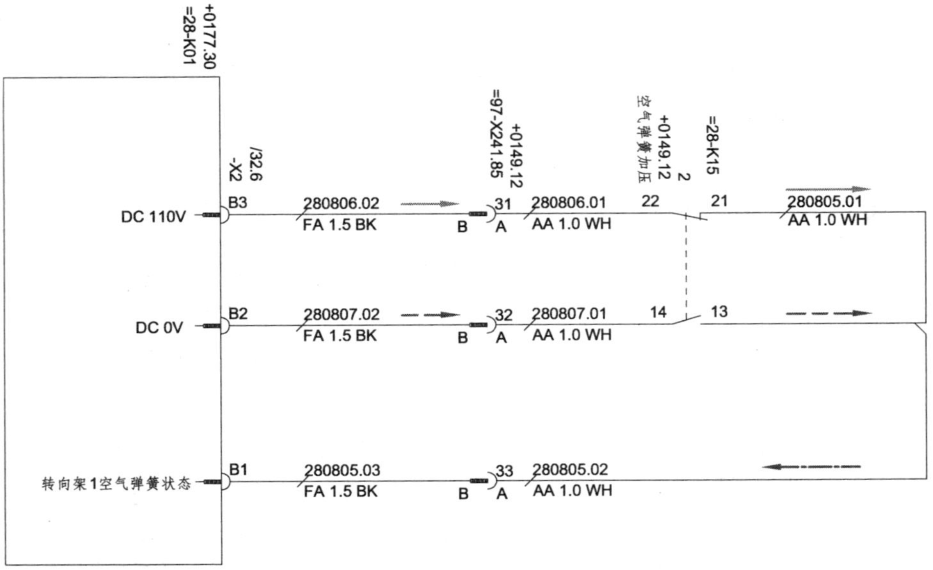

图 5-18　EC 车转向架空气弹簧状态给制动控制单元 BCU

四、停放制动信号

如图 5-19 所示，28-S12 按钮打到“OFF”位时，28-K01-X2 的 D4 与 D10 接通，D4 给 D10 一个 DC 110 V 的供电。28-S12 为制动切除按钮，正常的时候 28-S12 打到“ON”位，当 28-S12 打到“OFF”位时，此单节车制动被切除。此车为关门车。

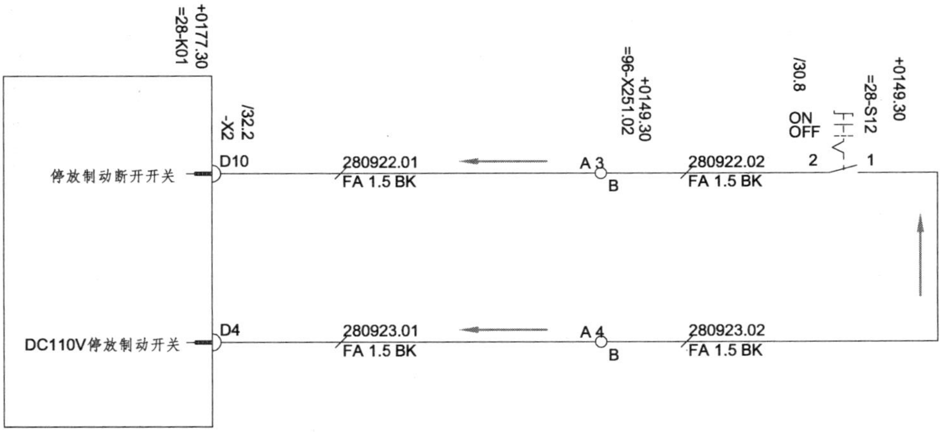

图 5-19　D4 给 D10 一个 DC 110 V 电压信号

五、车辆制动切除信号

如图 5-20 所示，28-S12 按钮打到“OFF”位时，车辆制动被切除，同时，位于车辆两端制动显示器上的制动切除指示灯（28-P01、28-P02）及车辆控制盘上的制动切除指示灯（28-P03）亮起。

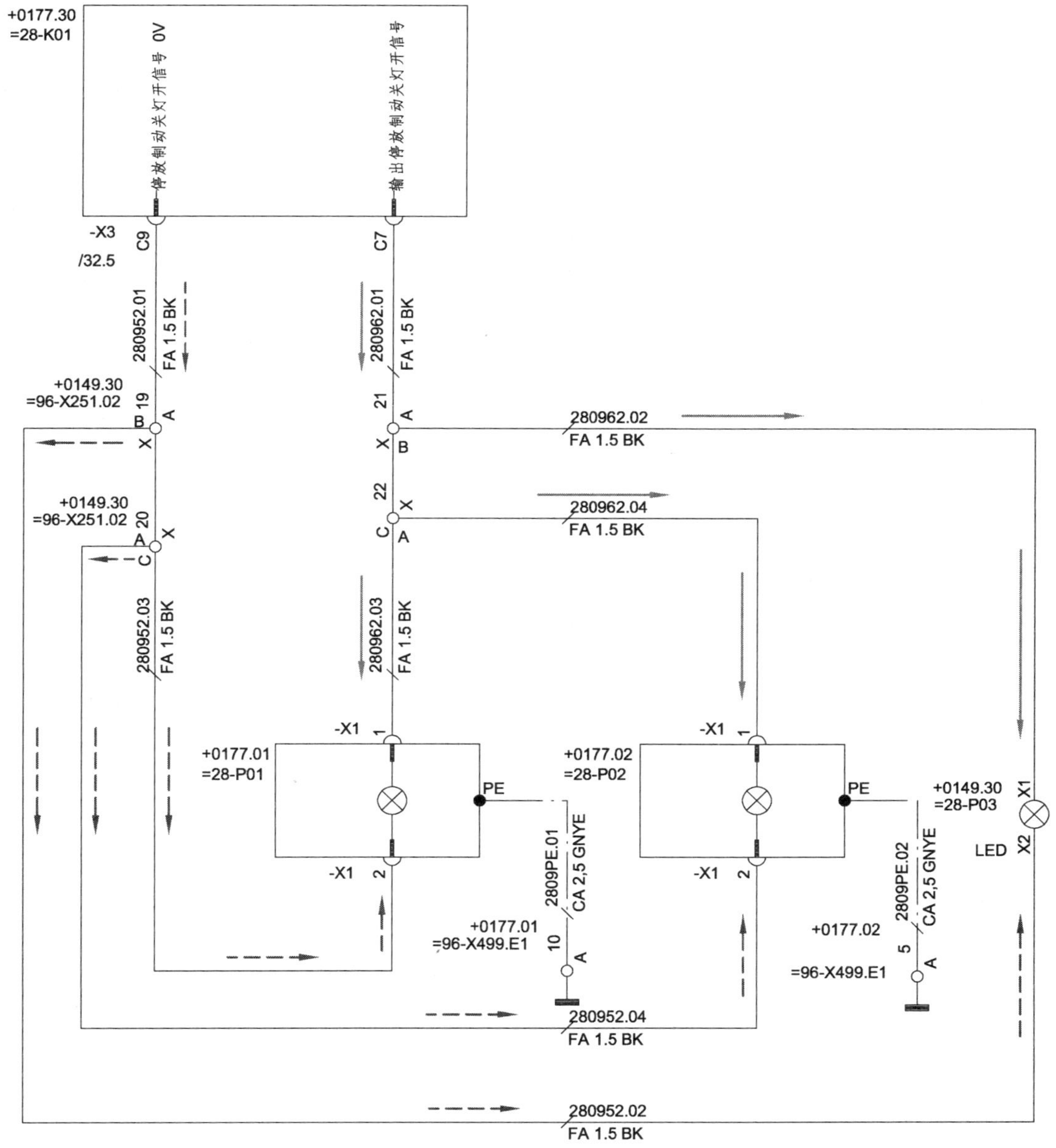

图 5-20　停放制动切除信号

六、28-K21（C01.02）的得电过程

28-K21（C01.02）的得电过程为：22-K73 不得电，其常闭触点（61、62）闭合，或者 22-K48 得电，其常开触点（73、74）闭合。C14 打开后给 BCU 信号，BCU 再发出信号使得 B4 与 B6 之间触点闭合，从而使 28-K21（C01.02）得电。当紧急驱动开启的时候，22-K73 得电。22-K73 不得电代表紧急驱动未被开启。当司机室有人占用（在 EC 车插入司机钥匙，打方向）22-K48 得电（见图 5-21）。

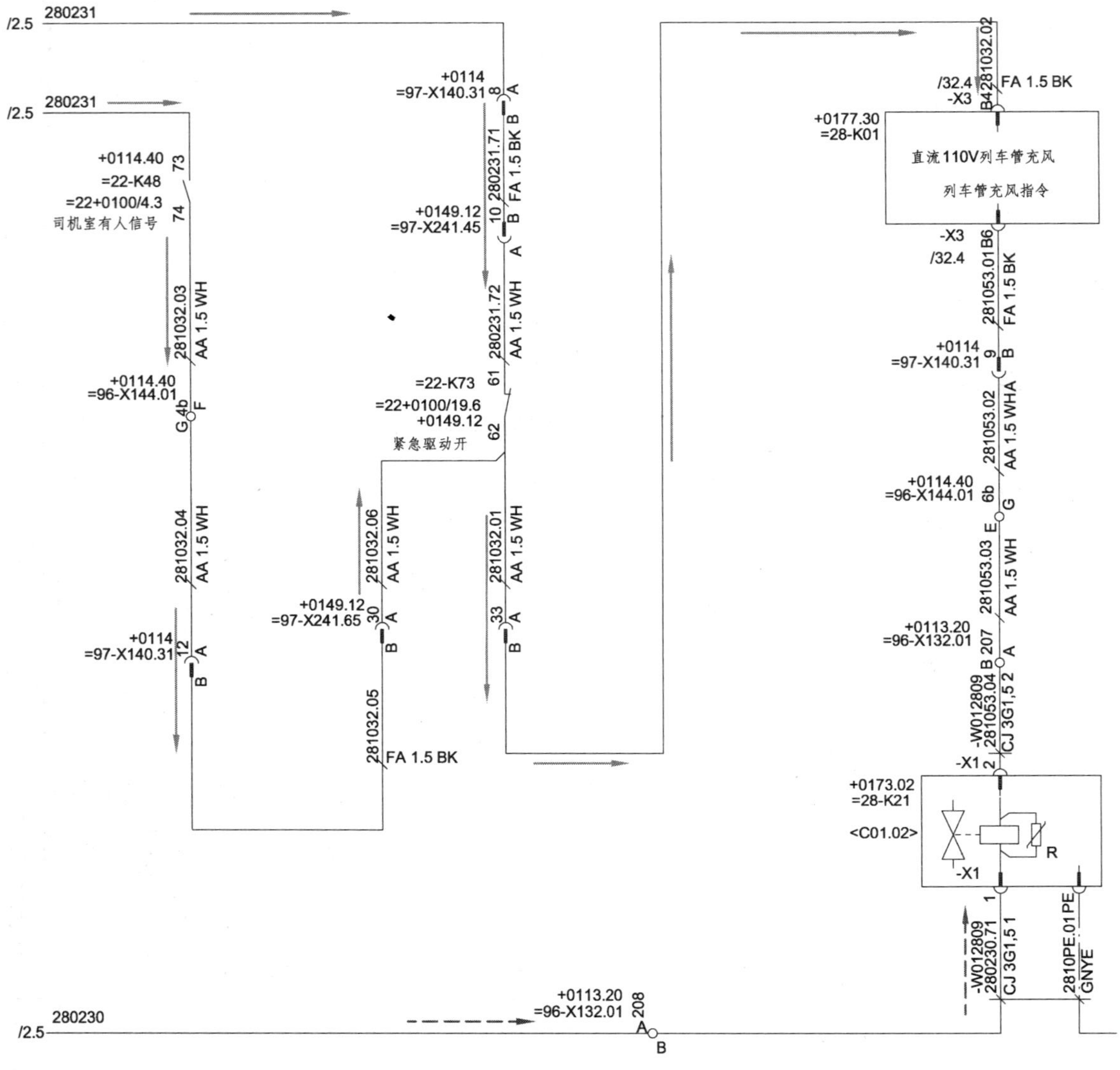

图 5-21　28-K21（C01.02）得电过程

七、紧急制动阀原理

如图 5-22 所示，紧急制动阀 43-K40 的状态反馈给制动控制单元 BCU。43-K40 不得电时，负电从 43-K40 的常闭触点（21、22）给 28-K01-X3 的 F1 针一个负电。43-K40 得电时，正电从 43-K40 的常开触点（43、43）给 28-K01-X3 的 F1 针一个正电。紧急电磁阀 N05 的状态继电器，当紧急电磁阀 N05 得电，43-K40 也能得电，当紧急电磁阀 N05 失电，43-K40 也能失电。

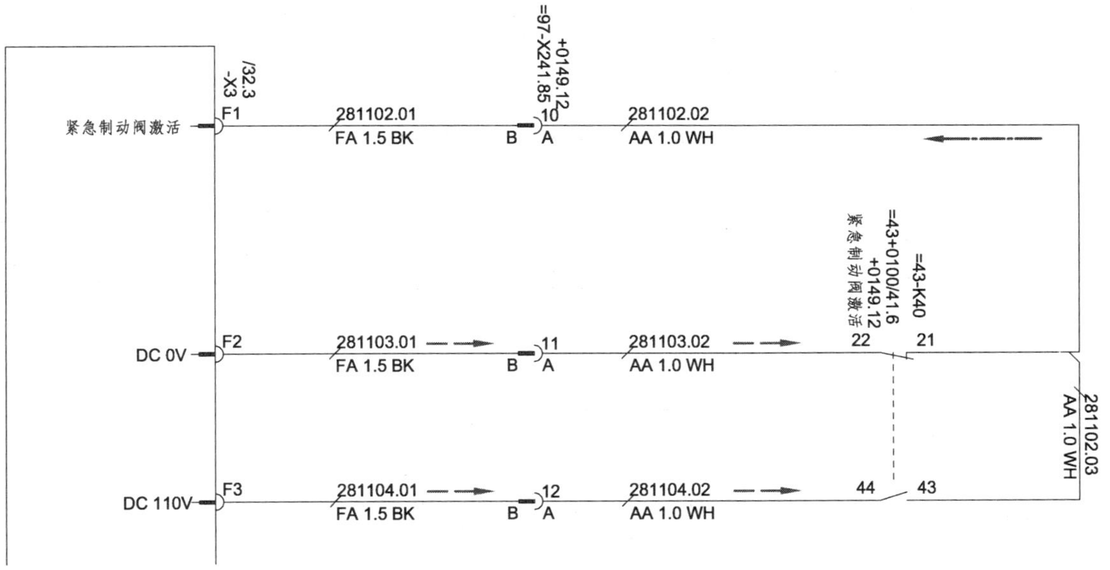

图 5-22 紧急制动反馈信号

八、继电器 43-K17、43-K19 反馈信号

如图 5-23 所示，继电器 43-K19 的状态反馈给制动控制单元 BCU。43-K19 不得电时，负电从 43-K19 的常闭触点（81、82）给 28-K01-X3 的 F7 针一个负电。43-K19 得电时，正电从 43-K19 的常开触点（33、34）给 28-K01-X3 的 F7 针一个正电。43-K19 为头继电器，当列车有头、有方向时得电。

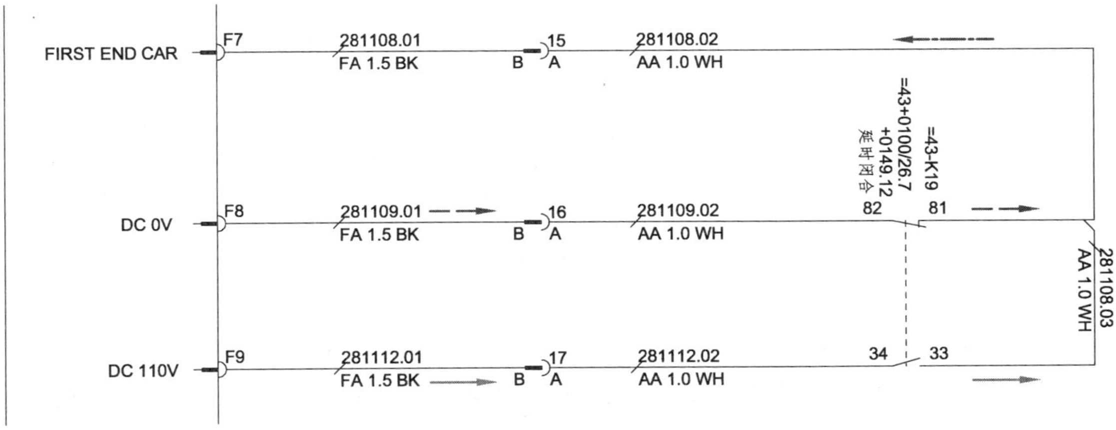

图 5-23 继电器 43-K19 的状态反馈给制动控制单元 BCU

如图 5-24 所示，继电器 43-K17 的状态反馈给制动控制单元 BCU。43-K17 不得电时，负电从 43-K17 的常闭触点（01、02）给 28-K01-X3 的 F10 针一个负电。43-K17 得电时，正电

从 43-K17 的常开触点（43、44）给 28-K01-X3 的 F10 针一个正电。43-K17 是尾继电器，当车辆打尾（无头或者无方向）时得电。

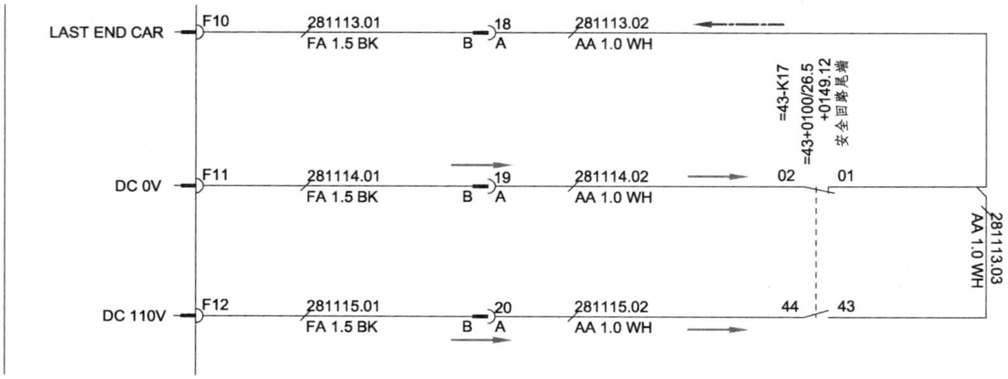

图 5-24　继电器 43-K17 的状态反馈给制动控制单元 BCU

九、停放制动

图 5-25 所示为 28-F28（BD）空开给停放制动环路供电过程。28-F28 为 BD 供电。

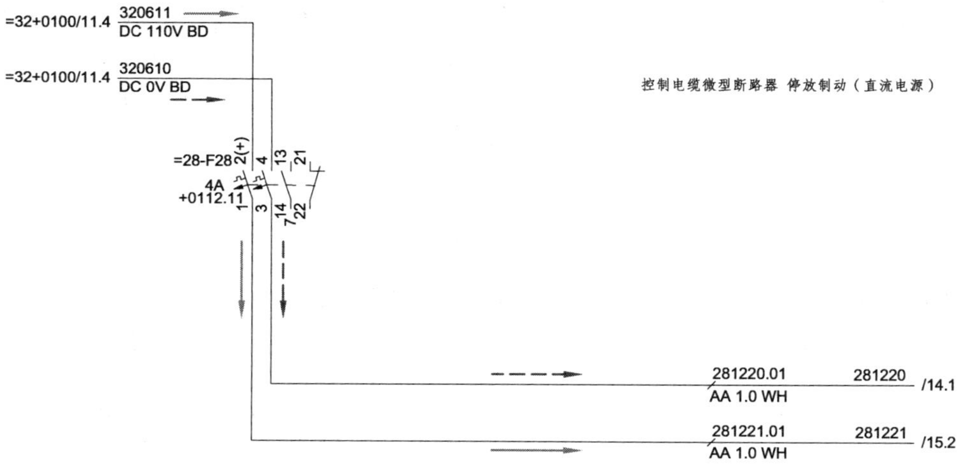

图 5-25　停放制动环路供电过程

图 5-26 所示为停放制动命令从头车传出，往 02 车传递的过程。

图 5-27、图 5-28 所示为 28-K91（停放制动施加继电器）和 28-K92（停放制动缓解继电器）得电的过程。

停放制动施加时正电从 281452 过来，经过 28-K92 的常开触点（13、14），使得继电器 28-K91 的上口有正电，停放制动缓解时正电从 281462 过来，经过 28-K92 的常开触点（73、74），使得继电器 28-K92 的上口有正电，或者从 281443 来电，经过 28-K96 的常开触点（13、14），使得继电器 28-K91 的上口有正电。负电从 281220 来电，经过 28-S46（停放制动施加按钮）、

28-S47（停放制动缓解按钮）的常开触点，再经过 28-K97 的常开点（83、84），使得继电器 28-K91 和 28-K92 的下口有负电。或者经过 28-K96 的常开点（43、44），使得继电器 28-K91 和 28-K92 的下口有负电。

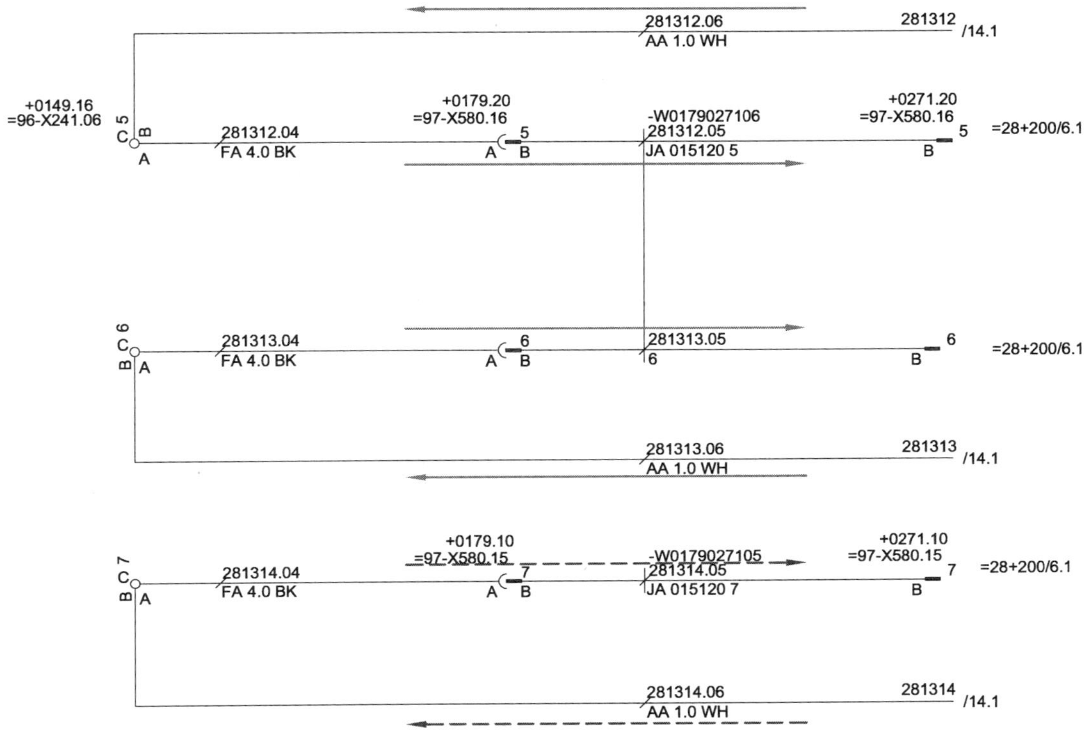

图 5-26　停放制动传递过程

28-S46 是停放制动施加按钮，按下此按钮后，列车施加停放制动。28-S47 是停放制动缓解按钮，按下此按钮后，列车缓解停放制动。28-K97 是停放制动的使能继电器，停放制动如果想动作，必须先使该继电器得电。28-K96 是停放制动的施加继电器，该继电器可以直接触发停放制动施加，不需要按动按钮 28-S46。28-K91 是停放制动施加继电器，28-K92 是停放制动缓解继电器。

如图 5-29 所示，当 28-S46（停放制动施加按钮）或者 28-S47（停放制动缓解按钮）按下后，正电传递给 28-K91 或者 28-K92。使继电器 28-K91 或者 28-K92 上口有正电。但是 28-K91 还可以通过 281443 这根线，经过继电器 28-K96 的常开触点直接得电，不需要经过 28-S46 按钮。

图 5-30 所示为 28-K91、28-K92 得电后，反馈传给制动控制单元 BCU 的过程。当 28-K91 得电后，电流通过 28-K91 的常开触点（13、14）闭合，给 28-K01-X3 的 D8 针一个高电平。当 28-K92 得电后，电通过 28-K92 的常开触点（13、14）闭合，给 28-K01-X3 的 D9 针一个高电平。

从图 5-31 可知，28-S46（停放制动施加按钮）和 28-S47（停放制动缓解按钮）在按动后给制动力断路器电器模块（28-K04）反馈。28-S46 通过两个常开触点（33、34、43、44）给 28-K04 反馈。28-S47 通过两个常开触点（33、34、43、44）给 28-K04 反馈。

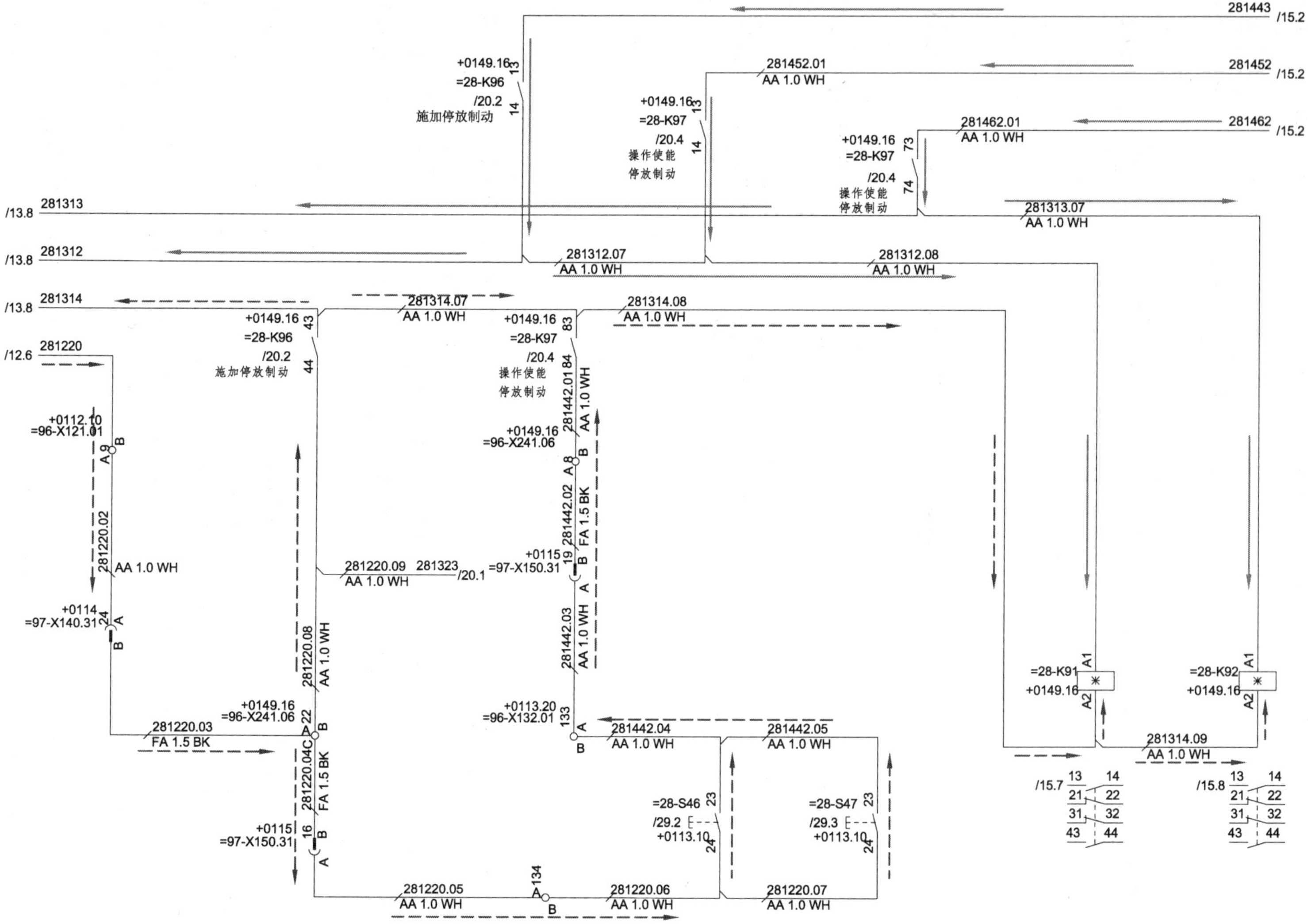

图 5-27　28-K91 得电的过程

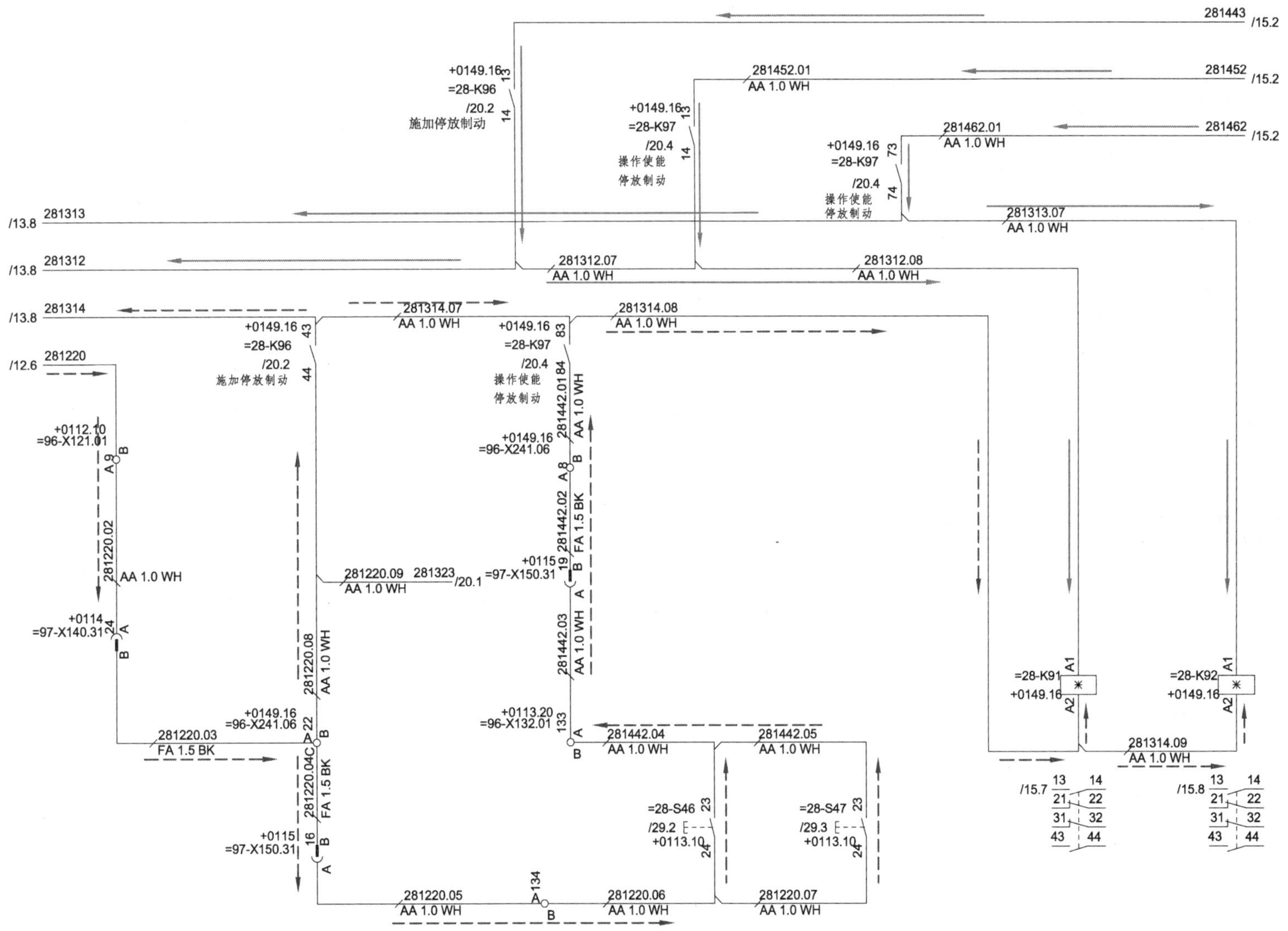

图 5-28　28-K91、28-K92 得电的过程

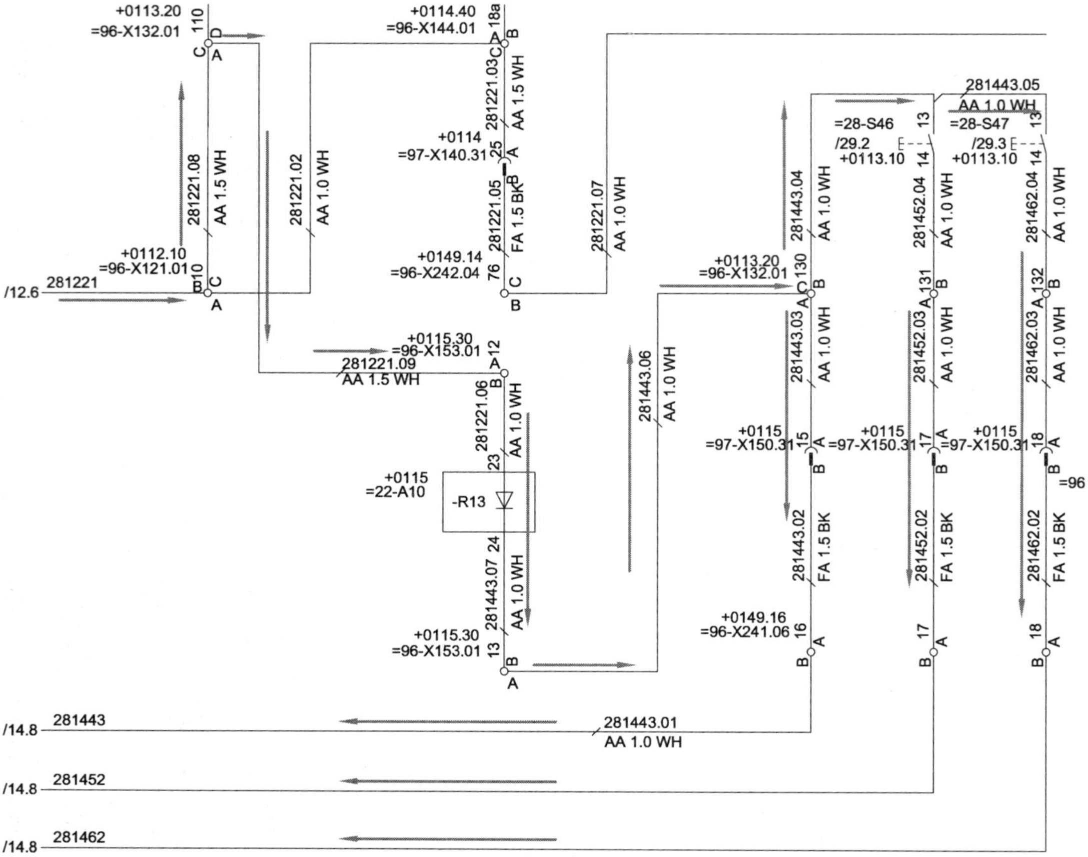

图 5-29　28-K91 通过 281443 传递信号

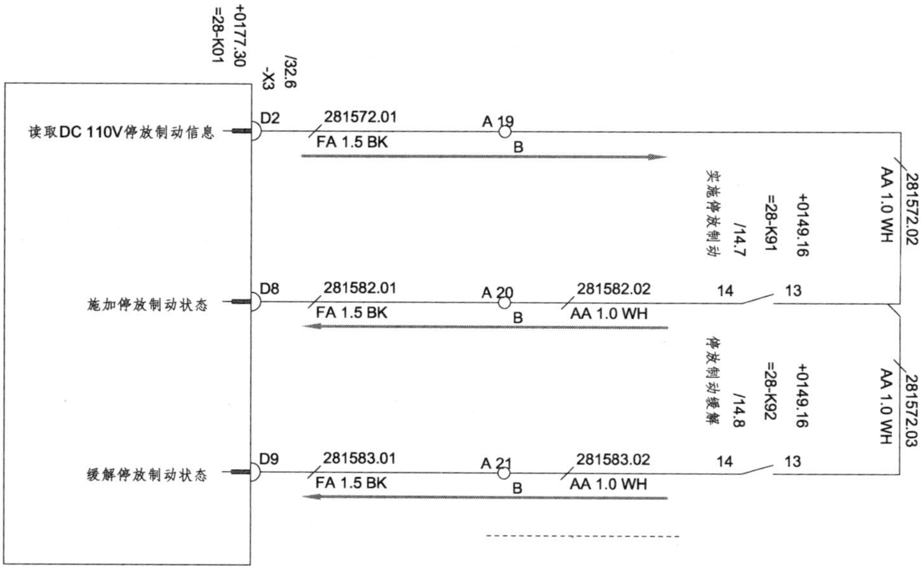

图 5-30　28-K91、28-K92 得电后的反馈传给制动控制单元 BCU

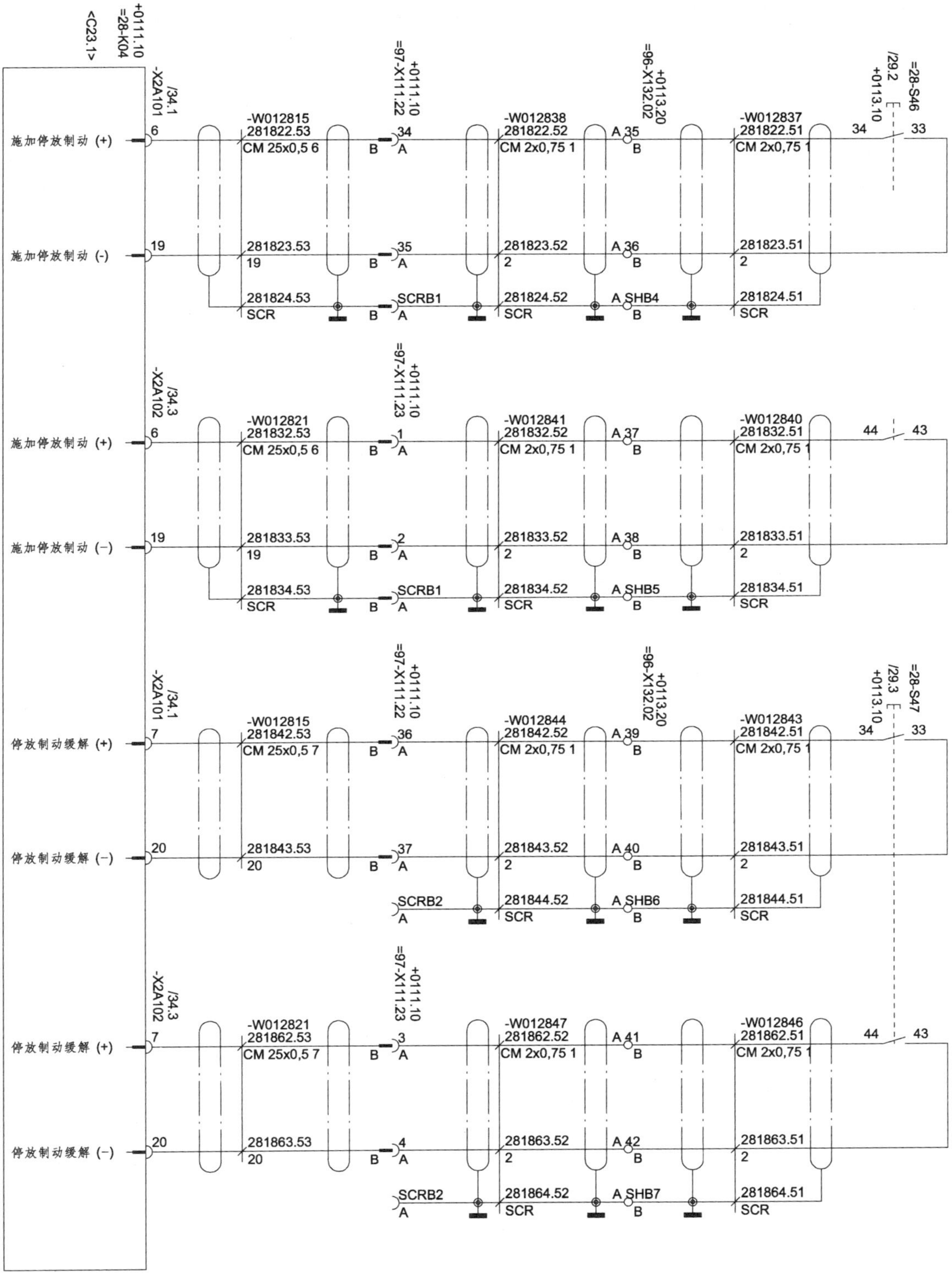

图 5-31　28-S46 和 28-S47

图 5-32 所示为停放制动应用继电器 28-K96 和停放制动的允许继电器 28-K97 得电后给 KLIP 站的信号反馈。

28-K96 在不得电时给 KLIP 站一个高电平，当其得电后，给 KLIP 站一个低电平。

28-K97 在不得电时给 KLIP 站一个低电平，当其得电后，给 KLIP 站一个高电平。

28-K96 是停放制动应用继电器，继电器得电后可以出发停放制动。

28-K97 是停放制动的允许继电器，只有此继电器先得电，停放制动的施加/缓解按钮才可以触发停放制动。

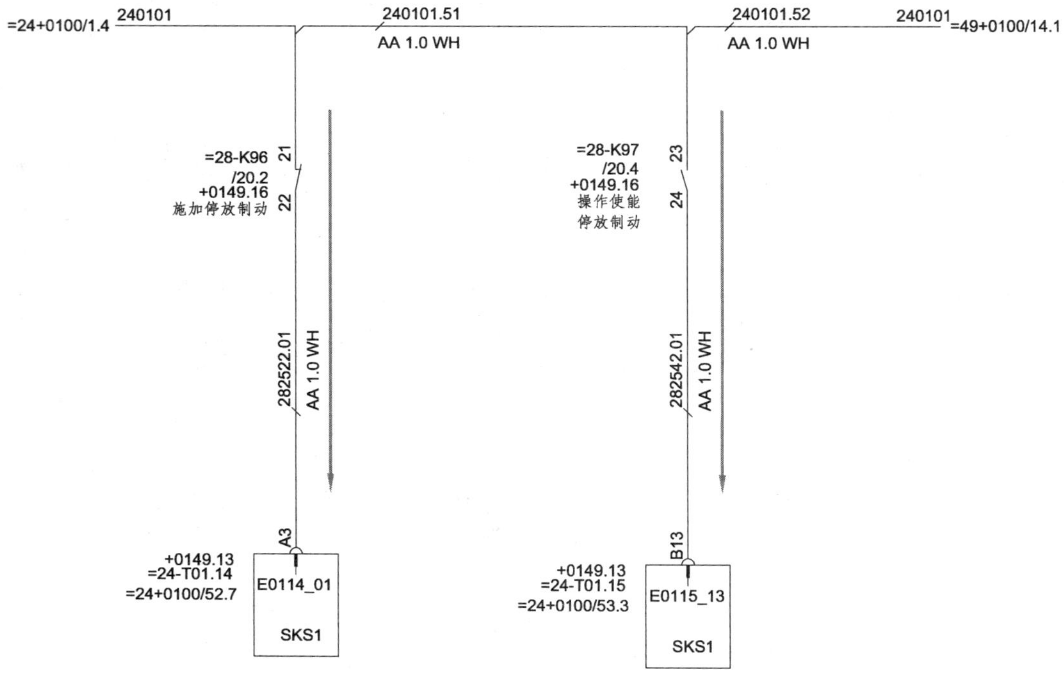

图 5-32　28-K96

十、制动灯信号传输原理

从图 5-33 可知，通过制动力断路器电器模块（28-K04）输出脉冲信号，使得继电器 28-K81 或者 28-K82 不断得电、失电，最终让按钮灯 28-S46、28-S47 不断闪烁，最终常亮。

通过 28-K81 的不断得电、失电的过程，使得 28-S46 的按钮灯不断闪烁。通过 28-K82 的不断得电、失电的过程，使得 28-S47 的按钮灯不断闪烁。28-S46（停放制动施加按钮）和 28-S47（停放制动缓解按钮）是带 LED 灯的按钮，当按下 28-S46（停放制动施加按钮），其按钮灯开始闪烁，等全列停放制动施加完毕后，按钮灯常亮，当按下 28-S47（停放制动缓解按钮），其按钮灯开始闪烁，等全列停放制动缓解完毕后，按钮灯常亮。

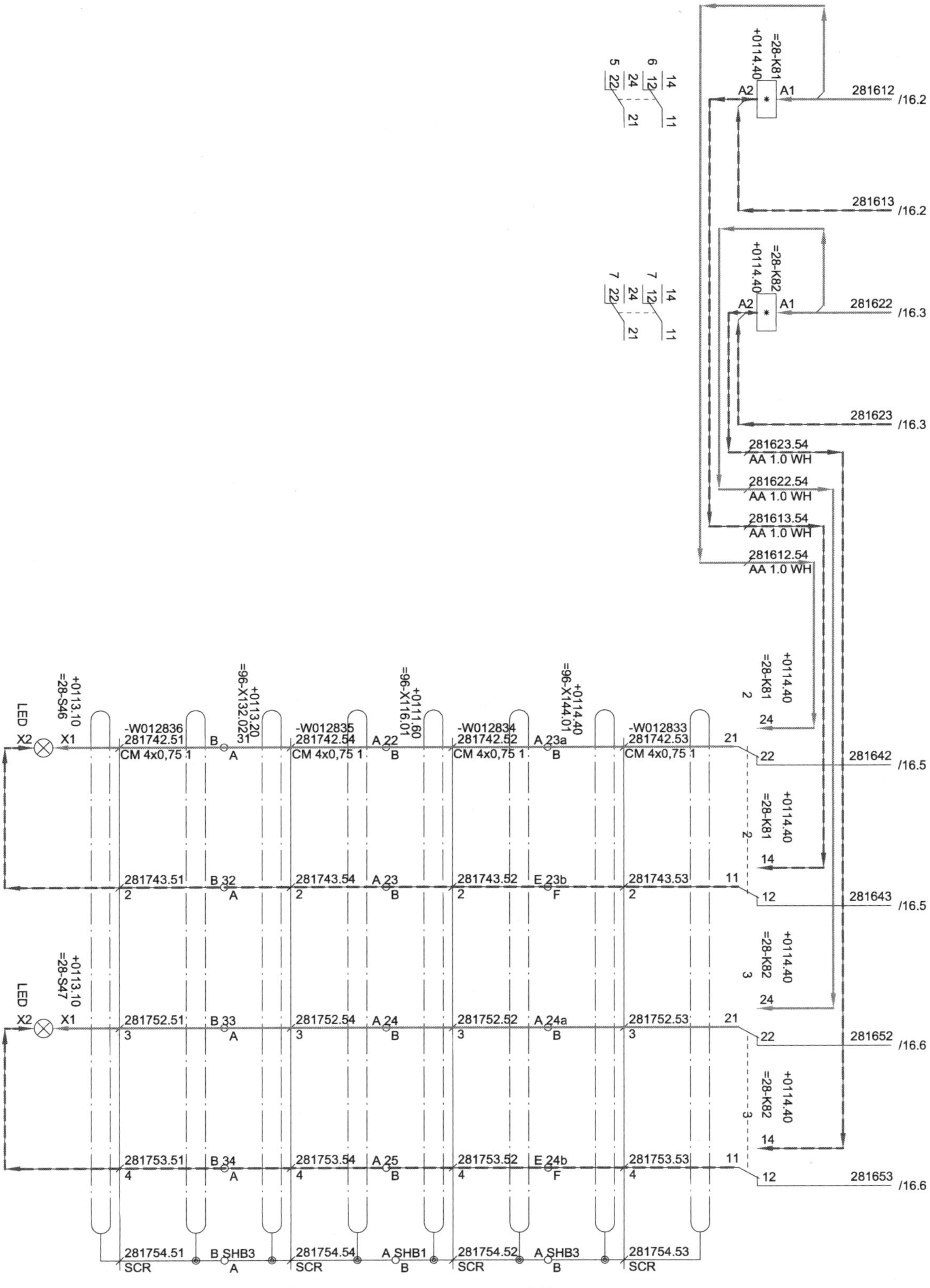

图 5-33　制动灯信号传输原理

图 5-34 所示为 4 轴上的速度传感器（28-B11、28-B12、28-B13、28-B14）与制动控制单元 BCU 的通信过程。

28-B11 为 4 轴速度传感器；28-B12 为 2 轴速度传感器。

28-B13 为 3 轴速度传感器；28-B14 为 4 轴速度传感器。

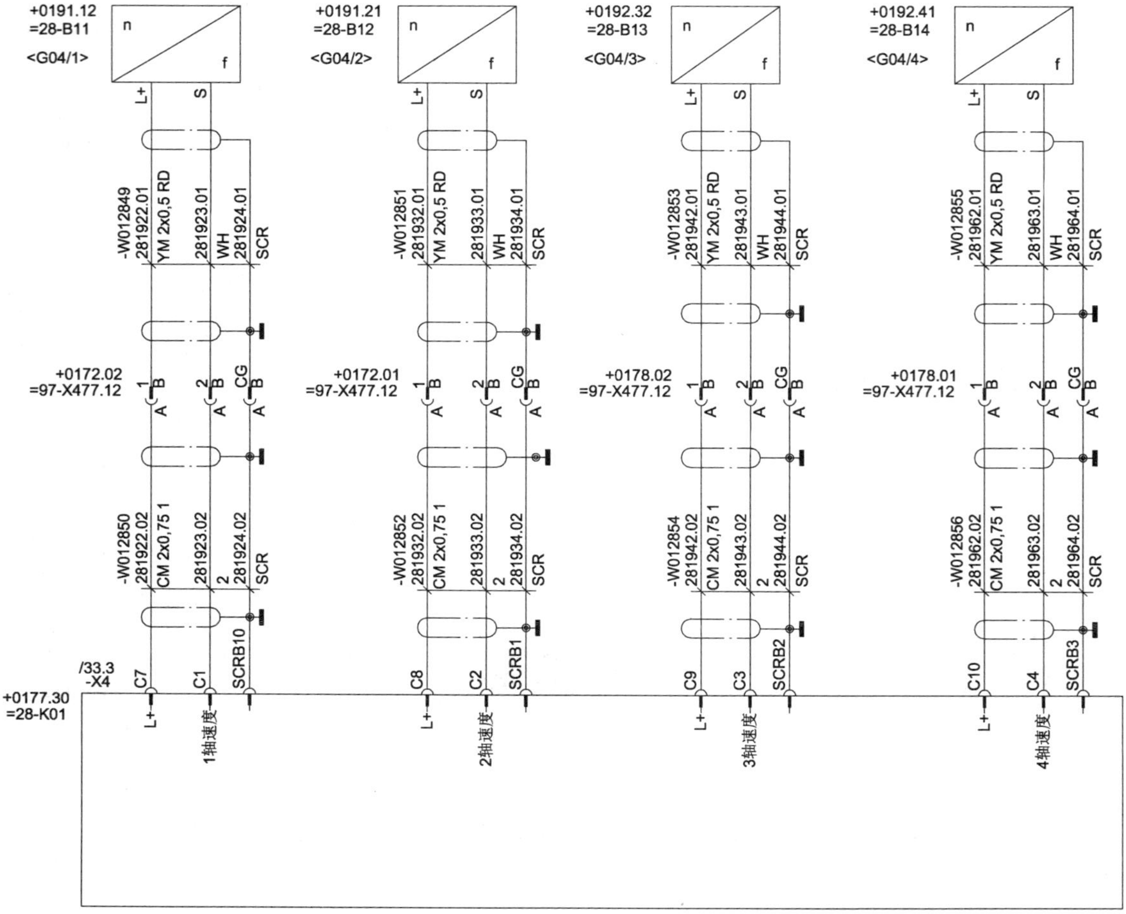

图 5-34　速度传感器与制动控制单元 BCU 的通信

十一、继电器 28-K96 及 28-K97 得电过程

如图 5-35 所示，28-K96 的得电过程：KLIP 站 24-T02.44 的 A1 和 A3 触点闭合，5 公里继电器 43-K30 和 43-K31 得电，常开触点（33、34）闭合，22-K73 不得电，常闭触点（81、82）闭合，使 28-K96 得电。

28-K97 的得电过程：当 22-K47 得电，其常开触点（13、14）闭合，使 28-K97 得电。或者当 43-S29（拖拽按钮）打至“ON”位时，也能使 28-K97 得电。

43-K30 为 5 公里继电器，当车速小于 5 km/h 时得电。

43-K31 为 5 公里继电器，当车速小于 5 km/h 时得电。

22-K73 为紧急驱动开始继电器，当紧急驱动开启后继电器得电。

22-K47 为司机室有人占用继电器。当司机室插入司机钥匙并要方向时得电。

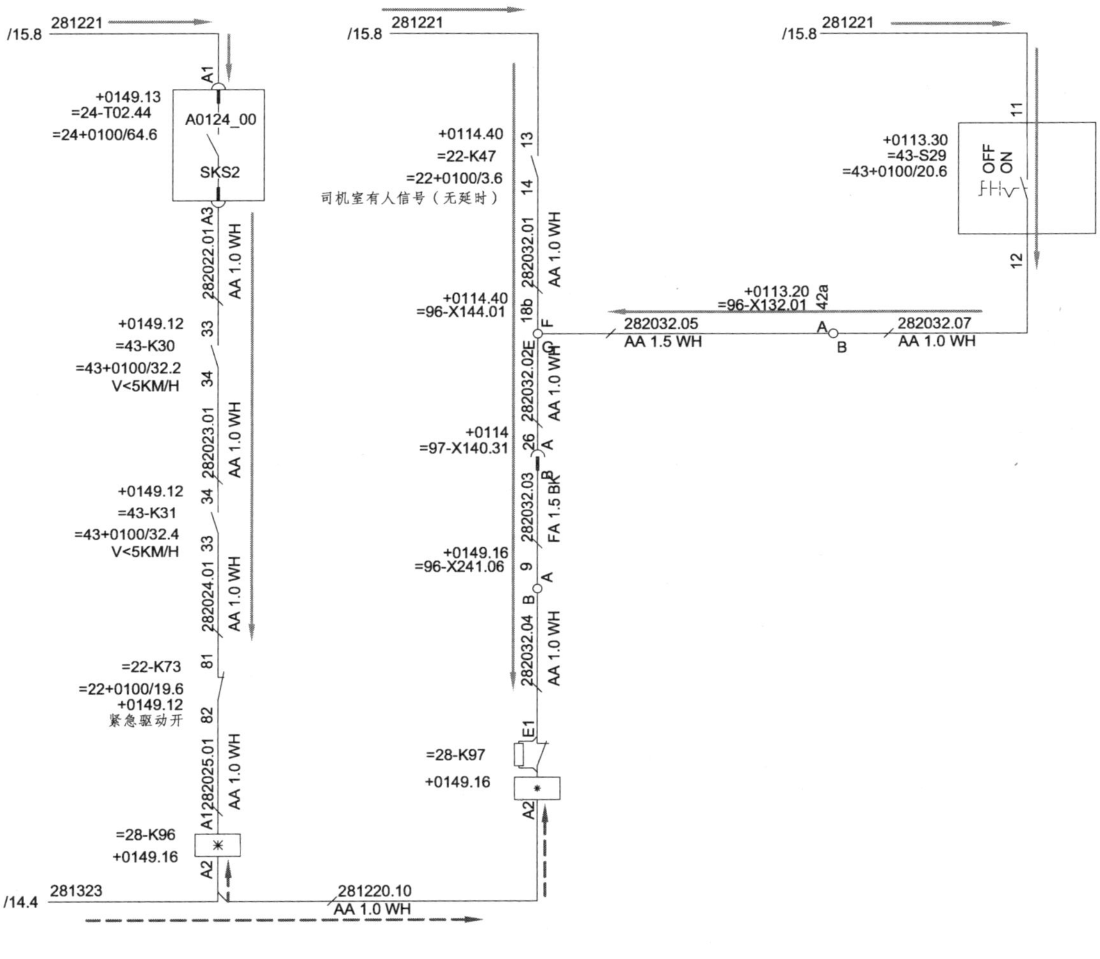

图 5-35　继电器 28-K96 及 28-K97 得电过程

十二、防滑排风阀控制

如图 5-36 所示，防滑排风阀的动作是由 BCU 内部检测其 4 个轴的速度信号，当发现有 1 个轴的速度为零，而其他轴都有速度时，该轴的防滑排风阀动作，该轴制动缓解。28-K11 为 1 轴的防滑排风阀，28-K12 为 2 轴的防滑排风阀，28-K13 为 3 轴的防滑排风阀，28-K14 为 4 轴的防滑排风阀。

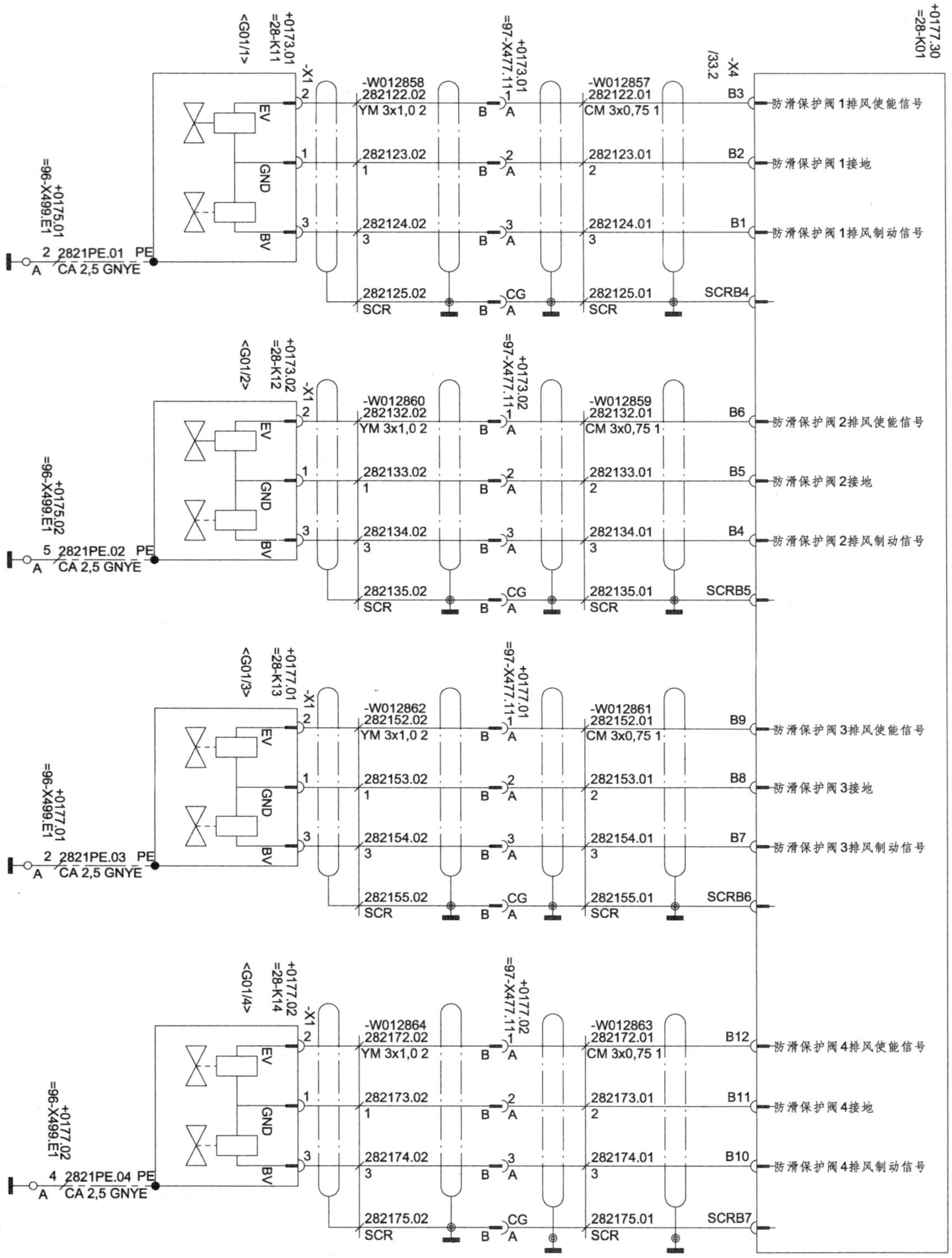

图 5-36　防滑排风阀控制

十三、空气簧压力开关

图 5-37 所示为 2 位端转向架空气簧压力开关 28-B08（L05/2）把压力情况反馈给制动控制单元 BCU 的过程。当压力大于 2.0 bar 时，一个高电平反馈给 BCU，当压力小于 1.6 bar 时，一个低电平反馈给 BCU。

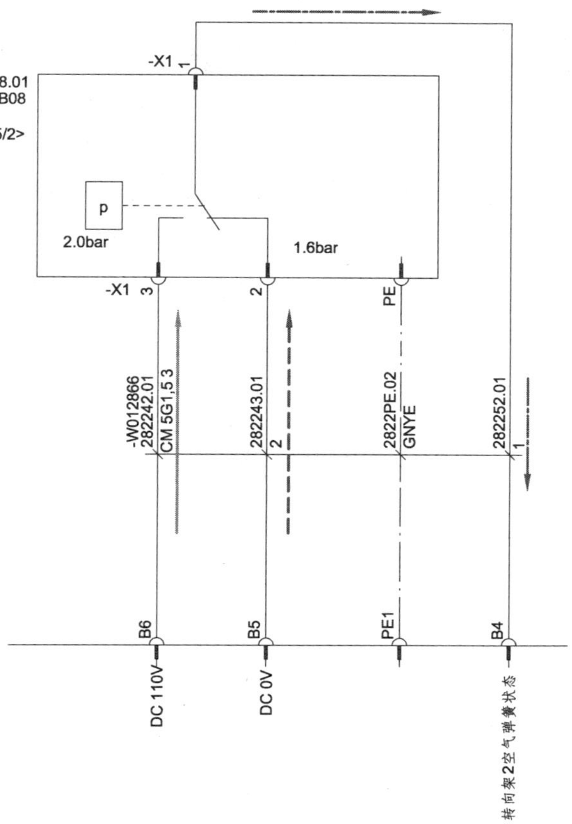

图 5-37　空气簧压力开关

十四、截断塞门、紧急拉手信号传递

图 5-38 所示为 28-K06（B16）、28-K07（B20）、28-K08（B27）（都是带电触点的截断塞门）在打开位和截断位时给制动控制单元 BCU 的信号反馈。截断塞门在打开位时，会有一个高电平传给 BCU，当把截断塞门打到截断位时，会有一个低电平传给 BCU。

28-K06（B16）：列车管截断塞门，截断备用制动。

28-K07（B20）：撒砂截断塞门，截断给撒砂供风。

28-K08（B27）：总风截断塞门，截断给总风缸供风。

图 5-39 所示为乘客紧急制动手柄（28-S51、28-S52、28-S53）在被拉下后，给制动控制单元 BCU 的反馈。28-S51、28-S52、28-S53 中任意一个手柄被拉下后，都能给 BCU 一个高电平。28-S51 是休闲室旅客紧急制动手柄，28-S52 是中间禁烟室旅客紧急制动手柄，28-S53 是 2 位端旅客紧急制动手柄。

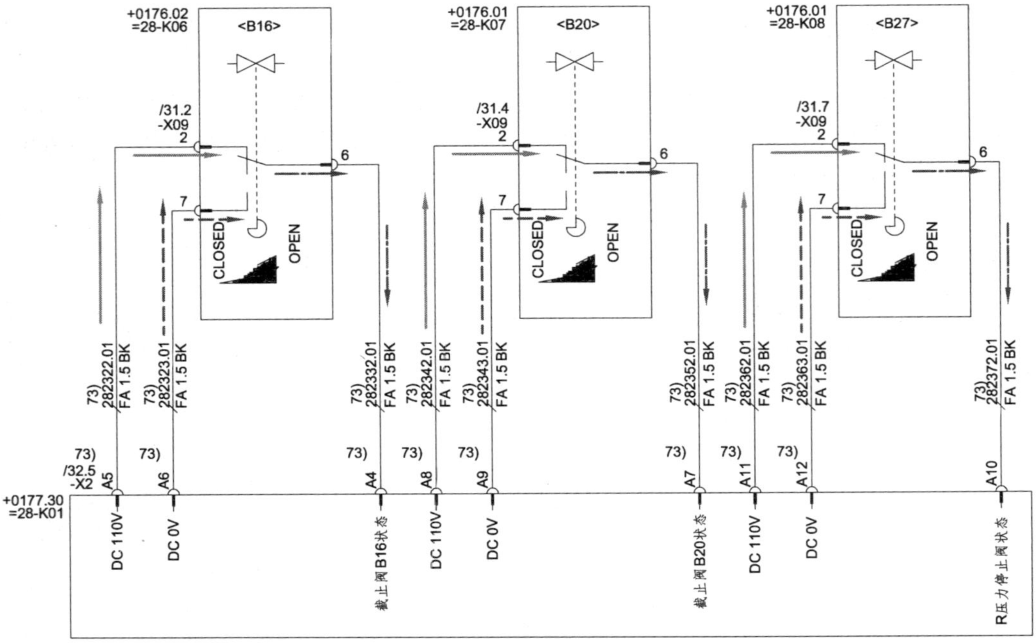

图 5-38　阶段塞门信号传递

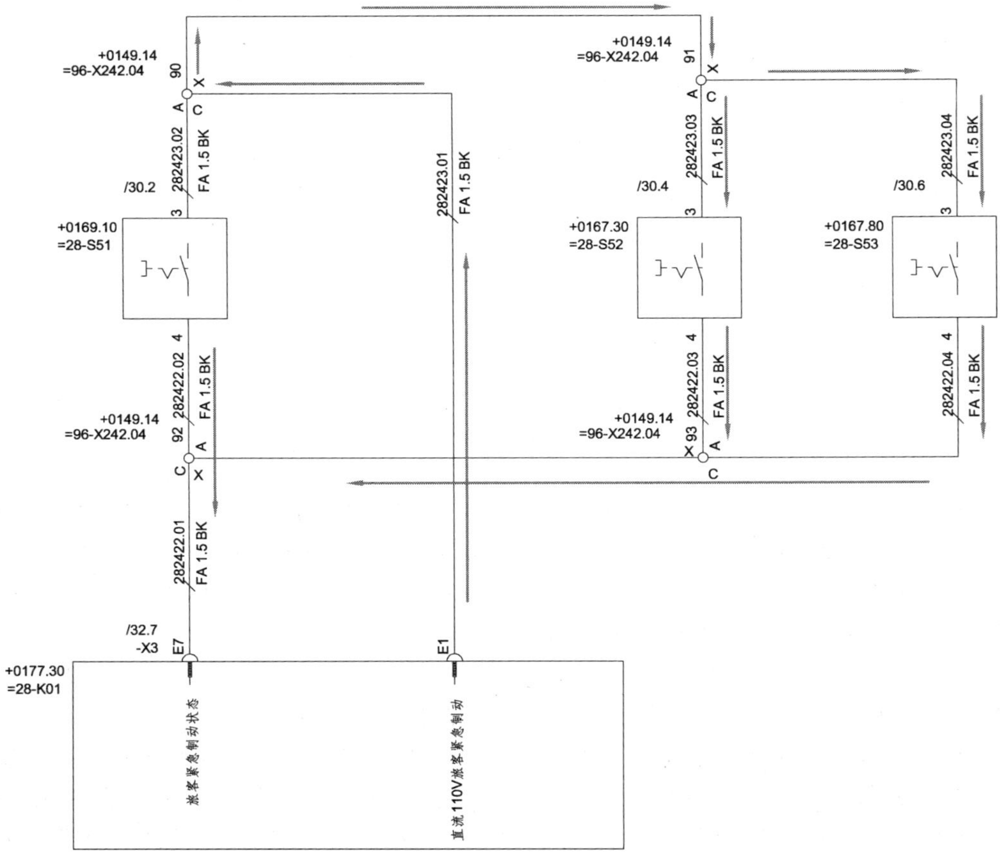

图 5-39　紧急拉手信号传递

十五、紧急制动、备用制动

图 5-40 所示为紧急制动按钮 N03（28-K02）在被按下后，给 KLIP 站一个高电平反馈信号的过程。

28-K02（N03）紧急制动按钮在被按下后，28-K02-X1 的 B 针和 28-K02-X1 的 C 针导通。

N03（28-K02）的作用：紧急制动按钮，被按下后可以触发全列紧急制动。

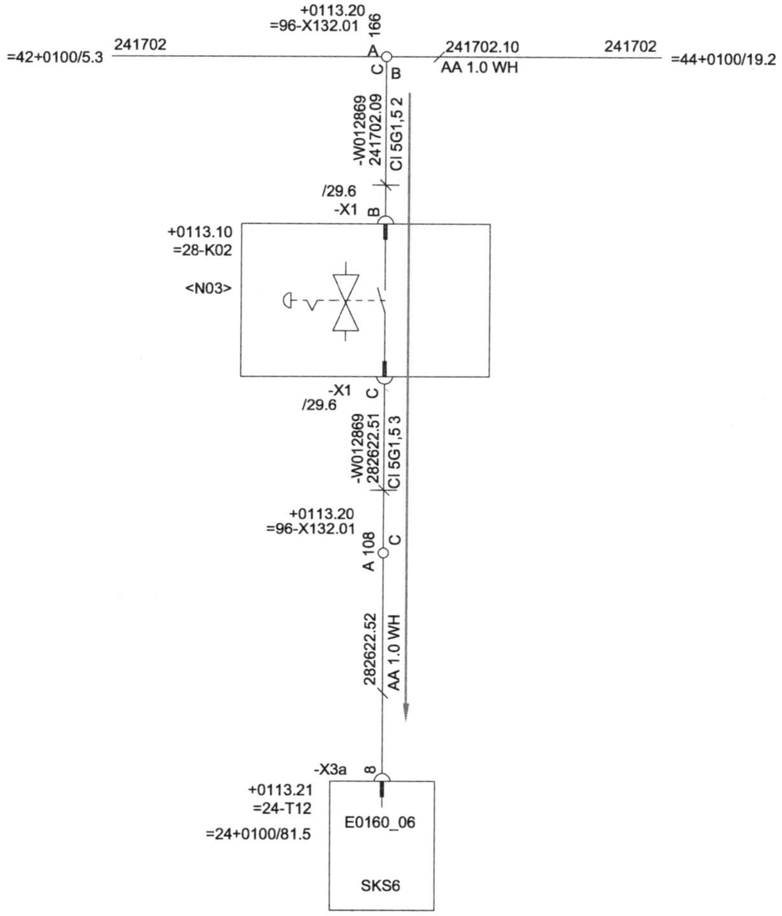

图 5-40　紧急制动

图 5-41 所示为 28-K19（C14）备用制动在打开位和截断位时，给制动力断路器电气模块 28-K04 一个反馈信号的过程。

当 28-K19（C14）打至“打开”位时，有一个高电平传给制动力断路器电气模块 28-K04。28-K19（C14）打至“截断”位时，有一个低电平传给制动力断路器电气模块 28-K04。

28-K19（C14）的作用：备用制动使能截断塞门，开启此截断塞门后，备用制动才能有效使用。

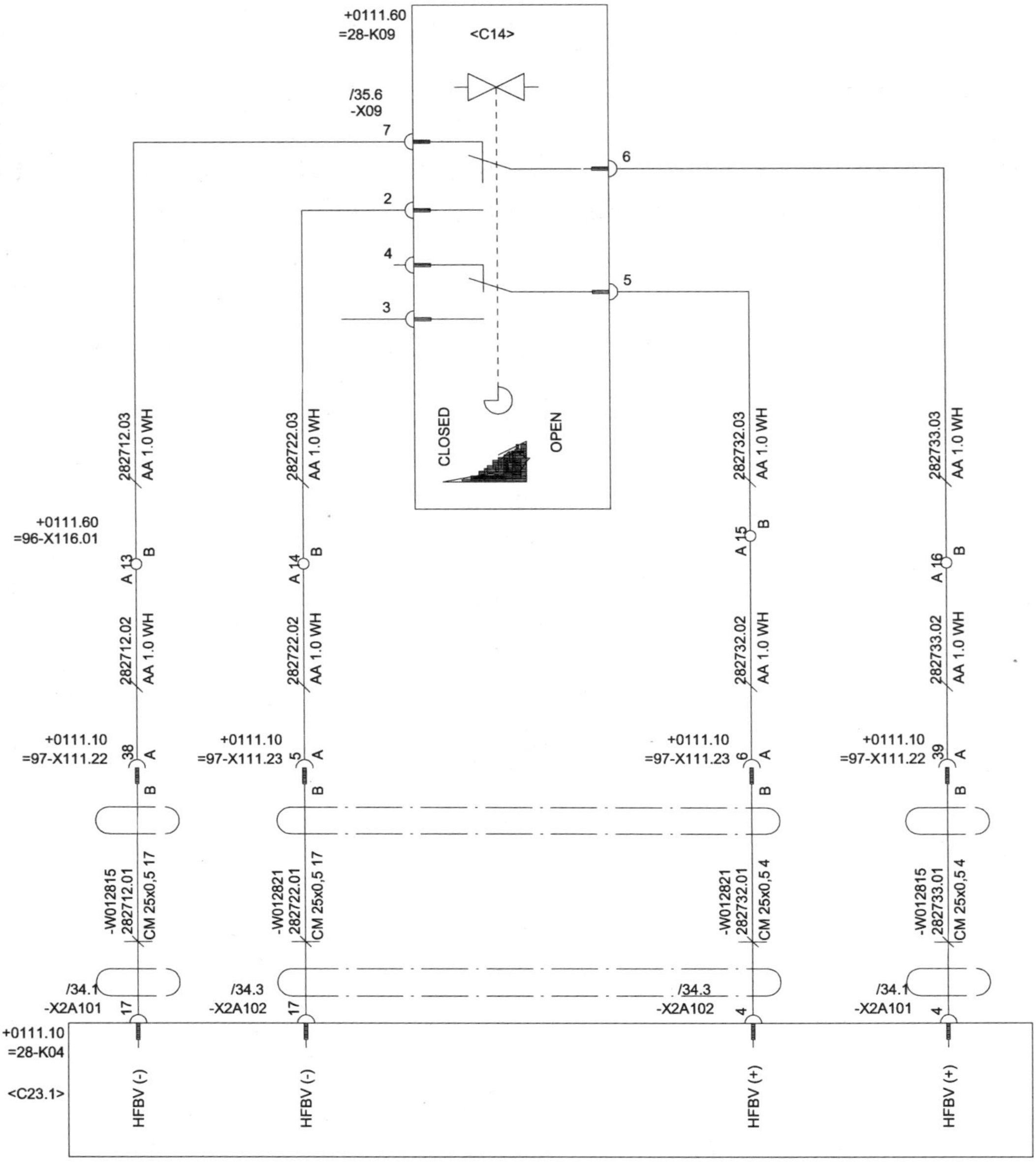

图 5-41 备用制动

微课：CRH380B 停放、防滑、风缸等

微课：CRH380B 压缩机及其气路

任务三　电路故障案例分析

任务描述

（1）能够分析制动系统电路故障的原因。

（2）能够处理制动系统的电路故障。

相关知识

作为一名合格的动车组机械师，应能分析制动系统电路原理并能根据原理处理故障，本任务介绍了动车组制动系统电路故障的处理方法。

一、CRH380A 型直通车组

（一）CRH380A 型动车组全列快速制动不缓解

1. 案例概况

CRH380A 型动车组在站台进行制动试验时，发现全列制动无法缓解，制动手柄打至 B1 ~ B6 位时，【制动信息】界面制动级位显示正常，制动压力值始终为快速挡压力值；断开【集中控制 2】断路器，制动手柄由运行位打至 B7 位过程中测量制动控制器下 2 号线与 X68 线间阻值为 4.9 kΩ（正常应导通）。

2. 原因分析

全列快速制动不缓解原因为制动控制器速动开关故障导致 X68 线失电，从而导致车辆 152 贯通线失电，全列制动压力无法缓解。

3. 相关原理

快速制动原理：快速制动为失电制动，当快速制动贯穿线（152 线）加压时，车辆不会施加快速制动；当 152 线未被加压时，制动控制器启动快速制动（见图 5-42）。车辆施加快速制动条件如下：

（1）车辆自身制动 JTR。

（2）ATP 施加于车辆的制动 EBR。

（3）BFR 继电器线圈失电。

B7 及快速制动级位显示：正常情况下，制动手柄在 B7 位时，X60 ~ X68 线均得电，MON 屏显示车辆制动等级为“B7”；制动手柄在快速位时，X60 ~ X67 线均得电，X68 线失电，MON 屏显示车辆制动等级为“快速”。

4. 案例总结

应急处置时，可将制动手柄打至 B1 ~ B6 位，若【制动信息】界面制动级位显示正常，制动压力值始终为快速挡压力值，且换端后制动缓解正常，可快速锁定故障点为 X68 线速动开关。

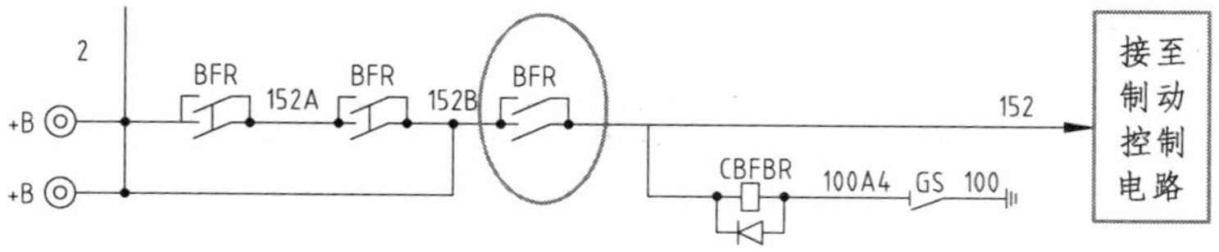

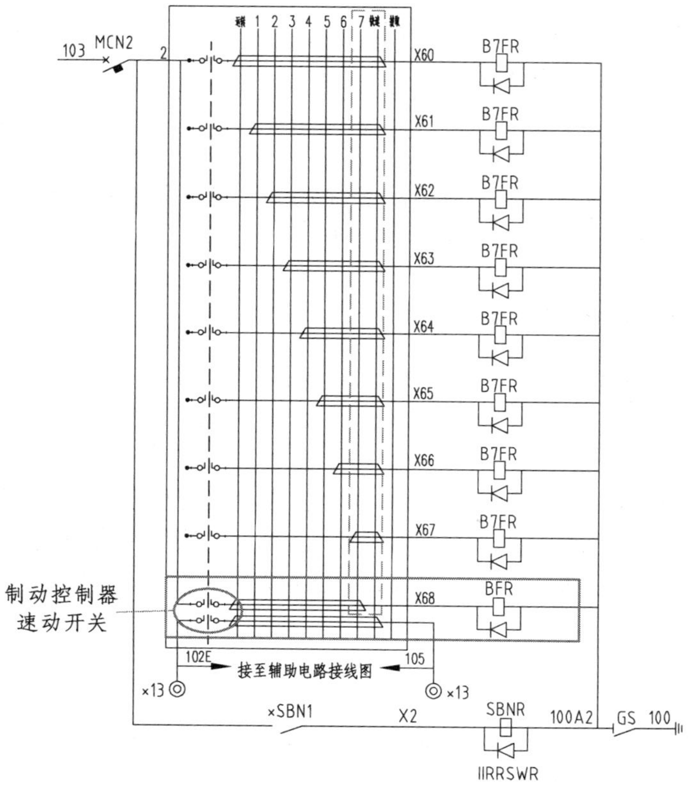

图 5-42　制动控制器回路原理示意

（二）CRH380A 型动车组多次紧急制动停车

1. 案例概况

××局配属的 CRH380A 型动车组在运行中因故障显示灯 2 单元闪红，自动恢复后车组输出不明原因紧急制动停车，查看 MON 屏无故障记录，且 UVR、JTR 无报红现象，操作紧急复位后可正常缓解。指挥中心指导随车机械师先后进行 4 次应急处置操作，车组开车后均再次输出紧急制动停车（共 5 次），直至通过操作隔离 05 至 00 车【熔断式轴温控车隔离 1】、【熔断式轴温控车隔离 2】旋至红点位，闭合主控端司机室总配电盘应急短接开关 3-154G2 隔离 JTR，紧急复位正常后维持运行至永福南站更换车底。后续动车组空送回 XX 动车所途中 MON 屏报出动车组 07 车轴温 2 故障，查看实时轴温数据正常。造成影响：造成 5 次紧急制动停车，旅客换乘。

2. 原因分析

（1）动车组在四级修时因检修质量不高导致 07 车 5 位轴箱熔断式轴温传感器配线损伤

（见图 5-43），运行中因虚接导致接触不良，使轴温继电器（TThRR2）偶发失电，紧急回路断开输出紧急制动。

（2）动车组的 MON 屏软件设计存在缺陷，紧急回路断开后 0.5 s 车组输出紧急制动，故障显示灯报红，但 MON 屏须采集故障持续 1 s 后才报出故障，轴温 2 故障未能持续 1 s，导致未弹屏，增大应急判断处置难度，处置延时增加。

图 5-43　轴温传感器线缆断股

3. **相关原理**

1）轴温 1、轴温 2 原理

如图 5-44 所示，熔断式轴温检测由轴温 1、轴温 2 两个回路并联构成，【轴温检测】空开通过 103 线给轴温检测回路供电。轴温 1 回路串联 1 轴、2 轴熔断式轴温传感器、TThRR1 轴温继电器，轴温 2 回路串联 3 轴、4 轴熔断式轴温传感器、TThRR2 轴温继电器。当温度超过轴温传感器熔断值时（165 °C），该传感器断开，导致 TThRR1、TThR1、TThRR2、TThR2 继电器失电，TThRR 失电后向网络反馈轴温 1、轴温 2 故障信号，TThR 继电器失电后，紧急制动环路失电。

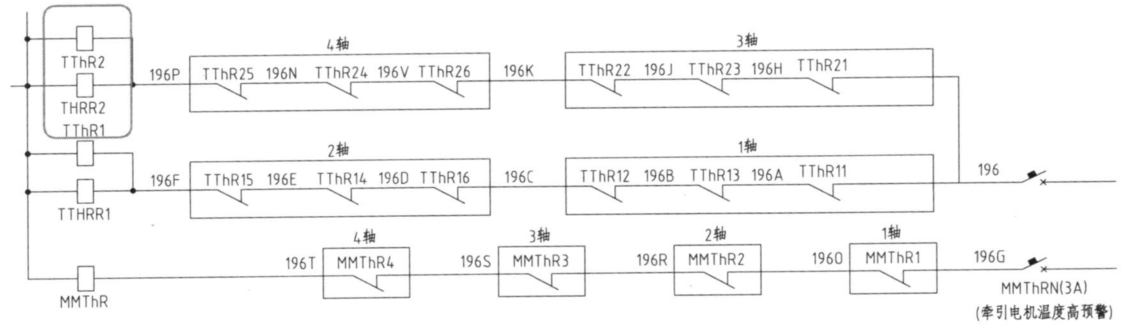

图 5-44　轴温检测系统原理

2）故障报出原理

E28 型动车组故障采集：中央装置车载 DRWTD 在故障持续报出 200 ms 时进行故障采集，车辆信息显示器（MON）在故障持续 1 s 时进行采集。

3）紧急制动原理

紧急制动回路：经由主控车的 153K 的常开接点，贯穿线（153 线）得到加压。从 153 线，经由非主控司机台的 MCR 的常闭接点对贯穿线（154 线）进行加压。

紧急制动 UB：紧急回路从主控车到尾车的 153 线控制各个车的 UV 阀失电

施加纯空气紧急制动。

紧急制动 EB：紧急回路 154 线断开导致紧急制动继电器 JTR 失电，使 152 线失电施加快速制动。JTR 由 154 线经各车厢 TDUR、UVR1、TThR1、TThR2，乘务员室紧急 UB 开关及头车 MRrAPSR、BNUBR 继电器串联控制的 JTRTD 继电器供电。

紧急制动在以下场合发挥作用：列车分离、总风管压力降低、检测制动不足、紧急电磁阀被关闭时、制动设定器手柄被拔取时。

4．案例总结

（1）未执行应急手册中途中不明原因紧急制动处理条款要求，使用排除法依次隔离实时轴温、紧急短路，复位车端解除开关，造成动车组多次停车，干扰运输秩序。应针对 CRH2A 型动车组不明原因紧急制动，明确处置要求，未查明故障点时果断短接 3-154G2，密切监控车辆实时轴温、总风压力、走行部运行状态，维持运行至前方站更换车底。

（2）MON 屏软件设计缺陷，故障弹屏晚于车辆输出紧急制动，动车组偶发故障导致动车组输出紧急制动停车时，无法从车辆信息显示器查询到相关故障信息。厂家已通过 MON 屏进行软件升级，将故障弹屏时间由 1 s 缩短至 0.5 s，动车组发生紧急制动停车后，随车机械师应及时通过 MON 屏确认是否有故障报出。

（三）动车组运行途中 01 车报“BP 救援异常”故障的分析

1．案例概况

动车组车站始发后，司机反映 BV 手柄在运行位时，01 车报 BP 救援异常故障（代码 083）。应急指挥机械师检查确认 01 车【救援指令器】断路器处于断开位。

2．原因分析

BP 救援装置电路如图 5-45 所示。动车组误报 BP 救援异常故障条件：① 152 线加压；② 速度 5 km/h 以上；③ BP 管风压传感器正常；④ BP 管风压小于 310 kPa；⑤ 150Z1 得电。上述条件均满足时故障报出。

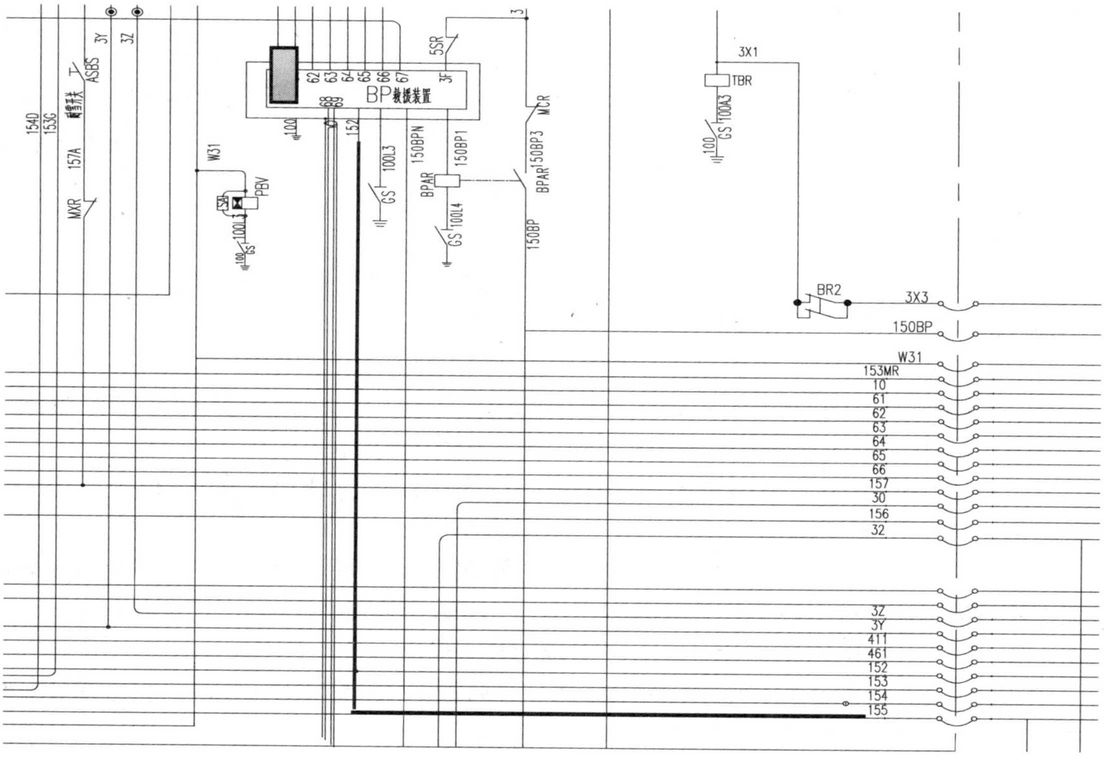

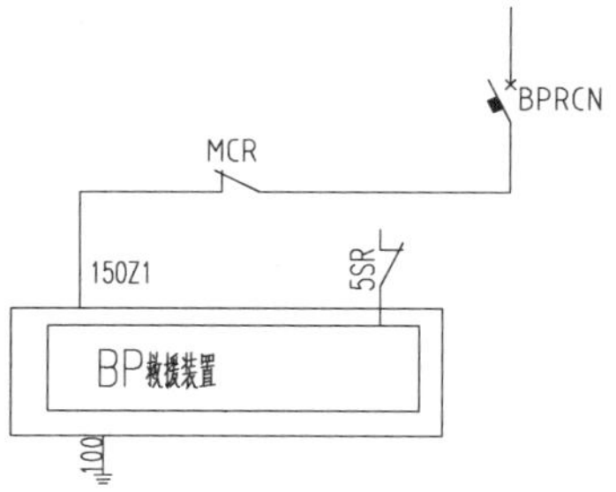

图 5-45　BP 救援装置

车辆出库时未报此故障，直到贵阳北站始发故障才报出的原因：

【救援指令器】空开到 BP 救援装置间有一个 MCR 的常闭触点，因此即使主控端的【救援指令器】空开异常被闭合时，因 MCR 得电常闭触点断开，150Z1 并不得电。推测 2838 列出库时为 01 车主控，所以故障未报出。

司机反映 BV 手柄在运行位时报此故障的原因。

动车组从库内到达始发站换端，此时 01 车为从控端，MCR 常闭触点闭合使 150Z1 加压。BP 救援装置中【BP 救援】、【BP 总风】阀门处于正常关断位，BP 管内风压为 0。开车后手柄在运行（152 加压）位且速度大于 5 km/h 以后，五个条件均满足，故障报出。

另需明确：速度大于 5 km/h 后，当 BV 手柄在快速位（152 失电）时，故障不会报出；BV 手柄在运行位、B1~B7 位（152 加压）时，故障均会报出。

二、CRH380B 型动车组

（一）CRH380B 型动车组停放制动无法缓解故障

微课：制动不缓解

微课：案例讲解：动车组停放制动不缓解的分析

1．案例概况

××局配属动车组待开时，HMI 屏显示 04 车停放制动故障（代码 172F），按压停放制动缓解按钮后，停放制动界面显示 04 车停放制动不可作用，故障代码未消除，随车机械师根据 HMI 屏故障处理提示信息，向司机申请调度命令下车检查，发现 04 车车下制动指示器显示绿色（制动缓解），上车关闭 04 车“车辆控制面板”上的空气制动开关，切除 04 车空气制动，故障仍未消除，申请启用热备动车组，随后下车打开制动阀板处裙板并关闭 H29 阀（停放制动隔离阀），故障代码消除，取消申请启用热备动车组，后续切除 04 车停放制动时发现 1、2、4 轴手缓拉绳卡滞，无法拉动，再次申请启用热备。CRH380B 型重联动车组进动车所处理故障，库内复位 04 车 BCU（制动控制单元）后故障消除。

2．原因分析

04 车 BCU 内监测停放制动缸压力的 MB03B-A4 板卡或者监测 H29 阀状态的 EB02B-A8 板卡通信故障，导致 BCU 不能正确监测停放制动状态，报出停放制动故障（代码 172F）。随车机械师切除 04 车停放制动时，因停放制动手动缓解拉绳内部锈蚀、卡滞，无法拉动拉绳缓解停放制动，最终只能让旅客换乘。

3. **相关原理**

1）施加和缓解停放制动原理

通过停放制动按钮施加停放制动时，占用端头车的 28-K91 得电吸合，其常开触点 13、14 闭合。通过停放制动按钮缓解停放制动时，占用端头车 28-K92 得电吸合，其常开触点 13、14 闭合。其施加或缓解的信号均传送至头车负责整列车制动管理的 BCU，由 BCU 直接激活相对应的脉冲电磁阀，控制停放制动施加或缓解，如图 5-46 所示。

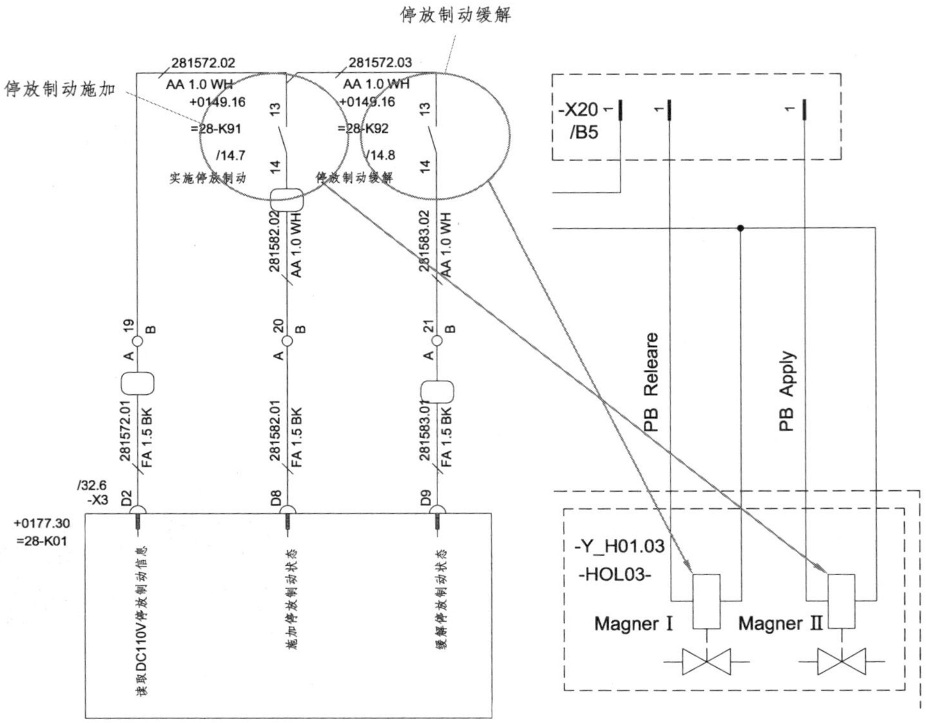

图 5-46　停放制动施加及缓解电路

同时，BCU 内 MB03B-A4 板卡监测停放制动风缸压力传感器 H01.05 反馈的压力值，来判断停放制动处于施加状态还是缓解状态，如图 5-47 所示。

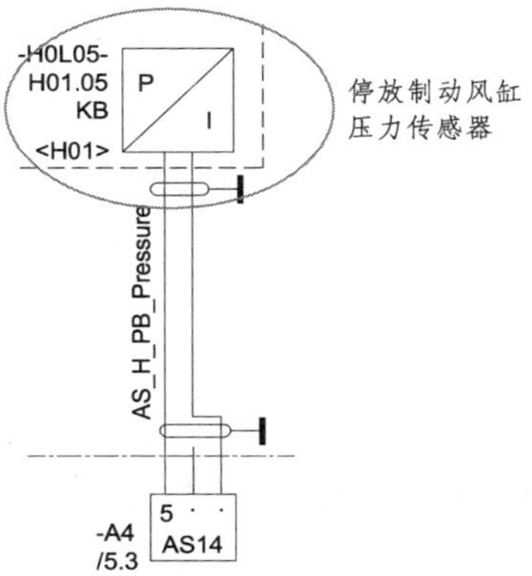

图 5-47　停放制动缸压力监控

2）H29 阀通断监控原理

停放制动截断阀 H29 的开闭状态由 BCU 内 EB02B-A8 板卡监测，其中 7 口为监控信号，8 口为 110 V 电压信号，9 口为地线接口。当 H29 阀断开时，7 口与 9 口接通，A8 板卡 FI1 模块接收到电压信号为 0，判断 H29 阀被截断；当 H29 阀接通时，7 口与 8 口接通，FI1 模块接收到 110 V 电压信号，判断 H29 阀被接通，如图 5-48 所示。

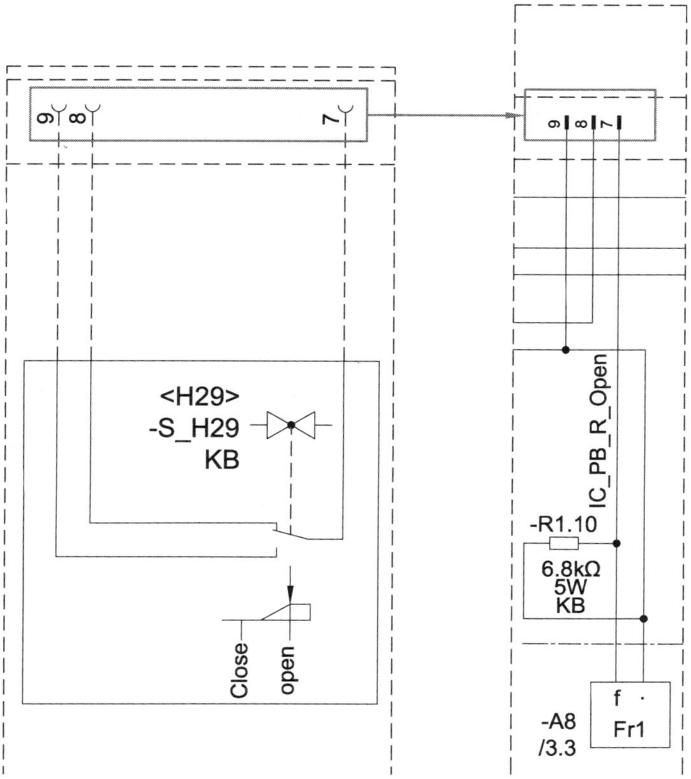

图 5-48　停放制动截断阀 H29 监控电路

4．案例总结

（1）随车机械师确认 HMI 屏上故障信息时不够认真，没有向地面指挥人员反馈车组仅报 172F 代码的情况，误导地面指挥人员，导致应急处置方向错误，按“停放制动无法缓解”进行处置，而没有及时进行 BCU 复位操作；且在切除停放制动时找不到 H29 阀位置，耽误应急处置时间。各铁路局应针对随车机械师的特殊班制建立合适的业务培训制度，培训内容可以是近期典型故障案例、常见故障应急处置、各部件识别及位置表述方式等一系列应知必会内容，考试成绩与奖罚挂钩，促进随车机械师提升业务水平。

（2）地面指挥专业性不强。××局动车所地面指挥人员主观认为按照 HMI 屏故障处置提示信息操作，切除 04 车制动后即可行车，未采纳主机厂复位 BCU 的合理建议。××局各动车所在运用故障应急指挥方面各自为战，由动车所调度员负责应急指挥工作，专业性不强，人员素质参差不齐，对随车机械师及调度员的素质要求较高，风险较大。各铁路局应在段级层面设立应急指挥中心，分车型专业负责动车组运用故障应急指挥工作，积累应急处置经验，完善各类故障应急处置流程，并要求各主机厂安排技术人员提供专业技术支持，提升故障应急处置的专业水平。

（3）停放制动手动缓解拉绳保养周期不合理。按照 CRH3 型动车组一、二级维修卡片，一级修时仅对停放制动手动缓解装置外观进行检查，二级修要求结合 M2 修（每 40 万 km 或 180 天）对停放制动手动缓解手柄功能测试，发现缓解拉绳动作不灵活时需进行油润，周期较长，且该手柄日常不使用，在动车组日常运用中，雨水或洗车液等易进入手柄内，导致内部容易产生锈蚀。各铁路局根据维修卡片制订作业指导书时，可结合运用实际，适当加密检修频次，例如，停放制动手动缓解拉绳手柄保养项目，可从 40 万 km 的修程缩短至 10 万 km（即从结合 M2 修开展缩短至结合 M1 修开展）。若发现该项目可以适当地延长修程，也可向相关部门提出合理化建议，待验证、评审通过后修改维修卡片。

下篇

实训篇

实训一　动车组制动系统检修

项目导入

动车组故障处理需要动车组机械师来完成，动车组机械师分为地勤机械师和随车机械师，在处理检修库内制动系统故障时，需要地勤机械师与检修库内工作人员紧密配合，快速、准确地按照标准处理好故障，保障列车准时出库。要想处理好动车组制动系统的故障，不仅需要掌握动车组制动系统的原理，还需要掌握动车组日常检修基本操作步骤。

通过本项目学习，掌握动车组制动系统的检修流程及检修工艺。

知识目标

（1）掌握基础制动装置检修流程。

（2）掌握基础制动装置检修工艺。

能力目标

（1）能够描述不同车型制动系统检修差异。

（2）能够独自进行基础制动装置检修。

素质目标

（1）养成遵章守纪、爱岗敬业的工作作风

（2）培养团结奋进、勇于创新的高铁精神

任务一　CRH380A 型动车组制动系统检修流程

任务描述

（1）能够掌握 CRH380A 型动车组制动系统检修流程。

（2）能够描述 CRH380A 型动车组制动系统检修工艺。

相关知识

本任务主要介绍了 CRH380A 型动车组制动系统相关部件二级修检修步骤及工艺要求。

一、制动管路状态及空气软管外观检查

序号	作业项目	作业内容、标准及图示
1	工前准备	
1.1	人员准备	2 名作业者（1、2 号）按规定穿戴劳保防护用品（工作服、劳保鞋、安全帽）
1.2	准备工具、物料料	⚠工具过期风险：力矩扳手校验不超期。 （1）1 号作业者按照工装工具和材料清单清点工装工具和材料，检查力矩扳手校验周期和力矩。 （2）2 号作业者清点配送的物料 
2	拆卸底板	（1）2 号作业者用棘轮扳手、六角套筒（16 mm）逆时针旋转拆下空压机相应位置底板安装螺栓，并将螺栓放入物料盒内。 （2）2 号作业者将底板拆下并放置在地垫上
3	空气软管外观检查	
3.1	软管检查方法及软管修复或更换条件	（1）检查时，须用干净白布将软管外表擦拭干净，确认软管表面无缺陷、鼓泡、裂纹、破损；连接器、接头表面无气孔、裂纹、毛刺，垫圈槽无变形，连接状态良好；压套铆压均匀一致、端正。 （2）表面有裂纹时，若裂纹深度达到第一层（从外表面数起）帘子线时须更换。 （3）若裂纹深度未达到第一层（从外表面数起）帘子线，裂纹长度超过 20 mm 时须更换。 （4）表面有鼓泡时，须更换。 （5）软管、软管接头、箍紧带腐蚀、损伤修复或更换
3.2	检查作业	（1）1 号作业者检查车钩软管状态（位置在车端连接处）。 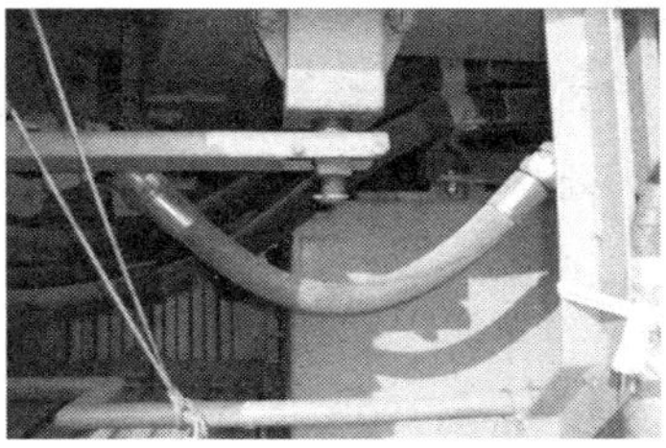

续表

序号	作业项目	作业内容、标准及图示
3.2	检查作业	（2）1号作业者检查辅助供风软管状态（02、03、04、05、06、07车车端连接处） 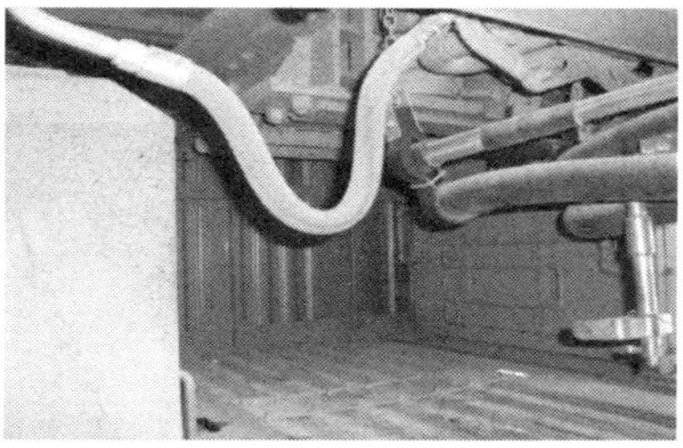
3.3	需检查部位	（1）2号作业者检查转向架部位软管状态（各转向架上）。 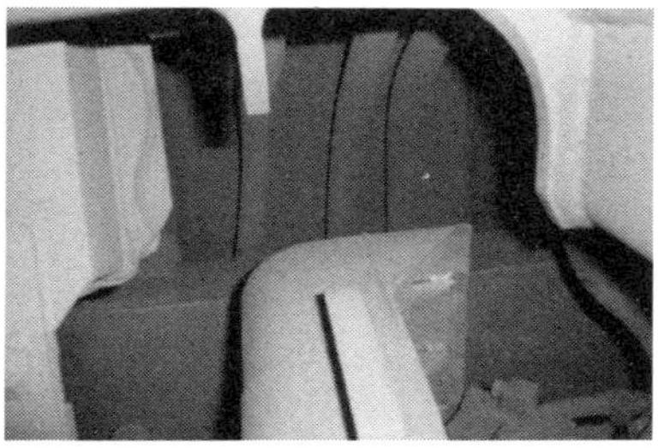 （2）1号作业者检查主空气压缩机组出口处软管状态（位置在3、7车主空压机膜式干燥器处，需要打开主空压机对应的裙板和底板）。 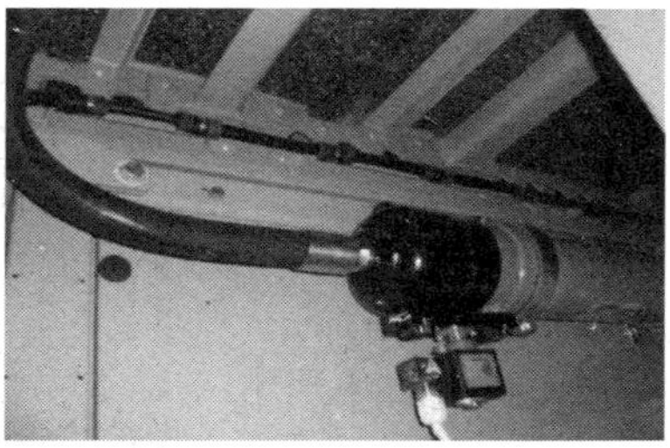 （3）2号作业者检查救援回送软管状态（01、00车前舱内） 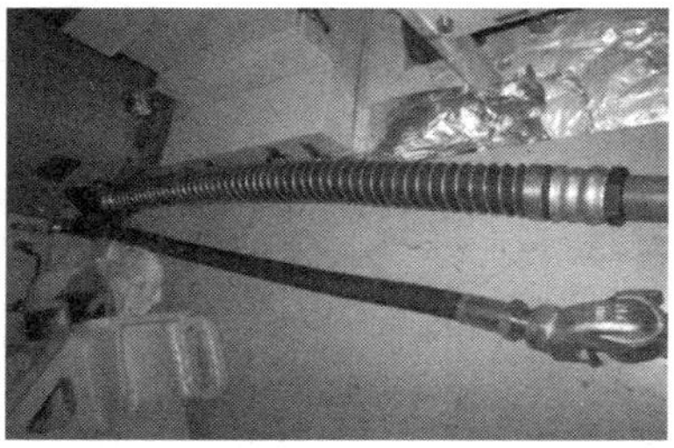

<table>
<tr><th>序号</th><th>作业项目</th><th>作业内容、标准及图示</th></tr>
<tr><td>4</td><td>漏泄检查</td><td>（1）1、2 号作业者在地沟及车体两侧检查主空压机管路、车端辅助供风管路、车钩总风管路、空簧及高度阀管路、制动及踏面清扫管路等，确认各供风管路、用风设备无漏泄或异常排气声音，各管路接头无松动，各塞门均处于正常工作位。
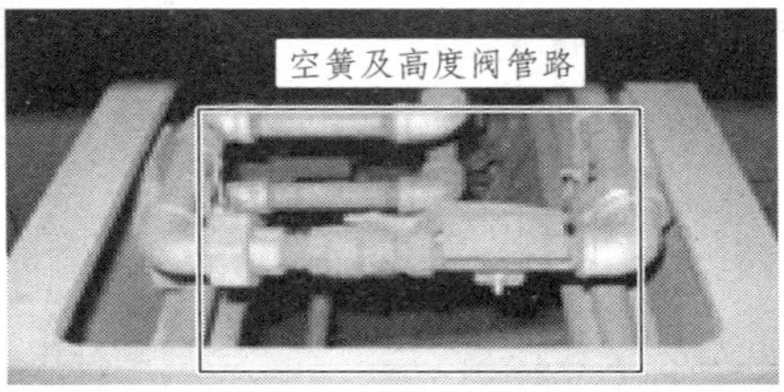

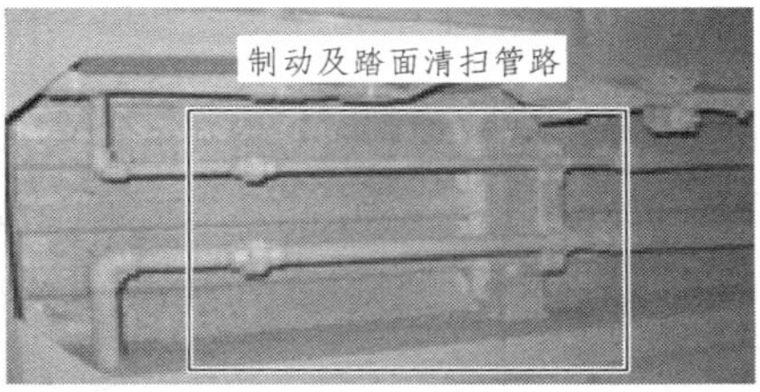

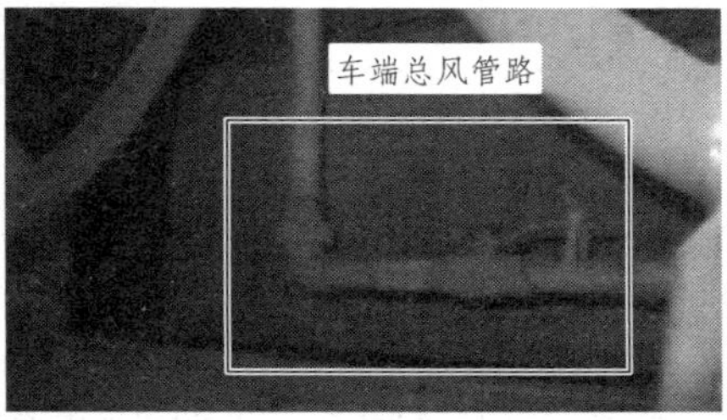

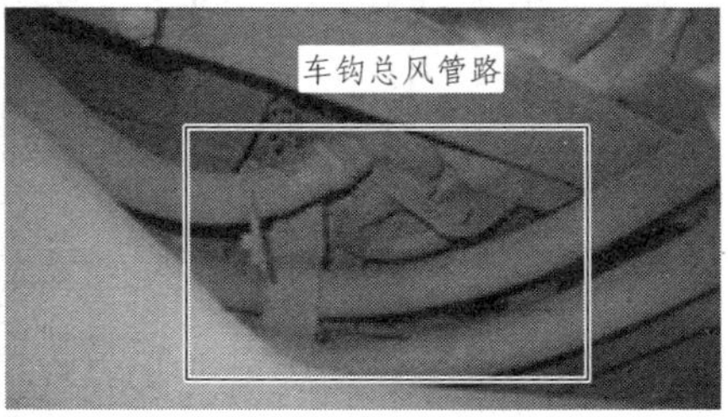

（2）如发现可疑漏风部位，通过肥皂水或外接压力表进行确认</td></tr>
</table>

续表

序号	作业项目	作业内容、标准及图示
5	恢复底板	2 号作业者安装底板，用力矩扳手、六角套筒（16 mm）按照 25N·m 力矩顺时针紧固螺栓，紧固后用油漆笔涂打防松标记㊙检
6	申请送电	（1）1 号作业者在无电检查结束后，同工长联系“无电作业结束申请有电作业”。 （2）工长确认作业车组号及股道正确，停放制动已施加，送电完毕后到现场值班室领取有电作业牌，办理有电作业手续。 （3）工长通知 1 号作业者可以开始有电作业
7	保压试验	（1）2 号作业者在 01 车司机室内投入主控钥匙，升弓送电。 （2）2 号作业者将 BV 手柄置于 7N，操作主空压机打风，总风压力至 880±10 kPa，空压机运转停止 1 min 后，开始保压。通过 MON 信息画面中观察靠近主控端的总风压力值，保压 5 min，确认总风压力下降不得大于 20 kPa（整个编组只做一次，用风设备停用） 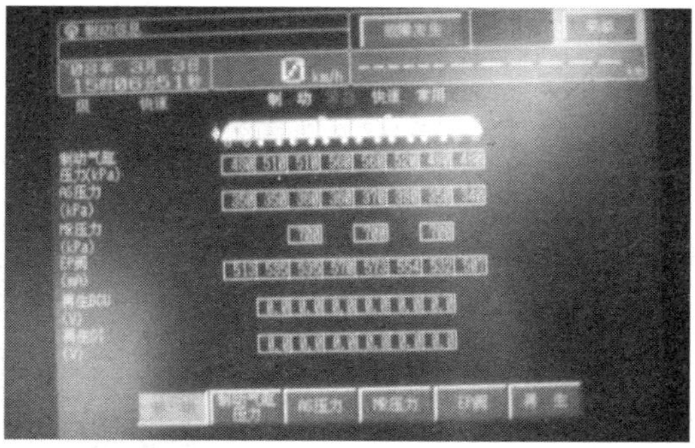 MON 屏显示界面
8	完工确认	1、2 号作业者共同确认各软管状态良好，连接处连接牢固、无漏泄
9	整理工具物料	1、2 号作业者将工具和物料整理齐全，作业区周边卫生干净无杂物
10	办理销号手续	1 号作业者通知工长作业结束

二、辅助空气压缩机检测

序号	作业项目	作业内容、标准及图示
1	工前准备	
1.1	人员准备及作业人员分工	2 名作业者（1、2 号）按规定穿戴劳保防护用品（工作服、防护鞋、安全帽）

续表

序号	作业项目	作业内容、标准及图示
1.2	工具物料准备	⚠工具超期风险：力矩扳手校验不超期。 （1）1号作业者清点配送的工具，检查力矩扳手校验不超期，力矩扳手力矩符合标准。 （2）2号清点配送的物料 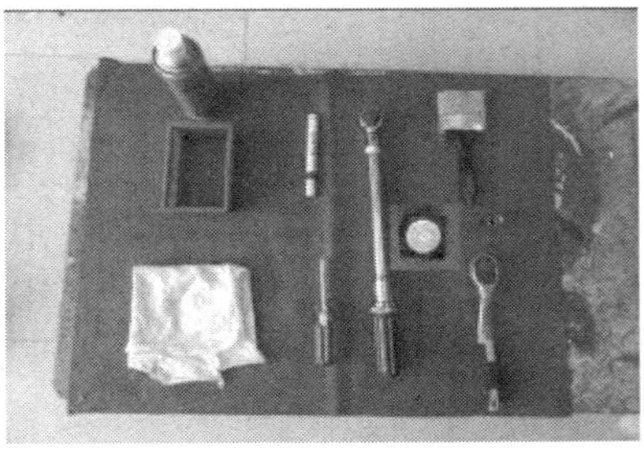
2	拆除辅助空气压缩机裙板	（1）3号作业者用棘轮扳手、六角套筒（16 mm）逆时针旋转拆除辅助空气压缩机裙板螺栓，并将螺栓放入物料盒内。 （2）2、3号作业者一起将裙板放置在规定地垫上，防止配件直接放置在自流坪上  辅助空气压缩机门
2.1	清理空气压缩机周边	2号作业者对辅助空气压缩机周边卫生进行清理，确认辅助空压机箱及周边无杂物，无积尘  清洁辅助空压机箱

续表

序号	作业项目	作业内容、标准及图示
3	辅助空气压缩机检查	
3.1	辅助空气压缩机外观及内部配件检查	1号作业者检查箱体安装状态，确认辅助空气压缩机安装牢固、无松动，安装底梁及各安装座无裂纹、变形，正面上、下盖板及侧面盖板无变形，盖板和箱体密贴、无松动，门搭扣活动正常，下盖板紧固螺栓安装状态良好  辅助空气压缩机
3.2	打开辅助空气压缩机正面上、下盖板	3号作业者检查确认上盖板锁具作用良好，然后打开上、下盖板（打开下盖板时先用一字螺丝刀旋松固定螺栓，再用手直接旋下螺母，然后打开下盖板）   上盖板下盖板

续表

序号	作业项目	作业内容、标准及图示
3.3	检查各部件安装状态	（1）1号作业者检查箱体内电磁阀、调压器状态，确认各部件安装紧固、无松动，配线无损伤，各接线端子紧固、无松动；电磁阀无漏气以及配线无损伤，调压器无漏气，接触部接触良好。 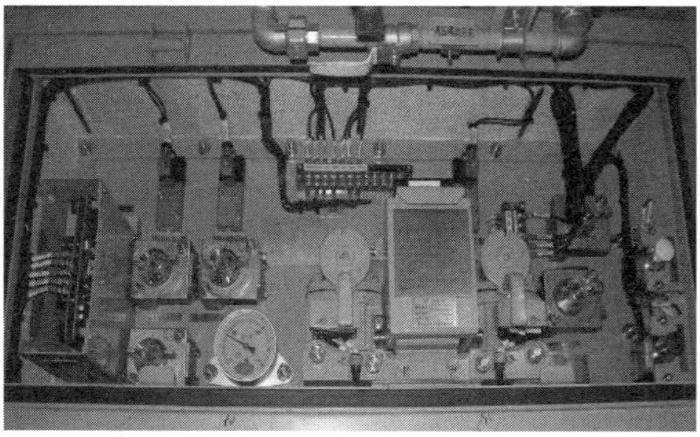 辅助空气压缩机内各部件 （2）1号作业者检查各截断阀，确认截断阀无漏气；检查确认辅助风缸、配管无损伤、无漏气，排水阀无损伤。 （3）1号作业者检查钥匙箱外观、安装状态以及锁闭功能，确认钥匙箱外观、安装、锁闭状态良好 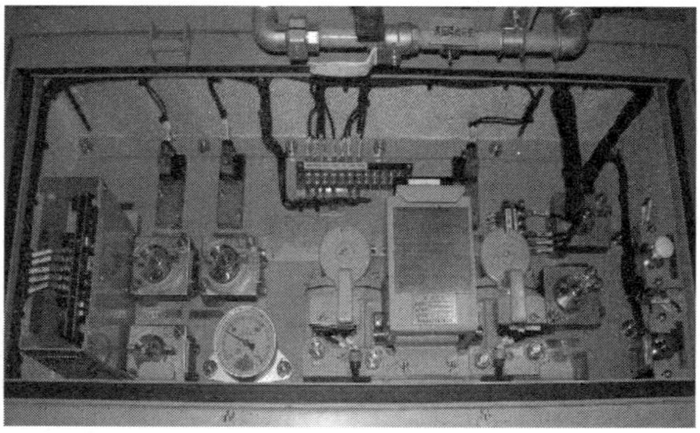 钥匙箱
3.4	检查压力表	1号作业者检查压力表，确认压力表安装状态良好，校验周期不过期
4	辅助空气压缩机动作测试	

<table>
<tr><th>序号</th><th>作业项目</th><th>作业内容、标准及图示</th></tr>
<tr><td>4.1</td><td>辅助空气压缩机动作测试</td><td>（1）1 号作业者关闭 MR 管至辅助空气压缩机的截断塞门，确认阀门关闭到位。
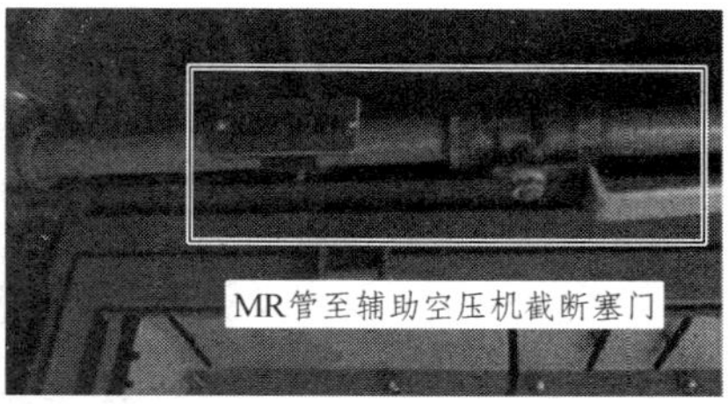

MR 管至辅助空气压缩机截断塞门
（2）2 号作业者投入主控钥匙，将制动手柄移动至快速位，MON 显示器切换至司机→配电盘信息→辅助空压机对应的车厢菜单</td></tr>
<tr><td>4.2</td><td>排辅助风缸风压</td><td>（1）1 号作业者打开辅助气缸排水塞门及油水分离器排水塞门排水、排气，确认水排尽。

油水分离器排水塞门辅助气缸排水塞门
（2）1 号作业者在车下观察压力指针表指向（640±10）kPa 时，2 号作业者在司机室确认 MON 屏“准备未完成”显示灯亮，1 号作业者关闭辅助气缸排水塞门及油水分离器排水塞门
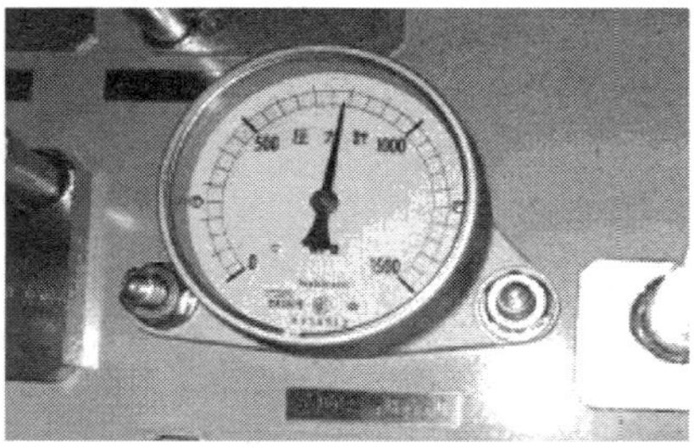</td></tr>
</table>

续表

序号	作业项目	作业内容、标准及图示
4.3	启动辅助空压机	（1）2号作业者将MON显示器切换至司机【配电盘信息】对应车厢菜单，确认司机室前台“准备未完成”显示灯亮，右旋辅助空气压缩机控制开关3 s。 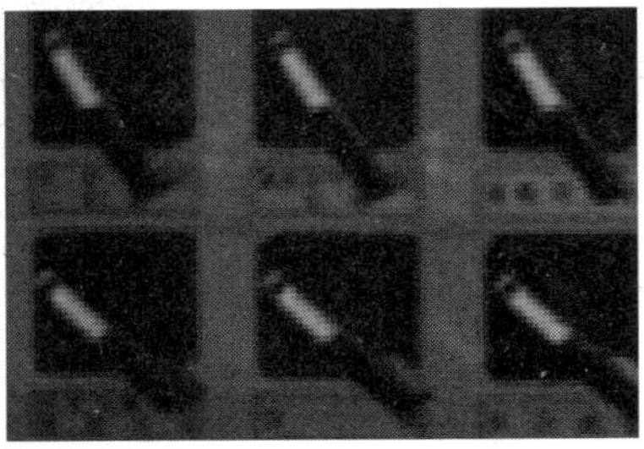 （2）MON显示器显示司机【配电盘信息】X车厢菜单，“辅助空压机”由白变绿。  配电盘信息 （3）1号作业者确认辅助空压机启动，运转时确认各部无异响
4.4	停止辅助空压机运行	（1）经过2 min，2号作业者确认相关显示状态良好，确认辅助空气压缩机指针至（780±10）kPa。 （2）1号作业者确认辅助空气压机停止运行，检查确认各相关管系及阀无漏风。 （3）2号作业者确认司机驾驶室台前“准备未完成”显示灯灭，同时确认MON显示器司机→配电盘信息→X车厢菜单，“辅助空压机”由绿变白。  MON显示信息 （4）2号作业者将制动手柄移至拔取位，拔出主控钥匙

续表

序号	作业项目	作业内容、标准及图示
4.5	恢复辅助空压机上、下盖板	1、2 号作业者联控确认主控钥匙拔取后，3 号作业者关闭辅助空气压缩机上、下盖板，打开 MR 管及辅助空气压缩机的截断塞门，确认各盖板安装状态良好、无松动，截断阀门位置正确  恢复空气压缩机盖板
5	恢复裙板	⚠防脱风险：力矩扳手力矩值应为规定值。 1、3 号作业者一起将裙板安装到位，3 号作业者将裙板、底板安装到位，用力矩扳手、六角套筒（16 mm）按照 25 N·m 力矩顺时针旋转紧固螺栓，紧固后使用油漆笔涂打防松标记
6	完工确认	1、3 号作业者共同确认：裙板锁闭到位，各标记齐全、清晰
7	整理工具物料	1、2 号作业者将工具和物料整理齐全，作业区周边卫生干净无杂物
8	办理销号手续	1 号作业者通知工长作业结束

三、常用、快速制动及停放制动功能检查

序号	作业项目	作业内容、标准及图示
1	工前准备	
1.1	人员准备	3 名作业者（1、2、3 号）按规定穿戴劳保防护用品（工作服、劳保鞋、安全帽） 

续表

序号	作业项目	作业内容、标准及图示
1.2	工具、物料状态确认	1 号作业者清点配送的工具 
2	常用、快速制动功能检查	（1）3 号作业者插入主控钥匙右旋解锁，将 BV 制动手柄置“B7”位。 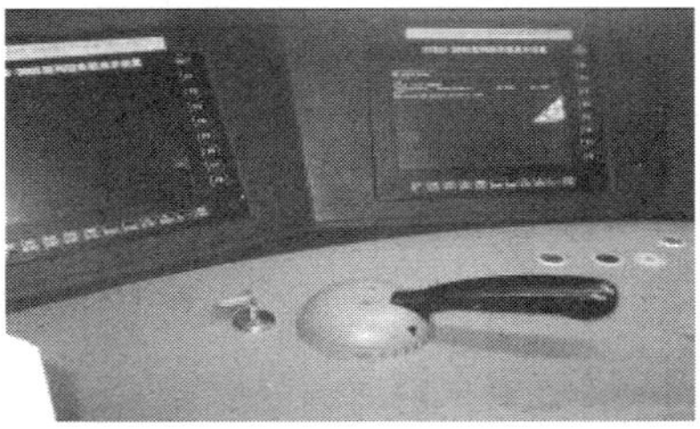 制动手柄 （2）3 号作业者合上“空挡”开关。 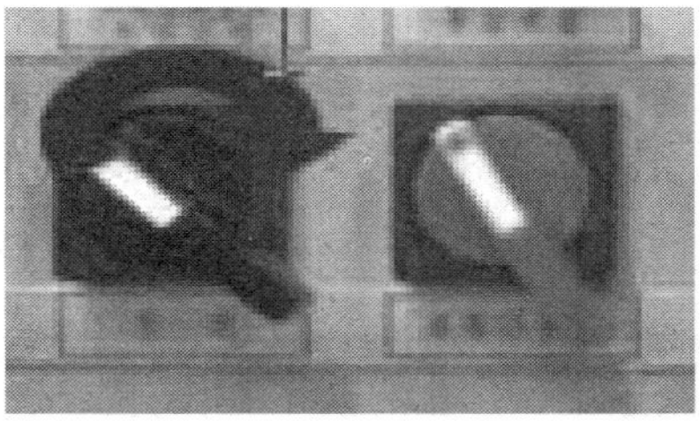 空挡开关 （3）1、2 号作业者分别在车两侧对踏面清扫装置进行检查，踏面清扫装置的相关风管路不得漏风、研磨块间歇性压紧踏面。  踏面清扫装置

续表

序号	作业项目	作业内容、标准及图示
2	常用、快速制动功能检查	（4）1、2 号作业者分别在车两侧检查夹钳装置工作状态，各夹钳装置压紧轮盘、轴盘。 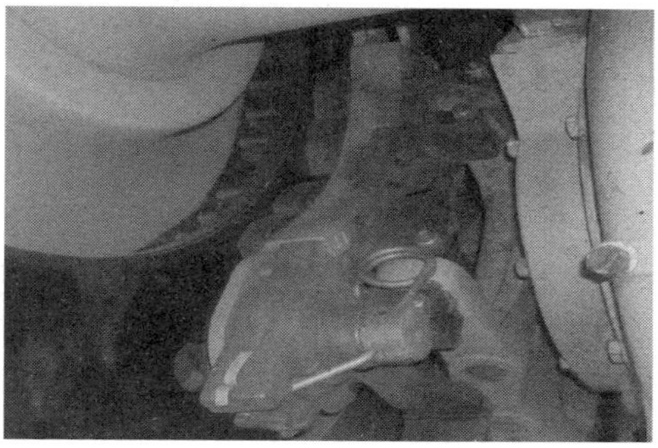 夹钳两侧状态 （5）3 号作业者断开“空挡”开关，BV 制动手柄置“运行”位，对全车进行缓解。 （6）1、2 号作业者检查夹钳与制动盘间缓解，研磨块离开踏面 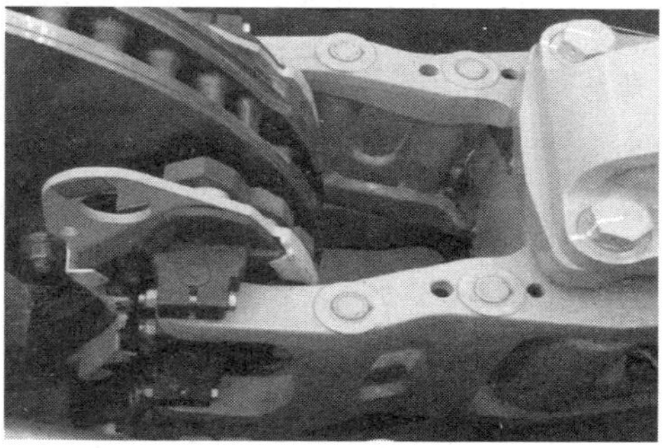 制动夹钳
3	换端作业	换端作业，重复序号 2 作业
4	停放制动功能检查	（1）3 号作业者在司机室插入主控钥匙右旋解锁，制动控制手柄置“运行”位，确认各车基础制动装置缓解（停放制动装置安装在 01、03、07、08 车）。 （2）3 号作业者在司机室操作停放制动旋钮置“施加”位，操作后在司机室 MON 屏上确认停放制动已施加，同时全列紧急制动施加；2 号作业者关闭 01、03、07、08 车车上配电盘内“供给”截断塞门（白色手柄）。 （3）1 号作业者在车下确认 01、03、07、08 车带停放功能的制动夹钳为制动状态，其他夹钳为缓解状态。

续表

序号	作业项目	作业内容、标准及图示
4	停放制动功能检查	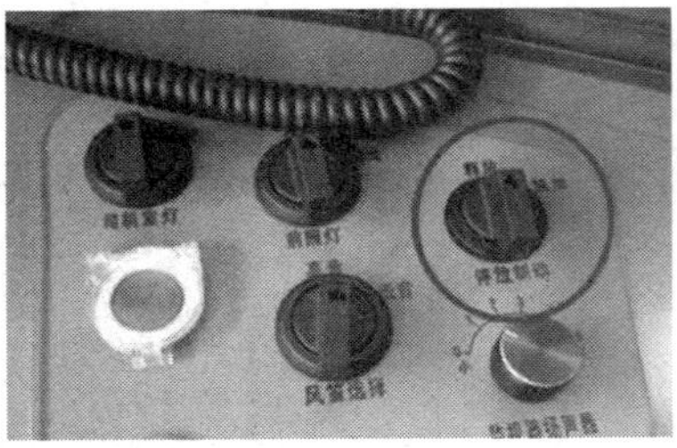  （4）3 号作业者在司机室操作停放制动旋钮置“释放”位，操作后在司机室 MON 屏上确认停放制动缓解，1、2 号作业者车下确认 01、03、07、08 车带停放制动的夹钳为缓解状态。 （5）3 号作业者在司机室操作停放制动开关置“施加”位，1、2 号作业者车下确认 01、03、07、08 车带停放功能的制动夹钳为制动状态，分别操作 01、03、07、08 车每轴停放制动缸的缓解拉绳（单侧操作即可），确认各停放制动缸缓解。 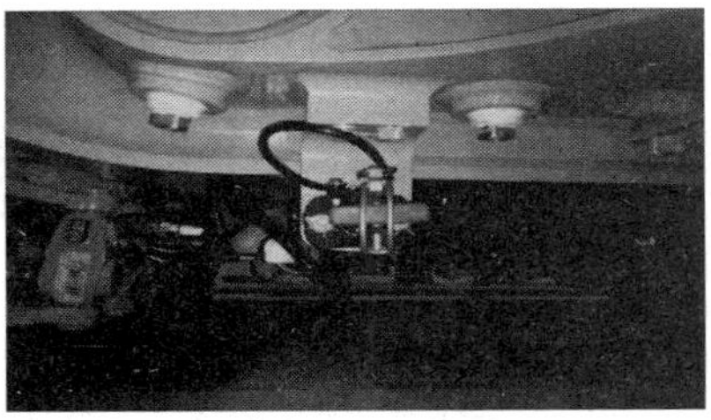  （6）3 号作业者在司机室操作停放制动旋钮置“释放”位，3 号作业者确认司机室 MON 屏停放制动缓解，1、2 号作业者车下确认 01、03、07、08 车停放制动缓解。 （7）3 号作业者在司机室再次操作停放制动旋钮置“施加”位，1、2 号作业者在车下确认 01、03、07、08 车带停放功能的制动夹钳为制动状态。 （8）3 号作业者在司机室再次操作停放制动旋钮置“释放”位，恢复打开 01、03、07、08 车“供给”截断塞门（白色手把），制动手柄置快速位，操作紧急复位按钮，复位紧急制动。确认司机室 MON 屏紧急制动、停放制动缓解，1、2 号作业者在车下确认紧急制动、停放制动缓解。 （9）2 号作业者右旋 01、03、07、08 车配电盘内“停放制动旁路”旋钮至红点位，3 号作业者在司机室操作停放制动旋钮置“施加”位，3 号作业者在司机室 MON 屏确认停放制动施加，全列未起紧急制动。3 号作业者在司机室操作停放制动旋钮置“释放”位，2 号作业者左旋恢复各车“停放制动旁路”旋钮。

续表

序号	作业项目	作业内容、标准及图示
4	停放制动功能检查	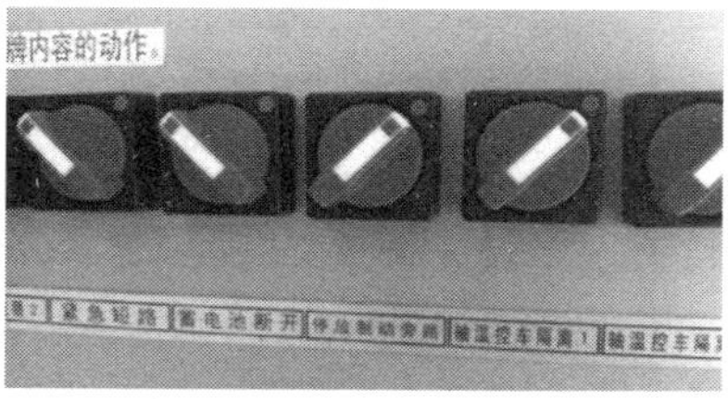 （10）3 号作业者将制动手柄置“B4”位，2 号作业者关闭 01、03、07、08 车配电柜内停放制动带电触点停放制动切除塞门（手柄黑色），3 号作业者通过司机室 MON 屏“切除状态”画面确认各车停放制动已隔离；2 号作业者恢复各带电触点截断塞门，3 号作业者在 MON 屏确认停放制动未隔离。 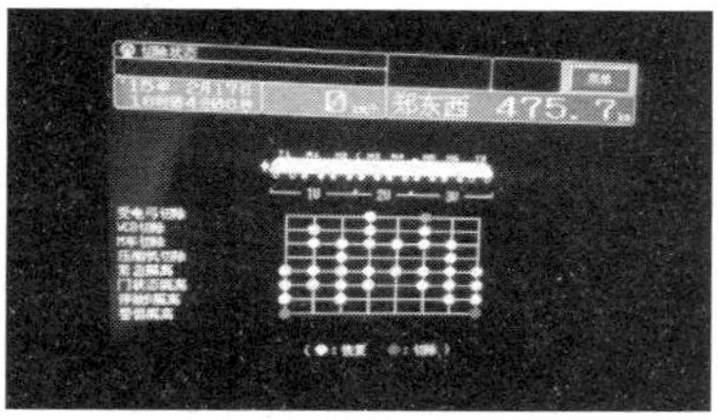 （11）2 号作业者右旋主控车组合配电柜内“紧急短路”旋钮，断开主控车组合配电柜内“制动控制装置”NFB。3 号作业者在司机室操作停放制动开关置“施加”位，在司机室 MON 屏确认停放制动未施加，1 号作业者在车下确认停放制动未施加。3 号作业者在司机室操作停放制动开关置“释放”位，2 号作业者闭合主控车组合配电柜内制动控制装置 NFB，左旋恢复“紧急短路”旋钮（注意：断开“制动控制装置”NFB 会自动关闭车门，操作时注意安全） 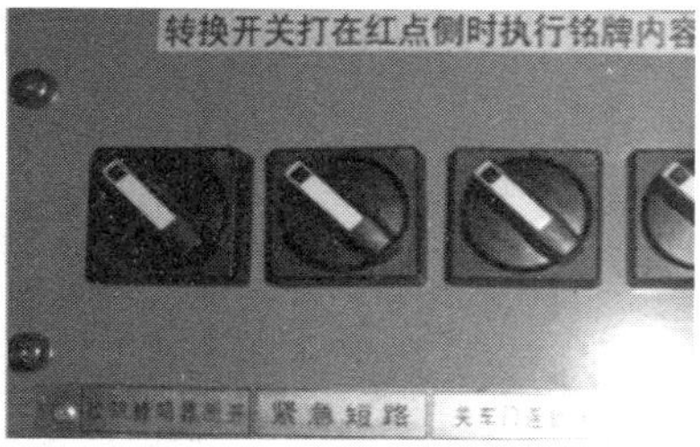
5	完工确认	2、3 号作业者确认各旋钮、空开恢复良好，1 号作业者车下确认各停放制动手动缓解拉手处于正常位置
6	整理工具物料	1、2 号作业者将工具和物料整理齐全，作业区周边卫生干净无杂物
7	办理销号手续	1 号作业者通知工长作业结束

四、紧急制动功能检查

序号	作业项目	作业内容、标准及图示
1	工前准备	
1.1	人员准备	2名作业者（1、2号）按规定穿戴劳保防护用品（工作服、劳保鞋、安全帽）
1.2	工具、物料状态确认	1号作业者负责清点配送的作业工具 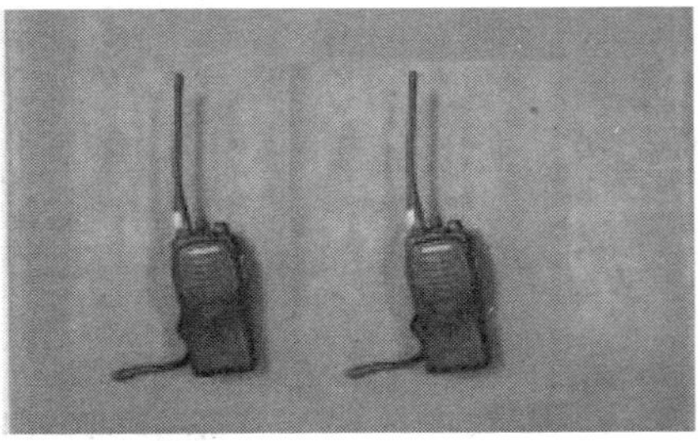
2	UBS紧急制动开关测试	（1）2号作业者确认牵引手柄置“切”位、方向手柄置“关”位。投入主控钥匙，缓解ATP输出制动，缓解停放制动，按下“紧急复位”按钮，此时驾驶台前“紧急制动”设备显示灯熄灭。将司机室UBS“紧急制动”开关拉出，再复位。 （2）2号作业者切换MON显示器至司机→制动信息→制动菜单，确认各车起快速制动。 （3）2号作业者检查驾驶台前“紧急制动”设备灯确认设备显示灯点亮。 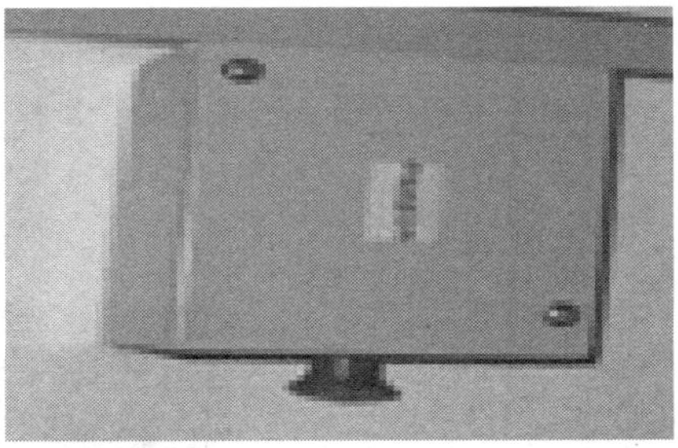  紧急制动开关紧急制动设备灯

续表

<table>
<tr><th>序号</th><th>作业项目</th><th>作业内容、标准及图示</th></tr>
<tr><td>2</td><td>UBS 紧急制动开关测试</td><td>（4）2 号作业者将制动手柄置“快速”位，按下“紧急复位”按钮，此时驾驶台前“紧急制动”设备显示灯熄灭。
（5）2 号作业者制动手柄置“运行”位，MON 显示器司机→制动信息→制动菜单。确认各车的 BC 压力下降至 0 kPa。
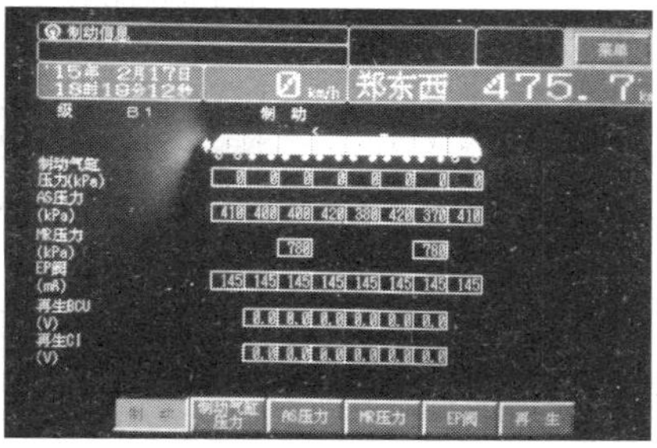
BC 压力值
（6）2 号作业者联控 1 号作业者，1 号作业者操作另一端头车及 5 车（机师间及乘务员室）UBS“紧急制动”开关进行试验，2 号作业者对 MON 显示器数值做好监控</td></tr>
<tr><td>3</td><td>MR 管用气压开关继电器动作确认</td><td>（1）2 号作业者缓解紧急制动，制动手柄置“B4”位，右旋主控车组合配电柜内紧急短路旋钮，断开主控车组合配电柜内制动控制装置 NFB。
（2）2 号作业者在 MON 显示器上远程切除所有空气压缩机，步骤为：按 [1U] + [M 车压缩机切除] + [设定] →1 单元（03 号车）的空气压缩机停止。依次操作 3U，07 号车的空气压缩机停止。
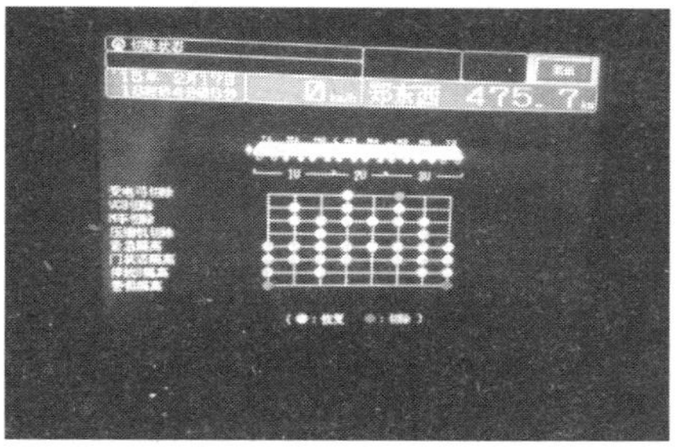
空压机切除
（3）2 号作业者将制动手柄在“运行”↔“B4”位来回动作，当 MR 管风压降至（590±10）kPa 后，确认“紧急制动”设备显示灯点亮</td></tr>
</table>

续表

序号	作业项目	作业内容、标准及图示
3	MR管用气压开关继电器动作确认	 “紧急制动”设备显示灯 （1）2号作业者在MON屏上操作恢复所有空气压缩机。作业步骤：1U+M车压缩机切除复位+设定→1单元（03号车）的空气压缩机再次投入运行，依次操作3U，07号车的空气压缩机再次投入运行。 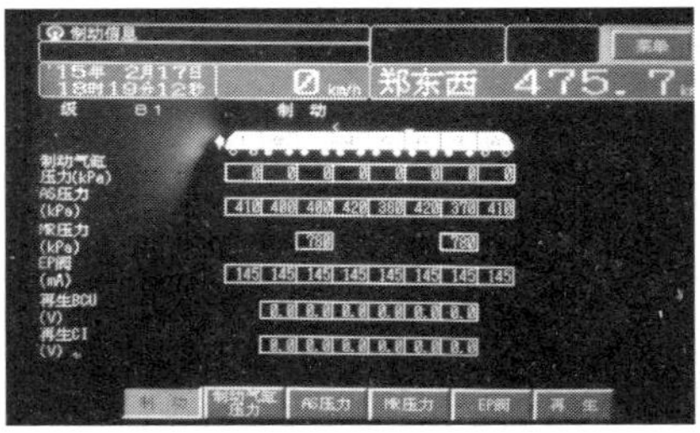 空气压缩机投用 （2）待总风压力恢复至780 kPa以上时，2号恢复主控车组合配电柜内紧急短路旋钮、制动控制装置NFB，将制动手柄置“快速”位，按下“紧急复位”按钮，“紧急制动”设备显示灯灭
4	换端作业	2号作业者将BV手柄置“拔取”位，左旋主控钥匙拔出，至另一端进行作业
5	完工检查	1号作业者检查确认各车UBS“紧急制动”开关处于正常位置
6	整理工具物料	1、2号作业者将工具和物料整理齐全，作业区周边卫生干净无杂物
7	办理销号手续	1号作业者通知工长作业结束

五、辅助制动测试

序号	作业项目	作业内容、标准及图示
1	工前准备	
1.1	人员准备	2名作业者（1、2号）按规定穿戴劳保防护用品（工作服、劳保鞋、安全帽）

续表

序号	作业项目	作业内容、标准及图示
1.2	工具、物料准备	1 号作业者清点配送的工具
2	缓解紧急制动	（1）1 号作业者投入主控钥匙，将制动手柄置“快速”位； （2）1 号作业者按下“紧急复位”键，确认全列紧急制动缓解（紧急制动显示灯灭） 
3	辅助制动测试	（1）2 号作业者将中央终端装置切换到“检修模式”。   （2）1 号作业者确认显示屏画面显示检修页面，并点击“车上检查实行”键。

续表

<table>
<tr><th>序号</th><th>作业项目</th><th>作业内容、标准及图示</th></tr>
<tr><td>3</td><td>辅助制动测试</td><td>
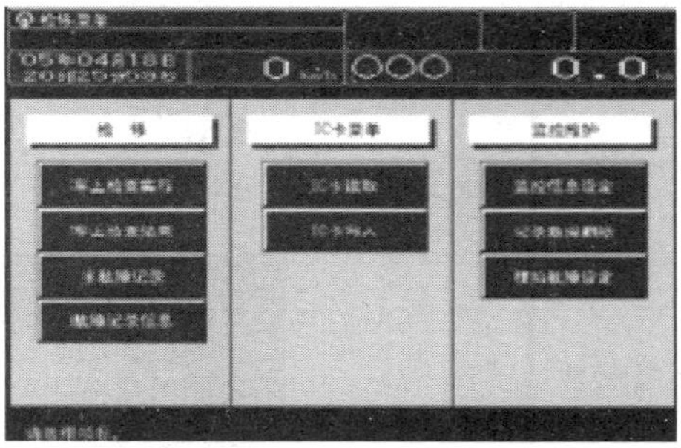

（3）1 号作业者在显示屏上触摸“辅助制动试验”键后，触摸“确认”键。

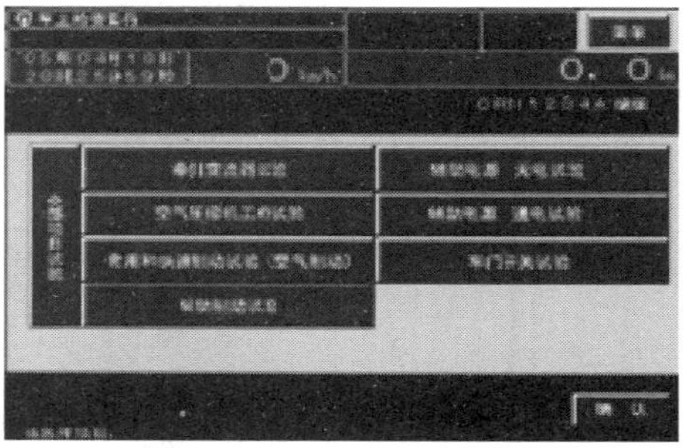

（4）1 号作业者按照显示屏的指示进行操作（注意：试验中出现闭合“辅助制动 SBN”的指示的话，2 号作业者就将司机室背后的“辅助制动键 NBF”打至“ON”位）。

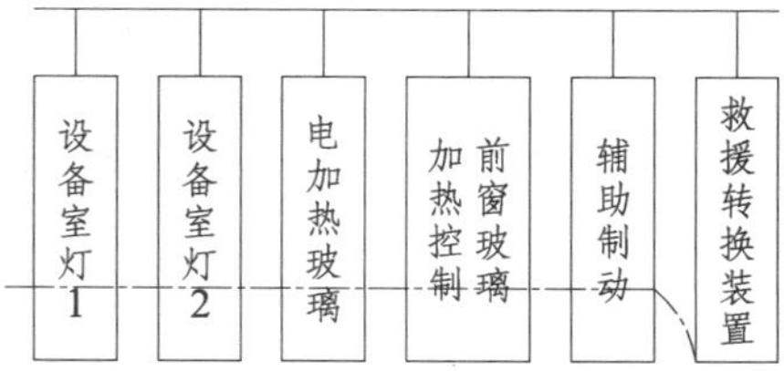

（5）试验结束后，1 号作业者触摸“结束试验”键，再触摸“确认”键。

（6）2 号作业者将“辅助制动 NFB”断开。

辅助制动测试参考值（单位 kPa，仅 00 车、01 车）

<table>
<tr><td>运行</td><td>1~3N</td><td>4~5</td><td>6~7</td><td>快速</td></tr>
<tr><td>0</td><td>90~250</td><td>150~330</td><td>210~410</td><td>420~680</td></tr>
</table>
</td></tr>
</table>

续表

序号	作业项目	作业内容、标准及图示
3	辅助制动测试	（7）IC 卡的写入 ① 2 号作业者将 IC 卡插入。 ② 2 号作业者将“车上试验 SW”设为常位，“空挡 SW”为常位。 ③ 1 号作业者将检修菜单画面选择“IC 卡写入”键。 ④ 1 号作业者在 IC 卡写入画面选择“车上检查结果”键。 ⑤ 确认数据写入完毕后，2 号作业者拔出 IC 卡，并将中央终端装置恢复到一般模式
4	换端作业	（1）换端重复以上步骤。 （2）若重联动车组解编，由分别按以上程序作业，作业完毕后恢复重联状态
5	完工确认	1、2 号作业者共同确认动车组断 VCB 降下受电弓，断蓄电池、拔取主控钥匙。检查确认司机室各手柄状态恢复正常，空开位置恢复正常，配电柜锁闭良好。确认车端状态正常
6	整理工具物料	1 号作业者将工具和物料整理齐全，确保作业区周边卫生干净无杂物
7	办理销号手续	1 号作业者归还主控钥匙并通知工长作业结束

任务二　CRH380B 型动车组制动系统检修流程

任务描述

（1）能够掌握 CRH380B 型动车组制动系统检修流程。

（2）能够描述 CRH380B 型动车组制动系统检修工艺。

相关知识

本任务主要介绍了 CRH380B 型动车组制动系统相关部件二级修检修步骤及工艺要求。

一、拖车转向架基础制动装置检查

序号	作业项目	作业内容、标准及图示
1	工前准备	
1.1	人员准备	1 名作业者（1 号）按规定穿戴劳保防护用品（工作服、防护鞋、安全帽）
1.2	工具、物料状态确认	⚠**工具超期风险：扭矩扳手校验不超期，万用表校验不超期。** 1 号作业者清点配送的工具、物料
2	拖车转向架基础制动装置检查	
2.1	制动缸检查	（1）外观状态良好，无裂纹、变形、破损、异物击打痕迹等。 （2）安装牢固，安装座无变形、裂纹、损坏、异物击打痕迹等。 （3）缸体本身无漏气现象。 （4）橡胶波纹管外观状态良好，无老化、龟裂、破损、脱落等  （a）制动缸

续表

序号	作业项目	作业内容、标准及图示
2.1	制动缸检查	 （b）带停放制动的制动缸
2.2	风管检查	（1）外观状态良好，无裂纹、变形、破损、漏风等。 （2）与制动缸管路连接牢固，密封良好，接头处无松动、泄露等。 （3）橡胶管与钢管连接处过渡良好，无松动、漏风现象 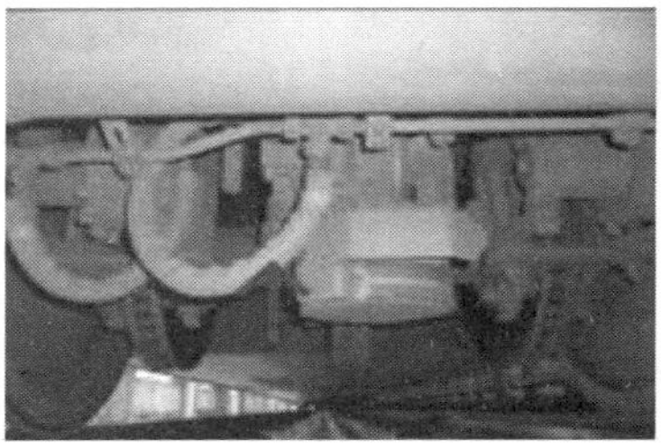 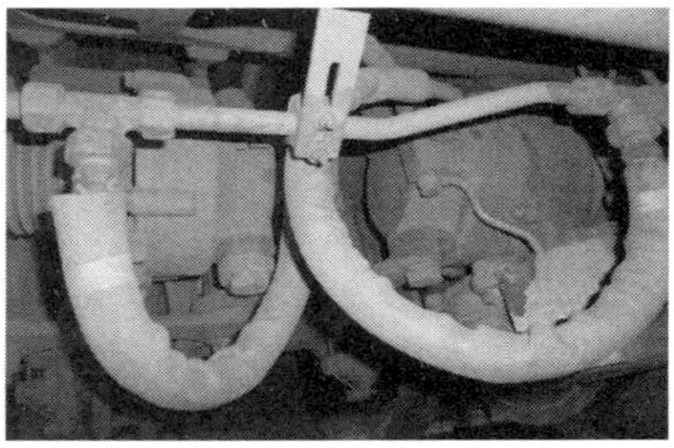 风管
2.3	夹钳检查	（1）支点支座无裂损、错位、松动、异物击打痕迹等。 （2）拉杆外观良好，无裂纹、变形、破损。 （3）闸片托架无裂损、变形、松动。 （4）各螺纹销外观无异常、作用良好。 （5）转轴外观良好，无裂纹、变形、损坏等。 （6）用钢尺测量闸片厚度不超限，限度为：闸片最薄处≥7 mm（含钢背厚度），同意制动夹钳任一闸片到限同时更换  

续表

<table>
<tr><th>序号</th><th>作业项目</th><th>作业内容、标准及图示</th></tr>
<tr><td>2.4</td><td>制动盘检查</td><td></td></tr>
<tr><td>2.4.1</td><td>制动盘盘毂检查</td><td>
使用高压空气等清洁制动盘安装座根部（只清洁制动盘螺栓螺栓头一侧），清洁后，目视检查9个安装座根部是否存在可见裂纹，发现裂纹必须通知主机厂，并立即处理。检查范围为每个安装座根部

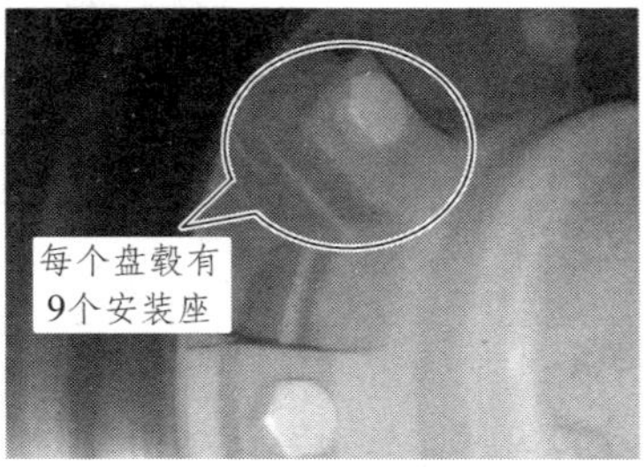

裂纹

裂纹分为表面龟裂、表面裂缝和贯穿裂纹。使用钢板尺对裂缝和裂纹长度进行测量。轴盘依据如下细节进行裂纹检测：

注：*a* 表示既未触及内径也未触及外径的裂纹和裂缝；*b* 表示触及内径或外径的裂纹或裂缝。

（1）表面龟裂。龟裂对于运行没有什么影响，允许在制动盘上任意位置出现。

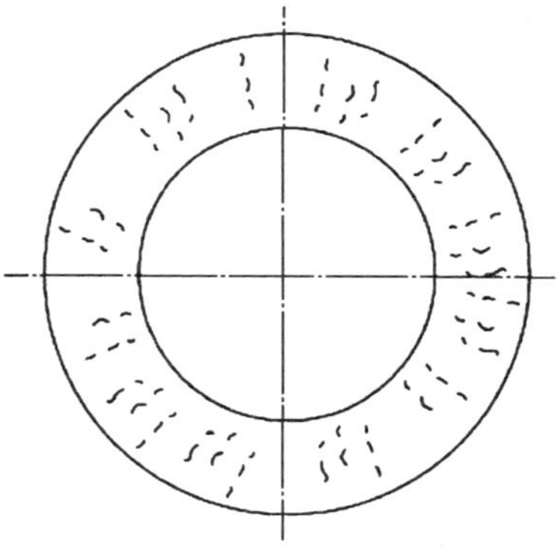

表面龟裂

（2）表面裂缝。未从内径贯穿到外径，但深度已贯穿制动盘厚度的裂纹称为表面裂缝。

① 如果：$b<50$ mm 且两条裂缝之间的距离大于 100 mm 的多处裂缝，允许存在。

② 如果 50 mm$\leq b<70$ mm，裂缝在一定条件下允许存在，可以继续运行至下次检查。
</td></tr>
</table>

续表

序号	作业项目	作业内容、标准及图示
2.4.1	制动盘盘毂检查	③ 如果 $b \geq 70$ mm，裂缝不允许存在。有此类裂缝的制动盘须尽快加以更换。 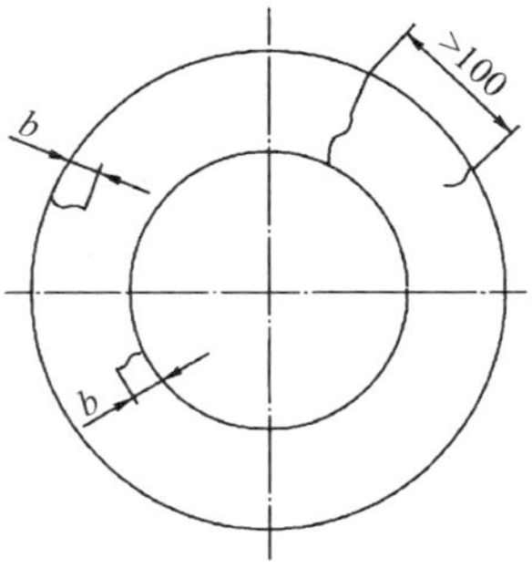 表面裂缝 （3）表面裂纹。表面裂纹是指裂开但未贯穿制动盘厚度的裂纹。在下列条件下允许存在多处表面裂纹： ① $a<100$ mm，裂纹未触及内径也未触及外径。 ② $b<100$ mm，裂纹触及了内径或外径。 ③ $a<100$ mm，但到外径和内径的距离≥10 mm 且两条裂纹之间的距离>50 mm。
2.4.2	制动盘裂纹检查	④ 只允许出现一处彼此相对表面裂纹长度≤70 mm 的裂纹。 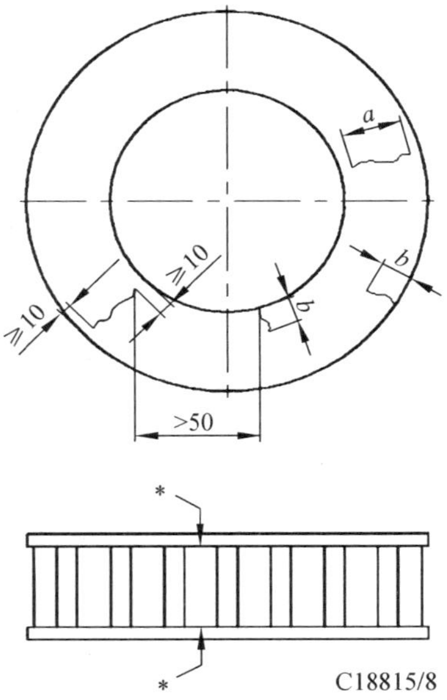 *彼此相对的裂纹

续表

序号	作业项目	作业内容、标准及图示
2.4.2	制动盘裂纹检查	（4）贯穿裂纹。在连接处及制动盘的两侧摩擦带上不允许出现从内径贯穿到外径以及贯穿散热通道的贯穿裂纹，有此类裂纹的制动盘必须立刻更换，不能继续运行
3	完工确认	作业完毕后确认基础制动装置各部状态良好
4	整理工具物料	将工具和物料整理齐全，作业区周边卫生干净无杂物
5	办理销号手续	通知工长作业结束

二、动车转向架基础制动装置检查

序号	作业项目	作业内容、标准及图示
1	工前准备	
1.1	人员准备	1名作业者（1号）按规定穿戴劳保防护用品（工作服、防护鞋、安全帽）
1.2	工具、物料状态确认	⚠**工具超期风险：扭矩扳手校验不超期，万用表校验不超期。** 1号作业者清点配送的工具、物料
2	动车转向架基础制动装置检查	
2.1	制动缸检查	（1）外观状态良好，无裂纹、变形、破损、异物击打痕迹等。 （2）安装牢固，安装座无变形、裂纹、损坏、异物击打痕迹等。 （3）缸体本身无漏气现象。 （4）橡胶波纹管外观状态良好，无老化、龟裂、破损、脱落等 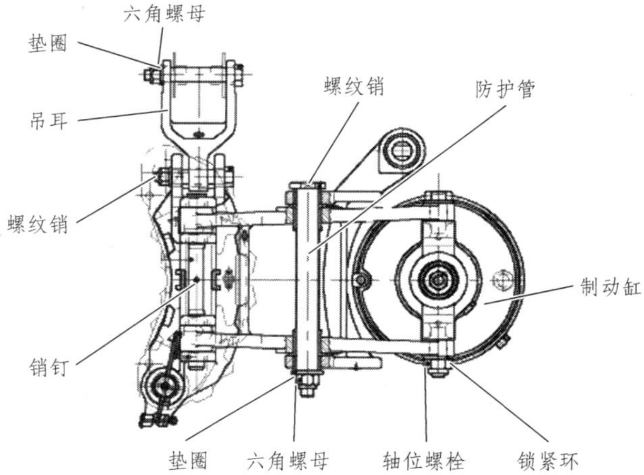 制动缸

续表

序号	作业项目	作业内容、标准及图示
2.2	风管检查	（1）外观状态良好，无裂纹、变形、破损、漏风等。 （2）与制动缸管路连接牢固，密封良好，接头处无松动、泄露等。 （3）橡胶管与钢管连接处过渡良好，无松动、漏风现象 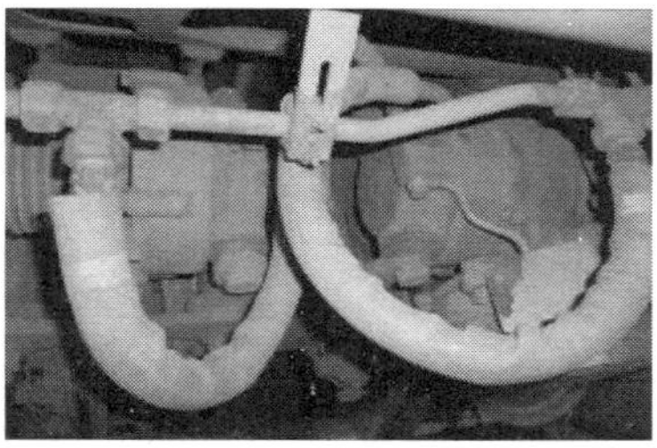 风管
2.3	夹钳检查	（1）支点支座无裂损、错位、松动、异物击打痕迹等。 （2）拉杆外观良好，无裂纹、变形、破损。 （3）闸片托架无裂损、变形、松动。 （4）各螺纹销外观无异常、作用良好。 （5）转轴外观良好，无裂纹、变形、损坏等。 （6）用钢尺测量闸片厚度不超限，限度为：闸片最薄处≥7 mm（含钢背厚度），同意制动夹钳任一闸片到限同时更换 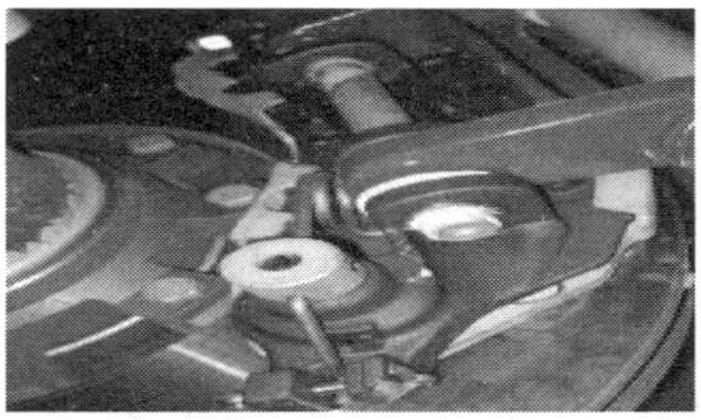 
2.4	制动盘	
2.4.1	制动盘裂纹检查	裂纹分为表面龟裂、表面裂缝和贯穿裂纹。使用钢板尺对裂缝和裂纹长度进行测量。轮盘依据如下细节进行裂纹检测： 注：*a* 表示既未触及内径也未触及外径的裂纹和裂缝；*b* 表示触及内径或外径的裂纹或裂缝。

续表

序号	作业项目	作业内容、标准及图示
2.4.1	制动盘裂纹检查	（1）表面龟裂。龟裂对于运行没有什么影响，允许在制动盘上任意位置出现。 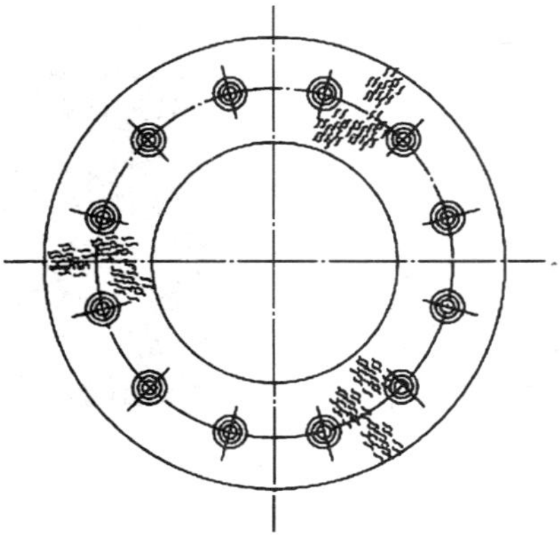 表面龟裂 （2）表面裂缝。未从内径贯穿到外径，但深度已贯穿制动盘厚度的裂纹称为表面裂缝。 ① 如果：a<80 mm，b<60 mm，裂缝是允许存在的。制动盘可以允许有多个随机排布的裂缝。 ②如果：80 mm≤a<100 mm，60 mm≤b<80 mm，裂缝在一定条件下允许存在。可以继续运行至下次检查。 ③ 如果：a≥100 mm，b≥80 mm，裂缝不允许存在。有此类裂缝的制动盘须尽快加以更换。 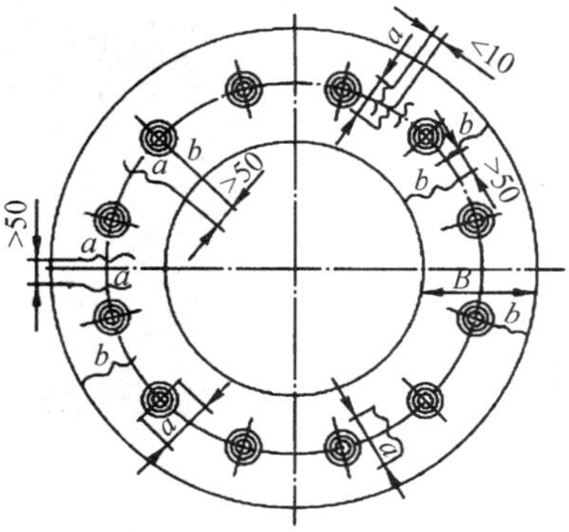 表面裂缝

序号	作业项目	作业内容、标准及图示
2.4.1	制动盘裂纹检查	（3）贯穿裂纹。制动盘的两条摩擦带上不允许出现从内径贯穿到外径以及贯穿散热通道的贯穿裂纹，有此类裂纹的制动盘必须立刻更换，不能继续运行 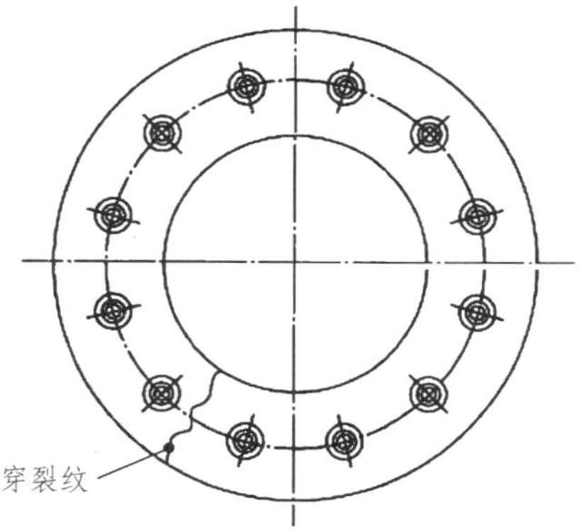
2.4.2	材料脱层检查	检查轮装盘式制动器的摩擦片是否有灼烧痕迹、烧焊和材料脱层现象。若没有穿透裂纹或值得注意的裂缝，则带灼烧痕迹的摩擦片可以继续使用 
2.4.3	紧固性检查	检查制动盘的紧固性。检查螺栓紧固有无丢失、松动，防松标记无错位
3	完工确认	作业完毕后确认基础制动装置各部状态良好
4	整理工具物料	将工具和物料整理齐全，作业区周边卫生干净无杂物
5	办理销号手续	通知工长作业结束

三、撒砂装置检查

序号	作业项目	作业内容、标准及图示
1	工前准备	
1.1	人员准备	2名作业者（1、2号）按规定穿戴劳保防护用品（工作服、劳保鞋、安全帽）

续表

序号	作业项目	作业内容、标准及图示
1.2	工具、物料状态确认	工具过期风险：力矩扳手校验不超期。 1 号作业者负责清点配送作业工具并检查力矩扳手校验未过期，力矩扳手力矩范围符合标准
2	注砂口检查	2 号作业者打开注砂口盖板，1 号作业者检查注砂口外观状态良好，无变形、裂纹、损坏等  注砂口
3	撒砂装置检查	位置在头车车辆各自的轮对 1 前的撒砂装置和中间车车辆各自的轮对 1 和轮对 4 前的撒砂装置
3.1	砂管加热器检查	1 号作业者检查撒砂加热器外观状态良好，安装正位、牢固，无裂纹、变形、破损，固定螺栓齐全、作用良好。铭牌清晰、完整 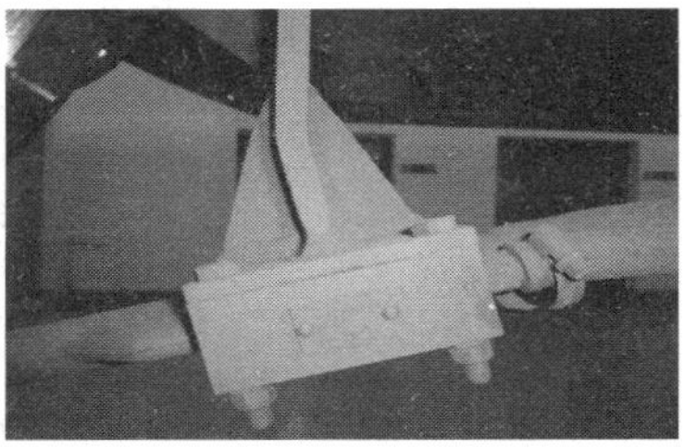 砂管加热器
3.2	撒砂口检查	1 号作业者检查撒砂口外观状态良好，安装正位、牢固，螺栓齐全、作用良好，无裂纹、变形、破损、漏风等，清洁无脏堵，异常时用抹布清理干净。卡子无缺失、裂纹、变形，捆扎良好，无松脱。托架无裂损、变形，安装正位、牢固。 注：撒砂喷嘴距轨面：头车（67±2）mm；中间车（70±2）mm 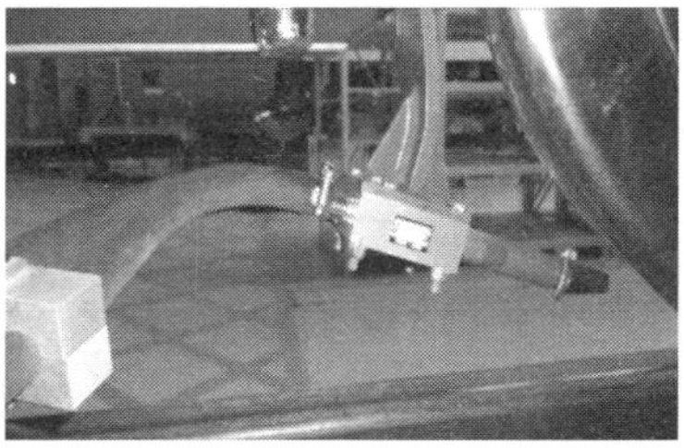

续表

序号	作业项目	作业内容、标准及图示
3.2	撒砂口检查	1号作业者检查管路外观状态良好，位置正确，安装牢固，无松脱、错位，无裂纹、变形、破损、泄露。接口处连接牢固，密封良好。吊绳外观良好，无断裂、碰磨，定位座固定良好，螺栓齐全，作用良好 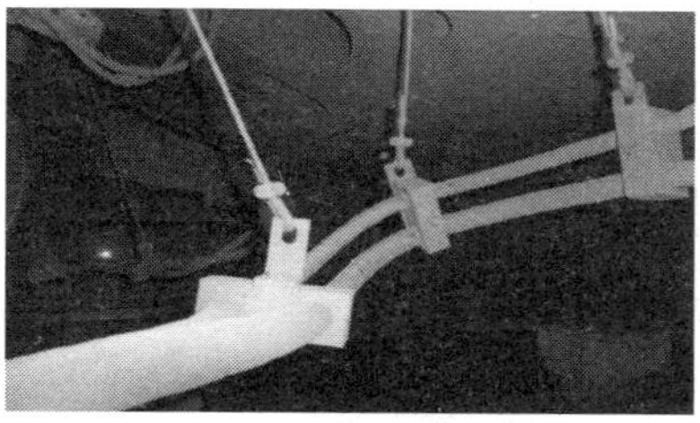 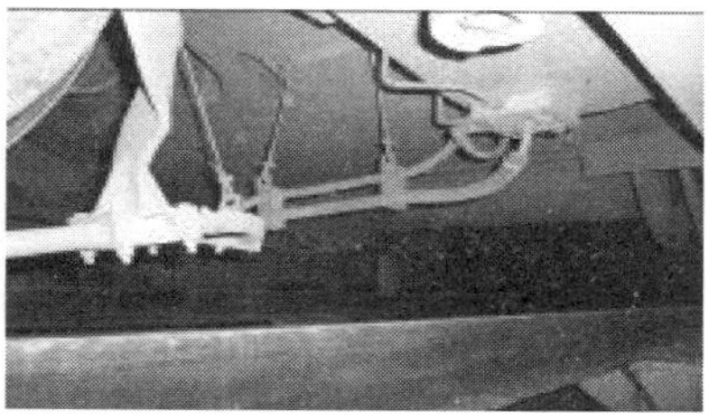 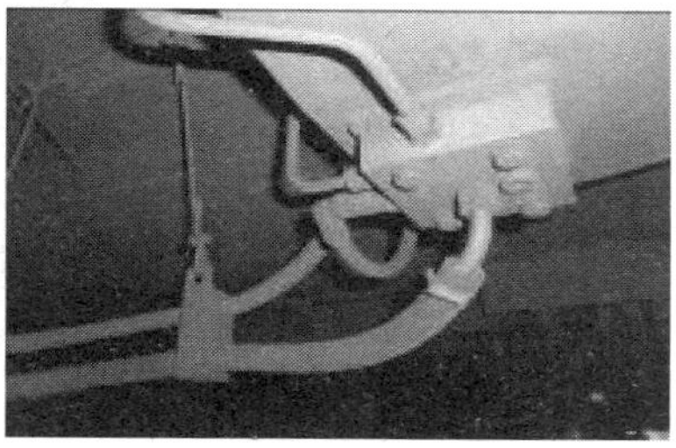
4	电磁阀 F04（03、06 车）检查	（1）2号作业者打开电磁阀相应裙板。 （2）2号作业者使用毛刷或高压风清洁阀板相关电磁阀、配线及管路。 （3）1号作业者检查电磁阀外观状态良好，安装正位、牢固，无破损。电气连接牢固，外观良好，无老化、龟裂、变形、过热烧损等  电磁阀（F04）
5	恢复裙板	2号作业者用四角钥匙打开的盖板和裙板，确认牢固、到位，裙板锁力矩标准为 30 N·m
6	完工确认	作业完毕后确认裙板状态良好
7	整理工具物料	1、2号作业者将工具和物料整理齐全，作业区周边卫生干净无杂物
8	办理销号手续	1号作业者通知工长作业结束

四、压缩机部件（安全阀 A01-001b）检查

序号	作业项目	作业内容、标准及图示
1	工前准备	
1.1	人员准备	3 名作业者（1、2、3 号）按规定穿戴劳保防护用品（工作服、劳保鞋、安全帽）
1.2	工具、物料状态确认	1 号作业者清点配送的工具
2	拆卸	压缩机停止运转约 5 min 后压力会被完全卸去，至少 20 min 后才可以作业
2.1	打开裙板	先粘贴色带，再用四角钥匙打开主空压机对应位置处的裙板 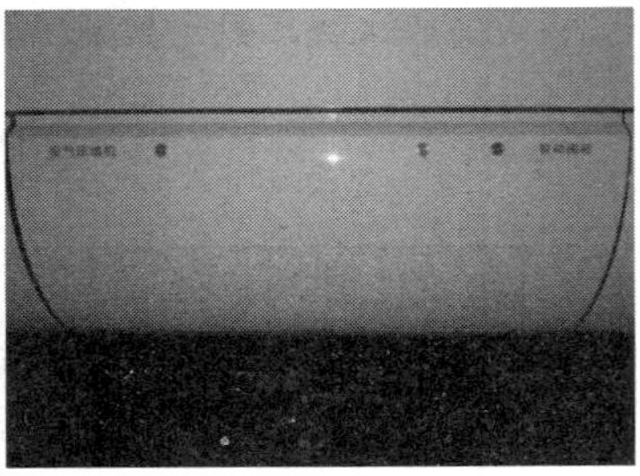 主空压机裙板
2.2	打开维护翻盖	用四角钥匙打开主空压机上的维护翻盖  维护盖板
3	安全阀（A01-001b）检查	
3.1	清洁	使用毛刷和清洁剂清洁安全阀及周围，防止杂物掉入机体内 

续表

序号	作业项目	作业内容、标准及图示
3.2	拆下安全阀	使用叉口扳手拆下安全阀（A01-001b） 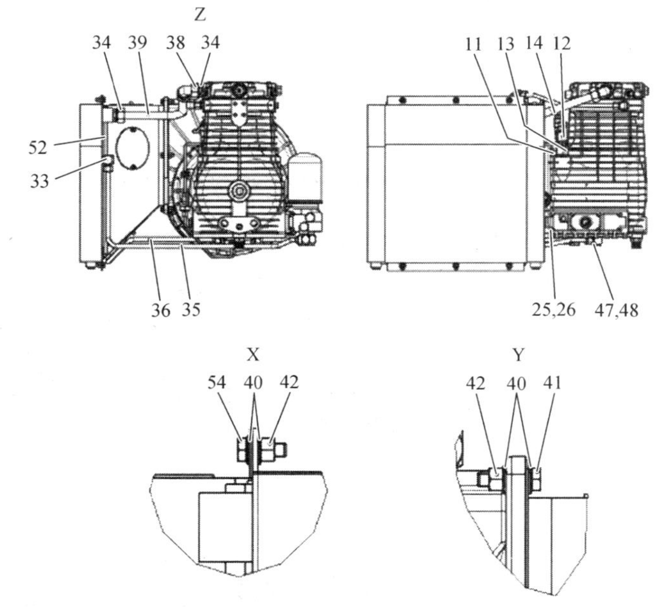 11—密封圈；12—变径管接；13—密封圈；14—安全阀；25—密封圈；26—螺塞；33—螺纹直角接头；34—螺纹管接件；35—进给管道；36—回流管道；38—螺纹直角接头；39—压缩空气管道；40—垫圈；41—六角螺栓；42—六角螺母；47—螺塞；48—密封圈；52—密封件型面；54—六角螺栓。 安全阀（001b）位置图
3.3	安装新安全阀	检查新安全阀是否合格，在新安全阀螺纹处涂抹螺纹密封剂（乐泰 572），并将其安装牢固，打紧力矩
3.4	启动检查	供电启动空压机，检查安全阀有无漏风
3.5	关闭维护翻盖	检查完毕后关闭主空压机上的维护翻盖，确认锁闭牢固、到位
4	完工确认	（1）恢复裙板安装，确认锁闭牢固、到位。裙板锁力矩 30 N·m。 （2）作业完毕后，应做到工完料净场地清
5	办理销号手续	通知工长作业结束

五、干式空气滤清器（A01/001c）检查

序号	作业项目	作业内容及标准
1	工前准备	
1.1	人员准备	3 名作业者（1、2、3 号）按规定穿戴劳保防护用品（工作服、劳保鞋、安全帽）

续表

序号	作业项目	作业内容及标准
1.2	工具、物料状态确认	⚠工具过期风险：力矩扳手校验不超期。 清点配送作业工具并检查力矩扳手校验未过期，力矩扳手力矩范围符合标准
2	干式空气滤清器（A01/001c）检查	断开相应车辆的主空压机空开，使干式空气滤清器（A01/001c）停止工作 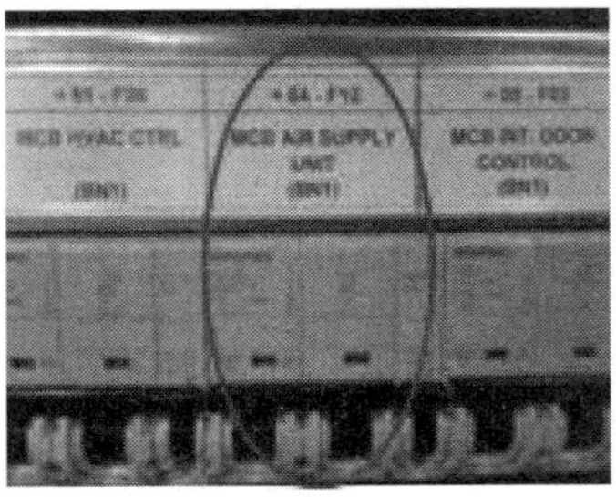  主空压机空开主空机底板
2.1	干式空气滤清器（A01/001c）检查	先粘贴色带，再打空压机位置处的底板   真空指示器干式空气滤清器
2.2	拆下干式空气滤清器（A01/001c）	（1）松开六角螺母，并将灰尘罐连同密封圈一起取下。 （2）松开第二个六角螺母，拉出滤芯和导风环。 （3）拧下六角螺母，并将安全元件从滤清器上部中抽出
2.3	更换滤芯和安全元件	（1）除去外壳内部的灰尘，清洁滤清器上部和灰尘罐的密封环接触面，并清洁导风环。 （2）装入新的安全元件，并用六角螺母将其固定。 （3）新的滤芯连同导风环一起插入，并用六角螺母固定。 （4）清洁未损坏的密封圈，并置入灰尘罐中。

续表

序号	作业项目	作业内容及标准
2.3	更换滤芯和安全元件	（5）用第二个六角螺母将灰尘罐固定在滤清器上部处。 （6）拔出复位按钮，将真空指示器调回初始状态 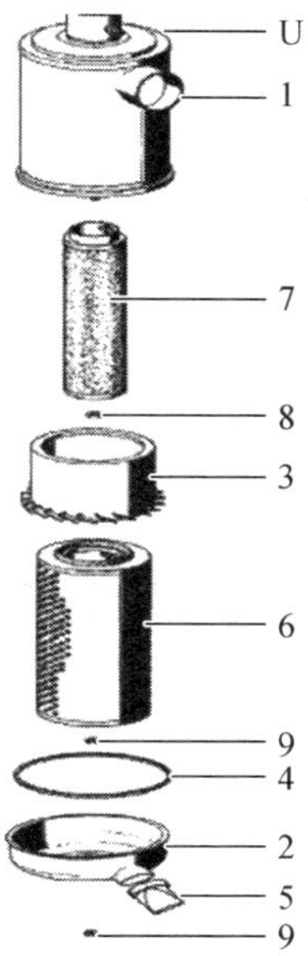 1—滤清器上部；2—灰尘罐；3—导风环；4—密封圈；5—排尘阀； 6—滤芯灰尘罐；7—安全元件；8—六角螺母；9—六角螺母； U—真空指示器接口。 干式空气滤清器的结构
2.4	安装确认	更换完毕后重新安装干式空气滤清器（A01/001c），确认安装牢固、到位
2.5	安装底板	重新安装空压机位置处的底板，确认安装到位，螺栓紧固，力矩符合标准，按规定涂打防松标记
2.6	紧固裙板	作业完毕后，重新紧固裙板，确认牢固、到位
3	完工确认	业者共同确认：裙板安装状态良好，各标记齐全
4	整理工具物料	将工具和物料整理齐全，作业区周边卫生干净无杂物
5	办理销号手续	通知工长作业结束

六、空气干燥设备（A01/002）功能测试

序号	作业项目	作业内容、标准及图示
1	工前准备	
1.1	人员准备	2名作业者（1、2号）按规定穿戴劳保防护用品（工作服、劳保鞋、安全帽）

续表

序号	作业项目	作业内容、标准及图示
1.2	工具、物料状态确认	1号作业者清点配送的工具
2	空气干燥设备功能测试	（1）先粘贴色带，再打开检查裙板，确保能接触到空压机（A01）。 （2）打开空压机（A01）的维护翻盖。 （3）接通空压机（A01）为持续运行
2.1	循环控制装置功能测试	每两分钟干燥塔的工作状态切换时能听到声音，检查压力指示器显示当前的状态 **（提示：每个干燥塔配有一个压力指示器，用以显示干燥塔所处的工作状态。例如，如果左干燥塔中有压力，说明它处于干燥阶段，则左边的压力指示器上出现一条红杠。如果处于无压状态，说明它处于再生阶段，则这条红杠自动消失。）**
2.2	压力露点测量	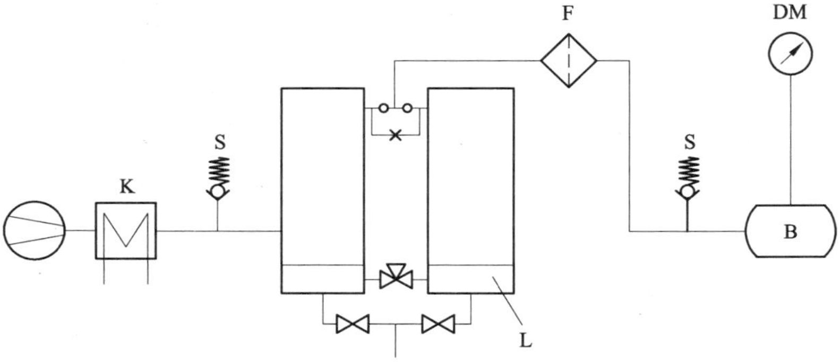 压力露点测量
2.2.1	管路和干燥塔排风	切断空气干燥设备（A01/002），并给所有相连的压缩空气管路和干燥塔排风
2.2.2	储压罐排风	打开球阀（A14.001），给储压罐（A14）排风  球阀（A14.001）

续表

序号	作业项目	作业内容、标准及图示
2.2.3	断开空开	断开主空压机（A01）的空开，并采取措施防止重新接通 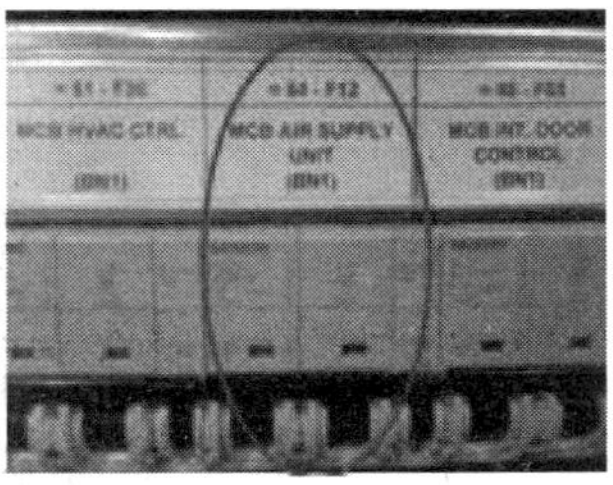 主空压机空开
2.2.4	连接测量仪	将压力露点测量仪连接到球阀（A14.001）上
2.2.5	闭合空开	重新闭合主空压机（A01）的空开 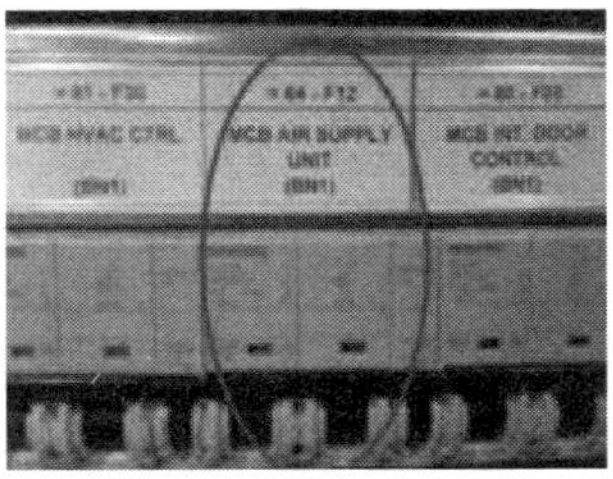
2.2.6	压力露点测量	让主空压机持续运行 30 min，测量当时的环境温度，进行一次压力露点测量
2.2.7	测量环境温度	（1）用点温仪测量环境温度。所测得的压力露点在当时的环境温度下必须在 35%的空气相对湿度极限值曲线以下。 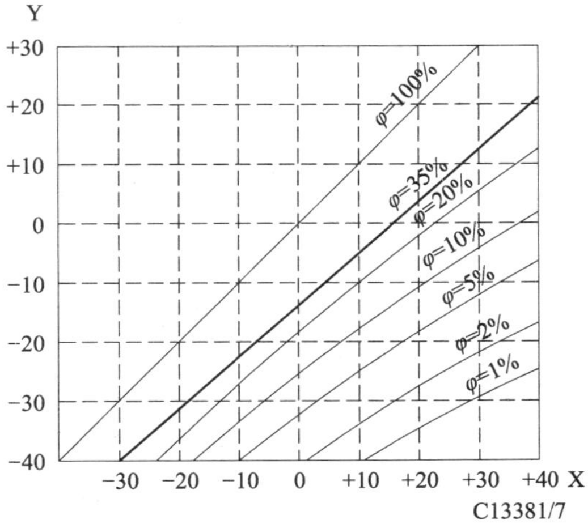 压力露点、周围温度及相对湿度之间的关系 （2）当检测的结果不符合标准时，必须检查空气干燥设备，必要时更换干燥剂罐

续表

序号	作业项目	作业内容、标准及图示
2.2.8	恢复球阀	（1）测试完毕后，恢复球阀（A14.001）。 （2）从球阀（A14.001）上取下压力露点测量仪 
3	完工确认	（1）重新安装空压机位置处的底板，确认底板安装牢固、到位，按规定涂打防松标记。 （2）安装主空压机箱的盖板，安装主空压机位置处的裙板，确认锁闭牢固、到位。裙板锁力矩 30 N·m。 （3）作业完毕后，应做到工完料净场地清
4	办理销号手续	通知工长作业结束

七、直通式电空制动器功能测试

序号	作业项目	作业内容、标准及图示
1	工前准备	（1）确认作业计划单中的作业车组号及股道。 （2）按照工具清单和物料清单清点工具和物料
1.1	人员准备	2 名作业者（1、2 号）按规定穿戴劳保防护用品（工作服、防护鞋、安全帽）
1.2	工具、物料状态确认	**工具超期风险：扭矩扳手校验不超期，万用表校验不超期。** （1）1 号作业者清点配送的工具，检查扭矩扳手校验不超期，扭矩扳手力矩范围符合标准；检查万用表校验不超期，测量范围符合标准。 （2）2 号作业者清点配送的物料 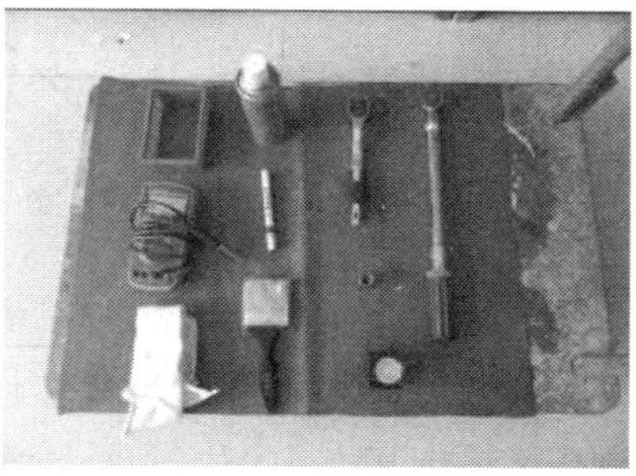

续表

<table>
<tr><th>序号</th><th>作业项目</th><th>作业内容、标准及图示</th></tr>
<tr><td>2</td><td>直通式电空制动器功能测试</td><td>（1）打开蓄电池，等待列车启动。
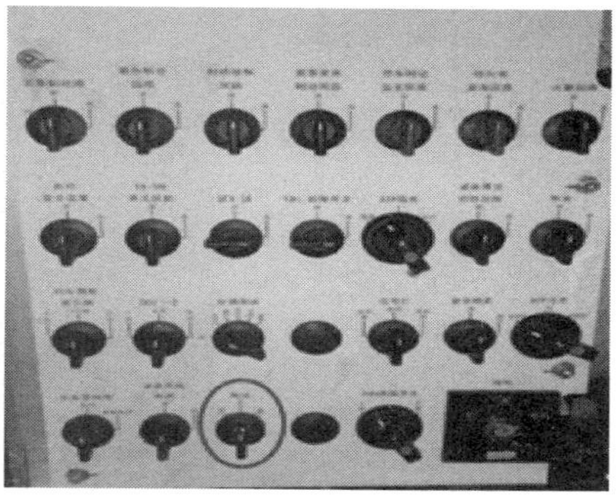
蓄电池开关
（2）占用司机室，将方向开关置“前进”位。
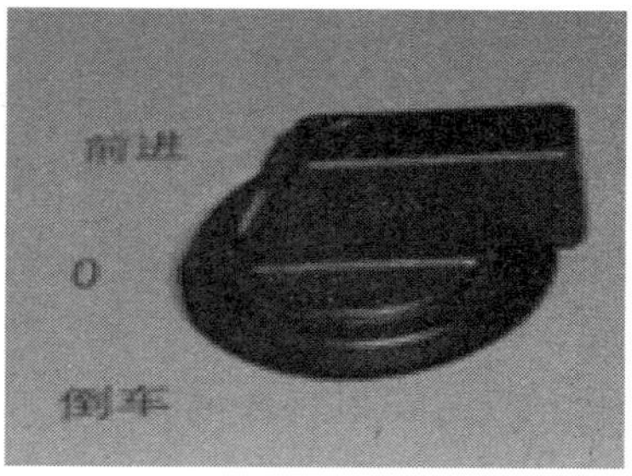

占用司机室方向开关
（3）升弓供电</td></tr>
<tr><td>2.1</td><td>截断塞门（B02B06.03）功能测试</td><td>（1）先粘贴色带，再用四角钥匙打开需测试车辆制动控制模块（B02）处的裙板，打开盖板，能接触到模块（B06）。
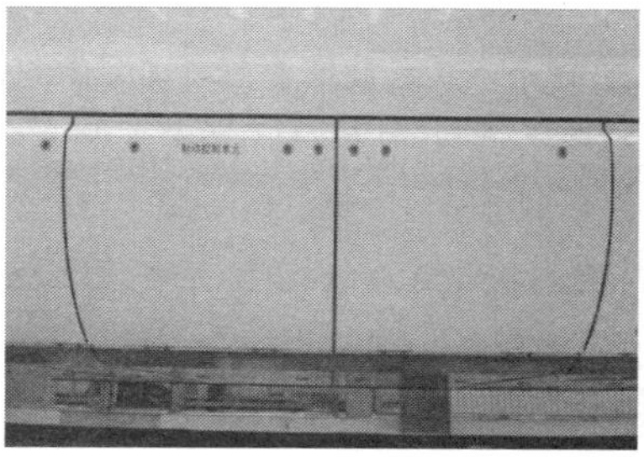
制动控制单元裙板 B06 模块</td></tr>
</table>

续表

<table>
<tr><th>序号</th><th>作业项目</th><th>作业内容、标准及图示</th></tr>
<tr><td>2.1</td><td>截断塞门（B02B06.03）功能测试</td><td>（2）关闭中继阀总风的截断塞门（B02B06.03），可以很灵活地完全关闭。

关闭截断塞门（B02B06.03）
（3）司机室人员施加制动，在 MMI 屏上确认直通式电空制动器和间接制动功能失灵。
（4）确认检查车辆的所有制动夹钳单元制动闸片都离开制动盘。
（5）恢复截断塞门（B02B06.03），截断塞门（B02B06.03）可以很灵活地完全打开。

恢复截断塞门（B02B06.03）
（6）司机室人员施加制动，直通式电空制动器功能正常，MMI 屏显示制动已施加。
（7）检查车辆所有制动夹钳单元的制动闸片都抱在制动盘上（TC02/TC07 车辆上的基准轮对 3 例外，只有在紧急制动状态下才出现上述情况）。
（8）测试完毕后，关闭制动单元箱体盖板，锁闭裙板，确认牢固、到位。裙板锁力矩 26 N·m</td></tr>
</table>

续表

序号	作业项目	作业内容、标准及图示
2.1	截断塞门（**B02B06.03**）功能测试	 制动控制单元裙板
2.2	球阀（B15）功能测试	（1）先粘贴色带打开球阀（B15）阀板侧的裙板。  B15 阀板侧裙板 （2）关闭空气制动的截断球阀（B15），球阀（B15）可以很灵活地完全关闭。 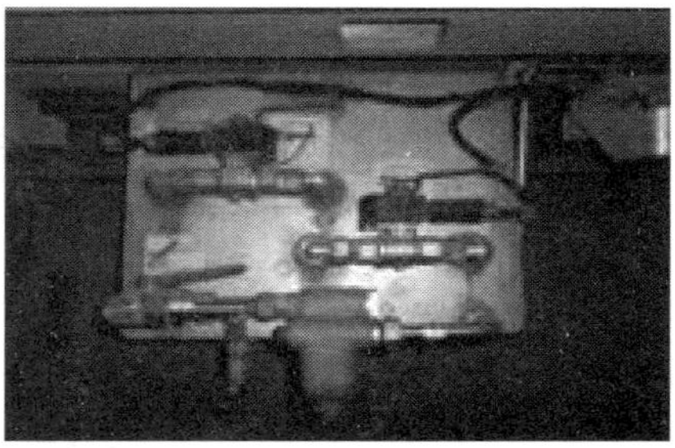 关闭球阀（B15） （3）司机室人员施加制动，确认直通式电空制动器和间接制动功能失灵。 （4）联络车下人员确认检查车辆所有制动夹钳单元制动闸片都离开制动盘。 （5）确认完毕后恢复球阀（B15），可以很灵活地完全打开。

续表

序号	作业项目	作业内容、标准及图示
2.2	球阀（B15）功能测试	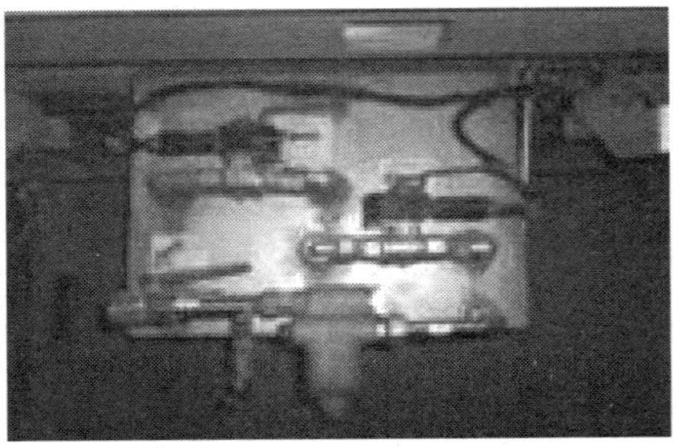 恢复球阀（B15） （6）司机室人员施加制动，直通式电空制动器功能正常，MMI屏显示制动已施加。 （7）确认所有制动夹钳单元的制动闸片都抱在制动盘上（TC02/TC07车辆上的基准轮对3例外，只有在紧急制动状态下才出现上述情况）。 （8）测试完毕后，锁闭裙板，确认牢固、到位。裙板锁力矩26 N·m  B15阀板裙板
2.3	制动开关（B22.2）功能测试	（1）去测试车辆电气控制柜，关闭开关（B22.2），关闭车辆的气动制动器。 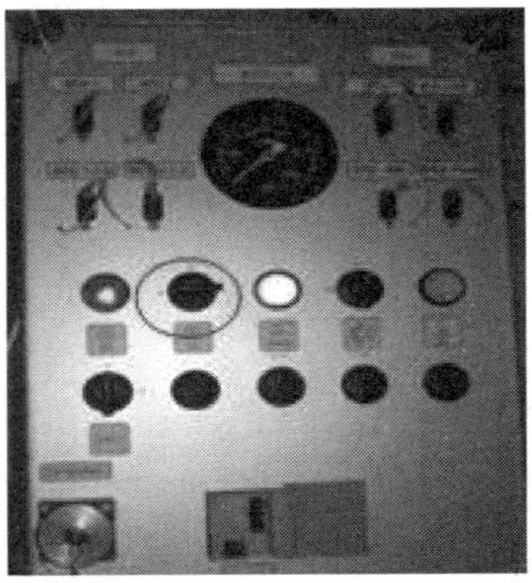 制动开关（B22.2）

续表

序号	作业项目	作业内容、标准及图示
2.3	制动开关（B22.2）功能测试	（2）车下显示装置（Z24）空气制动切除指示灯点亮。 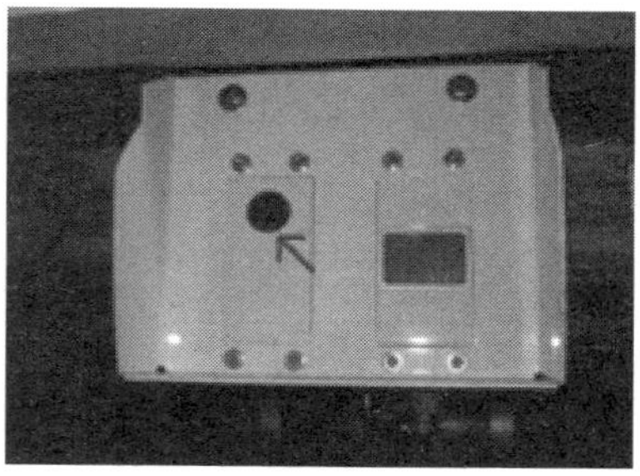 空气制动切除指示灯 （3）司机室人员施加制动，确认直通式电空制动器和间接制动功能失灵。 （4）确认所有制动夹钳单元的制动闸片都已离开制动盘。 （5）恢复开关（B22.2），接通车辆的气动制动器。 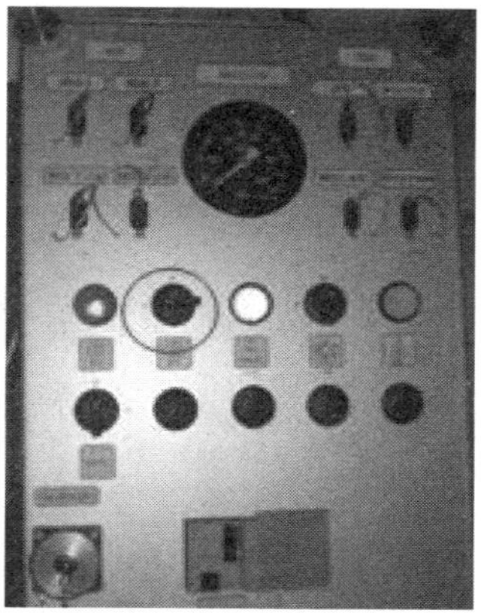 开关恢复 （6）显示装置（Z24）空气制动切除指示灯熄灭。 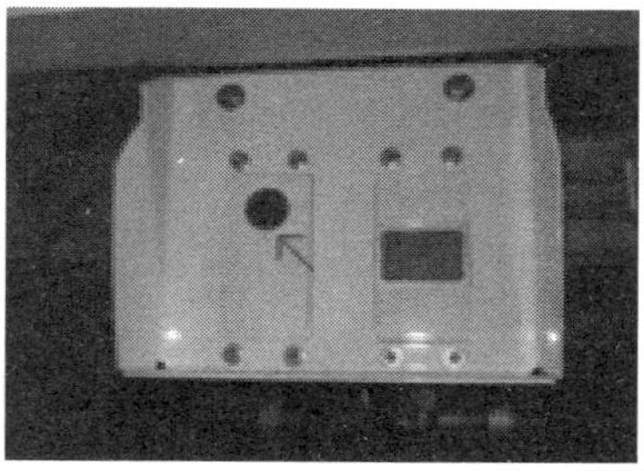 空气制动切除指示灯

续表

序号	作业项目	作业内容、标准及图示
2.3	制动开关（B22.2）功能测试	（7）联络司机室人员施加制动，直通式电空制动器功能正常，MMI 屏显示制动已施加。 （8）确认所有制动夹钳单元的制动闸片都抱在制动盘上（TC02/TC07 车辆上的基准轮对 3 例外，只有在紧急制动状态下才出现上述情况）
3	完工确认	作业结束后，应做到“工完、料净、场地清”
4	办理销号手续	通知工长作业结束

八、紧急制动功能测试

序号	作业项目	作业内容、标准及图示
1	工前准备	
1.1	人员准备	2 名作业者（1、2 号）按规定穿戴劳保防护用品（工作服、劳保鞋、安全帽）
1.2	工具、物料状态确认	⚠**工具过期风险：确认万用表校验日期不超期，功能正常。** 1 号作业者负责清点配送的作业工具
2	占用司机室	（1）打开蓄电池，等待列车启动。 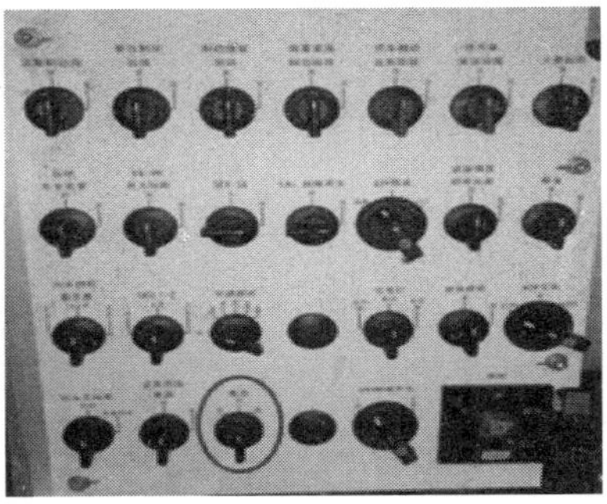 蓄电池开关 （2）占用司机室，将方向开关置“前进”位。 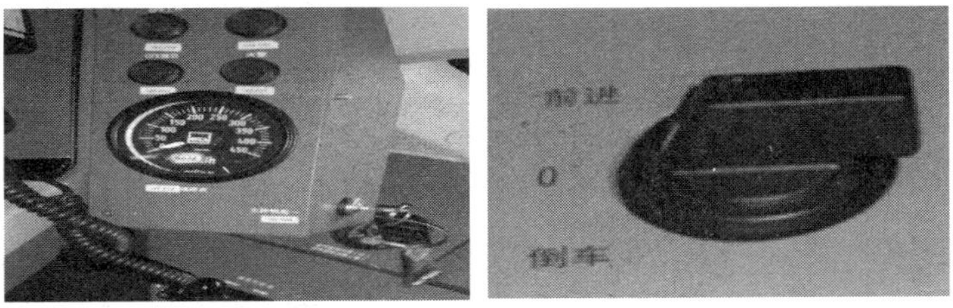 占用司机室方向开关 （3）升弓供电。

续表

序号	作业项目	作业内容、标准及图示
3	司机室制动手柄功能测试	（1）将司机制动阀（C23）置于紧急制动位置。 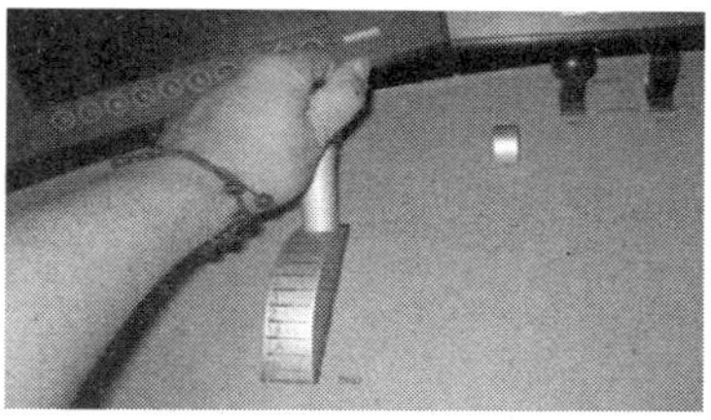 制动手柄 （2）制动管（BP 压力）通过紧急制动阀（C25）排风。压力表（C06）显示制动管（BP）压力为 0 bar（黄色指针）。  双针压力表 （3）借助司机制动阀（C23）使直通式电空制动器缓解。 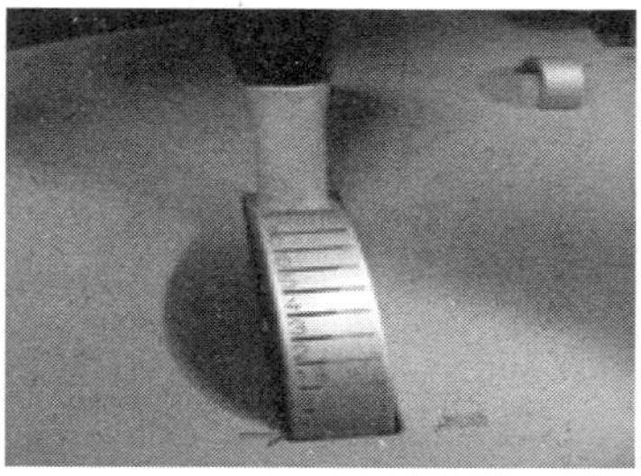 制动手柄缓解位 （4）压力表（C06）显示制动管（BP）压力为 6.0 bar（黄色指针）  双针压力表

续表

序号	作业项目	作业内容、标准及图示
4	乘客紧急制动回路故障开关（=43-S22）测试	（1）主控钥匙占用司机室，方向开关打到前进位。目视检查确认司机室右后方控制柜内的控制面板上，乘客紧急制动回路故障开关（=43-S22）处于“开”位。  乘客紧急制动回路 （2）拉动另一头车最尾端的乘客紧急制动手柄。 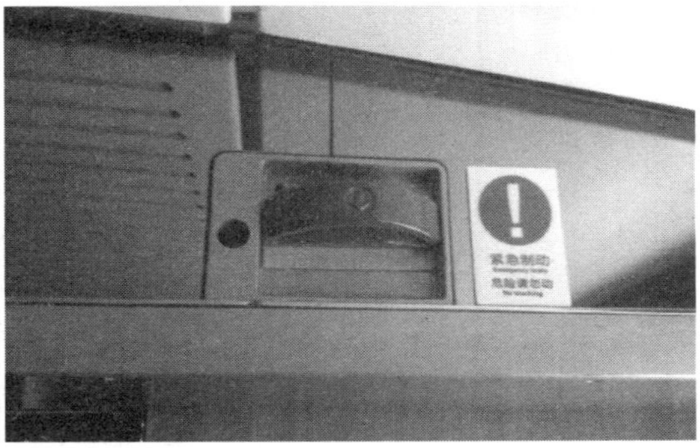 乘客紧急制动手柄 （3）在 HMI 屏上确认出现“乘客紧急制动被请求”故障代码，且无其他相关故障代码。 （4）将乘客紧急制动回路故障开关（=43-S22）打到“关”位，HMI 屏上确认“乘客紧急制动被请求”故障代码消失
5	通过尾端车紧急制动按钮测试紧急制动传递路径	（1）确认未实施紧急制动，激活 EC01 车紧急制动回路故障开关=43-S21 置于“关”位，将紧急制动回路旁路。

续表

序号	作业项目	作业内容及标准
5	通过尾端车紧急制动按钮测试紧急制动传递路径	 紧急制动回路 （2）在尾端 EC00 车司机室按下二级操纵区的紧急制动按钮（N03）。  紧急制动按钮 （3）在 HMI 屏上确认故障信息施加“紧急制动命令”，且制动管（BP）压力降到 2 bar 以下。 （4）复位 EC01 车紧急制动回路故障开关=43-S21 置于“开”位，此时 EC01 车电器柜紧急制动回路中的状态接触器 43-K24 跳开。 （5）将 EC00 车司机室紧急制动按钮（N03）拔出，复位到初始位，制动手柄（C23）置于充风（OC）位，此时制动管（BP）压力上升，3 个紧急制动传递路径（TCN、安全回路、制动管）全部返回正常情况

续表

序号	作业项目	作业内容、标准及图示
6	通过尾端车制动手柄测试紧急制动传递路径	（1）确认未实施紧急制动，激活 EC01 车紧急制动回路故障开关=43-S21 置于“关”位，将紧急制动回路旁路。  紧急制动回路 （2）在尾端 EC00 车司机室将制动手柄（C23）置于“紧急制动（EB）”位。 （3）在 HMI 屏上确认故障信息施加“紧急制动命令”，且制动管（BP）压力降到 2 bar 以下。 （4）复位 EC01 车紧急制动回路故障开关=43-S21 置于“开”位，此时 EC01 车电器柜紧急制动回路中的状态接触器 43-K24 跳开。 将 EC00 车司机室制动手柄（C23）置于“充风（OC）”位，使其恢复到缓解状态，此时制动管（BP）压力上升，3 个紧急制动传递路径（TCN、安全回路、制动管）全部返回正常情况
7	换端测试	作业人员换端到 EC00 车进行以上同样的试验
8	完工确认	作业结束后，应做到“工完、料净、场地清”
9	整理工具物料	将工具和物料整理齐全，作业区周边卫生干净无杂物
10	办理销号手续	通知工长作业结束

九、间接制动器功能测试

序号	作业项目	作业内容、标准及图示
1	工前准备	
1.1	人员准备	3 名作业者（1、2、3 号）按规定穿戴劳保防护用品（工作服、劳保鞋、安全帽）
1.2	工具、物料状态确认	1 号作业者负责清点配送的作业工具

续表

序号	作业项目	作业内容、标准及图示
2	间接制动器功能测试	（1）打开司机室右侧操作面板下方柜门，打开球阀（C14）。  球阀（C14） （2）目视确认 HMI 屏上显示球阀的开启状态。 （3）将备用制动手柄（C02）持续置于“制动”位。此时列车管（BP）通过备用制动手柄（C02）进行排风。 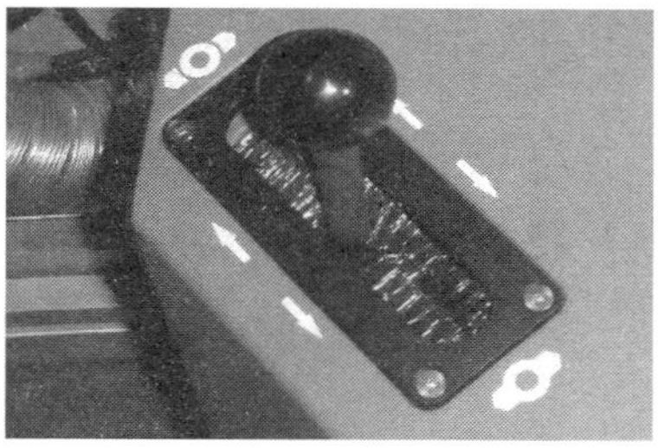  备用制动手柄（C02）压力表（C03） （4）目视确认压力表（C03）显示列车管（BP）压力为 0 bar。 （5）将备用制动手柄（C02）持续置于缓解位置，此时给列车管充风。 （6）目视确认压力表（C03）显示列车管压力为 6.0 bar
3	作业恢复	（1）备用制动手柄（C02）置于“中立”位，恢复到初始位置。 （2）关闭球阀（C14），关闭柜门。 （3）目视确认 HMI 屏上显示球阀的关闭状态
4	完工确认	作业结束后，应做到“工完、料净、场地清”
5	办理销号手续	通知工长作业结束

十、停放制动功能测试

序号	作业项目	作业内容、标准及图示
1.	作业准备	
1.1	人员准备	2名作业者（1、2号）按规定穿戴劳保防护用品（工作服、防护鞋、安全帽）
1.2	工具、物料状态确认	⚠**工具超期风险：扭矩扳手校验不超期，万用表校验不超期。** （1）1号作业者清点配送的工具，检查扭矩扳手校验不超期，扭矩扳手力矩范围符合标准；检查万用表校验不超期，测量范围符合标准。 （2）2号作业者清点配送的物料。 （3）打开蓄电池，等待列车启动。 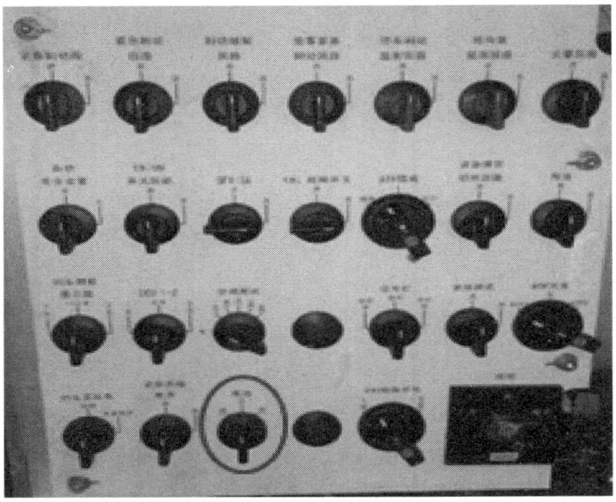 蓄电池开关 （4）占用司机室，将方向开关置“前进”位。 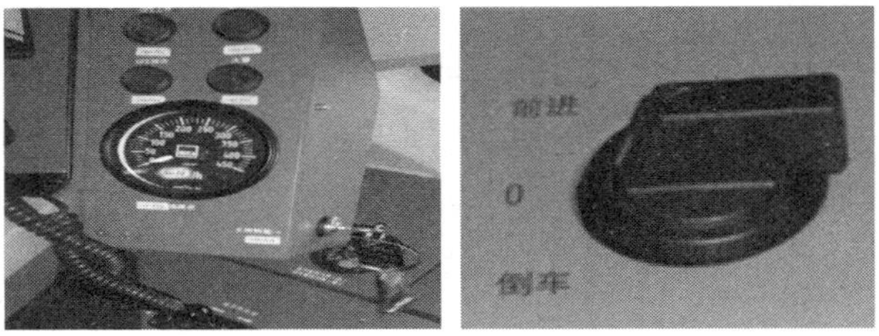 占用司机室方向开关 （5）升弓供电

续表

序号	作业项目	作业内容、标准及图示
2	停放制动功能测试（02、07车）	（1）在头车设置止轮器。 （2）使用司机制动阀（C23）缓解直通式制动。 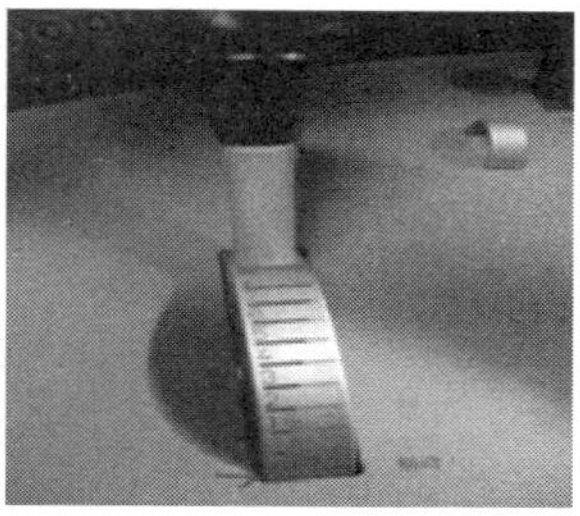 制动手柄缓解位 （3）按下停放制动缓解按钮，在MMI屏上查看停放制动已缓解。 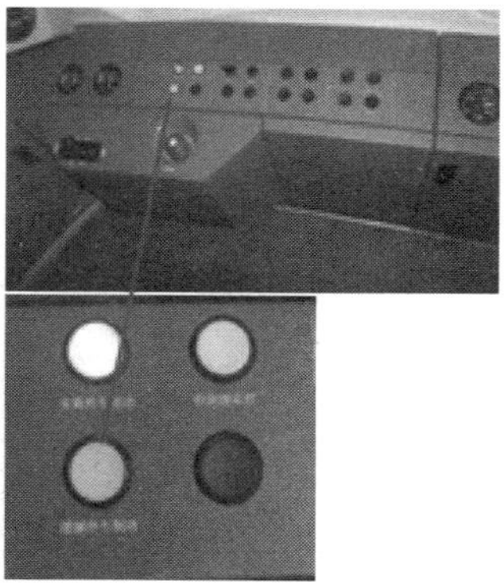 缓解停放制动按钮 （4）车下人员检查带停放制动的制动钳单元处于缓解状态，动钳单元的制动闸片离开制动盘。 （5）显示装置（Z26）在车辆两侧显示缓解状态（右侧显示窗：绿色图标）。  停放制动缓解

续表

序号	作业项目	作业内容、标准及图示
2	停放制动功能测试（02、07车）	（6）先粘贴色带，再打开球阀（H29）阀板侧的裙板。 （7）关闭停放制动截断球阀（H29），可听到排风声。 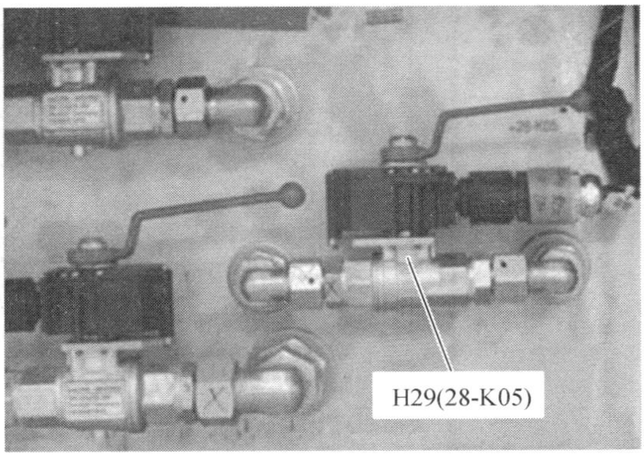 （8）确认停放制动的制动夹钳单元处于制动状态，制动钳单元的制动闸片抱在制动盘上。 （9）显示装置（Z26）在车辆两侧显示制动状态（右侧显示窗：红色图标带黑道）。  停放制动施加 （10）拉动紧急缓解装置（D08和D09）的手柄，缓解停放制动，若拉动有卡滞、摩擦，将绳索的可见部分用少许润滑剂STABURA GSNBU30PTM [S002]润滑。 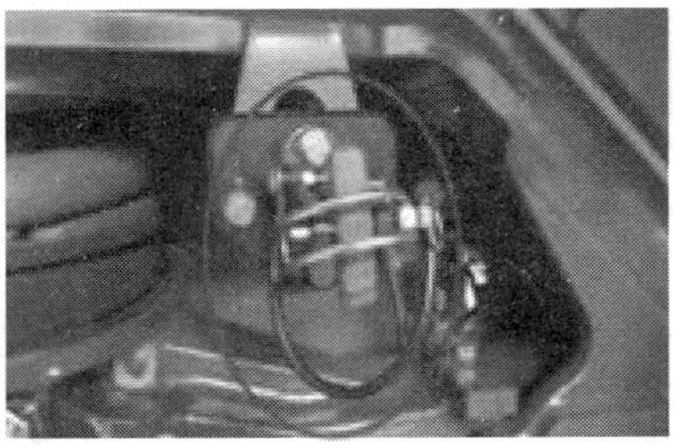 紧急缓解手柄

续表

序号	作业项目	作业内容、标准及图示
2	停放制动功能测试（02、07 车）	（11）确认制动钳单元的制动闸片离开制动盘。 （12）显示装置（Z26）继续显示停放制动处于缓解状态。  停放制动缓解 （13）将紧急缓解装置（D08 和 D09）的手柄推回并固定。 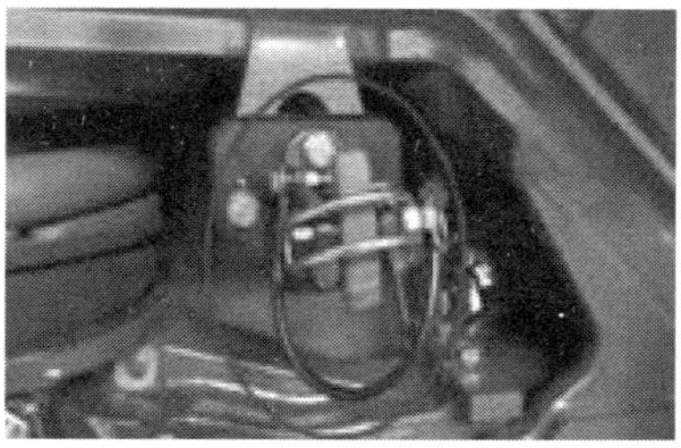 紧急缓解手柄 （14）恢复球阀（H29）。 （15）施加停放制动，在 MMI 屏上确认停放制动施加。 （16）确认停放制动的制动闸片抱在制动盘上。 （17）撤掉止轮器
3	完工确认	（1）关闭裙板，确认锁闭牢固、到位。裙板锁力矩 30 N · m。 （2）作业结束后，应做到工完料净场地清
4	整理工具物料	1、2 号作业者将工具和物料整理齐全，作业区周边卫生干净无杂物
5	办理销号手续	1 号作业者通知工长作业结束

复习思考题

1. 直通式电空制动器功能测试步骤有哪些？
2. 简述 CRH380A 型动车组常用制动制动器功能测试过程。
3. 简述 CRH380B 型动车组紧急制动制动器功能测试过程。
4. 简述停放制动制动器功能测试过程。

实训二　故障处理流程

项目导入

动车组故障处理需要动车组机械师来完成，特别是处理运行线路上动车故障时，需要机械师与车上工作人员紧密配合，快速、准确地进行故障处理，保障旅客的生命财产安全。要想处理好动车组制动系统的故障，不仅需要掌握动车组制动系统的原理及检修要求，还需要学会动车组各项基本操作步骤。

通过本项目学习，掌握动车组功能性试验方法，学习故障处理流程。

知识目标

（1）掌握基础制动装置的组成及原理。

（2）掌握基础制动装置故障处理方法。

能力目标

（1）能够描述出制动夹钳的动作过程。

（2）能够处理基础制动装置故障。

素质目标

（1）养成遵章守纪、爱岗敬业的工作作风。

（2）培养团结奋进、勇于创新的高铁精神。

任务一　功能性试验

任务描述

能够掌握动车组制动系统功能试验流程。

相关知识

本任务主要介绍了动车组故障显示方法、设备切除方法及制动系统相关故障处理方法。

一、380A 型动车组系统试验操作

（一）故障显示

发生故障时，MON 屏在当前页面下方会显示“故障发生信息”页面，并伴有报警声响。此时可按压【故障详情】键，MON 屏切换至“故障信息”页面。

（二）设备远程切除/复位操作

（1）按压主控端司机室 MON 屏【远程控制切除】键，进入“远程控制切除”页面。
（2）选择相应动力单元（1U/2U/3U）。
（3）选择要切除/复位的设备。
（4）按下【设定】键，即：【单元】+【对应设备】+【设定】。
（5）MON 屏切换至“切除状态”页面，确认对应设备的切除/复位状态。

（三）关门车操作

（1）关闭【紧急】阀（红色）、【供给】阀（白色）。

图 7-1　CRH380A（AL）

（2）将【紧急短路】开关右旋切换至红点位。

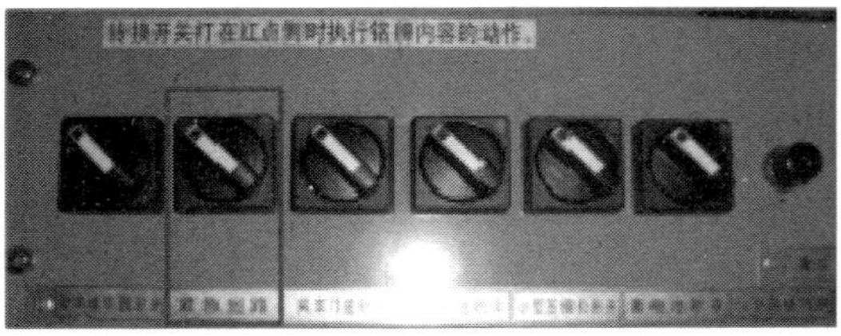

图 7-2　紧急短路开关

（3）断开【制动控制装置】断路器。

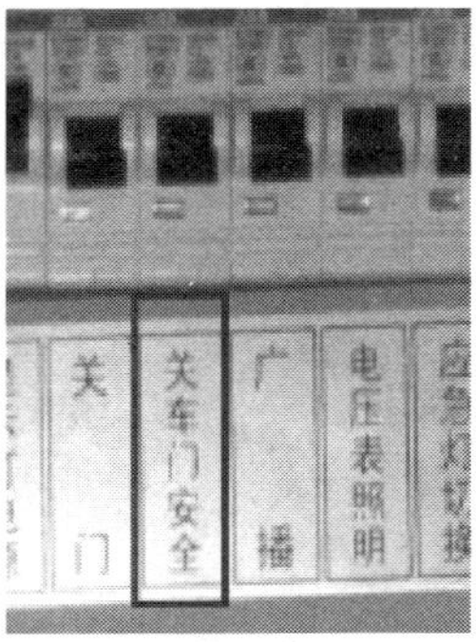

图 7-3　制动控制装置

（4）主控端头车做关门车时，须隔离司机警惕装置。

① 单独关闭【紧急】阀（红色）后，常用制动正常，因紧急制动电磁阀无法输出紧急制动控制压力，无法启动紧急制动。

② 切除空气制动力也可以在车下走行部实施，每台转向架有一个折角塞门，只对本台转向架起作用。

③ 当 01、00 车（重联时 01、08、09、00 车）进行关门车操作时，将该车配电盘中的【制动控制装置】断路器断开后，为了不影响集控开门，集控开门操作时须临时将该关门车相对应司机室配电盘中的【关车门安全】断路器断开。

④ CRH380A 及 CRH380A 统型动车组主控端所在车在进行“切除正常制动操作”后，若列车发生紧急制动，在进行紧急制动缓解时，须先将主控端司机室总配电盘应急短路开关 X3 和 X3A 线短接，然后按压【紧急复位】按钮，紧急制动缓解后，断开 X3 和 X3A 线。

⑤ CRH380A 统型【制动控制装置】断路器关闭后，关门车停放制动意外施加时，MON 将不会报出故障。

（四）停放制动切除操作（CRH380A 统型）

（1）关闭车辆的停放制动带电触点截断塞门（手柄黑色）和供给截断塞门（手柄

白色），使手柄置于“垂直”位。

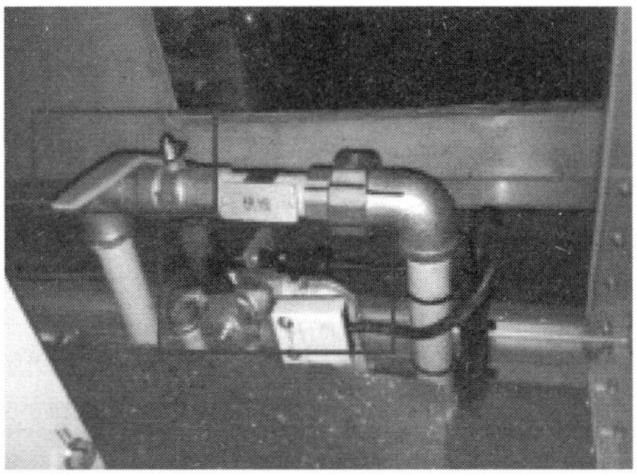

图 7-4　CRH380A 制动阀

（2）右旋“停放制动旁路”旋钮至红点位。

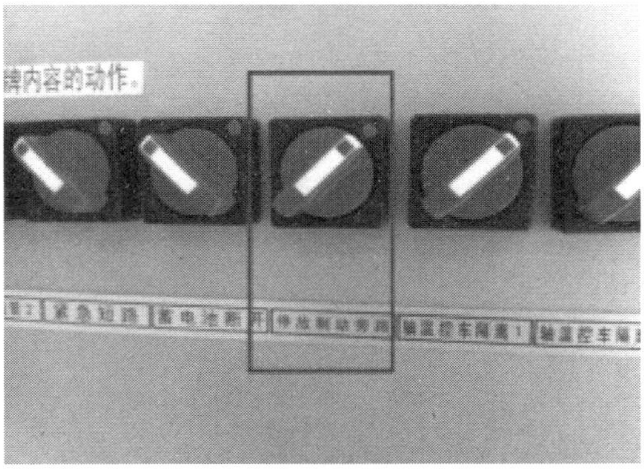

图 7-5　停放制动旁路

（3）在车辆一侧拉停放制动手动缓解拉绳，共 4 根（每台停放制动两侧均可操作，操作一侧即可），手动缓解停放制动。观察带停放缸的制动卡钳状态，确认其已缓解。

图 7-6　停放制动拉手及停放制动状态图

（4）通过 MON 屏“切除状态”画面，确认停放制动已切除。

（5）再恢复供给截断塞门（手柄白色），使手柄置与管路平行位。

（五）抱死切除/复位操作

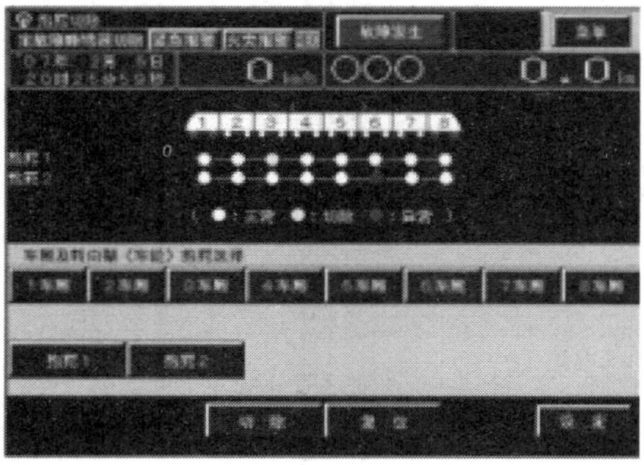

图 7-7　设备切除界面

（1）按压主控端司机室 MON 屏【抱死切除】键，进入“抱死切除”页面。

（2）选择相应车厢。

（3）选择【抱死 1】或【抱死 2】。

（4）按【切除】/【复位】键。

（5）按【设定】键。

（六）复位操作

RS 复位操作：按压主控端司机室操纵台上的【复位】开关。

紧急复位操作：将制动手柄置于“快速”位，按压主控端司机室操纵台上的【紧急复位】按钮。

大复位操作：在停车状态下，断开 VCB、降下受电弓，将制动手柄置于“拔取”位，30 s 后重新投入制动手柄。

注：

（1）RS 复位操作只对保护电器的轻故障起复位作用。

（2）大复位操作前须关闭全列侧拉门，复位之后须重新输入车次。

二、380B 型动车组系统试验操作

（一）如何查看故障信息提示及显示屏截屏操作

CRH380B 型动车组的诊断系统将故障信息集成在动车组的 5 个显示界面上（4 个司机室 HMI 屏，1 个乘务员/机械师 HMI 屏）。CRH380BL 型动车组的诊断系统将故障信息集成在动车组的 8 个显示界面上（4 个司机室 HMI 屏，3 个 CCU 柜 HMI 屏，1 个

乘务员 HMI 屏)。

发生故障时，司机及随车机械师可到 HMI 屏上查看故障记录并采取相应解决办法(见图 7-8)。故障排除后，该故障信息不再显示。故障记录界面，按故障发生的顺序显示故障信息，每种故障，除显示车号和故障代码外，还显示发生的日期、时间和故障描述。

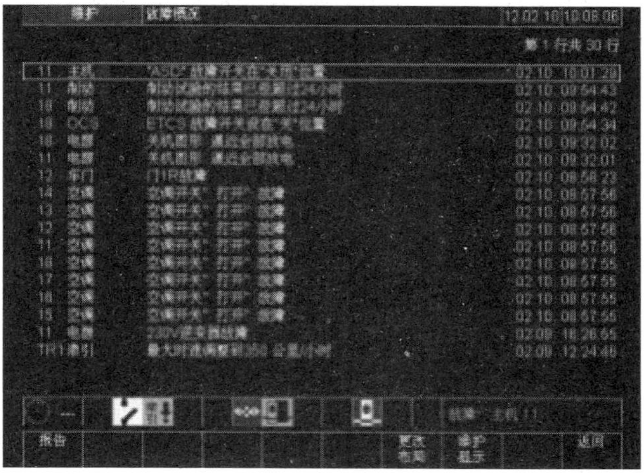

图 7-8 HMI 显示

(二)复位操作

1. 关蓄电池复位

在进行关电池复位操作时，动车组必须处于停车制动状态。动车组进行关电池复位操作时，全列车门门控器处于失电状态，此时可手动紧急解锁开门，需要列车长组织工作人员对车门进行看护。

司机通知列车长，列车长安排工作人员对车门进行看护，司机断电降弓，方向开关回到零位，退出占用。

将蓄电池开关打至“关”位，等待 HMI 屏断电后，重新开启蓄电池。重新占用司机室，进行正常操作，对 ATP、CIR 重新设置，并在占用端司机室将制动手柄置紧急制动位，确认制动有效率恢复至断电前的状态。

2. 三键复位操作

(1)首先在 HMI 屏确认维护模式已经开启(见图 7-9)，断主断、降弓，然后通过司机室中的操作进行的功能触发：在 1 s 内，保持“受电弓降下”“VCB 关断”和“远光灯变暗”按下至少 4 s(注意：降弓操作必须打到降弓位，不能打到降弓并撒砂位；暗远光灯位置操作必须是从远光灯打到暗远光灯位置)。

（2）复位完成后在 HMI 上关闭维护模式。

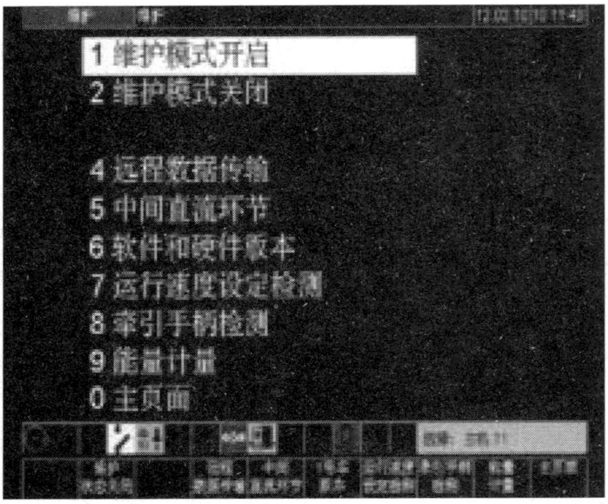

图 7-9　维护模式界面

复位 BCU 时，先断开 28-F12，再断开 28-F11；10 s 后闭合时先闭合 28-F11，再闭合 28-F12。

3. 关门车操作流程

（1）将车辆控制面板上制动开关置“关”位，切除本车空气制动。

（2）如果车辆控制面板供电故障或是 BCU 供电故障，或是列车蓄电池关闭则需要下车将 B15 置于“关断”位，此时带停放制动的拖车，还须对该车进行停放制动切除操作（见图 7-10）。

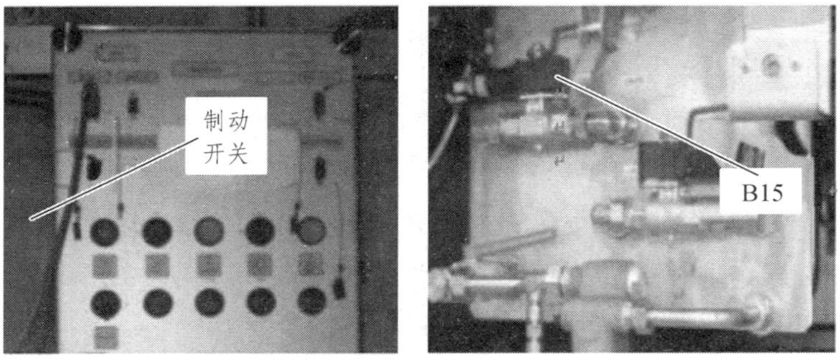

图 7-10　B15

4. 切除空气制动操作流程

（1）将车辆控制面板上制动开关置“关”位，切除本车空气制动。

（2）如果车辆控制面板供电故障或是 BCU 供电故障，或是列车蓄电池关闭则需要下车将 B15 置于“关断”位。

5. 停放制动切除操作流程（B/BL）

（1）按流程《切除空气制动操作流程》切除本车空气制动。

（2）打开制动阀板所在的裙板，关闭该车 H29 塞门（见图 7-11）。

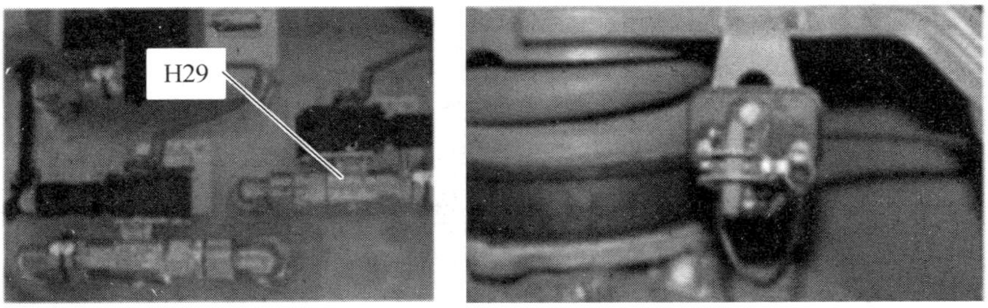

图 7-11　H29

（3）拉动该车停放制动紧急缓解手柄，手动缓解停放制动，停放制动指示器仍显示红色。

（4）确认停放制动已缓解（通过检查闸片与制动盘的间隙或轮对的转动状态）。

H29 塞门靠站台侧需切除停放制动时，先通过非站台侧缓解手柄缓解停放制动，随车机械师确认停放制动暂时处于缓解状态后，通知司机将故障面板上停放制动监控回路故障开关打至“关”位（即水平位置），牵出站台后再做处理，处理完毕后，恢复本车空气制动，并通知司机，在 HMI 屏停放制动界面上进行“停放制动缓解”确认操作，并将故障面板上停放制动监控回路故障开关打至“开”位（即竖直位）。

任务二　故障处理流程

任务描述

能够掌握动车组制动系统故障处理流程。

相关知识

本任务主要介绍了动车组故障处理流程，这是随车机械师必须掌握的技能。

一、CRH380A 型动车组

（一）制动控制装置传输不良（052）

名称	制动控制装置传输不良（052）	
现象	制动控制装置传输不良（052）	
车种	CRH380A、CRH380AL	
原因	（1）光连接器连接插头松动、接触不良。 （2）终端装置接口板卡故障	
行车	继续运行	
步骤	处理过程	
1	当 MON 屏主菜单页面闪现“故障发生信息”提示，并伴有声音报警时，触按左下方【故障详情】键，确认故障情况，并通知随车机械师	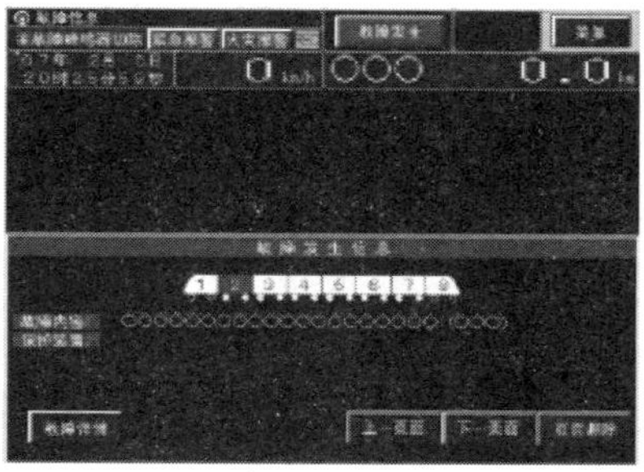
2	MON 屏切换至“制动控制传输不良（052）”故障信息页面	

续表

步骤	处理过程	
3	司机通过 MON 屏“光传输状态”页面，确认故障位置，并通知随车机械师	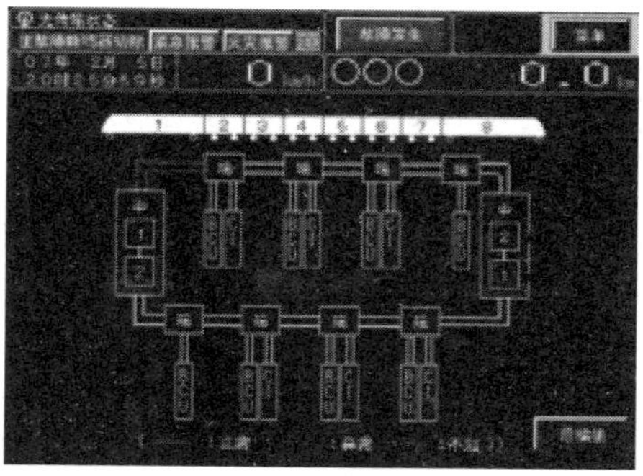
4	（1）前方停车站停车后，将故障车配电盘中的【制动控制装置】断路器断开 15 s 再投入。 （2）处理完毕，通知司机	
5	（1）通过 MON 页面确认故障恢复情况。 （2）若故障消除，正常运行。 （3）若故障未消除，维持运行	
注意	（1）【制动控制装置】断路器断开，可能导致紧急制动。 （2）此故障不影响运行	

（二）制动控制装置速度发电机断线

名称	制动控制装置速度发电机断线 1（060） 制动控制装置速度发电机断线 2（061） 制动控制装置速度发电机断线 3（062） 制动控制装置速度发电机断线 4（063）
现象	无法进行滑行控制，司机操纵台故障显示灯“转向架”灯点亮
车种	CRH380A、CRH380AL
原因	（1）速度传感器故障。 （2）BCU 信号采集板故障。 （3）速度发电机信号馈线断线。 （4）牵引电机故障
行车	司机快速制动停车

续表

步骤	处理过程	
1	当 MON 屏主菜单页面闪现“故障发生信息”提示并伴有声音报警时，司机触按左下方【故障详情】键，确认故障情况，立即停车，并通知随车机械师	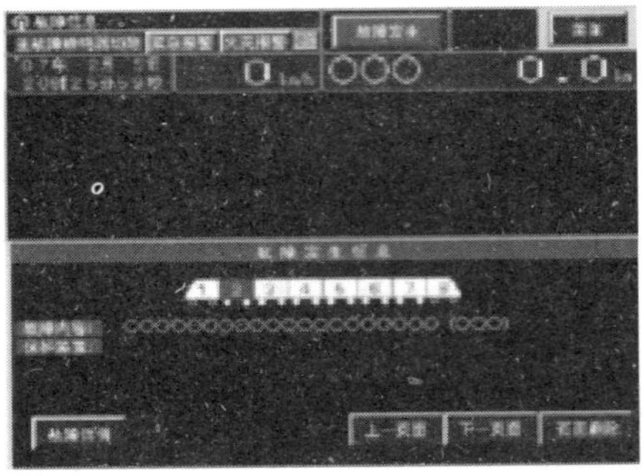
2	MON 屏切换至“制动控制装置速度发电机断线 1、2、3、4（060、061、062、063）”故障信息页面	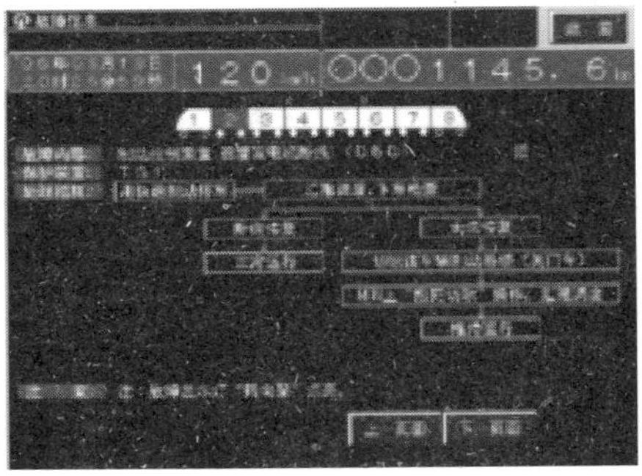
3	按规定程序下车，对故障车轴箱、齿轮箱、电机点温，并同时检查轮对踏面状态以及相应电机（轴端）速度传感器及连接插件的状态： （1）若轴箱、齿轮箱、电机温度异常，按照相应规定处置。 （2）若轴箱、齿轮箱、电机、轮对检查正常，通知司机进行低速（不超过 5 km/h）运行确认。若无异常，进行关门车操作，处理完毕，通知司机	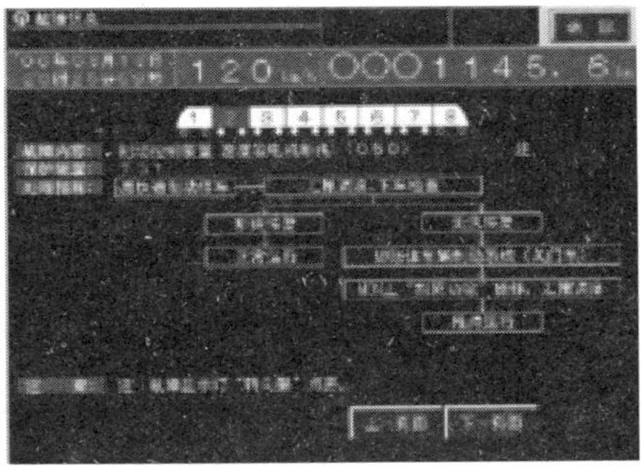
4	（1）通过 MON 屏，对该车进行“抱死切除”操作。 （2）通过 MON 屏确认故障处理情况，按限速要求维持运行 抱死切除：先选择【故障车】，点击【抱死 1】或【抱死 2】，然后点击【设定】	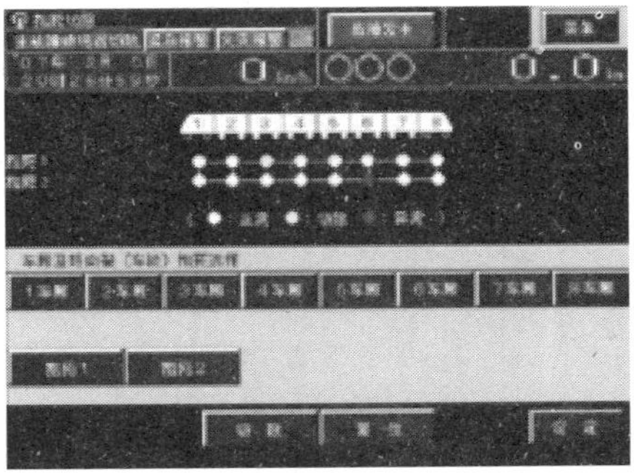

（三）制动不足（123）

微课：制动力不足

名称	制动不足（123）	
现象	紧急制动动作	
车种	CRH380A、CRH380AL、350 km/h 统型动车组	
原因	（1）UBTRTD 继电器故障。 （2）电路故障。 （3）制动管系泄漏。 （4）EP 阀故障。 （5）检测压力开关故障。 （6）BCU 故障	
行车	自动紧急制动停车	
步骤	处理过程	
1	当 MON 屏主菜单页面闪现“故障发生信息”提示，并伴有声音报警时，触按左下方【故障详情】键，确认故障情况，并通知随车机械师	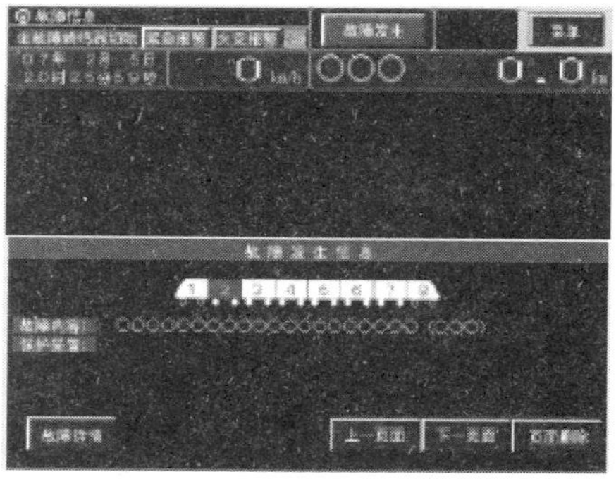
2	MON 屏切换至“制动不足（123）”故障信息页面	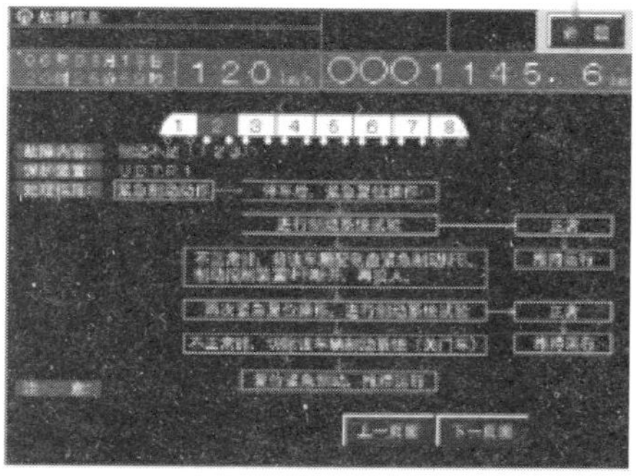

续表

步骤	处理过程	
3	（1）进行紧急复位操作。 （2）紧急制动缓解后，进行制动试验。 （3）若制动试验正常，维持运行。 （4）若制动试验不正常，或“制动力不足（123）”故障未消除，通知随车机械师	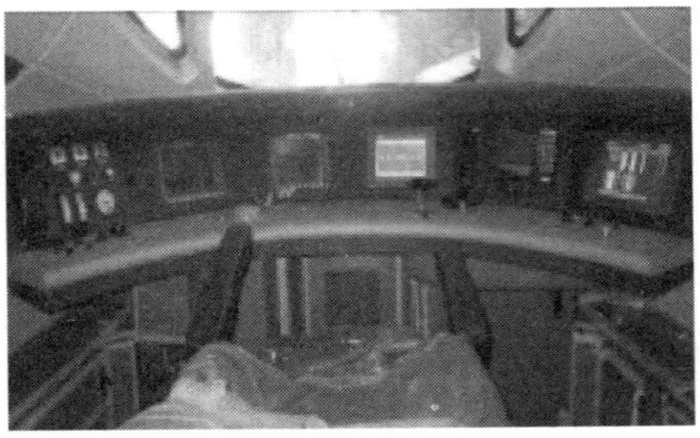
4	（1）立即将故障车配电盘中的【紧急制动】、【制动控制装置】、【制动控制】断路器断开 15 s 再投入。 （2）处理完毕，通知司机	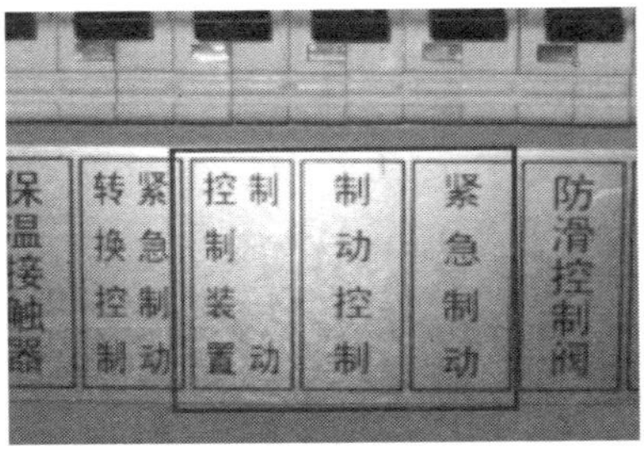
5	（1）再次进行紧急复位操作。 （2）紧急制动缓解后，进行制动试验。 （3）若制动试验正常，维持运行。 （4）若制动试验不正常，或“制动力不足（123）”故障未消除，通知随车机械师	
6	（1）对故障车进行关门车操作。 （2）处理完毕，通知司机	
7	（1）进行紧急复位操作，缓解紧急制动。 （2）进行制动缓解试验，若正常，维持运行	

（四）抱死

名称	抱死 1（151） 抱死 2（152）
现象	司机操纵台故障显示灯“转向架”灯点亮
车种	CRH380A、CRH380AL
原因	（1）速度传感器断线。 （2）防滑阀故障。 （3）CI 与 BCU 信息传输故障导致再生制动与空气制动同时发生。 （4）BCU 内部滑行、抱死检测控制错误输出

续表

行车	司机快速制动停车	
步骤	处理过程	
1	当 MON 屏主菜单页面闪现“故障发生信息”提示，并伴有声音报警时，司机触按左下方【故障详情】键，确认故障情况，立即停车，并通知随车机械师	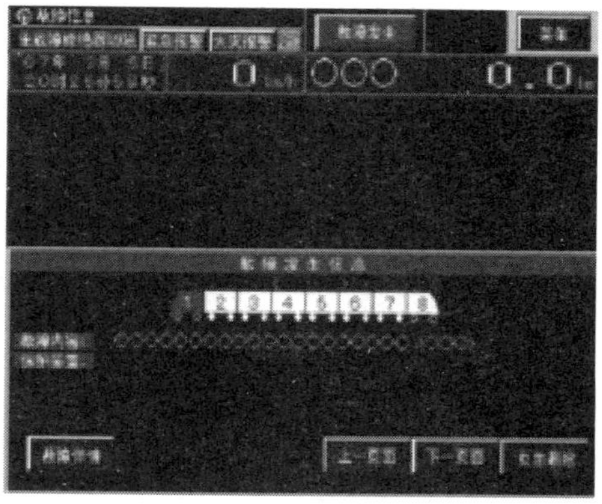
2	MON 屏切换至“抱死 1（151）”或“抱死 2（152）”故障信息页面	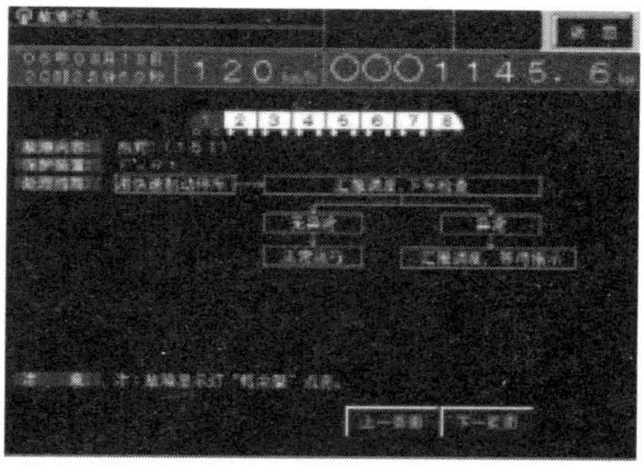
3	（1）随车机械师通过 MON 屏确认故障信息，对故障车进行关门车处理。 （2）随车机械师按规定程序下车，检查抱死车轮踏面状况及轴端速度传感器及插件连接状态。 （3）司机进行缓解制动，随车机械师确认制动闸片处于缓解状态，然后动车组以不高于 5 km/h 的速度运行，随车机械师目视确认该走行部是否出现真正抱死及异常响声。 （4）若走行部未抱死，司机通过 MON 屏，对该车进行“抱死切除”操作，按照限速规定维持运行。 （5）若走行部抱死，司机报告列车调度员，并申请救援	

（五）制动不缓解（153）

名称	制动不缓解（153）
现象	缓解列车制动时，BC 压力残留 40 kPa 以上
车种	CRH380A、CRH380AL

续表

原因	BCU 故障；中继阀、EP 阀故障；传感器故障	
行车	停车处理	
步骤	处理过程	
1	当 MON 屏主菜单页面闪现“故障发生信息”提示，并伴有声音报警时，司机触按左下方【故障详情】键，确认故障情况，进行制动停车并通知随车机械师	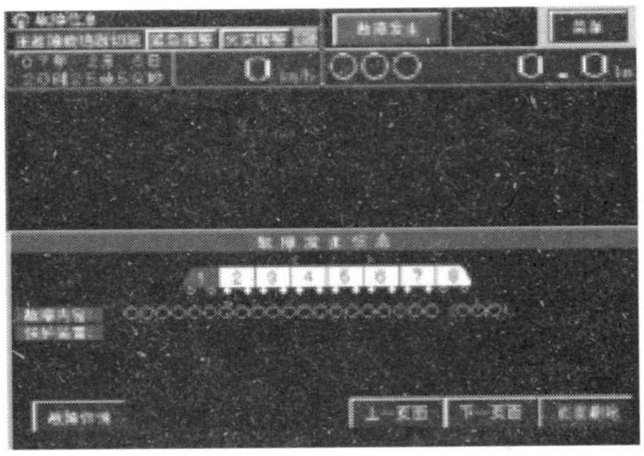
2	MON 屏切换至“制动不缓解（153）”故障信息页面	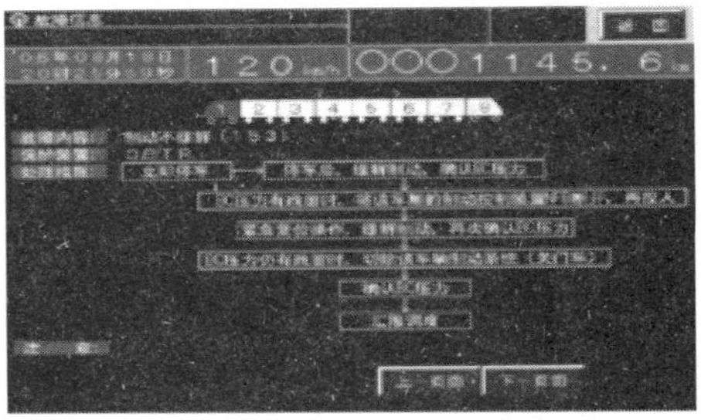
3	（1）将制动手柄置于“运行”位，通过 MON 屏“制动信息”页面确认故障车辆的制动缸（BC）压力值。 （2）若故障车制动缸（BC）有制动压力时，通知随车机械师	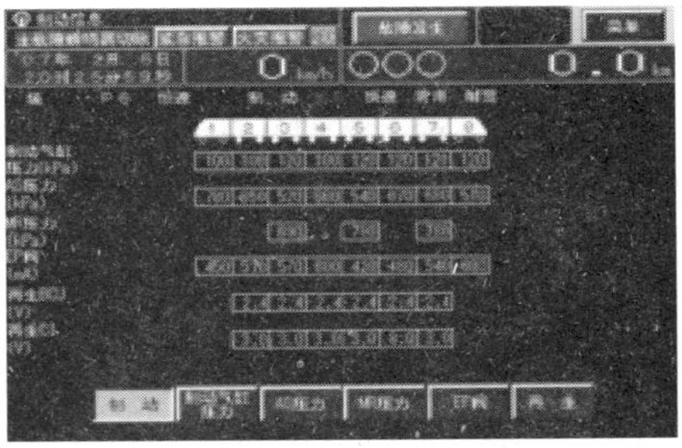
4	（1）立即将故障车配电盘中的【制动控制装置】断路器断开 15 s 再投入。 （2）处理完毕，通知司机	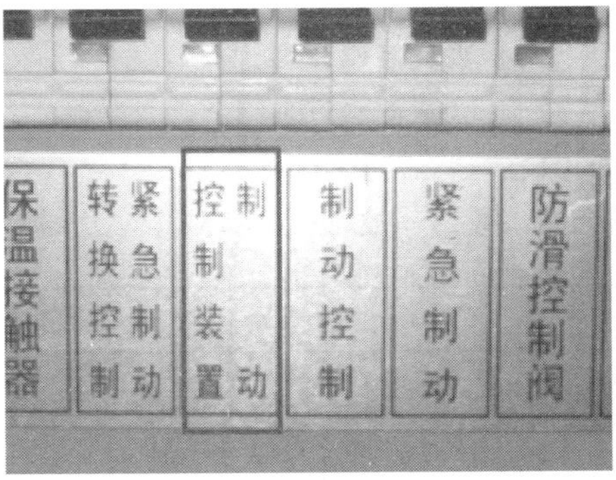

续表

步骤	处理过程	
5	（1）进行紧急复位操作。 （2）紧急制动缓解后，将制动手柄置于“运行”位，通过 MON 屏“制动信息”页面确认故障车辆的制动缸（BC）压力值。 （3）若故障消除，进行制动试验，维持运行。 （4）若故障未消除或制动试验不正常，通知随车机械师	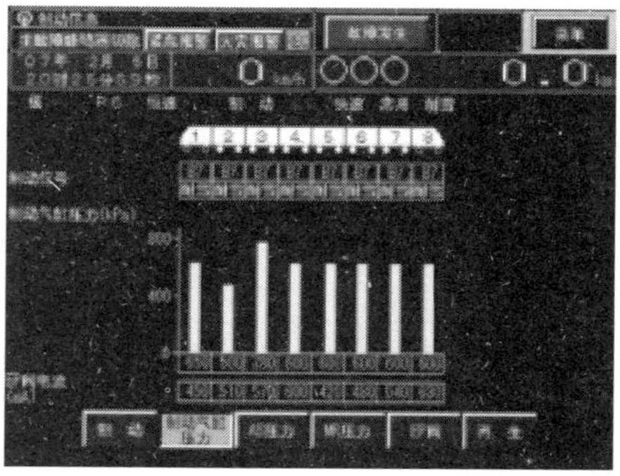
6	（1）对故障车进行关门车操作。 （2）处理完毕，通知司机按照限速规定维持运行	
7	（1）进行紧急复位操作，缓解紧急制动。 （2）进行制动、缓解试验，若正常维持运行	

（六）空气压缩机油温高（080）

名称	空气压缩机油温高（080）	
现象	在 MON 监视屏页面上显示空气压缩机油温高，空气压缩机停止工作	
车种	CRH380A、CRH380AL	
原因	空压机异常导致润滑油油温超过 120 °C；空气压缩机油位低；冷却器冷却不良；温度开关异常	
行车	维持运行	
步骤	处理过程	
1	（1）通过 MON 屏确认故障情况，通知随车机械师。 （2）远程切除故障空气压缩机。 （3）关注总风压力	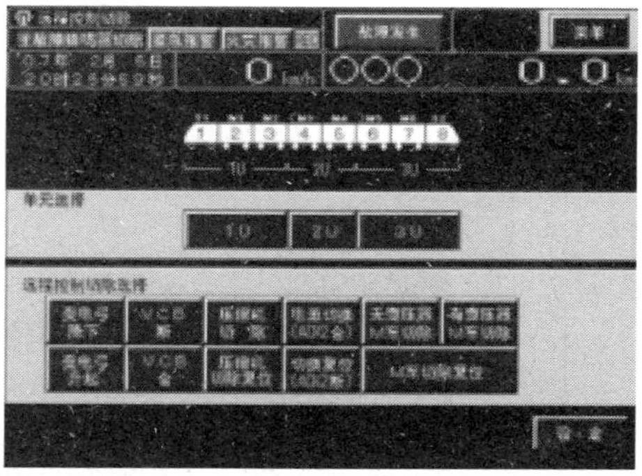 压缩机切除：点击【单元】，点击【压缩机切除】，然后点击【设定】
2	在空气压缩机切除后，随车机械师密切关注剩余空气压缩机工作状态及总风压力	

（七）辅助空压机安全阀漏风

<table>
<tr><td>名称</td><td>辅助空压机安全阀漏风</td></tr>
<tr><td>现象</td><td>车下辅助空压机处有漏风声响；MR 管压力下降；列车可能自动触发紧急制动停车</td></tr>
<tr><td>车种</td><td>CRH380A、CRH380AL</td></tr>
<tr><td>原因</td><td>（1）安全阀断裂。
（2）安全阀弹簧失效。
（3）安全阀阀杆卡滞</td></tr>
<tr><td>行车</td><td>若未自动触发紧急制动，维持运行至最近车站处理；若触发紧急制动停车，则停车处理</td></tr>
<tr><td>步骤</td><td>处理过程</td></tr>
<tr><td>1</td><td>确认故障情况并通知随车机械师。如列车未自动触发紧急制动，则维持运行至前方最近车站，途中密切注意 MR 压力，确认在 640 kPa 以上</td></tr>
<tr><td>2</td><td>随车机械师按规定程序下车，检查确认漏风部位，将故障辅助空压机隔离。隔离时需要切断总风管向辅助空压机供风的截断塞门（铭牌为“辅助空气压缩机”），对于辅助空压机通过车钩贯通管向其他车辆供风的，还需要关闭故障车及被供风车辆的连挂端的辅助供风管截断塞门（铭牌为“辅助供风”）。具体如下：</td></tr>
<tr><td>2</td><td>
<table>
<tr><td>车型</td><td>被隔离的辅助空压机所在车</td><td>铭牌为“辅助空气压缩机”的截断塞门所在车</td><td>铭牌为“辅助供风”的截断塞门所在车及部位</td></tr>
<tr><td rowspan="2">380A
（含统型）</td><td>4 车</td><td>4 车</td><td>4 车 1 位端、3 车 2 位端</td></tr>
<tr><td>6 车</td><td>6 车</td><td>无</td></tr>
<tr><td rowspan="4">380AL</td><td>3 车</td><td>3 车</td><td>3 车 1 位端、2 车 2 位端
3 车 2 位端、4 车 1 位端</td></tr>
<tr><td>5 车</td><td>5 车</td><td>5 车 2 位端、6 车 1 位端</td></tr>
<tr><td>9 车</td><td>9 车</td><td>9 车 1 位端、8 车 2 位端
9 车 2 位端、10 车 1 位端</td></tr>
<tr><td>13 车</td><td>13 车</td><td>13 车 1 位端、12 车 2 位端
13 车 2 位端、14 车 1 位端</td></tr>
</table>

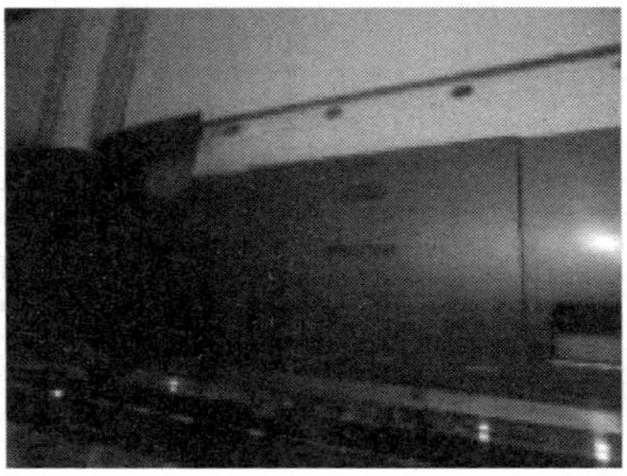

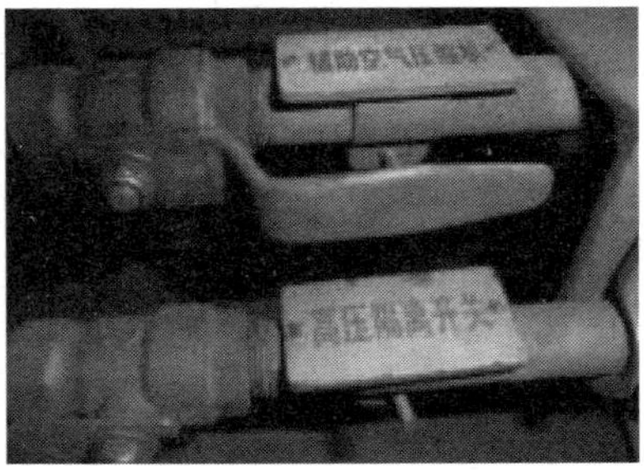

铭牌为“辅助空气压缩机”的截断塞门
</td></tr>
</table>

续表

<table>
<tr><th>步骤</th><th>处理过程</th></tr>
<tr><td>2</td><td>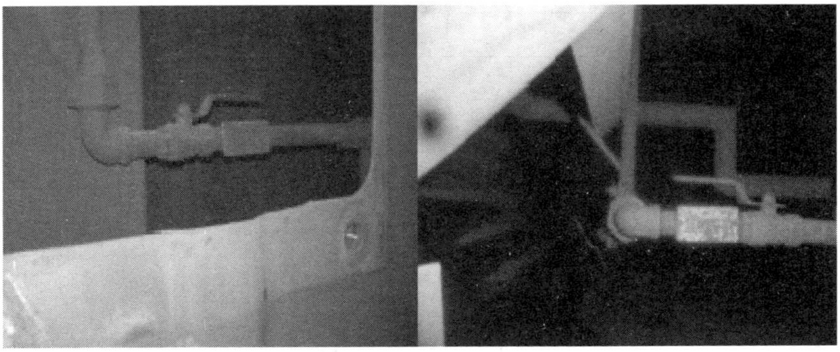
铭牌为“辅助供风”的截断塞门
辅助空气压缩机安全阀漏风导致总风压力低于 640 kPa 时，应在隔离辅助空气压缩机空气管路的同时切除其电路。应将运转配电盘“辅助空气压缩机”空开断开，同时将“小型压缩机断开”旋钮右旋至红点位。
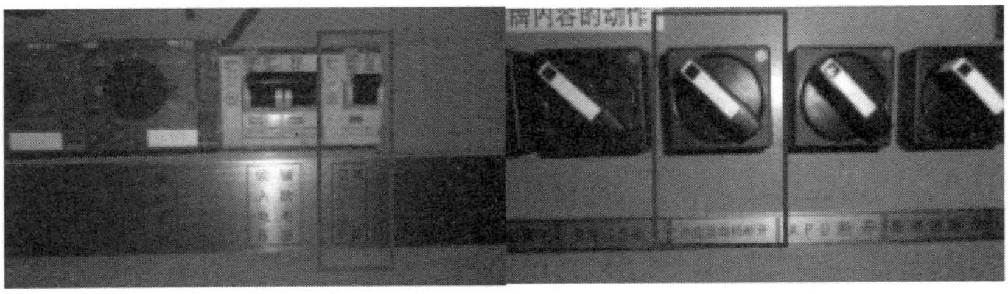</td></tr>
<tr><td>3</td><td>（1）隔离辅助空压机后，对受影响的主断路器 VCB 进行远程切除。
（2）对受影响的受电弓进行远程切除并换弓
<table>
<tr><th>车型</th><th>被隔离的辅助空压机所在车</th><th>受影响的 VCB 所在车</th><th>受影响的受电弓所在车</th></tr>
<tr><td rowspan="2">380A（含统型）</td><td>4 车</td><td>2、4 车</td><td>4 车</td></tr>
<tr><td>6 车</td><td>6 车</td><td>6 车</td></tr>
<tr><td rowspan="4">380AL</td><td>3 车</td><td>2、4 车</td><td>无</td></tr>
<tr><td>5 车</td><td>6 车</td><td>5 车</td></tr>
<tr><td>9 车</td><td>8、10 车</td><td>无</td></tr>
<tr><td>13 车</td><td>12、14 车</td><td>13 车</td></tr>
</table></td></tr>
<tr><td>4</td><td>通过 MON 屏确认故障恢复情况，维持运行。
说明：维持运行期间，当总风压力低于 780 kPa 时主空压机频繁启动打风属正常现象</td></tr>
</table>

（八）运行中停放制动异常施加（082）

名称	运行中停放制动异常施加（082）	
现象	列车运行时（速度大于 5 km/h），停放制动异常施加	
车种	CRH380A 统型	
原因	停放制动管路异常泄漏；停放制动压力开关故障	
行车	自动触发紧急制动停车	
步骤	处理过程	
1	当 MON 屏主菜单页面闪现“故障发生信息”提示，并伴有声音报警时，触按左下方【故障详情】键，确认故障情况和车辆号，并通知随车机械师	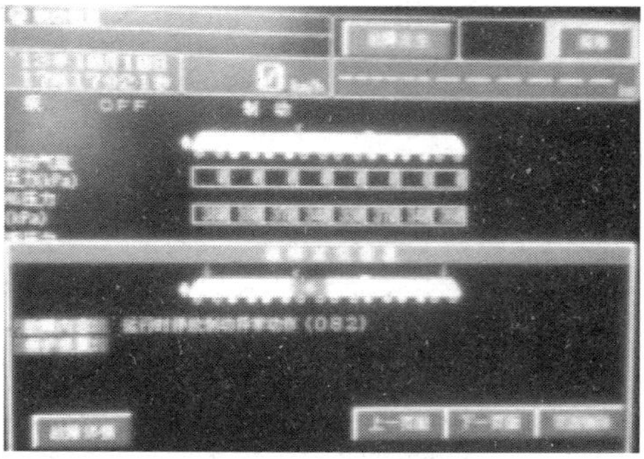
2	MON 屏切换至故障信息页面	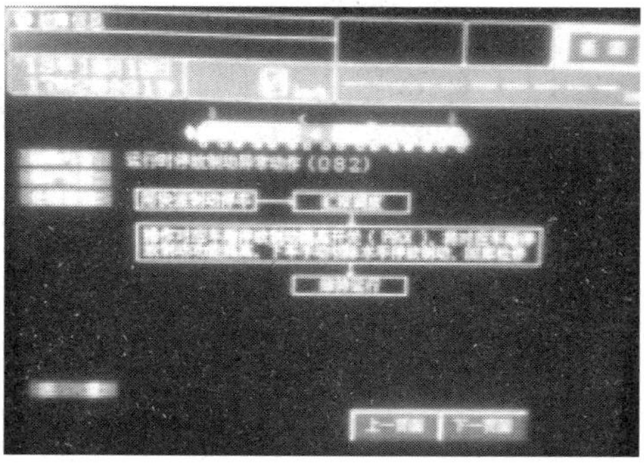
3	按第一部分第 6 条的操作步骤切除停放制动，操作完成后通知司机	
4	（1）进行紧急复位操作，缓解紧急制动。 （2）处理完毕后，维持运行	

（九）警惕报警功能异常

名称	警惕报警功能异常
现象	车辆运行中，警惕蜂鸣器声光报警，触发车辆紧急制动
车种	CRH380A 统型
原因	警惕手动和脚踏开关同时故障、断路器异常断开

续表

行车	停车检查
步骤	处理过程
1	（1）司机发现故障后，通知机械师。 （2）机械师确认司机室【警惕报警】断路器闭合状态，确认没有断开保护，若有则恢复
2	若断路器正常，司机按压操纵台警惕开关或脚踏开关，如果蜂鸣器声音消失，停车后，司机进行紧急复位操作。 （1）如果紧急制动缓解，维持运行。 （2）如果紧急制动不缓解，机械师操作左边柜转换开关盘【警惕隔离开关】至隔离位，再进行紧急复位操作，缓解紧急制动，维持运行。 （3）若紧急制动仍不能缓解，机械师操作总配电盘内部白色短接开关，将“154F-154F1”短接开关闭合
3	（1）若故障消除，维持运行。 （2）若故障未消除，报告列车调度员，并申请救援

二、CRH380B 型动车组

（一）停放制动无法缓解

名称	停放制动无法缓解	
现象	停放制动无法缓解	
车种	CRH380B、CRH380BL	
故障原因	停放制动控制单元、部件故障或软管断裂	
行车	立即停车	
注意	复位 BCU 时，先断 28-F12，再断 28-F11；闭合时先合 28-F11，再合 28-F12	
步骤	处理过程	
1	立即停车，报告列车调度员。施加并缓解一次停放制动，如果故障消失则正常行车。如果停放制动仍未缓解，则根据 HMI 屏故障提示，通知随车机械师到停放制动不能缓解的故障车	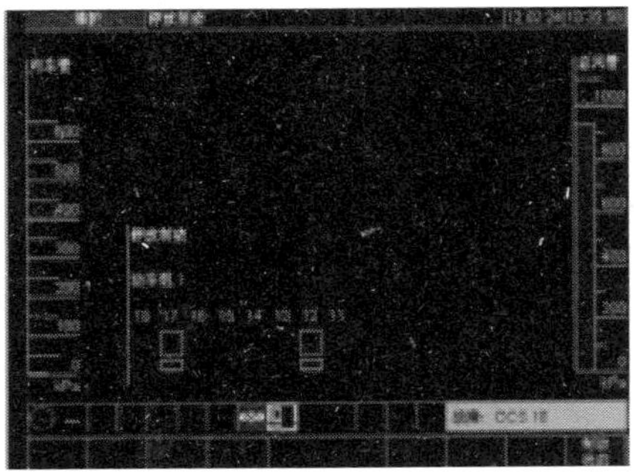

续表

步骤	处理过程
2	在故障车电气柜对 BCU 进行复位。若停放制动不缓解故障消除，则通知司机行车。若故障不消除，则进行下一步操作
3	根据相关规定下车，按手册第一部分内容“7.停放制动切除操作流程”对故障车进行停放制动隔离操作。完成后通知司机
4	按限速表中制动有效率限速运行

（二）紧急制动不缓解

名称	紧急制动不缓解
现象	紧急制动不缓解
车种	CRH380B、CRH380BL
故障原因	故障原因需根据处理过程逐一判断
行车	立即停车
注意	复位 BCU 时，先断 28-F12，再断 28-F11；闭合时先合 28-F11，再合 28-F12
步骤	处理过程
1	立即停车，通知随车机械师，并报告列车调度员
2	确认 HMI 是否报出故障代码，若报出故障代码 66DB 或 66DC，则按照《5.15 异常紧急制动（66DB、66DC）故障》进行操作；若没有，则执行下一步
3	在 HMI 屏上检查是否报出故障代码 66D5：通过紧急按钮请求紧急制动，或故障代码 66D6：通过制动控制器请求紧急制动，若报出以上代码，则将紧急制动红色蘑菇头或制动手柄恢复，若为非占用端故障，则通知机械师进行恢复。若没有报出 66D5 或 66D6，则执行下一步 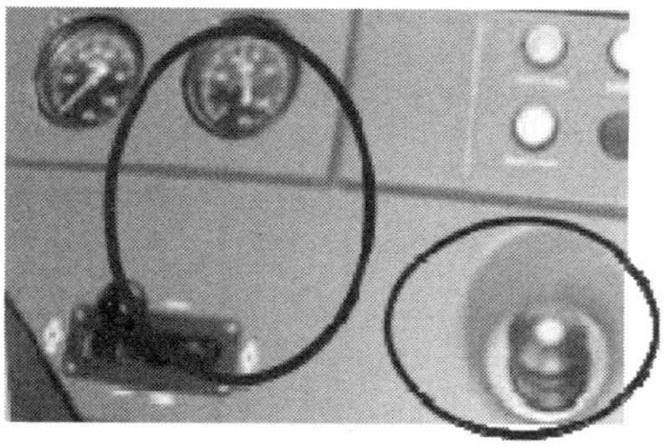 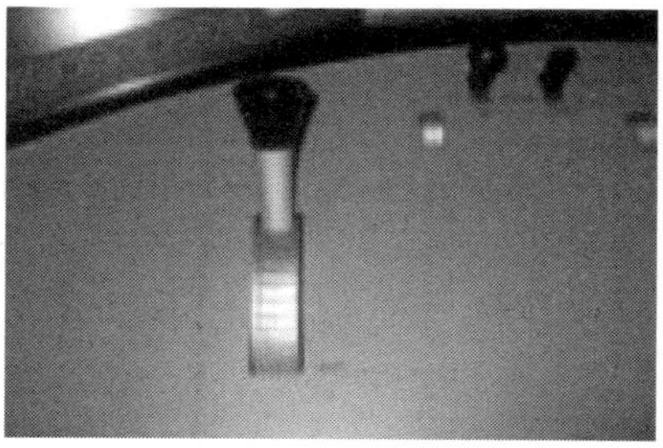

续表

步骤	处理过程	
4	检查 HMI 屏上是否报出紧急制动回路（EBL）、停放制动监控回路（PBML）、转向架监控回路（BML）故障，若报出环路故障，则切除相关安全回路故障开关。若没有报出安全回路故障，则执行下一步	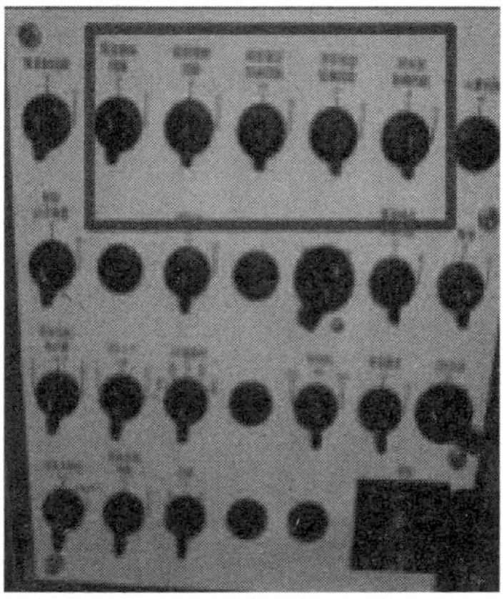
5	将紧急制动回路开关置“关”位。若列车管压力恢复正常，则在没有紧急制动回路功能的情况下继续运行	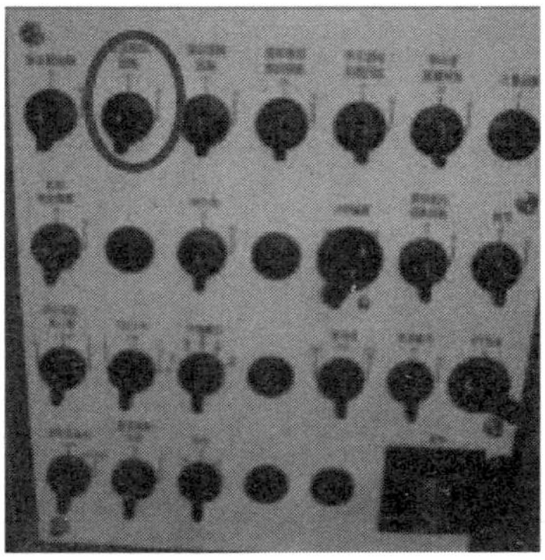
6	将 ATP 隔离开关置“隔离”位。若列车管压力恢复正常，则将 ATP 换系，若列车管压力恢复正常，则正常行车，若无效，确认为 ATP 故障则报告列车调度员；否则，将 ATP 隔离开关置“运行”位	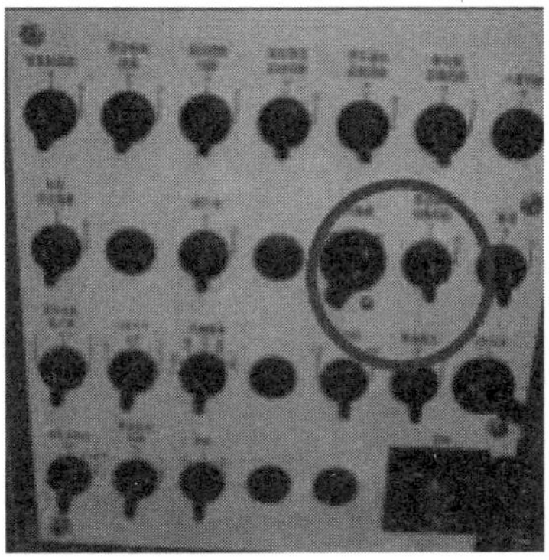
7	若隔离紧急制动回路后，紧急制动仍无法缓解，则恢复紧急制动回路故障开关，采用备用制动行车，限速 120 km/h。若采用备用制动依然无法缓解，则请求救援	

（三）常用制动不缓解

名称	常用制动不缓解	
现象	常用制动不缓解	
车种	CRH380B、CRH380BL	
故障原因	BCU 故障	
行车	立即停车	
注意	复位 BCU 时，先断 28-F12，再断 28-F11；闭合时先合 28-F11，再合 28-F12	
步骤	处理过程	
1	立即停车，报告列车调度员。在司机室 HMI 屏上确认故障为单车制动不缓解还是全列制动不缓解	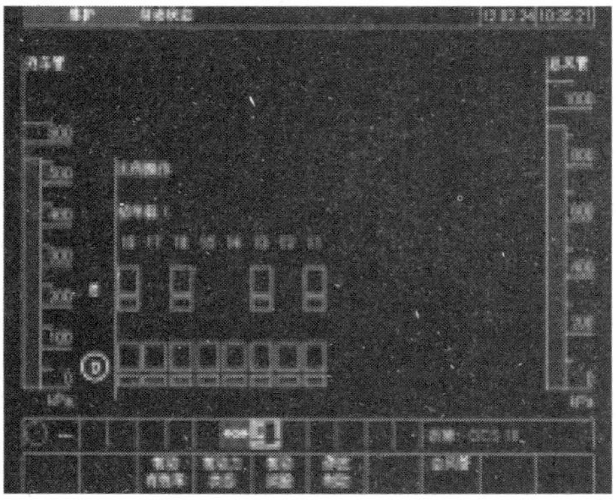
2	将制动手柄推至“REL”位缓解	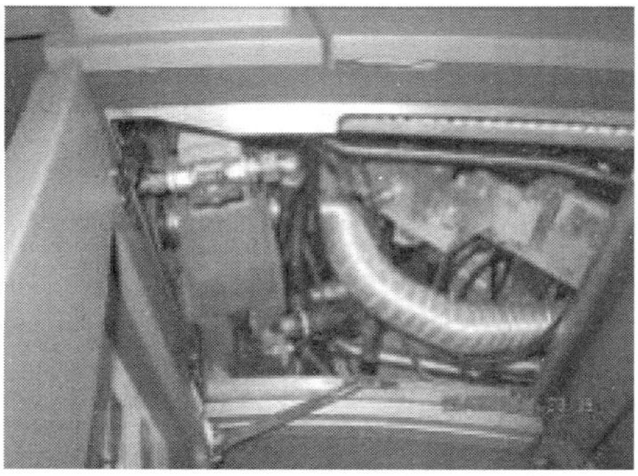 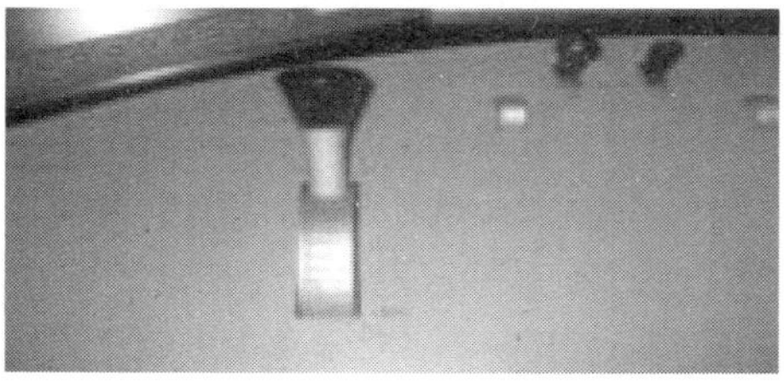

续表

步骤	处理过程
3	检查HMI屏是否有相关故障代码，根据故障代码提示进行处理。 （1）检查ASC（恒速）速度设定是否关闭，如果在开启状态则关闭ASC（恒速）速度设定。 （2）若为换端引起的全列制动不缓解，将制动手柄置于最大常用制动位，缓解停放制动，再将制动手柄推至“OC”位，然后施加停放制动，检查全列制动是否缓解，如制动界面恢复正常，显示缓解，动车组可正常运行；若制动仍无法缓解，将制动手柄置于缓解位，缓解停放制动，施加牵引力，如制动界面恢复正常，显示缓解，动车组可正常运行。 （3）若全列常用制动仍然无法缓解，则检查ATP是否在缓解状态 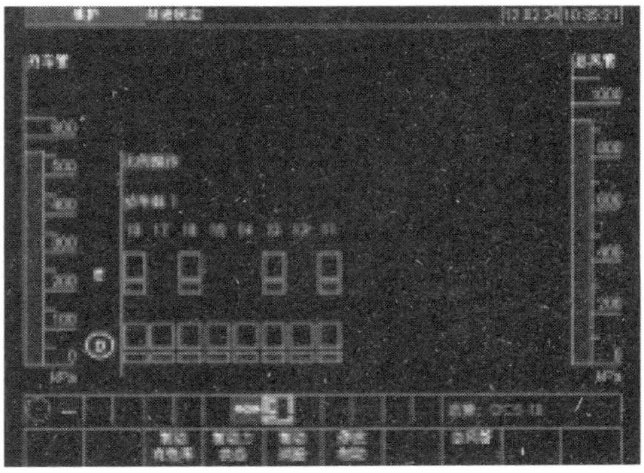
4	单车常用制动不缓解报“1775”故障代码，按照“1775”故障应急处理即可

（四）BCU电源故障（6583）

名称	BCU电源故障（6583）
现象	HMI屏显示故障代码6583
车种	CRH380B、CRH380BL
故障原因	MCB28-F11BCU或BCU1断开
行车	维持运行

续表

注意	复位 BCU 时，先断 28-F12，再断 28-F11；闭合时先合 28-F11，再合 28-F12
步骤	处理过程
1	列车自动限速 215 km/h，司机通知机械师锁闭故障车外门运行至前方站，根据故障提示，通知随车机械师检查该故障点状况
2	根据故障代码，确认故障，并进行相应处理：随车机械师合上故障车 MCB 面板上的 MCB28-F11“BCU（BD）”空关，如果故障消除，司机按限速表中制动有效率限速值运行；如果故障没有消除，将故障车设为关门车，列车自动限速 215 km/h 运行

（五）BCU 电源故障（658A）

名称	BCU 电源故障（658A）	
现象	HMI 屏显示故障代码 658A	
车种	CRH380B、CRH380BL	
故障原因	MCB28-F19 制动面板电源断开	
行车	维持运行	
注意	（1）HMI 显示限速为提示性限速，非强制性限速。 （2）若故障车为占用端头车，则停车启用备用制动限速（120 km/h）运行至前方站换车	
步骤	处理过程	
1	确认故障车，若非占用端头车，则通知随车机械师，限速 200 km/h 运行至前方站	
2	根据故障代码，确认故障，列车到达前方站后，随车机械师合上故障车电气柜内 MCB28-F19“BEB（BN1）或 BEB（BN2）”空气开关。如果故障消除，司机按限速表中制动有效率限速值运行	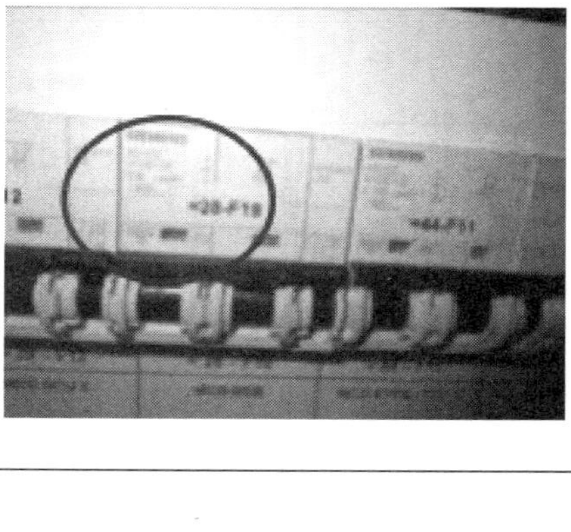

续表

<table>
<tr><th>步骤</th><th colspan="2">处理过程</th></tr>
<tr><td>3</td><td>如果故障未消除，在故障车下制动阀板处，操作塞门 B15 置“关断”位，切除本车空气制动。按限速表中制动有效率限速值运行</td><td></td></tr>
</table>

（六）BCU 故障（173F、1749、176D、1768）

<table>
<tr><td>名称</td><td colspan="2">BCU 故障（173F、1749、176D、1768）</td></tr>
<tr><td>现象</td><td colspan="2">HMI 屏显示故障代码 173F、1749、176D、1768</td></tr>
<tr><td>车种</td><td colspan="2">CRH380B、CRH380BL</td></tr>
<tr><td>故障原因</td><td colspan="2">173F：BCU-B01 的通信面板 A1 故障；1749：BCU-B01 内部通信故障：176D：与 BCU-B01 的通信面板 A1 通信故障；1768：与 BCU 主板通信故障</td></tr>
<tr><td>行车</td><td colspan="2">立即停车或维持运行</td></tr>
<tr><td>注意</td><td colspan="2">复位 BCU 时，先断 28-F12，再断 28-F11；闭合时先合 28-F11，再合 28-F12</td></tr>
<tr><td>步骤</td><td colspan="2">处理过程</td></tr>
<tr><td>1</td><td colspan="2">确认故障，若故障车为占用端头车，立即停车处理；若故障车为非占用端头车或中间车，限速 215 km/h 运行，机械师将故障车做关门车处理，到达前方站后，根据故障提示，通知随车机械师检查</td></tr>
<tr><td>2</td><td>根据故障代码，确认故障，并进行相应处理：
若故障车为占用端头车，操作 28-F11，28-F12 对故障车的 BCU 进行复位，然后确认故障车的故障状态：
（1）若故障消失后，施加紧急制动，对制动有效率及紧急制动的施加、缓解状态进行确认，若故障车制动有效率丢失，且紧急制动施加缓解正常，施加常用制动，检查常用制动施加与缓解，若制动功能正常，则司机按限速表中制动有效率限速值运行。
终到站时间充足的情况下，进行制动试验第（2）（3）（6）步。
（2）若故障仍存在，则确认列车常用制动及紧急制动施加缓解控制是否正常，若功能正常，则：</td><td>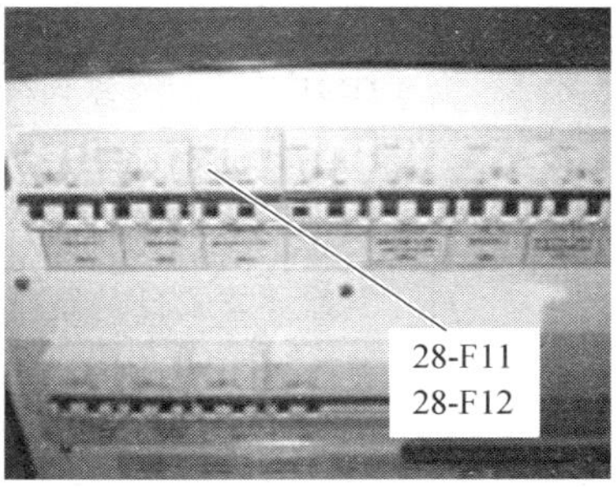</td></tr>
</table>

续表

步骤	处理过程	
2	① 将故障车进行关门车操作。 ② 若故障为 1768，另需将故障车所有外门机械锁闭。 ③ 限速 215 km/h 运行。 若制动施加缓解功能不正常，则启用备用制动，限速 120 km/h 运行	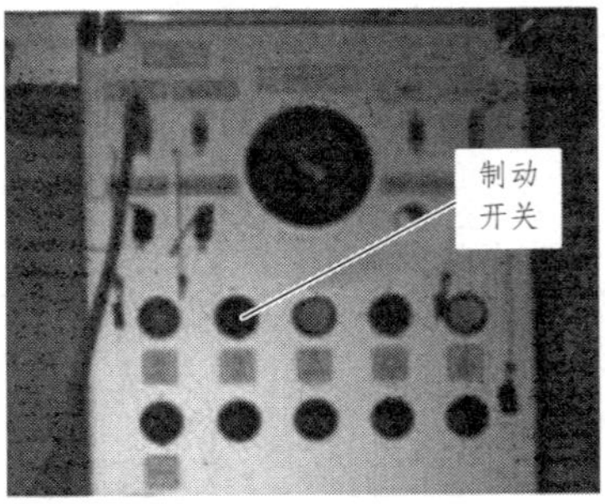
3	若故障车为非占用端头车或中间车，操作 28-F11，28-F12（03、06、11、14 车仅有 28-F11）对故障车的 BCU 进行复位，然后确认故障车的故障状态： （1）若故障消失，司机确认制动有效率，按限速表中制动有效率限速值运行，终到站时间充足的情况下，进行制动试验第（2）（3）（6）步。 （2）若故障仍存在，则： ① 将故障车进行关门车操作。 ② 若故障车为带停放制动的 TC 车，在切除故障车空气制动后，还要切除故障车的停放制动。 ③ 若故障为 1768，另需将故障车所有外门机械锁闭。 ④ 限速 215 km/h 运行	

（七）BCU 故障（68C5、6157、6163、6171、6180）

名称	BCU 故障（68C5、6157、6163、6171、6180）
现象	HMI 屏显示故障代码 68C5、6157、6163、6171、6180
车种	CRH380B、CRH380BL
故障原因	BCUX.1MVB-PD 通信故障
行车	立即停车或维持运行
注意	复位 BCU 时，先断 28-F12，再断 28-F11；闭合时先合 28-F11，再合 28-F12。
步骤	处理过程
1	确认故障，若故障车为占用端头车，立即停车处理；若故障车为非占用端头车或中间车，限速 215 km/h 运行，机械师将故障车做关门车处理，到达前方站后，根据故障提示，通知随车机械师检查

续表

步骤	处理过程	
2	根据故障代码，确认故障，并进行相应处理。 若故障车为占用端头车，操作 28-F11，28-F12 对故障车的 BCU 进行复位，然后确认故障车的故障状态： （1）故障消失后，施加紧急制动，对制动有效率及紧急制动的施加、缓解状态进行确认，若故障车制动有效率丢失，且紧急制动施加缓解正常，施加常用制动，检查常用制动施加与缓解，若制动功能正常，则司机按限速表中制动有效率限速值运行。 （2）若故障仍存在，则采用备用制动，限速 120 km/h 行车	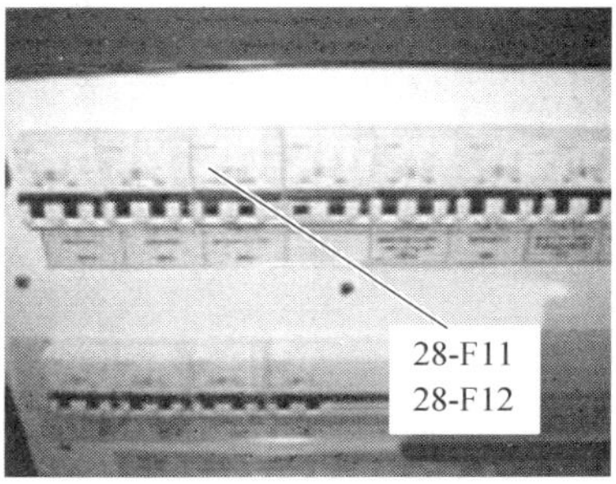
3	若故障车为非占用端头车或中间车，操作 28-F11，28-F12（03、06、11、14 车仅有 28-F11）对故障车的 BCU 进行复位，然后确认故障车的故障状态： （1）若故障消失，则司机确认制动有效率，验证常用制动施加缓解状态，按限速表中制动有效率有效率限速值运行，终到站时间充足的情况下，进行制动试验第（2）（3）（6）步。 （2）若故障仍存在，则： ① 在故障车内车辆控制面板上将制动开关置“关”位（如图），切除本车空气制动。 ② 若故障车为带停放制动的拖车，则切除故障车的停放制动。 ③ 然后限速 215 km/h 运行	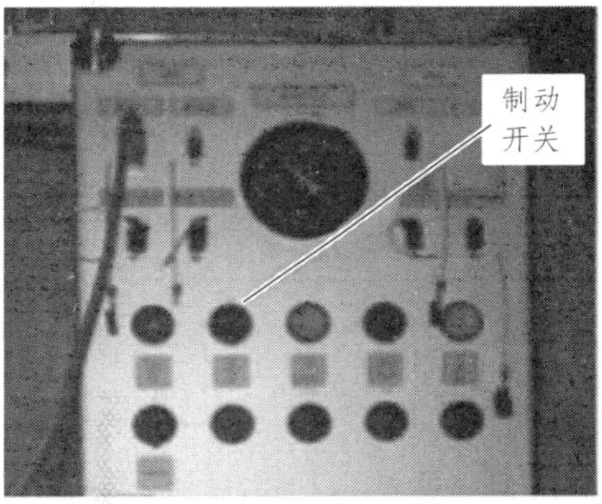 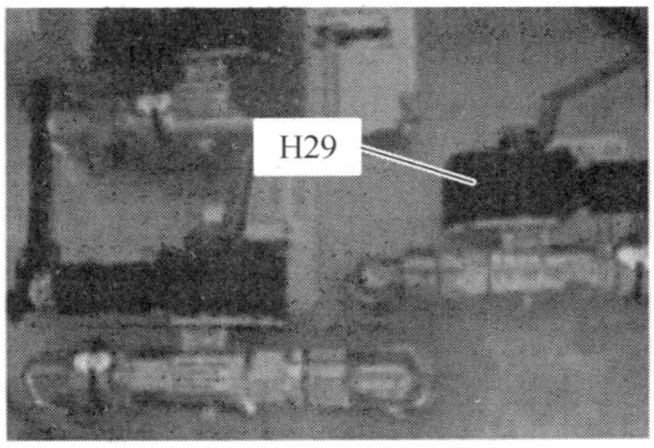 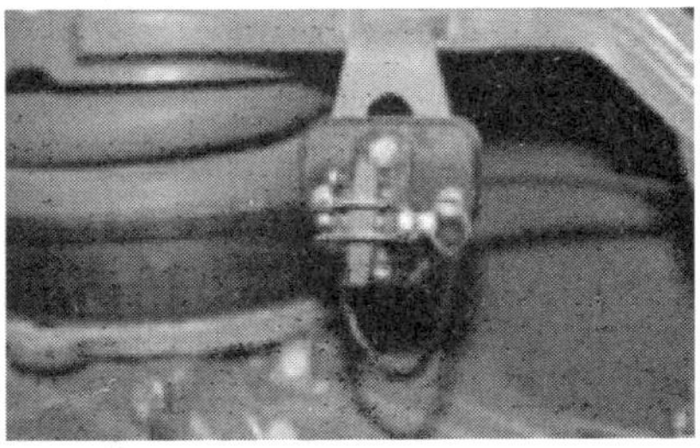

续表

步骤	处理过程	
4	如果占用端司机室的两个 BCU 都发生故障且复位后故障仍存在时，采用备用制动模式，限速 120 km/h 运行	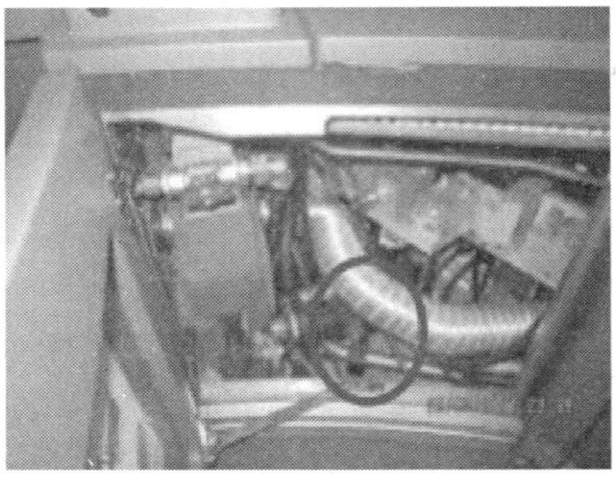

（八）防滑器排风阀故障

名称	防滑器排风阀故障	
现象	HMI 屏显示故障代码 1710、1713、1723、1730、1733、1743	
车种	CRH380B、CRH380BL	
原因	防滑排风阀故障或排风阀线路故障	
行车	维持运行	
注意	复位 BCU 时，先断 28-F12，再断 28-F11；闭合时先合 28-F11，再合 28-F12	
步骤	处理过程	
1	根据故障提示，通知随车机械师检查确认故障	
2	随车机械师确认故障后，进行以下处理： （1）将故障车空气制动切除。 （2）通知司机，处理完毕	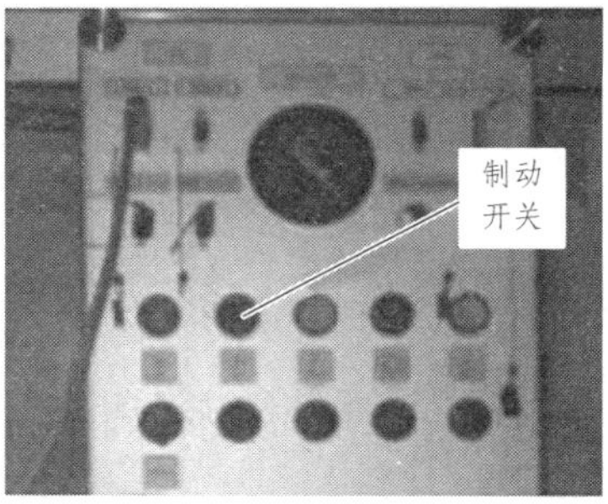
3	司机按本手册限速表中制动有效率限速值运行	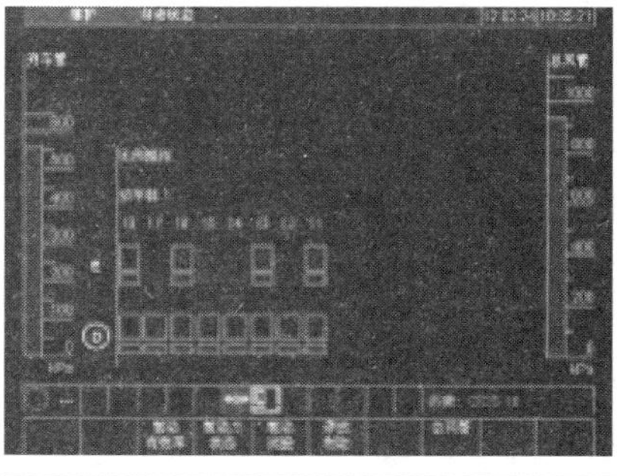

（九）制动力高低阶转换故障（170C、170D）

名称	制动力高低阶转换故障（170C、170D）
现象	HMI 屏显示故障代码 170C，故障描述为：低制动率故障
车种	CRH380B、CRH380BL
故障原因	制动力高低阶转换故障
行车	维持运行
注意	复位 BCU 时，先断 28-F12，再断 28-F11；闭合时先合 28-F11，再合 28-F12
步骤	处理过程
1	根据故障提示，通知随车机械师检查该故障点状况，并确认故障
2	确认故障后，执行下列操作： （1）将故障车进行切除空气制动操作。 （2）通知司机，处理完毕 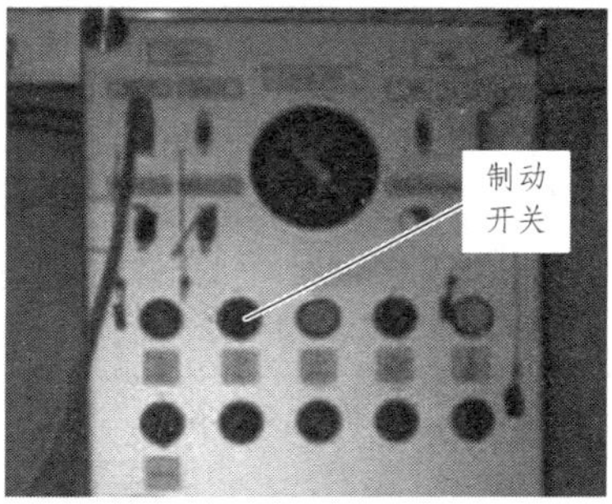
3	司机按本手册限速表中制动有效率限速值运行

（十）常用制动失效（1610、1810、1617、1817、6400）

名称	常用制动失效（1610、1810、1617、1817、6400）
现象	动车组运行过程中，司机施加常用制动时，动车组不能有效减速和停车
车种	CRH380B、CRH380BL
故障原因	常用制动失效
行车	立即停车
注意	复位 BCU 时，先断 28-F12，再断 28-F11；闭合时先合 28-F11，再合 28-F12
步骤	处理过程
1	司机直接使用制动手柄并拉到“EB”位或使用司机操纵台右侧紧急制动（红色磨菇头）按钮，使动车组紧急停车 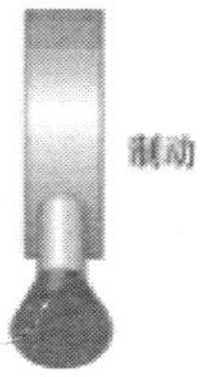 

步骤	处理过程	
2	动车组停车后，司机在主控端司机室对主 BCU 进行复位	
3	观察总风管和列车管压力，当总风管压力达到 800 kPa，列车管压力达到 580 kPa 时可继续运行。如列车管压力不上升，将制动手柄置于“OC”位，等待风压达到 580 kPa	
4	列车管风压达到 580 kPa 后，应进行完全制动试确认制动有效率，按制动有效率提示速度运行	
5	如上述方法无效，打开司机台下面右侧柜中间接制动 C14 阀，激活备用制动模式，继续行车，限速 120 km/h	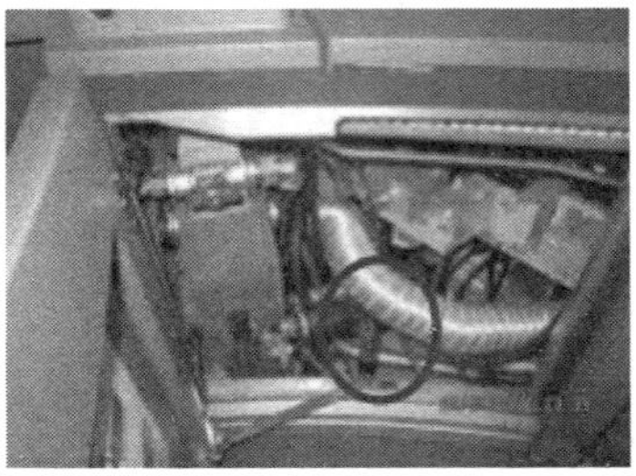

（十一）常用制动软管断裂

名称	常用制动软管断裂	
现象	在制动状态常用制动风管断裂漏风	
车种	CRH380B、CRH380BL	
故障原因	制动软管损坏	
行车	维持运行	
注意	复位 BCU 时，先断 28-F12，再断 28-F11；闭合时先合 28-F11，再合 28-F12	
步骤	处理过程	
1	到达前方站后，按规定下车检查，确认漏风部位后，通知司机施加停放制动，缓解常用制动	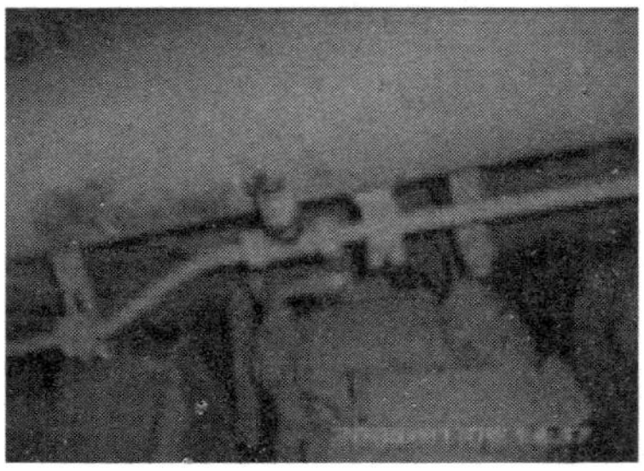

续表

步骤	处理过程	
2	确认制动夹钳处于缓解状态后，对断裂风管进行捆扎，将故障车做关门车处理，完成后通知司机	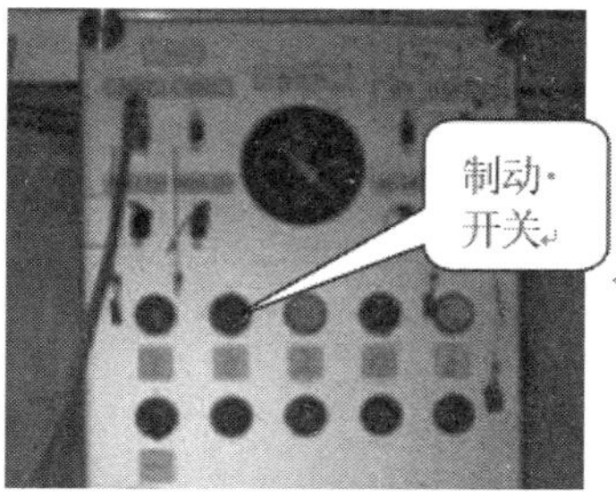
3	司机按本手册限速表中制动有效率限速值运行	

（十二）摩擦制动未缓解（1775）

名称	摩擦制动未缓解（1775）	
现象	HMI 屏显示故障代码 1775，故障描述为：摩擦制动未缓解	
车种	CRH380B、CRH380BL	
故障原因	摩擦制动未缓解	
行车	维持运行	
注意	复位 BCU 时，先断 28-F12，再断 28-F11；闭合时先合 28-F11，再合 28-F12	
步骤	处理过程	
1	司机在制动手柄处于缓解位置时，按下制动手柄上的按钮实施雪天模式制动。按下按钮保持 10 s，释放制动手柄上的按钮缓解雪天模式制动。观察 HMI 屏显示的所有制动的施加和缓解功能是否正常	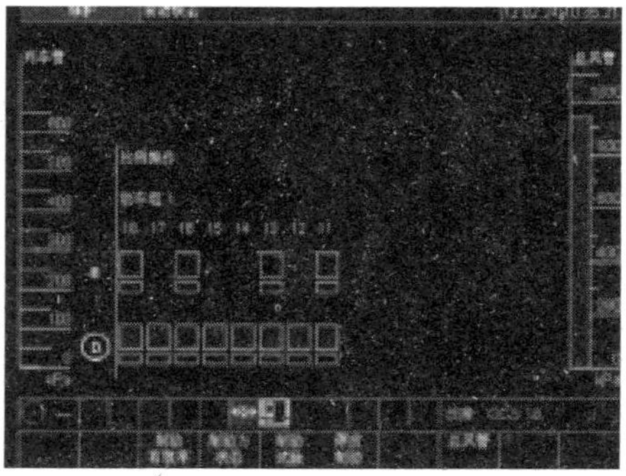

续表

步骤	处理过程
2	（1）如果制动的施加和缓解功能正常，则按限速表中制动有效率限速值运行。 （2）如果制动的施加和缓解功能不正常则立即施加常用制动，同时通知随车机械师对故障车进行切除空气制动操作。司机按本手册限速表中制动有效率限速值运行 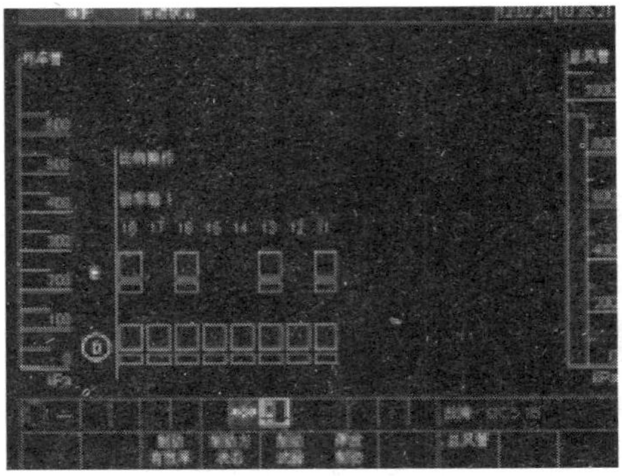 制动已经施加 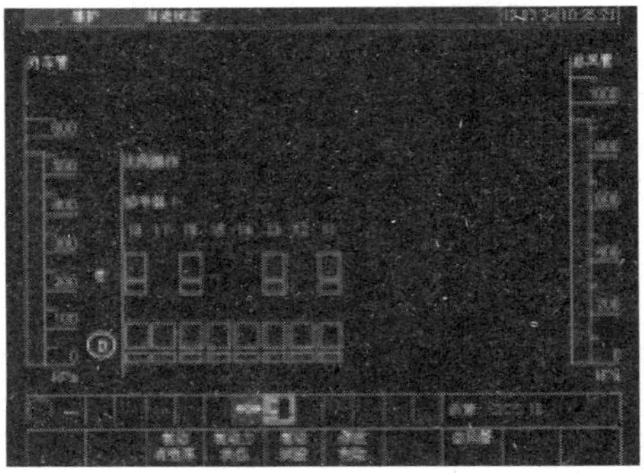 制动已经缓解

（十三）直接制动控制故障（1729）

名称	直接制动控制故障（1729）
现象	运行中列车出现制动有效率丢失故障，HMI屏显示故障代码1729，故障描述为：直接制动控制故障
车种	CRH380B、CRH380BL
故障原因	单车直接制动控制有问题
行车	维持运行
注意	复位BCU时，先断28-F12，再断28-F11；闭合时先合28-F11，再合28-F12

续表

步骤	处理过程	
1	司机确认：HMI 屏显示故障代码 1729 （1）将制动手柄置于“REL”（缓解）位，通过按下制动手柄上的按钮施加清雪制动，保持 10 s。 （2）检查 HMI 屏上，故障代码是否消失。 （3）若 1729 故障代码消失，司机释放制动手柄上的按钮缓解清雪制动后继续行车	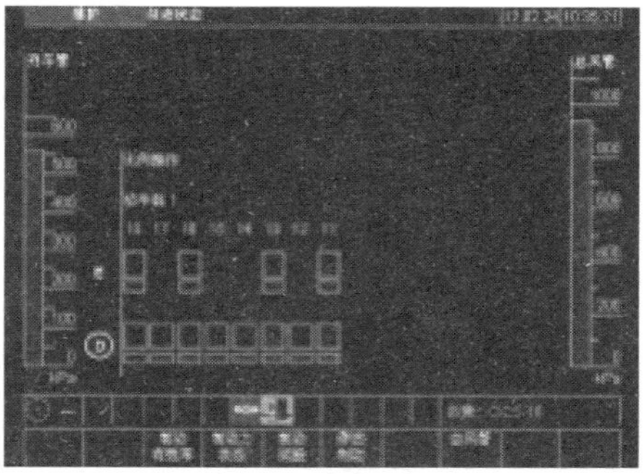 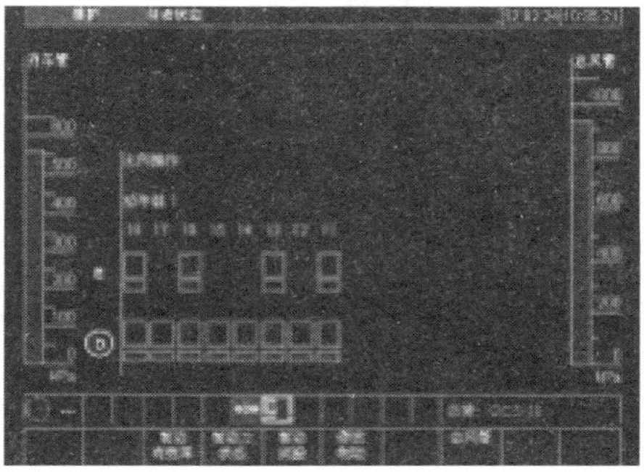
2	（1）若 1729 故障代码仍然存在，司机释放制动手柄上的按钮缓解除雪制动，通知随车机械师切除故障车空气制动。 （2）按照限速表中制动有效率限速值运行	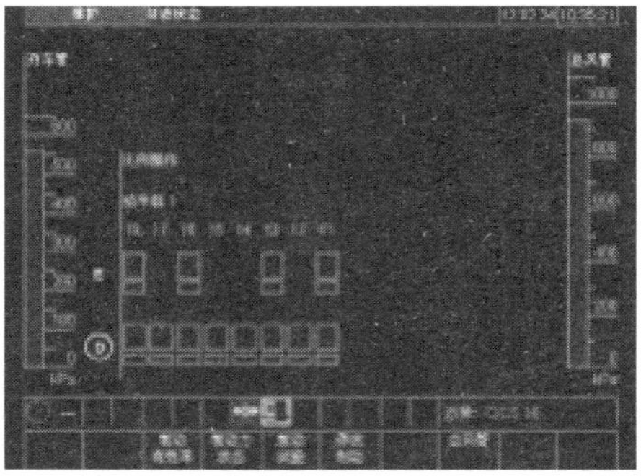

（十四）异常紧急制动故障（66DB、66DC）

名称	异常紧急制动故障（66DB、66DC）
现象	列车运行时突然施加紧急制动，HMI 屏显示故障代码 66DB、66DC
车种	CRH380B、CRH380BL
故障原因	紧急制动请求继电器（43-K33、43-K34）被异常断开

行车	立即停车
注意	复位 BCU 时，先断 28-F12，再断 28-F11；闭合时先合 28-F11，再合 28-F12
步骤	处理过程
1	停车后，制动手柄置于“OC”（过充）位，如果紧急制动缓解，继续行车
2	把制动手柄置于紧急制动位置，过 5 s 后再置于“OC”（过充）位。 若紧急制动缓解，进行第 8 步
3	紧急制动不能缓解，把司机室右侧故障面板的“紧急制动阀”和“紧急制动回路”故障开关设为“关”位，紧急制动缓解。 把司机室右侧故障面板的“紧急制动阀”和“紧急制动回路”故障开关设为“开”位 （1）紧急制动再次施加，进行第 4 步。 （2）没有再次施加紧急制动，列车状态正常，进行第 8 步
4	如果紧急制动再次施加，把司机室右侧故障面板的“紧急制动阀”和“紧急制动回路”故障开关设为“关”位。紧急制动缓解
5	将故障面板上的紧急制动阀故障开关置于“开”位（将开关打到竖直位）。将故障面板上的 ATP 隔离开关打到“隔离”位，并将 ATP 进行换系，10 s 后重新将开关打到“运行”位，ATP 重新启动 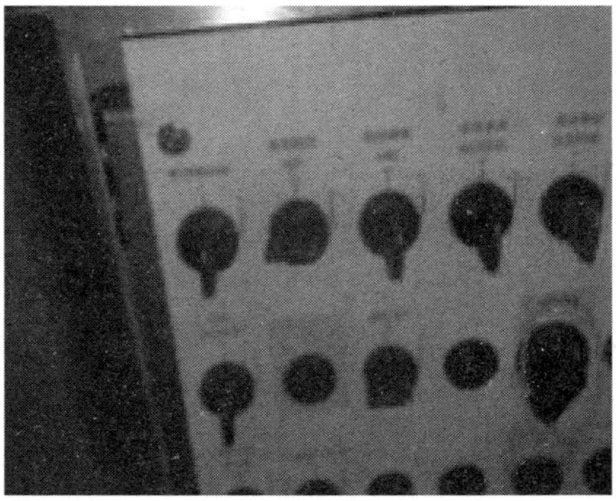
6	（1）如果紧急制动再次施加无法缓解，进行第 7 步。 （2）如果 ATP 工作正常，没有紧急制动异常发生，进行第 8 步
7	（1）司机将故障面板上的 ATP 隔离开关打至“隔离”位，紧急制动阀故障开关置于“关”位。 （2）报告列车调度员，限速运行
8	通过制动手柄施加紧急制动，5 s 后制动手柄置于“OC”位。制动缓解后正常行车

（十五）停放制动故障

名称	停放制动故障	
现象	HMI 屏显示故障代码 172F	
车种	CRH380B、CRH380BL	
故障原因	电磁干扰或停放制动管路漏风	
行车	立即停车	
注意	复位 BCU 时，先断 28-F12，再断 28-F11；闭合时先合 28-F11，再合 28-F12	
步骤	处理过程	
1	司机在 HMI 屏上切换到停放制动页面	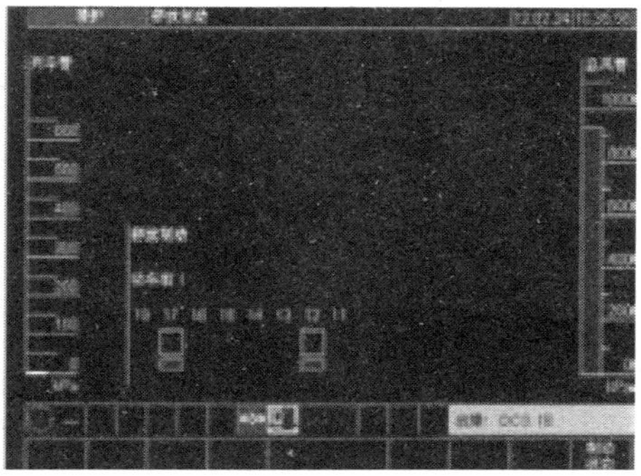
2	施加、缓解停放制动各两次，按下按钮应保持 2 s，施加、缓解间隔大于 30 s。施加、缓解时观察 HMI 屏上停放制动状态与实际操作是否相符。如状态相符、故障消失，则正常行车。否则切除故障车停放制动	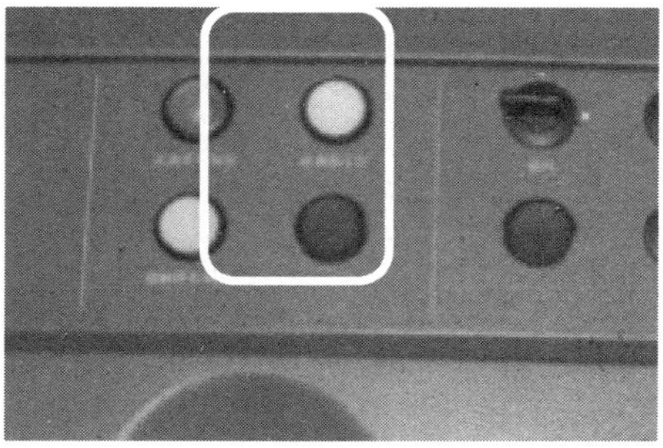
3	司机按正常速度行车	

（十六）制动板卡 A5 故障（1747）

名称	制动板卡 A5 故障（1747）
现象	HMI 屏显示故障代码为 1747
车种	CRH380B、CRH380BL

续表

<table>
<tr><td>故障原因</td><td colspan="2">1747：BCU-B01 的主板故障</td></tr>
<tr><td>行车</td><td colspan="2">维持运行</td></tr>
<tr><td>注意</td><td colspan="2">复位 BCU 时，先断 28-F12，再断 28-F11；闭合时先合 28-F11，再合 28-F12。</td></tr>
<tr><td>步骤</td><td colspan="2">处理过程</td></tr>
<tr><td>1</td><td>根据故障提示，通知机械师检查该故障点状况，并确认故障</td><td>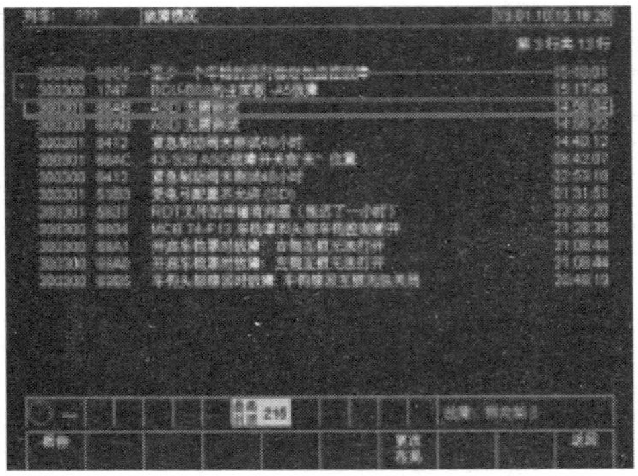</td></tr>
<tr><td>2</td><td>随车机械师确认故障后，进行以下处理：
（1）对故障车进行切除空气制动操作。
（2）需对故障车进行车门隔离操作。
（3）通知司机，处理完毕</td><td>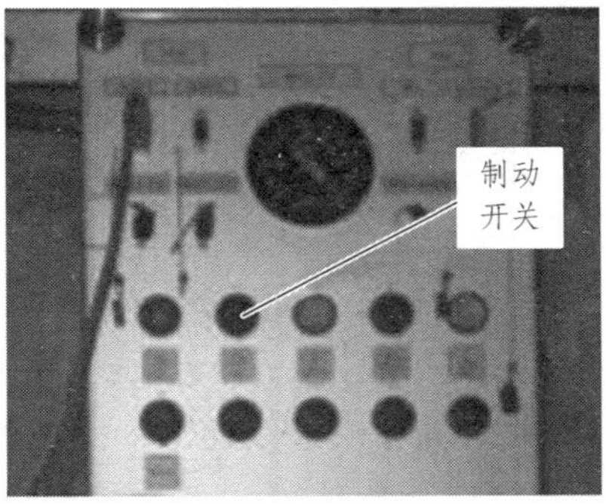
</td></tr>
<tr><td>3</td><td colspan="2">限速 215 km/h 运行</td></tr>
<tr><td>4</td><td colspan="2">到达前方停车站后，恢复空气制动后，并对故障车 BCU 进行复位操作：
（1）若故障消失，则恢复被隔离的车门，并按限速表中制动有效率限速值运行。终到站后，如果时间充足，进行菜单引导的制动试验第（2）（3）（6）步。
（2）若故障仍存在：
① 按照关门车操作执行；
② 限速 215 km/h 运行</td></tr>
</table>

（十七）制动板卡 A6 故障（1748）

名称	制动板卡 A6 故障（1748）	
现象	HMI 屏显示故障代码为 1748	
车种	CRH380B、CRH380BL	
故障原因	1748：BCU-B01 的主板故障	
行车	维持运行	
注意	复位 BCU 时，先断 28-F12，再断 28-F11；闭合时先合 28-F11，再合 28-F12	
步骤	处理过程	
1	根据故障提示，通知机械师检查该故障点状况，并确认故障	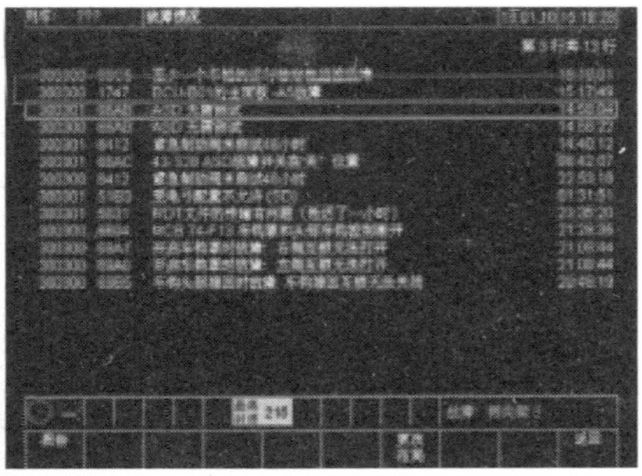
2	随车机械师确认故障后，进行以下处理： （1）对故障车进行切除空气制动操作。 （2）处理完毕，通知司机	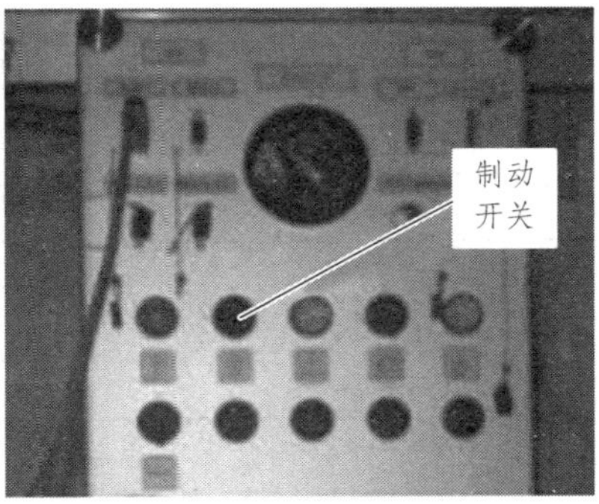

（十八）超过 24 h 未进行制动试验（194D）

名称	超过 24 h 未进行制动试验（194D）
现象	HMI 屏显示故障代码 194D，不影响列车运行。
车种	CRH380B、CRH380BL
故障原因	制动试验超过 24 h
行车	维持运行
注意	194D 只是提示性故障代码，不影响制动有效率的检测，如果此故障伴随发生制动有效率丢失故障，按制动有效率丢失处理

步骤	处理过程	
1	报出故障后，无需进行处理，继续行车	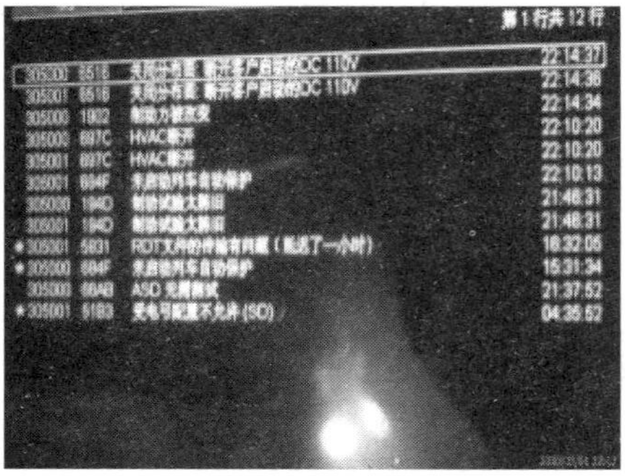
2	列车终到站后，若时间允许，可进行制动试验第（2）（3）（6）步	

（十九）HMI 屏不显示制动试验时间（无故障代码）

名称	HMI 屏不显示制动试验时间（无故障代码）
现象	换端后 HMI 屏显示制动试验完成，HMI 屏不显示制动试验时间，右侧 HMI 屏切换到制动试验时间界面制动显示正常
车种	CRH380B、CRH380BL
故障原因	
行车	维持运行
注意	
步骤	处理过程
1	换端后如果出现 HMI 屏无制动试验时间，时间允许可进行 HMI 屏重启
2	若不成功，时间充足进行制动试验（2）（3）（6）步，否则维持运行

（二十）紧急制动 EB 不缓解

名称	紧急制动 EB 不缓解	
现象	紧急制动 EB 不缓解	
车种	CRH380B 统型	
故障原因	故障原因需根据处理过程逐一判断	
行车	立即停车	
注意	复位 BCU 时，先断 28-F12，再断 28-F11；闭合时先合 28-F11，再合 28-F12	
步骤	处理过程	
1	立即停车，通知随车机械师，并报告列车调度员	
2	检查制动控制手柄是否在“EB”位，如果在“EB”位则将制动控制手柄移至“OC”位。如果紧急制动缓解则继续运行。若制动控制手柄不在“EB”位则执行下一步检查	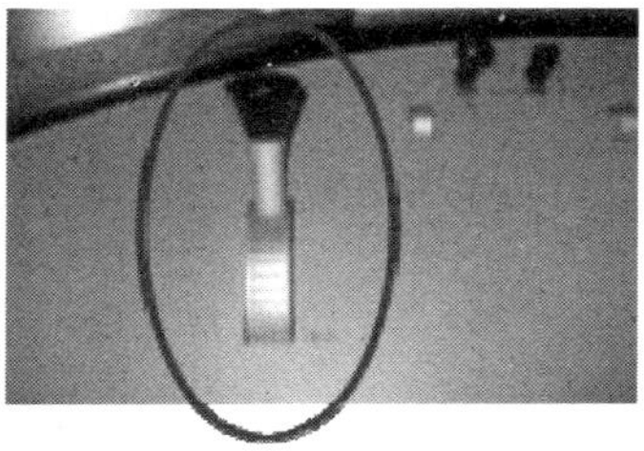
3	检查 HMI 屏上是否报出紧急制动 EB 回路（EBL）、停放制动监控回路（PBML）状态，若报出环路故障，则切除相关安全回路故障开关。若没有报出安全回路故障，则执行下一步	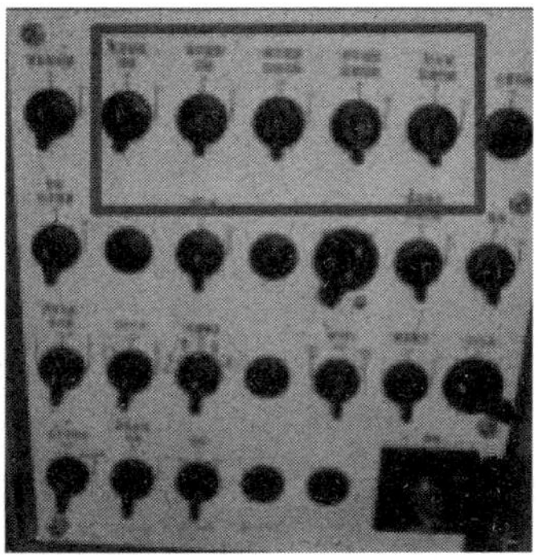
4	通过 43-S28 将警惕装置 ASD 隔离，然后确认紧急制动 EB 是否缓解，如果缓解则在无 ASD 的情况下继续运行；否则，恢复 43-S28，执行下一步	

步骤	处理过程	
5	将紧急制动 EB 回路开关置“关”位。若紧急制动 EB 缓解，则在没有紧急制动 EB 回路功能的情况下继续运行	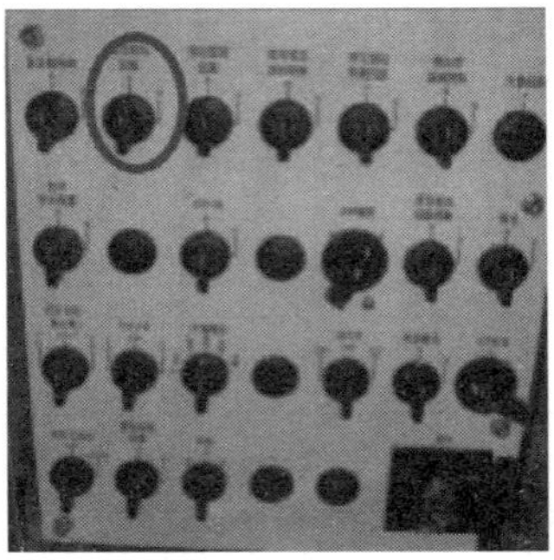
6	若隔离紧急制动 EB 回路后，紧急制动 EB 仍无法缓解，则恢复紧急制动 EB 回路故障开关，采用备用制动行车，限速 120 km/h。若采用备用制动依然无法缓解，则请求救援	

（二十一）紧急制动 UB 不缓解

名称	紧急制动 UB 不缓解
现象	紧急制动 UB 不缓解
车种	CRH380B 统型
故障原因	故障原因需根据处理过程逐一判断
行车	立即停车
注意	复位 BCU 时，先断 28-F12，再断 28-F11；闭合时先合 28-F11，再合 28-F12
步骤	处理过程
1	立即停车，通知随车机械师，并报告列车调度员
2	确认 HMI 屏是否报出故障代码，若报出故障代码 66DB 或 66DC，则按照《5.15 异常紧急制动（66DB、66DC）故障》进行操作；若没有，则执行下一步

续表

步骤	处理过程	
3	将 ATP 隔离开关置“隔离”位。若列车管压力恢复正常，则将 ATP 换系，若列车管压力恢复正常，则正常行车，若无效，则在没有 ATP 控车的情况下运行；否则，将 ATP 隔离开开关置“运行”位	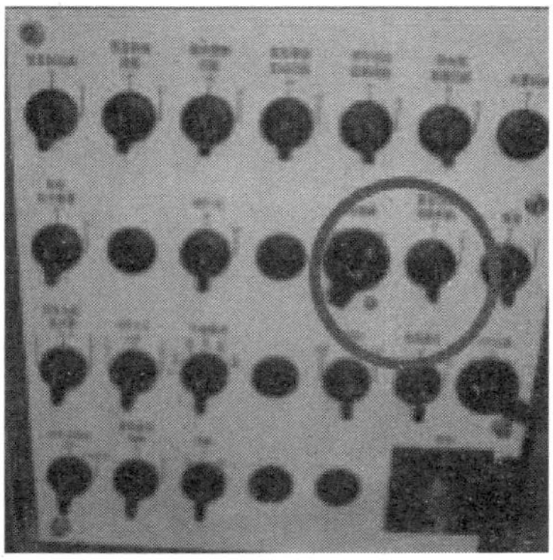
4	在 HMI 屏上检查是否报出故障代码 66D5：通过紧急按钮请求紧急制动；或故障代码 66D6：通过制动控制器请求紧急制动。若报出以上代码，则将紧急制动红色蘑菇头或制动控制手柄恢复，若为非占用端故障，则通知机械师进行恢复。若没有报出 66D5 或 66D6，则执行下一步	 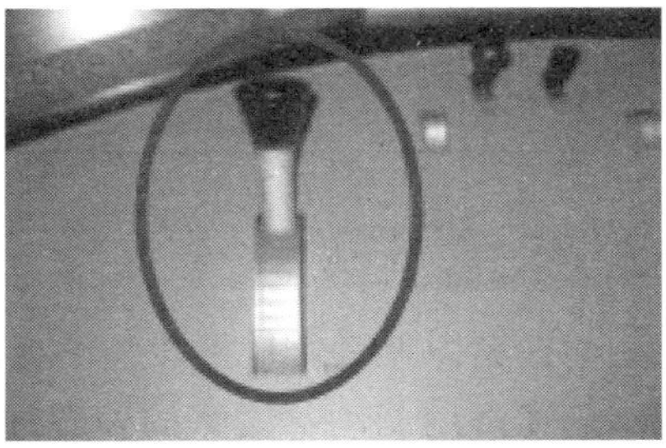
5	检查 HMI 上是否报出紧急制动回路（UBL）、转向架监控回路（BML）故障，若报出环路故障，则切除相关安全回路故障开关，EB 转 UB 故障开关。若没有报出安全回路故障，则执行下一步	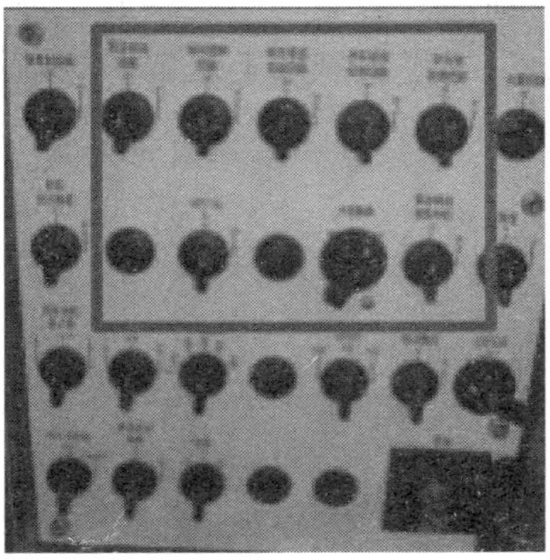

续表

步骤	处理过程	
6	将紧急制动 UB 回路开关置“关”位。若列车管压力恢复正常，则在没有紧急制动 UB 回路功能的情况下继续运行	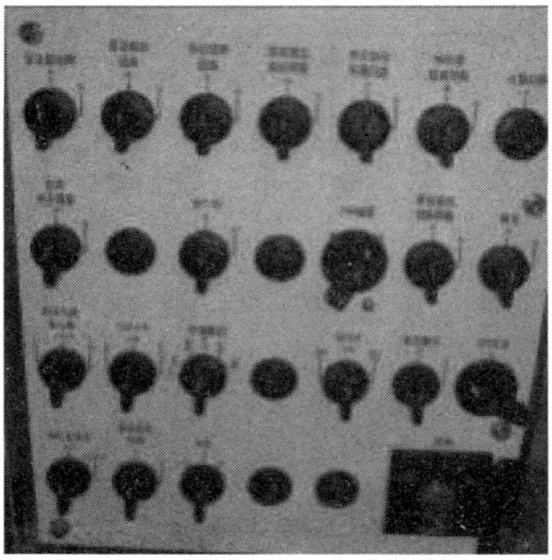
7	若隔离紧急制动回路 UB 后，紧急制动 UB 仍无法缓解，则恢复紧急制动 UB 回路故障开关，采用备用制动行车，限速 120 km/h。若采用备用制动依然无法缓解，则请求救援	

复习思考题

1. 简述紧急制动 UB 不缓解的处理过程。
2. 简述常用制动不缓解的处理过程。
3. 简述紧急制动不缓解的处理过程。
4. 简述停放制动不缓解的处理过程。

参考文献 ▶▶▶

[1] 李西安，王亦军，等. 高速铁路动车组制动系统维护与检修[M]. 成都：西南交通大学出版社，2019.

[2] 吴海超，苏超，等. 动车组制动系统检修[M]. 北京：中国铁道出版社，2019.

[3] 中国国家铁路集团有限公司机辆部. 铁路动车组概论[M]. 北京：中国铁道出版社，2022.

[4] 中国铁路总公司运输局. CRH380A（L）型动车组司机[M]. 北京：中国铁道出版社，2016.

[5] 中国铁路总公司运输局. CRH380B（L）型动车组司机[M]. 北京：中国铁道出版社，2016.